Bernice S. Elger, Nikola Biller-Andorno, Bernhard Rütsche (Hrsg.)
Ethik und Recht in Medizin und Biowissenschaften

Weitere empfehlenswerte Titel

Ethical Dilemmas in Assisted Reproductive Technologies
Joseph G. Schenker (Hrsg.), 2011
ISBN: 978-3-11-024020-7, e-ISBN: 978-3-11-024021-4

Freiheit der Wissenschaft.
Beiträge zu ihrer Bedeutung, Normativität und Funktion
Friedemann Voigt (Hrsg.), 2012
ISBN: 978-3-11-026614-6, e- ISBN: 978-3-11-026708-2

Public Health.
Sozial- und Präventivmedizin kompakt
Matthias Egger, Oliver Razum (Hrsg.), 2014
ISBN: 978-3-11-031073-3, e-ISBN: 978-3-11-033606-1

Pschyrembel Klinisches Wörterbuch 2014
Begr. v. Willibald Pschyrembel
Bearb. v. der Pschyrembel-Redaktion des Verlages
ISBN: 978-3-11-030509-8

Ethik und Recht in Medizin und Biowissenschaften

Aktuelle Fallbeispiele aus klinischer Praxis und Forschung

Herausgegeben von
Bernice S. Elger,
Nikola Biller-Andorno,
Bernhard Rütsche

DE GRUYTER

Herausgeber

Bernice S. Elger
Universität Basel – IBMB
Institut für Bio- und Medizinethik
Missionsstrasse 24
4055 Basel
Schweiz

Nikola Biller-Andorno
Universität Zürich
Ethik-Zentrum
Institut für Biomedizinische Ethik
Pestalozzistr. 24
8032 Zürich
Schweiz

Bernhard Rütsche
Universität Luzern
Rechtswissenschaftliche Fakultät
Zentrum für Recht und Gesundheit (ZRG)
Frohburgstrasse 23
6002 Luzern
Schweiz

ISBN 978-3-11-028462-1
e-ISBN 978-3-11-028551-2

Library of Congress Cataloging-in-Publication Data
A CIP catalog record for this book has been applied for at the Library of Congress.

Bibliografische Information der Deutschen Nationalbibliothek
Die Deutsche Nationalbibliothek verzeichnet diese Publikation in der Deutschen Nationalbibliografie; detaillierte bibliografische Daten sind im Internet über http://dnb.dnb.de abrufbar.

Satz: Triltsch GmbH, Ochsenfurt-Hohestadt
Druck und Bindung: CPI buch bücher.de GmbH, Birkach
Coverabbildung: Science Photo Library – ZEPHYR/Brand X Pictures/getty images
♾ Gedruckt auf säurefreiem Papier
Printed in Germany

www.degruyter.com

Autorenverzeichnis

Ethik

Endre Bangerter
Bern University of Applied Sciences
Security Engineering Lab
Höheweg 80
CH-2501 Biel/ Bienne, Schweiz
E-Mail: endre.bangerter@jdiv.org

Sohaila Bastami
Universität Zürich
Institut für Biomedizinische Ethik
Pestalozzistrasse 24
CH-8032 Zürich, Schweiz
E-Mail: bastami@ethik.uzh.ch

Nikola Biller-Andorno
Universität Zürich
Institut für Biomedizinische Ethik
Pestalozzistrasse 24
CH-8032 Zürich, Schweiz
E-Mail: biller-andorno@ethik.uzh.ch

Wiebke Bretschneider
Universität Basel
Institut für Bio-und Medizinethik
(IBMB)
Bernoullistrasse 28
CH-4056 Basel, Schweiz
E-Mail: wiebke.bretschneider@
unibas.ch

Isabell Büschel
Universität Basel
Institut für Bio-und Medizinethik
(IBMB)
Bernoullistrasse 28
CH-4056 Basel, Schweiz
E-Mail: i.bueschel@unibas.ch

Markus Christen
Universität Zürich
Institut für Biomedizinische Ethik
Pestalozzistrasse 24
CH-8032 Zürich, Schweiz
E-Mail: christen@ethik.uzh.ch

Caroline Clarinval
Universität Zürich
Institut für Biomedizinische Ethik
Pestalozzistrasse 24
CH-8032 Zürich, Schweiz
E-Mail: caroline.clarinval@ethik.uzh.ch

Flora Colledge
Universität Basel
Institut für Sport und Sportwissen-
schaften
Birsstrasse 320 B
CH-4052 Basel, Schweiz
E-Mail: flora.colledge@unibas.ch

Anna Deplazes-Zemp
Universität Zürich
Institut für Biomedizinische Ethik
Pestalozzistrasse 24
CH-8032 Zürich, Schweiz
E-Mail: deplazes@ethik.uzh.ch

Bernice Elger
Universität Basel
Institut für Bio und Medizinethik
(IBMB)
Bernoullistrasse 28
CH-4056 Basel, Schweiz
E-Mail: b.elger@unibas.ch

Sabrina Engel
Universität Basel
Institut für Bio-und Medizinethik (IBMB)
Bernoullistrasse 28
CH-4056 Basel, Schweiz
E-Mail: sabrina.engel@unibas.ch

Violet Handtke
Universität Basel
Institut für Bio-und Medizinethik (IBMB)
Bernoullistrasse 28
CH-4056 Basel, Schweiz
E-Mail: v.handtke@unibas.ch

Paul Hoff
Psychiatrische Universitätsklinik Zürich
Forschungsbereich Klinische und Soziale Psychiatrie
Lenggstrasse 31
Postfach 1931
CH-8032 Zürich, Schweiz
E-Mail: paul.hoff@puk.zh.ch

Corinna Jung
Universität Basel
Institut für Bio-und Medizinethik (IBMB)
Bernoullistrasse 28
CH-4056 Basel, Schweiz
E-Mail: corinna.jung@unibas.ch

Tanja Krones
Universität Zürich
Institut für Biomedizinische Ethik
Pestalozzistrasse 24
CH-8032 Zürich, Schweiz
E-Mail: tanja.krones@usz.ch

Agnes Leu
Universität Basel
Institut für Bio-und Medizinethik (IBMB)
Bernoullistrasse 28
CH-4056 Basel, Schweiz
E-Mail: agnes.leu@unibas.ch

Stuart McLennan
Universität Basel
Institut für Bio-und Medizinethik (IBMB)
Bernoullistrasse 28
CH-4056 Basel, Schweiz
E-Mail: m.mclennan@unibas.ch

Ina C. Otte
Universität Basel
Institut für Bio-und Medizinethik (IBMB)
Bernoullistrasse 28
CH-4056 Basel, Schweiz
E-Mail: ina.otte@unibas.ch

Christoph Rehmann-Sutter
Universität zu Lübeck, IMGWF
Königstrasse 42
D-23552 Lübeck, Deutschland
E-Mail: rehmann@imgwf.uni-luebeck.de

Jürg C. Streuli
Universität Zürich
Institut für Biomedizinische Ethik
Pestalozzistrasse 24
CH-8032 Zürich, Schweiz
E-Mail: streuli@ethik.uzh.ch

Tenzin Wangmo
Universität Basel

Institut für Bio-und Medizinethik
(IBMB)
Bernoullistrasse 28
CH-4056 Basel, Schweiz
E-Mail: tenzin.wangmo@unibas.ch

Verina Wild
Universität Zürich
Institut für Biomedizinische Ethik
Pestalozzistrasse 24
CH-8032 Zürich, Schweiz
E-Mail: wild@ethik.uzh.ch

Recht

Schweizerisches Recht

Bernhard Rütsche
Universität Luzern
Rechtswissenschaftliche Fakultät
Frohburgstrasse 3, PF 4466
CH-6002 Luzern, Schweiz
E-Mail: bernhard.ruetsche@unilu.ch

Nadja D'Amico
Universität Luzern
Rechtswissenschaftliche Fakultät
Frohburgstrasse 3, PF 4466
CH-6002 Luzern, Schweiz
E-Mail: nadja.damico@unilu.ch

Deutsches Recht

Tade Matthias Spranger
Rheinische Friedrich-Wilhelms-Universität Bonn
Institut für Wissenschaft und Ethik
Bonner Talweg 57
D-53113 Bonn, Deutschland
E-Mail: spranger@iwe.uni-bonn.de

Jenny Gorenstein
Rheinische Friedrich-Wilhelms-Universität Bonn
Institut für Wissenschaft und Ethik
Bonner Talweg 57
D-53113 Bonn, Deutschland
E-Mail: gorenstein@iwe.uni-bonn.de

Christina Pinsdorf
Rheinische Friedrich-Wilhelms-Universität Bonn
Institut für Wissenschaft und Ethik
Bonner Talweg 57
D-53113 Bonn, Deutschland
E-Mail: pinsdorf@iwe.uni-bonn.de

Österreichisches Recht

Christian Kopetzki
Universität Wien
Institut für Staats- und Verwaltungsrecht
Abteilung Medizinrecht
Universität Wien / Juridicum
Schottenbastei 10–16
A 1010 Wien, Österreich
E-Mail: christian.kopetzki@univie.ac.at

Veronika Kögl
Universität Wien
Institut für Staats- und Verwaltungsrecht
Auhofstrasse 173
A-1130 Wien, Österreich
E-Mail: vroni-koegl@gmx.net

Inhalt

A Medizin: klinische Praxis

Stuart McLennan

1 Behandlungsfehler

Fallbeispiel

Ein 51-jähriger Pensionär erholt sich von einer Herzoperation. Als Diabetiker ist er auf Insulin angewiesen, und seine langwierige Krankheitsgeschichte umfasst mehrere schwerwiegende Erkrankungen. Bei der Untersuchung fassen sich beide Beine kalt an und zeigen brandige Läsionen. Obwohl die Blutzirkulation im linken Bein mehr beeinträchtigt ist als im rechten, äußert der Patient den Wunsch, das rechte Bein zu amputieren, da dieses ihm unerträgliche Schmerzen verursacht. Es wird eine Einverständniserklärung unterzeichnet, die klar aussagt, dass das rechte Bein amputiert werden soll.

Bereits in der anfänglichen Korrespondenz zwischen Chirurgenbüro und Operationskoordinator wurde die Operation fälschlicherweise als linksbeinige Amputation aufgeführt. Einen Tag vor der Operation notiert eine Pflegefachkraft in ihrem Operationsplan die Amputation des linken Beines und entdeckt dabei den Fehler. Sie informiert ihre Vorgesetzte über den Sachverhalt und gibt im Anschluss eine korrigierte Version des Operationsplans weiter. Die Änderung wird dabei weder besprochen noch in den offiziellen Operationsplan transferiert.

Im Operationssaal befinden sich ein schwarzes Brett sowie der offizielle Operationsplan. Auf beiden wird die Operation fälschlicherweise als eine Amputation des linken Beines aufgeführt. Kurz vor dem Eingriff erscheint ein Techniker, um die erforderliche Ausstattung inklusive der Beinhalterung anzubringen. Weil in beiden Dokumenten die Operation am linken Bein ausgewiesen wird, bereitet er also die Beinstütze auf der linken Seite des Bettes vor. Direkt vor seiner Operation weist der Patient die Pflegefachkraft darauf hin, dass sein rechtes Bein amputiert werden soll. Obwohl sie den Fehler bereits früher erkannt und eine Korrektur an den Papieren vorgenommen hatte, setzt die Pflegefachkraft die Operationsvorbereitungen am linken Bein fort. Beim Betreten des Operationssaals wird die Falschinformation erneut vom Chirurgen bestätigt und der Patient weiter vorbereitet. Nach etwa drei Viertel der Operationszeit entdeckt das Operationsteam seinen Fehler, setzt aber die Amputation des falschen Beines fort.

1.1 Problemfelder

Obwohl Operationen an der falschen Seite wie im Fallbeispiel oder gar Operationen am falschen Patienten relativ selten auftreten, kommen sie doch häufiger vor, als gemeinhin angenommen wird. Auch wenn es keine detaillierte Statistik über deren Häufigkeit gibt, steht es außer Frage, dass sie ein ernst zu nehmendes Problem darstellen. Die „Joint Commission“ (ehemals „Joint Commission on Accreditation of

Healthcare Organizations" [JCAHO] und zuvor „Joint Commission on Accreditation of Hospitals" [JCAH]), welche in den USA für die Akkreditierungen im Gesundheitssektor zuständig ist, veröffentlichte dazu die folgenden Zahlen: 152 falsche Operationen (falsche Seite/falsches Verfahren/falscher Patient) im Jahr 2011, 93 in 2010, 149 in 2009, 116 in 2008 sowie 94 in 2007 (The Joint Commission 2012).

Diese chirurgischen Fehler sind Teil eines größeren Problems im Gesundheitswesen. In den letzten Jahrzehnten ist eine alarmierende Zahl von vermeidbaren und unerwünschten Ereignissen im Gesundheitswesen ans Licht gekommen. Verfügbare Daten zeigen, dass selbst in gut finanzierten und technologisch fortschrittlichen Krankenhäusern bei fast 10 % der Patienten Fehler in der Gesundheitsversorgung zu Verletzungen oder gar zum Tod führen (World Health Organization 2009). Diese Fehler mit einschneidenden Folgen ziehen eine Reihe schwieriger ethischer und rechtlicher Fragen nach sich, namentlich wie das Vorkommnis dem Patienten kommuniziert wird, wer für Fehler auf welche Weise zur Verantwortung gezogen wird, und wie die Geschädigten Gerechtigkeit erfahren können.

Fehlerkommunikation

Wie sollte dem Patienten ein unterlaufener Fehler kommuniziert werden? Von der wahrheitsgemäßen und umfassenden Information wurde in der Vergangenheit oftmals durch Vorgesetzte, Risikomanager, Anwälte und Versicherer aufgrund der Angst vor Haftungsklagen abgeraten. Studien zeigen, dass die meisten Ärzte die Offenbarung von Behandlungsfehlern im Prinzip unterstützen, in der Praxis jedoch wird das Vorhaben zu selten umgesetzt. Internationalen Untersuchungen zufolge teilen gerade einmal 30 % der Ärzte ihren Patienten das Auftreten eines schadensverursachenden Behandlungsfehlers mit (Gallagher und Lucus 2005). Es steht außer Frage, dass eine Falschamputation dem Patienten nicht verschwiegen werden kann. Nichtsdestotrotz ist fraglich, wie viel der Patient über die Umstände erfährt, unter denen dies geschehen konnte und ob sich das Spital bzw. die verantwortlichen Personen sich für den Fehler entschuldigen.

Fehlerverantwortlichkeit und Gerechtigkeit für Patienten

Wie sollte die Verantwortung für Zwischenfälle geregelt werden? Ein – herkömmlicher – Ansatz besteht darin, Schuld und Vorwürfe an die einzelne Person zu richten und diese der Inkompetenz, Unprofessionalität und Unfähigkeit, Patienten zu behandeln, zu beschuldigen (Liang 2002). Im Rahmen von Behandlungsverhältnissen sind Fehler jedoch meistens unbeabsichtigt, und sie werden von sich sorgenden Personen verübt, die nur die besten Intentionen haben. Die wenigsten Mitarbeiter im Gesundheitswesen verletzten Patienten mit Absicht. Abgesehen davon können Behandlungsfehler in Spitälern mit ihren komplexen arbeitsteiligen Organisationsstrukturen häufig nicht monokausal auf das individuelle Versagen einer Person zurückgeführt werden. Vielmehr sind es nicht selten Mängel in den organisatorischen Abläufen einer Institution, welche am Ursprung von Fehlern stehen.

Schließlich stellt sich nach Behandlungsfehlern die Frage, wie verletzten Patienten Gerechtigkeit widerfahren kann. Es gibt vielerlei Gründe, aus welchen Patienten einen rechtlichen Weg bestreiten. Wie von Bismark et al. (2006) festgestellt, lassen sich diese Gründe vier Hauptkategorien zuordnen:

1. Kommunikation: das Bestreben, eine Erklärung und Begründung für den Vorfall, eine Anerkennung der Verantwortung sowie eine Entschuldigung zu erhalten;
2. Korrektur: das Bestreben zu sehen, dass Systemveränderungen zur Verbesserung vorgenommen werden und ausgeschlossen wird, dass ein solcher Zwischenfall jemand anderem passieren kann;
3. Wiedergutmachung: das Bestreben, eine finanzielle Kompensation für den erfahrenen Schaden, daraus resultierende zukünftige Einbußen sowie Wiedergutmachung für nicht monetäre Verluste zu erhalten;
4. Sanktionierung: das Bestreben, den Verursacher für sein Versagen zum Beispiel durch ein Disziplinarverfahren zur Rechenschaft gezogen zu sehen.

1.2 Ethische Beurteilung

Für eine Profession, deren Hauptziel darin besteht, zu helfen oder zumindest keine Verletzungen zu verursachen, ist es fatal, wenn einem Patienten durch vermeidbare Fehler unnötiges Leid zugefügt wird. Was jedoch ist das ethisch korrekte Vorgehen nach einem Zwischenfall wie dem oben geschilderten?

Fehlerkommunikation

Wie nach jedem Fehler ist auch im Bereich der Medizin eine aktive und offene Kommunikation geboten. Der Zwischenfall sollte dem Patienten unverzüglich, einfühlsam und offen mitgeteilt werden. Fehler sollten anerkannt und entschuldigt werden, und es sollte sachlich erklärt werden, was vorgefallen ist. Außerdem ist das weitere Vorgehen zu besprechen und aufzuzeigen, mit welchen Mitteln gleichartige Vorfälle in Zukunft vermieden werden sollen. Die Wahrheit zu sagen ist von zentraler Bedeutung für jede Beziehung im Gesundheitswesen, und die ethische Verantwortung erfordert ehrliche Kommunikation mit Patienten und ihren Angehörigen (ACSQHC 2008).

Kein verantwortungsvoller Arzt kann argumentieren, dass Lügen oder Verheimlichung der Wahrheit eine ethisch vertretbare Option seien. Jedoch gibt es eine Reihe von Barrieren in der Fehlerkommunikation, die es erschweren, nach einem Fehler das Richtige zu tun. Dazu gehört die Angst der Ärzte vor rechtlicher Haftung, ein Mangel an institutioneller Unterstützung, eine Kultur der Geheimhaltung und Schuldzuweisung, mangelndes Vertrauen in die eigenen kommunikativen Fähigkeiten, Befürchtungen seitens des Arztes, den Patienten zu ängstigen, Furcht vor disziplinarischen Maßnahmen und Angst um den guten Ruf (Iedema et al. 2011).

Die Offenlegung von Fehlern hat vor allem in englischsprachigen Ländern wachsende Aufmerksamkeit von Politikern, Juristen und Akademikern erhalten. So wurden in verschiedenen amerikanischen Staaten, Großbritannien, Kanada, Australien und Neuseeland staatliche und organisatorische Standards und Richtlinien entwickelt, um ein klares und schlüssiges Konzept für die Offenlegung von Fehlern zu fördern. Einige Länder kennen spezifische „disclosure laws", welche die Offenlegung unter bestimmten Umständen vorschreiben, sowie „apology laws", wonach eine Entschuldigung in einem späteren Gerichtsverfahren nicht herangezogen werden darf, um die Schuld der verantwortlichen Medizinalperson zu beweisen (Mastroianni et al. 2010).

Fehlerverantwortlichkeit und Gerechtigkeit für Patienten

Wenn es um die Frage geht, wer für die falschseitige Beinamputation zur Rechenschaft gezogen werden sollte, hängt viel vom generellen Ansatz zum Umgang mit Fehlern ab. Wie James Reason (2000) beschrieben hat, werden zwei Ansätze zur Fehlerverursachung unterschieden, der personenbezogene Ansatz und der systembezogene Ansatz.

Der personenbezogene Ansatz ist der traditionelle Ansatz und konzentriert sich auf nicht korrekt durchgeführte Handlungen (Ausrutscher, Übersehen, Ungeschick, Fehler und Verfahrensfehler) von einzelnen medizinischen Fachkräften, die in direktem Kontakt mit den Patienten stehen. Nicht korrekt durchgeführte Handlungen entstehen in erster Linie aus menschlichem Versagen wie Vergesslichkeit, Unaufmerksamkeit, mangelnder Motivation, Nachlässigkeit und Rücksichtslosigkeit. Dieser Ansatz neigt dazu, Fehler als moralische Fragen zu behandeln, und unterstellt, dass schlimme Dinge von schlechten Menschen getan werden. Dem Menschen wird unterstellt, frei zwischen sicherem und gefährdendem Verhalten wählen zu können (Reason 2000).

Im Fall des Patienten mit der falschseitigen Amputation gab es offensichtlich eine Reihe von individuellen Fehlern, die zum verhängnisvollen Ereignis geführt haben. Anhänger des personenbezogenen Ansatzes suchen oft nicht weiter nach der Ursache von Fehlern, sobald sie solche unmittelbaren individuellen Fehler finden, im Glauben, dass solche Fehler nicht auftreten würden, wenn die Leute besser ausgebildet und besser motiviert wären. Einige individuelle Fehler sind sicherlich schwerwiegend, oftmals fällt jedoch das individuelle Versagen nicht so außerordentlich ins Gewicht. Die meisten Fehler werden durch fürsorgliche, kompetente Personen, die gut ausgebildet und gut motiviert sind, begangen. Durch die Fokussierung allein auf das Individuum isoliert der personenbezogene Ansatz die Person von ihrem Systemkontext. Wie der vorliegende Fall deutlich macht, könnte ein ähnlicher Kausalverlauf durchaus wieder auftreten und unabhängig von den beteiligten Personen einen ähnlichen Fehler verursachen.

Der personenbezogene Ansatz liegt Arzthaftungsprozessen zugrunde, in denen das Verschulden (Vorsatz oder Fahrlässigkeit) einzelner Personen Voraussetzung für einen Entschädigungsanspruch darstellt. Solche Haftungsprozesse zwischen Ärzten bzw. Spitälern und Patienten bzw. ihren Versicherungen werden als teuer, langwierig, schuldorientiert und als für die Beteiligten traumatisch kritisiert (Vincent 2003). Da Haftungsstreitigkeiten kontradiktorisch sind, müssen die Patienten zu einer Zeit um ihre Entschädigung kämpfen, zu der sie eigentlich Betreuung bräuchten. Außerdem verfolgen viele Patienten auch nicht monetäre Ziele, die auf dem Prozessweg tendenziell nicht erreicht werden können.

Der systembasierte Ansatz bietet eine zusätzliche Möglichkeit, die kausale Kette von Fehlern aufzudecken. Es wird von der Annahme ausgegangen, dass Menschen fehlbar sind und vor allem in komplexen Arbeitsstrukturen mit Fehlern gerechnet werden muss. Dem systembasierten Ansatz folgend haben die meisten Fehler ihren Ursprung im organisatorischen Umfeld und können nicht allein auf das Handeln einer Person zurückgeführt werden. Der systembasierte Ansatz fördert eine schuldfreie Umgebung und betrachtet jeden Fehler als eine Ressource, aus der man lernen kann und mit deren Hilfe sich die Qualität verbessern lässt (Reason 2000).

Die Kette von Ereignissen, die im Fallbeispiel zur Amputation des falschen Beines führte, erfordert ein systemorientiertes Verständnis solcher katastrophaler Fehler: Es gibt keine isolierte Ursache für den Zwischenfall, sondern vielerlei Beiträge, von denen jeder einzelne nicht ausreicht, um die Verletzung zu verursachen; vielmehr ist es die Verknüpfung verschiedener Umstände, die zum Schaden geführt hat (vgl. Banja 2005). Sofern solche systemischen Schwächen nicht angesprochen werden, bleiben Fallstricke erhalten.

Der systembasierte Ansatz zeigt sich in Entschädigungssystemen, in denen vom individuellen Verschulden abstrahiert wird. Solche verschuldensunabhängigen Entschädigungssysteme sind in unterschiedlicher Ausprägung in verschiedenen Ländern verwirklicht, beispielsweise in Dänemark, Schweden, Finnland oder Neuseeland (Vincent 2003; Studdert und Brennan 2001). Es wird angeführt, dass ein solcher Ansatz eine Reihe von positiven Auswirkungen hat, indem Patienten in einer raschen, fairen, erschwinglichen und transparenten Weise entschädigt werden und zudem das medizinisches Fachpersonal ermutigt wird, Fehler zu melden (Studdert und Brennan 2001).

Insgesamt besteht die Herausforderung darin, die richtige Balance zwischen individueller Verantwortung und Systemverantwortung zu finden. Ein systemorientierter Ansatz darf nicht dazu führen, dass sich medizinisches Fachpersonal im Fall persönlich zurechenbarer Fehler hinter der Organisation versteckt und sagt: „Gib mir nicht die Schuld, es war ein rein systemisches Problem“. Zumindest grobe individuelle Fehler sollten auch im Rahmen eines grundsätzlich systemorientierten Ansatzes gegenüber der fehlbaren Person geahndet werden. In jedem Fall sollte der geschädigte Patient unverzüglich, gerecht, kostengünstig und transparent entschädigt werden. Darüber hinaus sollte es Mechanismen geben, die Patienten ermöglichen, nicht-monetäre Ziele zu erreichen.

1.3 Rechtliche Beurteilung

1.3.1 Schweizerisches Recht

Bernhard Rütsche, Nadja D'Amico

Die Frage der Fehlerkommunikation hängt eng mit der Frage zusammen, unter welchen Voraussetzungen fehlbare Medizinalpersonen rechtlich zur Verantwortung gezogen werden können. Wenn Ärzte und anderes medizinisches Fachpersonal damit rechnen müssen, dass ein kommunizierter Fehler in einem juristischen Verfahren gegen sie verwendet werden kann, werden sie sich davor hüten, eigenes Fehlverhalten offenzulegen.

Fehlerkommunikation

Das schweizerische Recht kennt keine sog. „apology laws", d. h. Regelungen, die eine freiwillige Kommunikation von Behandlungsfehlern durch eine Entlastung von rechtlicher Verantwortlichkeit honorieren würden. Immerhin kann aber in einem Strafverfahren oder auch in einem Disziplinarverfahren die Tatsache, dass ein Fehler offen kommuniziert und mit einer Entschuldigung verbunden worden ist, zu einer milderen Sanktion führen. Abgesehen davon erreicht der Schädiger indessen keine rechtlichen Vorteile, wenn er Fehler zugibt. Vielmehr kann er sich auf das sog. *Schweigerecht* berufen, wenn ihm eine strafrechtliche Verfolgung und Verurteilung droht: Demnach haben beschuldigte Personen das Recht, in einem Strafverfahren zu schweigen und sich nicht selber zu belasten („nemo tenetur se ipsum accusare"; vgl. BGE 131 IV 36 E. 3.1 S. 40 f.).

Anders präsentiert sich allerdings die Lage, wenn durch das Verschweigen von Behandlungsfehlern für den Patienten *Folgeschäden* resultieren können. Unterlässt es in solchen Situationen der verantwortliche Arzt, den Patienten über das unerwünschte Ereignis aufzuklären, verletzt er berufliche Sorgfaltspflichten. Erleidet der Patient eine zusätzliche Schädigung, welche durch eine rechtzeitige Fehlerkommunikation vermeidbar gewesen wäre, muss der Arzt auch für diese Schädigung rechtlich einstehen. Ärzte werden mit Blick auf solche Konstellationen aus strategischen Gründen dazu neigen, einerseits offenzulegen, dass eine Folgebehandlung notwendig ist, ohne aber anderseits zuzugeben, dass sie einen Fehler begangen und Sorgfaltspflichten verletzt haben. Vorbehalten bleiben jene Situationen, in denen – wie im Beispiel der Amputation des falschen Beines – damit zu rechnen ist, dass der Fehler ohnehin ans Licht kommt. In diesen Situationen ist eine Vorwärtsstrategie zu empfehlen, indem von Anfang an offen und ehrlich kommuniziert wird, was falsch gelaufen ist.

Angesichts der Tatsache, dass es sich für Spitäler und medizinisches Fachpersonal nicht immer lohnt, von sich aus Fehler offenzulegen, erhalten *Fehlermeldesysteme* umso größere Bedeutung. In der Schweiz existieren verschiedene lokale Fehlermeldesysteme, die im Jahre 2006 zu einem überregionalen Netzwerk zusammengeschlossen wurden (CIRRNET: Critical Incident Reporting & Reacting Network). Dieses Netzwerk wird von der Stiftung für Patientensicherheit betrieben und staatlich unterstützt. Das Netzwerk ermöglicht allen angeschlossenen Gesundheitseinrichtungen, Meldungen aus ihren lokalen Fehlermeldesystemen anonymisiert weiterzuleiten. Die Meldungen sind für die Gesundheitseinrichtungen einsehbar und für interne Lernzwecke nutzbar. Zudem werden mithilfe der Meldungen überregional relevante Problemfelder identifiziert, gemeinsam mit Experten Empfehlungen entwickelt und in Form von Quick-Alerts durch die Stiftung für Patientensicherheit veröffentlicht.

Fehlerverantwortlichkeit und Gerechtigkeit für Patienten

Ein Behandlungsfehler kann für die verursachende Medizinalperson bzw. das Spital vermögensrechtliche, strafrechtliche und disziplinarische Konsequenzen nach sich ziehen. Die vermögensrechtliche Verantwortlichkeit zielt darauf ab, das Opfer für den erlittenen Schaden finanziell zu entschädigen und allenfalls für Wiedergutmachung in Form einer Genugtuung zu sorgen. Die strafrechtliche und disziplinarische Verantwortlichkeit dienen demgegenüber präventiven Zwecken, indem die fehlbare Person vor weiteren Fehlern abgehalten und Berufskollegen vor Rechtsverletzungen abgeschreckt werden sollen. Darüber hinaus soll mit einer Strafe begangenes Unrecht vergolten werden.

Für die *vermögensrechtliche Verantwortlichkeit* sind unterschiedliche Rechtsgrundlagen maßgebend, je nachdem, ob der Schaden in Ausübung öffentlicher Aufgaben (vor allem Leistungen im Rahmen der obligatorischen Krankenversicherung) oder im Rahmen eines rein privatrechtlichen Behandlungsverhältnisses (über die Grundversorgung hinausgehende Leistungen, z. B. im Rahmen von Zusatzversicherungen) verursacht worden ist. Im ersten Fall ist das kantonal geregelte Staatshaftungsrecht anwendbar, während im letzteren Fall die zivilrechtliche Haftung nach schweizerischem Obligationenrecht (Art. 41 ff. und Art. 97 ff. OR) zum Zuge kommt. Dabei ist unerheblich, ob es sich um ein öffentliches Spital oder ein Privatspital handelt.

Für die fehlbaren Personen ist das *Staatshaftungsrecht* gegenüber der zivilrechtlichen Haftung vorteilhafter: In den allermeisten Kantonen haften Spitäler gegenüber geschädigten Patienten *direkt und ausschließlich*, während das medizinische Fachpersonal vor Entschädigungsforderungen geschützt ist. Das Spital kann allerdings intern auf seine Angestellten Rückgriff nehmen, wenn diese den Schaden grobfahrlässig oder gar vorsätzlich verursacht haben – nicht aber bei leichter oder mittelschwerer Fahrlässigkeit. Kommt privates Haftungsrecht zur Anwendung, können dagegen geschädigte Patienten neben der Institution auch direkt den behandelnden Arzt verklagen.

Die *Haftungsvoraussetzungen* selber sind in öffentlich-rechtlichen und privatrechtlichen Behandlungsverhältnissen im Wesentlichen dieselben: Der Patient, der Opfer eines Behandlungsfehlers geworden ist, hat Anspruch auf Entschädigung bzw. Genugtuung, wenn er nachweisen kann, dass ihm in Verletzung von Sorgfaltspflichten kausal ein Schaden (Vermögens- bzw. Einkommenseinbuße) zugefügt bzw. seine Persönlichkeit (namentlich seine körperliche Integrität) schwer verletzt worden ist. Als Sorgfaltswidrigkeit gelten dabei jegliche (nicht nur grobe) Verstöße gegen die Regeln der ärztlichen Kunst wie auch – im Sinne eines systembasierten Ansatzes – Organisationsmängel innerhalb einer Institution (vgl. BGE 110 II 456 E. 3a S. 462 ff.). „Die Anforderungen an die ärztliche Sorgfaltspflicht lassen sich nicht allgemeingültig festlegen; sie richten sich vielmehr nach den Umständen des Einzelfalles, namentlich nach der Art des Eingriffs oder der Behandlung, den damit verbundenen Risiken, dem Ermessensspielraum und der Zeit, die dem Arzt zur Verfügung steht, sowie nach Ausbildung und Leistungsfähigkeit, die objektiv von ihm zu erwarten sind" (BGE 120 II 248 E. 2c S. 249 f.). Ob eine Sorgfaltswidrigkeit vorliegt, muss in einem Gerichtsverfahren in der Regel mithilfe von medizinischen Sachverständigengutachten geklärt werden. Was den Nachweis der Kausalität betrifft, setzt die Gerichtspraxis die Anforderungen nicht allzu hoch an, um den damit verbundenen praktischen Schwierigkeiten Rechnung zu tragen. So greift die haftpflichtrechtliche Verantwortlichkeit bereits dann, wenn überwiegend wahrscheinlich ist, dass der ärztliche Fehler zum Schaden geführt hat (BGE 113 Ib 420 E. 3 S. 424).

Für Patienten ist die Hürde, eine Verletzung ärztlicher Sorgfaltspflichten nachzuweisen, gewöhnlich hoch. Zu bedenken ist allerdings, dass häufig Versicherungen ganz oder teilweise für den entstandenen Schaden aufkommen und ihrerseits dann den Haftpflichtprozess führen. *Im vorliegenden Fallbeispiel* wird es – eher untypisch – nicht schwer fallen, eine Missachtung der gebotenen Sorgfalt sowohl auf individueller als auch organisatorischer Ebene nachzuweisen: Die Verwechslung des zu amputierenden Beines ist erstmals in der Korrespondenz zwischen Chirurgenbüro und Operationskoordinator aufgetreten. Die Pflegefachkraft hat in der Folge den Fehler entdeckt und ihrem Vorgesetzten gemeldet. Dieser unterließ es aber, die Verwechslung in den offiziellen Operationsplan zu transferieren. Am Operationstag selber ignorierte die Pflegefachkraft, selbst nach einem Hinweis des Patienten, die Verwechslung und setzte die Operationsvorbereitungen am falschen Bein fort. Als das Operationsteam nach drei Viertel der Operationszeit ihren Fehler entdeckte, wurde offenbar nicht einmal der Versuch unternommen, das linke Bein noch zu retten. Das Fallbeispiel manifestiert damit nicht nur individuelles Fehlverhalten, sondern grobe Mängel im Bereich der Organisation sowie der spitalinternen Kommunikations- und Fehlerkultur.

Im Unterschied zur vermögensrechtlichen Haftung spielt die Qualifikation des Rechtsverhältnisses (öffentlich-rechtlich oder privatrechtlich) für die *strafrechtliche Verantwortlichkeit* keine Rolle. Das Strafverfahren wird direkt gegenüber der fehlbaren Person eröffnet und diese hat für ihre Handlungen alleine einzustehen. Das schweizerische Strafgesetzbuch sieht diverse Straftatbestände zum Schutz von Leib und Leben vor (Art. 111 ff. StGB). Im vorliegenden Fall ist davon auszugehen, dass die an der Vorbereitung der Operation beteiligten Personen den Tatbestand der *fahrlässigen* schweren Körperverletzung (Art. 125 Abs. 2 StGB) erfüllen, soweit sie Sorgfaltspflichten verletzt haben, d. h. die Vorsicht nicht beachtet haben, zu der sie nach den Umständen und ihren persönlichen Verhältnissen verpflichtet gewesen wären (vgl. Art. 12 Abs. 3

StGB). Darüber hinaus kommt sogar eine *vorsätzliche* schwere Körperverletzung (Art. 122 StGB) in Betracht, und zwar einerseits bei der Pflegefachkraft, die wider besseren Wissens geschehen ließ, dass das falsche Bein amputiert wird, anderseits bei den Mitgliedern des Operationsteams, welche den Fehler entdeckten und die Operation dennoch fortsetzten. Hätte das linke Bein zu diesem Zeitpunkt noch gerettet werden können, ist ihnen eine vorsätzliche schwere Körperverletzung vorzuwerfen, welche eine Bestrafung mit Freiheitsstrafe bis zu zehn Jahren oder Geldstrafe nicht unter 180 Tagessätzen nach sich zieht.

Zusätzlich zu den strafrechtlichen Folgen haben die fehlbaren Personen mit *disziplinarischen Sanktionen* zu rechnen. Dabei kommen namentlich eine Verwarnung, ein Verweis, eine Busse oder gar ein (befristetes oder definitives) Berufsverbot in Frage (vgl. Art. 43 MedBG betreffend universitäre Medizinalberufe, wie Ärztinnen und Ärzte; auf Anstellungsverhältnisse in öffentlichen Spitälern ist kantonales Disziplinarrecht anwendbar). Darüber hinaus können derart grobe Sorgfaltspflichtverletzungen wie im vorliegenden Fall einen Grund für eine fristlose Entlassung darstellen.

1.3.2 Deutsches Recht

Tade Matthias Spranger

Die *Berufshaftung* des Arztes resultiert aus der Außerachtlassung des medizinischen Standards, was allgemein als *Behandlungsfehler* verstanden wird (Deutsch und Spickhoff 2008: Rn. 160). Der Begriff des Behandlungsfehlers umfasst nach der Rechtsprechung des BGH das Absehen von einer medizinisch gebotenen Vorgehensweise unter Abweichung von dem haftungsrechtlich maßgeblichen Standard eines Facharztes (BGH, Urteil vom 6.5.2003 – VI ZR 259/02).

Fehlerkommunikation

Bisher existierten im deutschen Recht keine verbindlichen Vorgaben zur Fehlerkommunikation zwischen Arzt und Patient. Zwar verfügten Kliniken teilweise über interne Systeme zum Risikomanagement und Umgang mit Behandlungsfehlern, diese kamen in der medizinischen Landschaft jedoch nur äußerst selten und ausschließlich auf freiwilliger Basis vor (Immel Schr 2011). Vor Einführung des neuen deutschen Patientenrechts war die Aufklärung des Patienten über einen Behandlungsfehler nur dann zwingend, wenn eine Folgebehandlung notwendig war, um etwaige gesundheitliche Schäden für den Patienten zu verhindern (Spindler 2013: § 823 Rn. 633; Laufs und Kern: § 61 Rn. 15; OLG Hamm NJW 1985, 685). Im Falle einer Nachfrage des Patienten in Bezug auf mögliche Komplikationen oder Abweichungen vom medizinischen Standard war der Arzt verpflichtet, wahrheitsgemäß zu antworten. Eine damit einhergehende Pflicht zur Einstufung der Behandlung als fehlerhaft bestand hingegen nicht, denn dem stand der *nemo-tenetur*-Grundsatz entgegen, demzufolge niemand sich selbst einer Straftat (bzw. einer einen Schadensersatzanspruch begründenden Handlung) bezichtigen muss (Laufs und Kern: § 61 Rn. 15).

Das neue *Patientenrechtegesetz* vom 26.02.2013 regelt nunmehr in §§ 630a – 630h BGB den Behandlungsvertrag zwischen Arzt und Patient. Hierbei findet auch der Behandlungsfehler ausdrückliche Erwähnung. So besteht gem. § 630c Abs. 2 Satz 2 BGB die Pflicht des Arztes, über eigene sowie über fremde eventuell bestehende Behandlungsfehler zu informieren. § 630c Abs. 2 Satz 2 BGB ist jedoch nicht ohne Einschränkungen formuliert. Die *Informationspflicht* besteht ausschließlich dann, wenn der Patient direkt nach einem Behandlungsfehler fragt oder wenn die Information zur Abwendung von gesundheitlichen Gefahren notwendig ist. Darüber hinaus ist dem *nemo-tenetur*-Grundsatz in § 630c Abs. 2 Satz 3 BGB Rechnung getragen worden (Thole und Schanz 2013: 66 – 67): Die gemäß § 630c Abs. 2 Satz 2 BGB vom Behandelnden selbst erlangten Informationen dürfen in einem gegen ihn geführten Straf- oder Bußgeldprozess nur dann zu Beweiszwecken verwendet werden, wenn der Behandelnde zustimmt.

Bereits im Vorfeld wurde das neue Gesetz für unzureichend erachtet. Zwar ist die spezifische Regelung des Behandlungs- und Arzthaftungsrechts –, das bisher dezentral in verschiedenen Gesetzen geregelt war und maßgeblich auf der geltenden Rechtsprechung beruhte –, im BGB begrüßenswert. Ebenso anerkennenswert ist der Vorsatz, die Fehlervermeidungskultur zu fördern und die Verfahrensrechte der Patienten bei Behandlungsfehlern zu stärken (BT-Drs. 17/10488 vom 15.08.2012, S. 1 ff.). In der Gesamtschau zielt das neue Gesetz in Bezug auf Patientenrechte jedoch primär auf eine transparentere und stringentere Kodifizierung des rechtlichen status quo ab, nicht hingegen auf eine Fortentwicklung rechtlicher Standards (vgl. Schelling und Warntjen 2012).

Fehlerverantwortlichkeit und Gerechtigkeit für Patienten

Die zivilrechtliche *Arzthaftung* basiert auf zwei Säulen, nämlich der Vertragsverletzung aus § 280 Abs. 1 Satz 1 BGB einerseits und der Deliktshaftung aus § 823 Abs. 1 BGB, die die unerlaubte Handlung zum Anknüpfungspunkt hat, andererseits. Somit stehen dem geschädigten Patienten sowohl vertragliche als auch deliktische Ansprüche zu. Beiden Ansprüchen ist gemeinsam, dass sie an das Verschulden des Arztes anknüpfen. Als Verschuldensformen kommen gemäß § 276 Abs. 1 BGB vorsätzliches und fahrlässiges Handeln in Betracht, wobei im ärztlichen Kontext üblicherweise nur der Fahrlässigkeitsvorwurf greift. Unabhängig vom konkreten Verschulden des behandelnden Arztes ist außerdem ein etwaiges Organisationsverschulden –, das an Fehler im Zusammenhang mit der Organisation der Arbeitsabläufe (Dienstanweisungen, Überwachung, Zurverfügungstellung von Personal und Material) anknüpft (Deutsch und Spickhoff 2008: Rn. 223) –, zu berücksichtigen.

Im Arzthaftungsprozess war – abgesehen von einigen Beweiserleichterungen wie etwa der Verschuldensvermutung nach § 280 Abs. 1 Satz 2 BGB – der Patient bisher für das Vorliegen eines Behandlungsfehlers darlegungs- und beweispflichtig, was die

Rechtsverfolgung erheblich erschwerte. Zur Vermeidung unbilliger Ergebnisse entwickelte die Rechtsprechung daher im Wege der Rechtsfortbildung zugunsten des Patienten den Mechanismus der *Beweislastumkehr* bei groben Behandlungsfehlern (Deutsch und Spickhoff 2008: Rn. 218 f.). Ein grober Behandlungsfehler liegt dann vor, wenn der Arzt besonders offensichtliche und elementare Fehler macht, die einen besonders schweren objektiven Sorgfaltsverstoß begründen. Im Falle eines weniger schweren Behandlungsfehlers bleibt somit die Nachweisschwierigkeit für Patienten bestehen. Hieraus resultierte bereits vor Einführung des neuen Patientenrechtegesetzes die Empfehlung zur Einrichtung eines *Patientenentschädigungsfonds*. Dieser wurde aber im Gesetzesentwurf zum Patientenrechtegesetz mit der Begründung abgelehnt, dass die vorgeschlagene gemeinschaftliche Finanzierung des Fonds durch Patienten, Versicherer und Ärzte dem deutschen Haftungssystem, welches auf dem Prinzip der Individualhaftung basiert, zuwiderlaufe. Er fand dementsprechend im Patientenrechtegesetz keine Berücksichtigung. § 630h BGB enthält nunmehr ausdrückliche Regelungen zur Beweislastverteilung im Arzthaftungsrecht. Allerdings gehen die dort kodifizierten Grundsätze ebenfalls nicht über das hinaus, was bereits zuvor durch höchstrichterliche Rechtsprechung entwickelt wurde (Thole und Schanz 2013: 68–69).

Im Hinblick auf strafrechtliche Sanktionen kommen bei Behandlungsfehlern in erster Linie die fahrlässige schwere *Körperverletzung* nach §§ 229, 226 StGB und die fahrlässige gefährliche Körperverletzung nach §§ 229, 224 StGB in Betracht. Ebenso können die Voraussetzungen einer vorsätzlichen gefährlichen Körperverletzung gemäß §§ 223, 224 StGB sowie eine vorsätzliche schwere Körperverletzung nach §§ 223, 226 StGB vorliegen. Der Strafbarkeitsvorwurf kann je nach Lage des Einzelfalls sowohl gegen die Pflegekraft als auch gegen die behandelnden Ärzte gerichtet sein. Bei Körperverletzungstatbeständen im medizinischen Bereich ist dabei stets § 228 StGB von besonderer Bedeutung, demzufolge eine wirksame Einwilligung der Rechtswidrigkeit der Körperverletzung grundsätzlich entgegensteht. Im vorliegenden Fall bezog sich die Einwilligung des Patienten jedoch auf das rechte und nicht das linke Bein, weshalb die Amputation des linken Beines von der Einwilligung naturgemäß nicht erfasst war. Zusätzlich zu strafrechtlichen Sanktionen kommen disziplinarische Maßnahmen bis hin zur Entlassung des behandelnden Arztes in Betracht.

1.3.3 Österreichisches Recht

Christian Kopetzki

Fehlerkommunikation

Spezifische und gesetzlich vorgegebene Regeln für die Fehlerkommunikation gibt es im österreichischen Recht nicht, auch keinen Schutz vor haftungsrechtlichen Nachteilen bei einer freiwilligen Offenlegung eines Fehlers. Es besteht aber eine *Anzeigepflicht* an die Sicherheitsbehörde, wenn sich für den Arzt (z. B. auch den leitenden Arzt einer Krankenanstalt oder den Pathologen) in Ausübung seines Berufes der Verdacht ergibt, dass durch eine gerichtlich strafbare Handlung der Tod oder eine schwere Körperverletzung herbeigeführt wurde (§ 54 Abs. 4 ÄrzteG). Darüber hinaus sind alle Behörden und öffentliche Dienststellen zur Anzeige beim Verdacht einer Straftat verpflichtet (§ 78 StPO). Weitergehende Kommunikations- und Informationsflüsse können „hausintern" auf der Ebene des Dienstrechts verankert sein. Eine Pflicht zur „Selbstanzeige" im Falle eines (vermuteten) Fehlers besteht nicht; sie wäre wegen des Verbots des Zwangs zur „Selbstbezichtigung" (Art. 90 B-VG, Art. 6 EMRK) verfassungsrechtlich auch nicht zulässig.

Eine Verpflichtung zur Fehlerkommunikation gegenüber dem geschädigten Patienten ist zwar nicht ausdrücklich vorgesehen, könnte aber als Nebenpflicht (des Krankenhausträgers) aus dem Behandlungsvertrag abgeleitet werden. Dies umso mehr dann, wenn diese Information für den Patienten zur Vermeidung von Folgeschäden notwendig ist oder wenn durch den Fehler zusätzliche Behandlungsmaßnahmen bzw. „Reparatureingriffe" erforderlich werden, die eines umfassenden „informed consent" bedürfen.

Die Identifikation, Kommunikation und Analyse von Fehlern hat – selbst wenn diese keinen Schaden auslösen – auch eine präventive Bedeutung für die Entwicklung von Fehler- und Schadensvermeidungsstrategien für die Zukunft. Insofern stellt eine Fehlerkommunikation auch ein wichtiges Element des Risikomanagements und der Qualitätssicherung dar. Die allgemeine Verpflichtung des Krankenhausträgers zur Implementierung effektiver Maßnahmen zur Vermeidung von Fehlern folgt aus seiner zivilrechtlichen *Organisationsverantwortung* und aus den Vorgaben des Krankenanstaltenrechts (z. B. § 5b KAKuG: Pflicht zu krankenhausinternen Maßnahmen der Qualitätssicherung; Qualitätssicherungskommission etc.). Auch das Gesundheitsqualitätsgesetz enthält die Zielvorgabe, dass „die Qualität bei der Erbringung von Gesundheitsleistungen unter Berücksichtigung der Patientensicherheit" zu gewährleisten ist (§ 1 Abs. 1 GQG). Konkretisierende rechtliche Rahmenbedingungen (z. B. verbindliche Bundesqualitätsrichtlinien nach dem GQG) stehen allerdings noch aus. In Anlehnung an Vorbilder in der Luftfahrt wurde auch in Österreich ein (anonymes) Fehlermeldesystem eingerichtet (CIRS: Critical Incident Reporting System).

Fehlerverantwortlichkeit und Gerechtigkeit für Patienten

Die rechtlichen Folgen eines Behandlungsfehlers sind in Österreich im Wesentlichen dieselben wie in den benachbarten Rechtsordnungen: Ein Fehlverhalten kann zivilrechtliche (Schadenersatz), strafrechtliche und disziplinarrechtliche Konsequenzen auslösen, und zwar sowohl für den handelnden Arzt als auch für den Träger des Krankenhauses (ausgenommen das Disziplinarrecht, das keine Verantwortung juristischer Personen kennt). Im Extremfall können all diese Verfahren kumulativ abgewickelt werden; eine Grenze bildet lediglich das „Doppelbestrafungsverbot". Bei körperlichen Schädigungen erfordert weder die zivilrechtliche noch die strafrechtliche

Haftung einen Vorsatz oder eine „böse Absicht“ des Schädigers; grundsätzlich genügt Fahrlässigkeit.

Die zivilrechtliche Haftung richtet sich nach den allgemeinen Regeln des Schadenersatzrechts. Haftungsvoraussetzungen sind neben dem Eintritt eines Schadens (Vermögensschaden und/oder immaterieller Schaden – Schmerzengeld) Rechtswidrigkeit (Sorgfaltswidrigkeit, Behandlungsfehler), ein Kausalzusammenhang zwischen dem Behandlungsfehler und dem Schaden sowie Verschulden (Vorsatz, Fahrlässigkeit). Eine Haftung für den „schlechten Erfolg“ oder eine „Komplikation“ (ohne begleitenden Behandlungsfehler) gibt es im Medizinbereich nicht. Im Falle eines Behandlungsfehlers kann sich die Rechtswidrigkeit entweder aus der Verletzung des Behandlungsvertrages (Haftung ex contractu) oder aus einem zivilrechtlichen Delikt (Haftung ex delicto) ergeben. Typischerweise wird die zivilrechtliche Haftung in der Praxis zumeist „ex contractu“ gegenüber dem Vertragspartner des Patienten (also dem Träger des Krankenhauses) geltend gemacht, da dies für den Kläger vorteilhafter ist (nicht zuletzt bei der Geltendmachung eines „Organisationsverschuldens“); der zur Haftung herangezogene Rechtsträger kann sich gegenüber seinen Dienstnehmern unter bestimmten Voraussetzungen regressieren. Eine zusätzliche zivilrechtliche Haftung des einzelnen Arztes „ex delicto“ ist möglich. Die *Beweislast* liegt sowohl für den Nachweis des Behandlungsfehlers als auch dessen Kausalität grundsätzlich beim klagenden Patienten; die Rechtsprechung hat allerdings einige Beweislasterleichterungen entwickelt (z. B. eine Beweislastumkehr bei Verletzungen der ärztlichen Dokumentationspflicht, weil dadurch der Fehlernachweis erschwert ist). Die Hürde der Beweislast des Klägers ist dafür verantwortlich, dass zivilrechtliche Schadenersatzklagen zunehmend auf den (ausschließlichen oder alternativen) Vorwurf eines Aufklärungs- bzw. Einwilligungsmangels gestützt werden: Hier wird die Beweislast für das Vorliegen eines ordnungsgemäßen „Informed consent“ nach ständiger Rechtsprechung dem Beklagten (Arzt, Krankenhaus) zugeordnet.

Ein abweichendes Haftungssystem bei öffentlichen und/oder staatlichen Krankenanstalten besteht nicht: Da die Rechtsbeziehungen zwischen Arzt und Krankenhausträger auch in dieser Konstellation privatrechtlich gedeutet werden, scheidet eine öffentlich-rechtliche *Staatshaftung* („Amtshaftung“) aus. Eine solche kommt nur dann und ausnahmsweise in Betracht, wenn die Behandlung als Ausdruck staatlicher Hoheitsgewalt erfolgt (z. B. bei der psychiatrischen Zwangsanhaltung oder bei einer zwangsweisen Anhaltung nach dem Epidemierecht).

Im vorliegenden Fallbeispiel wird der Nachweis eines sorgfaltswidrigen Verhaltens (Behandlungsfehlers) nicht schwerfallen. Wird der Anspruch gegen den Krankenhausträger (als Vertragspartner) geltend gemacht, dann kommt es auf die exakte Fehlerzuordnung zu einzelnen Mitarbeitern nicht an: Der Träger haftet nicht nur für die (als seine „Erfüllungsgehilfen“ tätigen) Mitarbeiter, sondern als Organisationsverantwortlicher auch für Fehler bei der internen Kommunikation, bei der Organisation und Kontrolle von internen Abläufen sowie beim „Schnittstellenmanagement“. Ein solches Organisationsverschulden liegt hier nahe. Besondere rechtliche Regeln über die anzuwendenden Strategien zur Fehlervermeidung bestehen nicht (obwohl das

Thema „risk management“ zunehmend an Bedeutung gewinnt). Dass es sich bei der organisationsbedingten Verwechslung eines zu operierenden Körperteils um ein Lehrbuchbeispiel eines Organisationsverschuldens handelt – das durch engmaschige „Check-Listen“ und Ähnliches zu vermeiden wäre – ist aber weitgehend unbestritten.

Strafrechtlich kann überdies eine Haftung nach den Körperverletzungstatbeständen des StGB eintreten (§ 88 Abs. 4 StGB – fahrlässige schwere Körperverletzung). Diese Haftung kann nicht nur die einzelnen handelnden Personen treffen (was freilich den Nachweis der individuellen Verantwortung voraussetzt). Nach den näheren Bestimmungen des Verbandsverantwortlichkeitsgesetzes (VbVG) könnte auch der Rechtsträger des Krankenhauses strafrechtlich belangt werden; diese Trägerhaftung spielt gerade bei einem Organisationsverschulden in arbeitsteiligen Betriebsabläufen eine Rolle.

Die Suche nach *Alternativen* zur traditionellen Arzthaftung hat in den letzten Jahrzehnten auch die gesundheitspolitische Diskussion in Österreich beherrscht. Bundesweite Modelle einer „verschuldensunabhängigen Medizinhaftung“ haben sich zwar nicht durchgesetzt. Es gibt inzwischen jedoch (je nach Bundesland ganz unterschiedlich ausgestaltete) *Patientenentschädigungsfonds* im stationären Bereich. Sie werden aus Zusatzgebühren der Anstaltspatienten dotiert und dienen der „Entschädigung nach Schäden, die durch die Behandlung“ in der Krankenanstalt entstanden sind „und bei denen eine Haftung des Rechtsträgers nicht eindeutig gegeben ist“. Dasselbe gilt (auch bei „eindeutig“ fehlender Haftung) für seltene und schwerwiegende Komplikationen, die zu einer erheblichen Schädigung geführt haben (§ 27a Abs. 6 KAKuG). Ein Rechtsanspruch auf diese Leistung besteht nicht. Streng genommen handelt es sich bei diesen Entschädigungsvarianten um keine Sonderform der „Haftung“ (weil die Entschädigung nicht an einen Behandlungsfehler geknüpft ist), sondern um eine sozialrechtliche Form des Schadensausgleichs. Ein plausibler Kausalitätsnachweis ist aber auch hier erforderlich.

Zusätzlich zu diesen „Entschädigungsfonds“ existiert eine Vielzahl rechtlich nicht geregelter Schiedsstellen, Schlichtungsstellen und „Mediationsangeboten“, die – meist unter Einbindung der Haftpflichtversicherer – im Idealfall in eine *außergerichtliche Streitbeilegung* münden. Eine hervorragende Funktion kommt in diesem Zusammenhang den auf Landesebene institutionalisierten und gesetzlich errichteten Patientenanwaltschaften zu. Sie folgen dem Leitbild einer „Patientenombudschaft“ und nehmen neben der Aufgabe der Vermittlung (teilweise in Verflechtung mit den Entschädigungsfonds) und der Aufbereitung von Informationen (z. B. Einholung von unabhängigen Sachverständigengutachten) auch andere informelle Funktionen der Konfliktbereinigung wahr. Das Vermittlungsersuchen an eine derartige Schlichtungsstelle oder an die Patientenanwaltschaft hemmt den Lauf der Verjährungsfrist (§ 58a ÄrzteG). Der geschädigte Patient des Fallbeispiels hätte – obwohl es sich eher um einen Fall für die gerichtliche Haftung handelt – gute Chancen gehabt, bereits im Vorfeld eine außergerichtliche Entschädigung zu bekommen.

Literatur und Materialien

Australian Commission on Safety and Quality in Health Care (ACSQHC) (2008) Open Disclosure Standard: A National Standard for Open Communication in Public and Private Hospitals, Following an Adverse Event in Health Care. ACSQHC, Sydney

Bachinger G (2012) Außergerichtliche Streitbeilegung. In: Aigner G, Kletecka A, Kletecka-Pulker M, Memmer M (Hrsg.) Handbuch Medizinrecht, Loseblattausgabe. Manz, Wien, II.3

Banja J (2005) Medical Errors and Medical Narcissism. Jones and Bartlett Publishers, Boston

Bernat E (2004) Der von der Haftung des Krankenanstaltenträgers losgelöste Ersatz des Patientenschadens nach § 27a Abs. 6 KAKuG. MedR 22:310–315

Bismark M, Dauer E, Paterson R, Studdert D (2006) Accountability sought by patients following adverse events from medical care: the New Zealand experience. Can Med Assoc J 175:889–894

Deutsch E, Spickhoff A (2008) Medizinrecht, 6. Aufl. Springer, Berlin

Fellmann W, Kottmann A (2012) Schweizerisches Haftpflichtrecht. Band I: Allgemeiner Teil sowie Haftung aus Verschulden und Persönlichkeitsverletzung, gewöhnliche Kausalhaftungen des OR, ZGB und PrHG. Stämpfli, Bern

Gächter T, Rütsche B (2013) Gesundheitsrecht, 3. Aufl. Helbing Lichtenhahn, Basel

Gallagher TH, Lucus MH (2005) Should we disclose harmful medical errors to patients? If so, how? J Clin Outcomes Manag 12:253–259

Götz Staehelin C (2007) Teamarbeit und geteilte Verantwortung in Spital, Arztpraxis und Belegarztverhältnis. HAVE:226–234.

Gross J (2001) Schweizerisches Staatshaftungsrecht, Stand und Entwicklungstendenzen, 2. Aufl. Stämpfli, Bern

Iedema R, Allen S, Sorensen R, Gallagher TH (2011) What Prevents Incident Disclosure, and What Can Be Done to Promote It? Jt Comm J Qual Patient Saf 37:409–417

Immel-Sehr A (2001) Behandlungsfehler. Gesundheit und Gesellschaft 7–8:37–41. http://www.immel-sehr.de/Rede.pdf. Zugegriffen: 4. Sept. 2013

Jahn B (2009) Außergerichtliche Konfliktlösung im Gesundheitswesen. Manz, Wien

Juen T (2005) Arzthaftungsrecht, 2. Aufl. Manz, Wien

Kopetzki C (2013) Krankenanstaltenrecht. In: Holoubek M, Potacs M (Hrsg.) Öffentliches Wirtschaftsrecht, Bd 1, 3. Aufl. Österreich, Wien, S. 377–490

Kuhn MW (1993) Aktuelle Probleme in der Ärztehaftpflicht. SJZ 89:257–266

Landolt H (2009) Medizinalhaftung, Aktuelle Rechtsprechung zu ausgewählten Problembereichen der Arzthaftung. HAVE: 329–349

Laufs A, Kern BR (Hrsg.) (2010) Handbuch des Arztrechts, 4. Aufl. C.H. Beck, München

Leischner A (2007) Streitbeilegung in medizinischen Haftungsfällen. Manz, Wien

Leitner M (2011) Spezielles Schlichtungsrecht. In: Resch R, Wallner F (Hrsg.) Handbuch Medizinrecht. Lexis Nexis, Wien, S. 257–281

Liang, BA (2002) A system of medical error disclosure. Qual Saf Health Care 11:64–68

Manning J (2010) Access to Justice for New Zealand Health Consumers. J Law Med 18:178–194

Mastroianni AC, Mello MM, Sommer S, Hardy M, Gallagher TH (2010) The Flaws In State 'Apology' And 'Disclosure' Laws Dilute Their Intended Impact On Malpractice Suits. Health Aff 29:1611–1619

Reason J (2000) Human error: models and management. BMJ 320: 768–770

Schelling P, Warntjen M (2012)Die Pflicht des Arztes zur Offenbarung von Behandlungsfehlern. MedR 30:506–512

Spindler G. In: Bamberger HG, Roth H (Hrsg.) Beck'scher Online-Kommentar zum BGB, Stand: 1.5.2013. http://beck-online.beck.de/?typ=reference&y=400&w=BeckOK&name=ZivR. Zugegriffen: 5. Sept. 2013

Stöger K (2012) Rechtliche Aspekte von Qualitätssicherung in der Medizin. In: Aigner G, Kletecka A, Kletecka-Pulker M, Memmer M (Hrsg.) Handbuch Medizinrecht, Loseblattausgabe. Manz, Wien, I.7

Studdert DM, Brennan TA (2001) No-fault compensation for medical injuries: the prospect for error prevention. JAMA 286: 217–123

Tag B (2007) Strafrecht im Arztalltag. In: Kuhn MW, Poledna T (Hrsg.) Arztrecht in der Praxis, 2. Aufl. Schulthess, Zürich, Basel, Genf, S. 669–765

The Joint Commission (2012) The Joint Commission Sentinel Event Data Event Type by Year: 1995–2011. http://www.jointcommission.org. Zugegriffen: 5. Sept. 2013

Thole L, Schanz M (2013) Die Rechte der Patienten – transparent, verlässlich und ausgewogen. RDG, S. 64–70

Vincent C (2003) Compensation as a duty of care: the case of “no fault”. Qual Saf Health Care 12: 240–241

World Health Organization (2009) WHO Patient Safety Research. World Health Organization

Wiebke Bretschneider, Tenzin Wangmo, Bernice Elger

2 Notfallsituation

Fallbeispiel

Ein 50-jähriger, bereits verwitweter Französischlehrer ist in einen Verkehrsunfall verwickelt. Dabei zieht er sich eine schwere Verletzung am linken Bein, mit einem offenen Schienbeinbruch, zu. Da die Feuerwehr sehr lange benötigt, um ihn aus seinem Auto zu befreien, hat er viel Blut verloren. Als er in die Notfallstation des Krankenhauses eingeliefert wird, hat er einen Blutdruck von 60/30 und ist sehr verwirrt. Es erfolgen verschiedene medizinische Maßnahmen: Der Patient erhält eine Bluttransfusion, die Wunde wird durch die Chirurgen untersucht, desinfiziert und steril verbunden, außerdem werden Röntgenbilder angefertigt. Der Bewusstseinszustand des Patienten verbessert sich; nach einer erneuten Untersuchung stellen die Chirurgen jedoch fest, dass der Schweregrad der Verletzung eine Amputation des Beines unterhalb des linken Kniegelenkes erfordert.

Allmählich stabilisiert sich der Zustand des Patienten. Die Pflegefachkraft, die sich um den Patienten kümmert, teilt den zuständigen Ärzten mit, dass der Patient über seinen Befund und den weiteren Verlauf der Therapie informiert werden möchte. Am Krankenbett erläutern die Ärzte dem Patienten die Notwendigkeit einer schnellen Amputation, da ein großer Teil der Nerven und Blutgefäße bei dem Unfall unwiederbringlich zerstört wurden. Der Patient versteht die Erklärungen, möchte aber noch mit seiner Tochter, die momentan als Ärztin an einer Mission des Internationalen Komitees des Roten Kreuzes (IKRK) teilnimmt, sprechen. Vermutlich wird es bis zu 48 Stunden dauern, bis er mit ihr kommunizieren kann. Die Chirurgin teilt dem Patienten mit, dass aufgrund des Risikos einer Blutvergiftung oder des Verblutens keine lange Bedenkzeit möglich ist. Der Patient erwidert, dass er noch warten wolle, da es ihm sehr wichtig sei, mit seiner Tochter zu sprechen. Kurz darauf wird der Patient aufgrund des Blutverlustes bewusstlos.

2.1 Problemfelder

Im Fallbeispiel geht es um Entscheidungen über medizinische Maßnahmen in einer Notfallsituation. Hierbei ist fraglich, wer in einer Notfallsituation nach welchen Maßstäben über medizinische Eingriffe entscheidet, wenn der Patient dazu nicht mehr in der Lage ist.

Grundsätzlich bedarf jede medizinische Intervention der freien und informierten Einwilligung des betroffenen Patienten (Grundsatz des *informed consent*). Die Einwilligung ist Ausfluss des Rechts auf Selbstbestimmung über den eigenen Körper und notwendige Voraussetzung für einen rechtmäßigen diagnostischen oder therapeutischen Eingriff. Eine Einwilligung ist aber nur dann wirksam, wenn der Patient über den bevorstehenden Eingriff hinreichend aufgeklärt worden ist. Entsprechend hat der Arzt die Pflicht, den Patienten vorgängig über alle relevanten Aspekte der Behandlung zu informieren.

Ist der Patient bewusstlos und deshalb nicht fähig, in einen medizinischen Eingriff einzuwilligen, fällt als Rechtfertigung für den Eingriff eine *mutmaßliche Einwilligung* in Betracht. Es stellt sich somit die Frage, ob der Patient in den Eingriff einwilligen würde, wenn er aufgeklärt worden wäre und sich im Zustand der Urteilsfähigkeit befinden würde. Dabei ist entscheidend, nach welchen Maßstäben der Arzt zu beurteilen hat, ob eine mutmaßliche Einwilligung vorliegt. Im Fallbeispiel stellt sich die Frage der mutmaßlichen Einwilligung zweimal: zuerst in Bezug auf die Maßnahmen unmittelbar nach Einlieferung des Patienten in die Notfallstation und später in Bezug auf den Entscheid über die Amputation des Beines.

2.2 Ethische Beurteilung

Informierte Einwilligung

Aus ethischer Sicht ist die Einwilligung ein elementarer Bestandteil in der Arzt-Patienten Beziehung. Der Autonomie der Patienten wird unter anderem dadurch Rechnung getragen, dass Patienten vor diagnostischen und/oder therapeutischen Eingriffen ihr Einverständnis geben müssen, indem sie der Maßnahme zustimmen. Auch in Notfallsituationen muss dieser Grundsatz berücksichtigt werden.

1. Aufklärung

Ein Patient kann sein Recht auf Selbstbestimmung nur dann angemessen ausüben, wenn er, bevor er seine Zustimmung zu einer Behandlung gibt, ausreichende Informationen über die geplante medizinische Maßnahme erhalten hat sowie über mögliche Risiken und Nutzen der Behandlung aufgeklärt worden ist. Es reicht jedoch nicht aus, dass der Patient die Informationen erhalten hat, er muss sie auch verstanden haben (Appelbaum 2007; Berg et al. 2001; Swiss Academy of Medical Sciences 2009). Das bedeutet, eine sach- und fachgerechte Aufklärung kann nur bei einem Patienten erfolgen, der urteilsfähig ist.

Im medizinischen Alltag müssen Ärzte Patienten täglich über Behandlungen aufklären, damit sie der Durchführung selbstbestimmt zustimmen oder diese gegebenenfalls auch ablehnen können. In Notfallsituationen kann der Patient nur in den seltensten Fällen ausführlich über den bevorstehenden Eingriff informiert werden. Dies bedeutet, dass er seine Autonomierechte nicht wahrnehmen und nicht wirksam zustimmen kann. In allen anderen Situationen hat der Arzt jedoch die ethische Pflicht, vor der Maßnahme mit dem Patienten über alle relevanten Aspekte der Behandlung zu sprechen.

2. Selbstbestimmungsrecht

Die Forderung nach informierter Zustimmung basiert auf dem Prinzip des Respekts vor der Patientenautonomie. Autonomie bedeutet, dass eine Person in Angelegenheiten, die sie betreffen, selbst entscheidet. Aus ethischer Sicht kann ein Patient eine selbstbestimmte Entscheidung treffen, wenn er die Fähigkeit besitzt, die relevanten Informationen zu verstehen, über sie nachzudenken, eine Entscheidung zu fällen und er diese Entscheidung auch kommunizieren kann. Er sollte die Wahlmöglichkeiten verstehen wie auch die Bedeutung und Folgen verschiedener Entscheidungsalternativen nachvollziehen und abwägen können (Wilks 1997).

Ein weiteres wichtiges Merkmal des Selbstbestimmungsrechts ist die freiwillige Zustimmung (Appelbaum 2007; Swiss Academy of Medical Sciences 2009). Diese setzt voraus, dass die zustimmende Person keinem relevanten Druck oder Zwang von außen unterliegen darf, beispielsweise von der Familie oder Ärzten.

Im medizinischen Bereich kann es jedoch immer wieder zu Konflikten zwischen dem Prinzip der Autonomie des Patienten und seinem Wohlergehen kommen. Obwohl in unserer heutigen Gesellschaft im Allgemeinen die Patientenautonomie Vorrang hat, kann es dennoch Situationen geben, in denen das Wohlergehen des Patienten stärker gewichtet wird als die Patientenautonomie. Dies ist der Fall, wenn eine umfassende Aufklärung dem Patienten schaden würde, indem sie ihn beispielsweise in einen Schockzustand versetzen oder ihm den Lebenswillen nehmen würde. Dessen ungeachtet erfordert es der Respekt vor der Patientenautonomie, dass Lösungen gesucht werden, um dem Willen des Patienten am besten Rechnung tragen zu können.

3. Entscheidungskompetenz

Die Entscheidungskompetenz eines Erwachsenen ist aus ethischer Sicht als ein Kontinuum zu verstehen. Man geht dabei nicht davon aus, dass eine „Maximalautonomie" nötig ist, sondern für die meisten Entscheidungen wird Erwachsenen im Allgemeinen ausreichende Entscheidungskompetenz zuerkannt. Trifft eine Person eine irrationale Entscheidung, kann dies ein Zeichen von mangelnder Urteilsfähigkeit sein, wenn der Grund für die Irrationalität z. B. in einer psychischen Krankheit liegt. Es gibt jedoch keinen Automatismus: Menschen haben das Recht, irrationale und unvernünftige Entscheidungen zu treffen. Zudem haben Menschen in unserer pluralistischen Gesellschaft unterschiedliche Auffassungen von dem, was Rationalität und Vernunft bedeutet: Für einen Zeugen Jehovahs ist es rational und vernünftig, Bluttransfusionen abzulehnen, weil ihm sonst gemäß seiner religiösen Weltanschauung Schaden in der Ewigkeit droht. Die meisten Ethiker gehen von einer gleitenden Skala der Urteilsfähigkeit aus (Drane 1984).

Das Vorhandensein beziehungsweise Fehlen der Urteilsfähigkeit muss immer in Bezug auf eine bestimmte Handlung oder eine konkrete Situation untersucht werden. Je komplizierter eine Entscheidung und je gefährlicher die Folgen, desto höher wird diese Schwelle. Außerdem ist es möglich, dass jemand in einem bestimmten Moment urteilsfähig ist, jedoch kurz danach nicht mehr, wenn er beispielsweise eine größere Menge Alkohol getrunken hat. Bestimmte Krankheiten können die Urteilsfähigkeit situationsabhängig beeinträchtigen. Ein Patient, der an Demenz leidet, hat möglicherweise Schwierigkeiten, komplexe Zusammenhänge zu verstehen. Er kann als urteilsunfähig eingestuft werden, wenn es beispielsweise darum geht, einer umfangreichen, für ihn schwer verständlichen Behandlung zuzustimmen. Gleichzeitig kann er hingegen urteilsfähig sein, wenn es darum geht, einer einfach verständlichen Routinebehandlung zuzustimmen. Auch ein psychotischer Patient ist nicht generell urteilsunfähig. Da es sich bei einer akuten Erregung meist um einen vorübergehenden und behandelbaren Zustand handelt, wäre eine generelle Absprache der Urteilsfähigkeit ethisch nicht zu rechtfertigen.

Mutmaßliche Einwilligung und Vertretung

Grundsätzlich sollten die Autonomierechte von urteilsfähigen Patienten in Bezug auf medizinische Entscheidungen respektiert werden, so lange dabei keine Drittpersonen zu Schaden kommen. Ärzte sollten die Fähigkeit besitzen, zu erkennen, dass Entscheidungen auf Werten beruhen und beispielsweise das Leben mit nur einem Bein als unzumutbar empfunden werden kann. Aus diesem Grund können Patienten lebensrettende Eingriffe verweigern, oder sie sind bereit, höhere Risiken einzugehen, um herauszufinden, ob die Amputation vermieden werden kann. Sie möchten daher länger abwarten, als es medizinisch indiziert wäre.

Im Fall von nicht-autonomen Patienten gilt das Prinzip, dass die medizinischen Entscheidungen nach dem mutmaßlichen Willen des Patienten getroffen werden. Ist dessen Wille unbekannt, wird in dessen bestem Interesse gehandelt. Ist der Patient wie im Fallbeispiel also bewusstlos und deshalb nicht fähig, in eine medizinische Maßnahme einzuwilligen, fällt als Rechtfertigung für den Eingriff eine mutmaßliche Einwilligung in Betracht. Würde der Patient in den Eingriff einwilligen, wenn er umfassend aufgeklärt worden wäre und sich im Zustand der Urteilsfähigkeit befinden würde? Bei dieser Frage ist entscheidend, nach welchen Maßstäben der Arzt zu beurteilen hat, ob eine mutmaßliche Einwilligung vorliegt. Der Fall zeigt, dass eine „schwarz-weiß" Haltung keine konstruktive Lösung herbeiführt. Es wäre ethisch genauso falsch, den Patienten voreilig an einer Sepsis sterben zu lassen, um seinen Willen zu respektieren, wie es ethisch nicht zu rechtfertigen wäre, gegen seinen Willen eine Amputation durchzuführen. Auch wenn der Patient formal gesehen als urteilsfähig eingestuft werden sollte, muss ebenfalls einbezogen werden, dass er sich in einer außerordentlichen Stresssituation befindet und vor einem beeinträchtigenden Eingriff eine Zweitmeinung wünscht. Es ist daher von allergrößter Wichtigkeit, dass der Arzt diesen Wunsch erkennt und Alternativen vorschlägt, z. B. das Einbeziehen des Hausarztes oder eines weiteren Chirurgen. Ebenfalls ist das Zeitmanagement eines Arztes ein ethisches Problem: Wie viel Zeit muss gerechterweise jedem Patienten auf einer überfüllten Notfallstation zukommen, um durch wiederholte Aufklärung sicherzustellen, dass ein beunruhigter und unter Stress stehender Patient genügend Zeit und Informationen vermittelt bekommt, um die für ihn beste Entscheidung zu treffen? Wenn der Patient eine Amputation ablehnt bzw. sich noch nicht zum Eingriff äußern konnte, muss genau geklärt werden, wie man verfährt, wenn er das Bewusstsein verliert. Dass er länger als medizinisch indiziert auf die Zweitmeinung seiner Tochter warten möchte, heißt nicht, dass er im Falle einer Verschlimmerung seines Zustands und dem daraus resultierenden Verlust seiner Urteilsfähigkeit eine Amputation verweigern würde. Daher besteht die ethische Pflicht des Arztes, diese Entscheidungsteile getrennt zu kommunizieren und den Patientenwillen genau zu eruieren.

Im Fallbeispiel war der Patient zum Zeitpunkt der Einlieferung in die Notfallstation stark verwirrt und daher kaum urteilsfähig. In einem ersten Schritt trafen die zuständigen Ärzte die unaufschiebbaren notwendigen medizinischen Maßnahmen. Dies geschah im objektiven Interesse des Patienten, weshalb zu diesem Zeitpunkt von einer mutmaßlichen Einwilligung ausgegangen werden konnte. Als sich der Bewusstseinszustand des Patienten verbesserte, wurde er von den Ärzten über die Notwendigkeit einer baldigen Amputation aufgeklärt. Der Patient äußerte klar und deutlich seinen Willen, vor Erteilung einer allfälligen Einwilligung mit seiner Tochter sprechen zu wollen. Vor dem Gespräch mit seiner Tochter verliert der Patient jedoch das Bewusstsein und eine Einwilligung in die – medizinisch indizierte – Amputation kann nicht mehr erteilt werden. In erster Linie sollte daher versucht werden, die Tochter zu konsultieren, damit diese einen Entscheid nach dem mutmaßlichen Willen und den Interessen des Patienten treffen kann. Wenn es unmöglich ist, die Tochter zeitnah per Telefon oder E-Mail zu kontaktieren, sollten einerseits Anstrengungen unternommen werden, um andere Familienmitglieder oder Freunde zu erreichen, die den Patient unterstützen bzw. bei der Eruierung des mutmaßlichen Willens und der darauf folgenden Entscheidungsfindung behilflich sein können. Andererseits könnte mit dem Patienten besprochen werden, ob seinem Wunsch nach einer medizinischen Zweitmeinung durch eine Vertrauensperson auf andere Weise entsprochen werden kann, z. B. durch Heranziehen des Hausarztes oder eines anderen Chirurgen. Da davon auszugehen ist, dass sich der Zustand von Patienten in Notfallsituationen auch sehr plötzlich verschlechtern kann, sollten Ärzte diesen Fall im Voraus mit dem Patienten erörtern. Tritt der Bewusstseinsverlust ein, bevor diese Frage geklärt wurde, sollten Ärzte nach dem mutmaßlichen Willen und den Interessen der Patienten eine Entscheidung treffen. Im Fallbeispiel haben die Ärzte die Pflicht, sich in die konkrete Lage des Patienten hineinzuversetzen und zu fragen, welchen Entscheid dieser unter den gegebenen Umständen treffen würde. Eventuell würde er einem Eingriff zustimmen, wenn dieser die einzige Möglichkeit darstellt, seinen Tod zu verhindern. Es bestehen vorliegend keine Anhaltspunkte, dass der Patient auf eine lebensrettende Behandlung verzichten würde. Die Äußerungen des Patienten betreffen alleinig den Willen, sich mit der Tochter abzusprechen. Da sich eine Amputation als notwendig erweist und im objektiven Interesse des Patienten ist, könnte die Operation aus ethischer Sicht durchgeführt werden.

2.3 Rechtliche Beurteilung

2.3.1 Schweizerisches Recht

Bernhard Rütsche, Nadja D'Amico

Informierte Einwilligung

Jede ärztliche Behandlung stellt einen Eingriff in die Persönlichkeitsrechte, insbesondere in die körperliche Integrität des Patienten dar (Art. 10 Abs. 2 BV; Art. 28 ZGB). Daher bedarf es zur Rechtfertigung der freien und informierten Zustimmung des Patienten (*informed consent*). Die Zustimmung ist nur dann wirksam, wenn der Patient vom Arzt über die Natur und die Folgen des Eingriffs vorgängig aufgeklärt worden ist. Der Patient hat somit einen Anspruch auf Aufklärung (Urteil des Bundesgerichts 4C.66/2007 vom 9. Januar 2008, E. 5.1; BGE 114 Ia 350 E. 6 S. 358). Der Arzt handelt mithin widerrechtlich und verletzt die körperliche Integrität des Patienten, wenn er einen Eingriff vornimmt, ohne diesen hinreichend informiert und ohne dessen Einwilligung eingeholt zu haben.

Die Einwilligung des Patienten hat *freiwillig*, d. h. ohne äußeren Druck und Zwang, zu erfolgen und ist jederzeit widerrufbar. Erst die ärztliche Aufklärung versetzt den Patienten in die Lage, aus freiem Willen in eine medizinische Behandlung einzuwilligen. Der Arzt muss den Patienten in klaren Worten, so *verständlich und umfassend* wie möglich über die Diagnose und Prognose der Krankheit, die vorgeschlagene Behandlung und deren Alternativen, die Risiken des Eingriffs, die Heilungschancen, den Spontanverlauf der Krankheit und auch über die finanziellen Fragen, namentlich in Bezug auf die Krankenversicherung, informieren (Urteil des Bundesgerichts 4P.265/2002 vom 28. April 2003, E. 4.2). Von der Aufklärungspflicht ausgenommen sind alltägliche Maßnahmen, die keine besondere Gefahr und keine endgültige oder dauernde Beeinträchtigung der körperlichen Integrität mit sich bringen (BGE 119 II 456 E. 2a S. 458; 117 Ib 197 E. 3b S. 203). Eine weitere Beschränkung der generellen Aufklärungspflicht des Arztes wird traditionellerweise angenommen, wenn die Diagnoseaufklärung einen für den Gesundheitszustand des Patienten schädlichen Angstzustand hervorrufen würde (sog. *therapeutisches Privileg*; BGE 117 Ib 197 E. 3b S. 203; 105 II 284 E. 6c S. 287 f.). Die Berufung auf das therapeutische Privileg ist jedoch sehr restriktiv zu handhaben und auf jene Ausnahmefälle zu beschränken, in denen die Risiken eines Aufklärungsschocks größer sind als die Risiken einer Nichtbehandlung. Nachdem der Patient aufgeklärt worden ist, muss ihm eine hinreichende *Bedenkfrist* gegeben werden, um die erhaltenen Informationen abzuwägen und gestützt darauf eine freie Entscheidung zu treffen. Die Zustimmung betrifft stets eine spezifische medizinische Intervention und kann nicht global für künftige Behandlungen abgegeben werden (vgl. Art. 27 Abs. 2 ZGB).

Mutmaßliche Einwilligung und Vertretung

Die Einwilligung in medizinische Eingriffe hat durch den urteilsfähigen Patienten selbst zu erfolgen, *urteilsunfähige Patienten* können keine Einwilligung erteilen (vgl. zur Urteilsfähigkeit Fallbeispiel 10). Die Urteilsunfähigkeit kann dauerhaft (*habituell*) sein, wie beispielsweise bei Personen mit geistiger Behinderung oder Demenzkranken, oder sie kann auch bloß vorübergehend (*kasuell*) bestehen. Letzteres ist namentlich der Fall, wenn der Patient – wie in casu – infolge eines Unfalls bewusstlos oder stark verwirrt ins Spital eingeliefert wird.

Die Rechte urteilsunfähiger Patienten sind durch eine am 1. Januar 2013 in Kraft getretene Teilrevision des schweizerischen Zivilgesetzbuchs grundlegend neu geregelt worden (Revision Erwachsenenschutz, Personenrecht und Kindesrecht vom 19. Dezember 2008). So eröffnen Art. 370 ff. ZGB jedermann die Möglichkeit, seinen Willen für den Fall einer künftig eintretenden Urteilsunfähigkeit in einer sog. *Patientenverfügung* vorsorglich und verbindlich festzuhalten. Die betreffende Person kann darin konkrete Weisungen in Bezug auf medizinische Maßnahmen erteilen oder eine Vertrauensperson bezeichnen, die in ihrem Namen die Entscheidungen trifft. Dem mutmaßlichen Willen des Patienten wird damit verbindlich Ausdruck verliehen. Zur Gültigkeit muss die Patientenverfügung schriftlich abgefasst, datiert und unterzeichnet sein (Art. 371 Abs. 1 ZGB).

Neben der Patientenverfügung regelt das schweizerische Zivilgesetzbuch neu, wer berechtigt ist, (habituell oder kasuell) urteilsunfähige Personen bei medizinischen Maßnahmen zu vertreten (sog. *vertretungsberechtigte Personen*). Gemäß der Kaskadenfolge in Art. 378 Abs. 1 Ziff. 1–7 ZGB ist in erster Linie die in einer Patientenverfügung bezeichnete Person zur Vertretung befugt, in zweiter Linie der von der Erwachsenenschutzbehörde zu diesem Zweck ernannte Beistand, in dritter Linie der Ehegatte bzw. eingetragene Partner, sofern diese mit der urteilsunfähigen Person zusammenleben oder ihr regelmäßig und persönlich Beistand leisten, dann die Person, die mit der urteilsunfähigen Person einen gemeinsamen Haushalt führt und ihr regelmäßig und persönlich Beistand leistet und schließlich der Reihe nach die Nachkommen, Eltern und Geschwister, welche der urteilsunfähigen Person regelmäßig und persönlich Beistand leisten. Die vertretungsberechtigte Person hat mangels konkreter Anordnungen in einer Patientenverfügung nach dem mutmaßlichen Willen (subjektives Element) und Interessen (objektives Element) der urteilsunfähigen Person zu entscheiden (Art. 378 Abs. 3 ZGB). Sie hat ihre eigenen Wertungen und Auffassungen außer Acht zu lassen. Zur Ermittlung des mutmaßlichen Willens sind insbesondere frühere Äußerungen und die allgemeine Werthaltung des Patienten zu beachten. Das objektive Interesse des Patienten ergibt sich demgegenüber aus einer verallgemeinernden Betrachtungsweise, die danach fragt, welche Entscheidung in der konkreten Situation angemessen wäre, um die Gesundheitsinteressen des Patienten möglichst gut zu wahren. Besteht zwischen den beiden Entscheidelementen ein Konflikt, sollte in Nachachtung des Selbstbestimmungsrechts grundsätzlich dem mutmaßlichen Willen der Vorrang gegeben werden, sofern dieser klar feststellbar ist.

Soweit keine Dringlichkeit besteht, hat der behandelnde Arzt unter Beizug der vertretungsberechtigten Person die Behandlung zu planen (sog. *Behandlungsplan* nach Art. 377 ZGB). Der Arzt klärt die vertretungsberechtigte Person über die geplanten medizinischen Maßnahmen hinreichend auf, damit diese rechtsgültig ihre Zustimmung erteilen oder verweigern kann. Nach Möglichkeit wird auch der urteilsunfähige Patient in die Entscheidfindung einbezogen. Die *Erwachsenenschutzbehörde* schreitet – von Amtes wegen oder auf Anzeige der Ärzteschaft hin – ein, wenn die vertretungsberechtigte Person die Zustimmung zu einer notwendigen Maßnahme ohne vertretbare Gründe verweigert oder die Interessen der betroffenen Person anderweitig gefährdet sind (vgl. Art. 381 ZGB).

Erst wenn ein *dringlicher Fall* vorliegt, keine Patientenverfügung getroffen worden ist und keine vertretungsberechtigte Person rechtzeitig erreicht werden kann, ergreifen die Ärzte in eigener Kompetenz medizinische Maßnahmen (Art. 379 ZGB, vgl. auch Art. 8 BMK). Die Ärzte haben sich dabei ebenfalls am mutmaßlichen Willen und den objektiven Interessen des urteilsunfähigen Patienten zu orientieren. Von einem dringlichen Fall wird nicht nur in einer eigentlichen Notfallsituation ausgegangen, sondern auch, wenn die Vertretungsberechtigung objektiv unklar ist und mit einer medizinischen Maßnahme aus gesundheitlichen Gründen nicht zugewartet werden kann.

Wie im Rahmen der ethischen Fallbeurteilung ausgeführt wurde, ist im *Fallbeispiel* davon auszugehen, dass der Patient zum Zeitpunkt der Einlieferung in die Notfallstation kaum urteilsfähig war und die medizinischen Maßnahmen (Bluttransfusion, Wundversorgung und Röntgenbild) im objektiven Interesse des Patienten lagen. Diese Maßnahmen waren insofern von der mutmaßlichen Einwilligung des Patienten abgedeckt. Hinsichtlich der Frage der Amputation äußerte der Patient – nachdem er kurzzeitig wieder bei klarem Verstand war – den Willen, sich vorgängig noch mit seiner Tochter zu besprechen, obschon er damit das Risiko einer Blutvergiftung bzw. des Verblutens in Kauf nahm. Nachdem der Patient bewusstlos wurde, bevor er mit seiner Tochter sprechen konnte, wurde die Tochter vertretungsberechtigte Person nach Art. 378 Abs. 1 Ziff. 5 ZGB. In erster Linie sollte daher versucht werden, die Tochter zu konsultieren, damit diese einen Entscheid nach dem mutmaßlichen Willen und den Interessen des Patienten treffen kann. Kann die Tochter nicht erreicht werden, liegt ein dringlicher Fall vor. Demnach hätte die Ärztin selber die Kompetenz, nach dem mutmaßlichen Willen und den Interessen des Patienten einen Entscheid zu treffen (Art. 379 ZGB). Das objektive Interesse spricht vorliegend für die Durchführung der Amputation, da es sich um eine lebensrettende Maßnahme handelt.

2.3.2 Deutsches Recht

Tade Matthias Spranger

Informierte Einwilligung

Grundsätzlich stellt jeder Eingriff in den menschlichen Körper tatbestandlich eine Körperverletzung nach §§ 223 ff. StGB dar. Nach ständiger Rechtsprechung des Bundesgerichtshofs (vgl. etwa BGH, Urteil vom 20. Januar 2004 – 1 StR 319/03, Rn. 36; BGH, Urteil vom 5. Juli 2007 – 4 StR 549/06, Rn. 22) gilt dies auch für einen medizinisch indizierten Eingriff, der *lege artis* durchgeführt wird. Indes entfällt die Rechtswidrigkeit der Handlung im Falle einer wirksamen Einwilligung des Patienten. Die Einwilligung entfaltet jedoch nur dann ihre rechtfertigende Wirkung, wenn der Rechtsgutträger in der erforderlichen Art und Weise über den Eingriff aufgeklärt wurde, die nötige Einsichtsfähigkeit besitzt, um die Tragweite seiner Entscheidung erfassen zu können, und die Einwilligung zudem auf freiwilliger Basis erfolgt. Zudem muss die Einwilligung zwingend vor dem Eingriff erfolgen, da eine nachträgliche Genehmigung für eine Rechtfertigung unzureichend ist. Die Erforderlichkeit einer Einwilligung vor jeder medizinischen Indikation gilt im Arztrecht als unmittelbare Ausprägung der Menschenwürde und des allgemeinen Persönlichkeitsrechts (Art. 1 Abs. 1 bzw. Art. 2 Abs. 1 i.V.m. Art. 1 Abs. 1 GG; Deutsch und Spickhoff, 2008, Rn. 248). Die Grenzen der Einwilligung sind hingegen in § 228 StGB geregelt. Demnach stellt die Einwilligung in eine Körperverletzung dann keinen Rechtfertigungsgrund dar, wenn die Tat gegen die guten Sitten verstößt. Dies ist aber bei einem medizinisch indizierten und *lege artis* durchgeführten Eingriff nicht der Fall.

Vorliegend war der Patient aufgrund der angesprochenen Verwirrtheit zum Zeitpunkt der Einlieferung in die Klinik nicht einwilligungsfähig. Dies gilt ebenso für den Zeitraum der Bewusstlosigkeit nach dem Gespräch mit der behandelnden Ärztin. Aufgrund der akuten Handlungsnotwendigkeit war es jedoch zu beiden Zeitpunkten nicht möglich, die Wiedererlangung der Einwilligungsfähigkeit abzuwarten, sodass es auf die Grundsätze der mutmaßlichen Einwilligung ankommt.

Mutmaßliche Einwilligung und Vertretung

Die *mutmaßliche Einwilligung* ermöglicht eine interessengerechte Lösung in den Fällen, in denen der Patient aufgrund von Bewusstlosigkeit oder einer sonstigen *Einwilligungsunfähigkeit* keine Einwilligung zu erteilen vermag, die Maßnahme aber vital indiziert ist. Dies ist der Fall, wenn eine erhebliche Gefahr für die Gesundheit oder das Leben des Patienten droht (Sommer und Tsambikakis 2009: § 2, Rn. 36) und eine entsprechende medizinische Behandlung keinen Aufschub duldet.

In einer solchen Konstellation kommen die Grundsätze der *Geschäftsführung ohne Auftrag* gemäß §§ 677 ff. BGB zur Anwendung. In Anlehnung an § 683 BGB muss die Behandlung des Patienten seinem objektiven Interesse sowie seinem geäußerten oder mutmaßlichen subjektiven Willen entsprechen. Eine medizinisch indizierte Behandlung liegt dabei grundsätzlich im objektiven Interesse des Patienten. Der subjektive Wille des Patienten kann jedoch durchaus vom objektiven Interesse abweichen. Handelt es sich bei dem Patienten z. B. um einen Zeugen Jehovas, der die Bluttransfusion wegen seiner Glaubensrichtung strikt verweigert, so darf dieser nur unter der Voraussetzung, dass die Situation einer drohenden Lebensgefahr nicht von der Ablehnung erfasst ist, einer solchen Behandlung gegen seinen Willen unterzogen werden. Auch der entgegenstehende Wille eines Selbstmörders kann unter Umständen unbeachtlich sein, wenn die Möglichkeit eines Appelsuizidversuchs besteht und das Opfer tatsächlich gerettet werden will. Ein Rückgriff auf das Instrument der mutmaßlichen Einwilligung ist aber nur im äußersten Fall möglich. Vorher sollte der Arzt mittels Einschaltung von Angehörigen des Opfers grundsätzlich versuchen, den tatsächlichen Willen des Patienten zu ermitteln (Spickhoff 2011: § 680, Rn. 5). Dabei ist zu beachten, dass die Angehörigen keine „Notvertreter" sind, das heißt sie dürfen nicht nach ihrem eigenen Ermessen entscheiden, sondern können den Arzt nur hinsichtlich des Willens des Patienten sowie seiner früheren Äußerungen und Reaktionsformen informieren (Deutsch und Spickhoff 2008: Rn. 805). Die Rangfolge der zu befragenden Personen ist nicht allgemein geregelt, findet sich aber in bereichsspezifischen Vorgaben (wie etwa § 4 Abs. 2 TPG). Allgemein ist darauf zu achten, dass die tatsächliche Nähe der Beziehung maßgeblich ist, sodass die Freunde eines bewusstlosen Patienten diesem wesentlich näher stehen können als leibliche Kinder, zu denen die Beziehung seit langem zerrüttet ist (Deutsch und Spickhoff 2008: Rn. 806).

Übertragen auf den vorliegenden Fall bedeutet dies, dass zum Zeitpunkt der Einlieferung in das Krankenhaus die Heranziehung naher Angehöriger aufgrund des Verwirrtheitszustandes des Patienten zwar angezeigt, aufgrund der Dringlichkeit der medizinischen Behandlung sowie der faktischen Nichterreichbarkeit der Tochter zeitig aber nicht möglich und damit verzichtbar war.

2.3.3 Österreichisches Recht

Christian Kopetzki

Informierte Einwilligung

Auch in Österreich gilt das Prinzip des „informed consent": Ist der Patient aktuell einsichts- und urteilsfähig, so bedarf die Behandlung seiner höchstpersönlichen Einwilligung. Dieser Grundsatz ist sogar strafrechtlich abgesichert: Nach § 110 Abs. 1 StGB ist wegen „*eigenmächtiger Heilbehandlung*" strafbar, wer einen anderen ohne dessen Einwilligung, wenn auch nach den Regeln der medizinischen Wissenschaft, behandelt. Eine Ausnahme besteht nach § 110 Abs. 2 StGB nur dann, wenn – vereinfacht formuliert – der mit der Einholung der Einwilligung verbundene Aufschub das Leben oder die Gesundheit des Behandelten ernstlich gefährden würde. Eine im Ergebnis inhaltsgleiche Bestimmung findet sich im Krankenanstaltenrecht (§ 8 Abs. 3 KAKuG).

Mit dieser Regelung hat der österreichische Gesetzgeber das Spannungsverhältnis zwischen Selbstbestimmung und Fürsorge zugunsten der Patientenselbstbestimmung entschieden: Auch medizinisch indizierte und *lege artis* durchgeführte, ja selbst lebensrettende ärztliche Maßnahmen bedürfen – sieht man von seltenen und hier nicht einschlägigen Fällen des gesetzlichen Behandlungszwanges ab – der Einwilligung des Patienten und sind umso mehr dann verboten, wenn sie gegen den gültig erklärten Willen des (einwilligungsfähigen) Patienten erfolgen: Nach völlig einhelliger Auffassung erlaubt die Ausnahmeklausel des § 110 Abs. 2 StGB bzw. § 8 Abs. 3 KAKuG eine Behandlung ohne Einwilligung zur Abwehr von Lebens- oder ernstlicher Gesundheitsgefahr nur dann, wenn der Patient einwilligungsunfähig ist; sie erlaubt aber nicht die Behandlung eines Patienten, der die Einwilligung (im Zustand der Einwilligungsfähigkeit) bereits rechtswirksam verweigert hat, und zwar auch dann nicht, wenn der Patient im Behandlungszeitpunkt die Einwilligungsfähigkeit verloren hat. Anderenfalls ließe sich eine Behandlungsablehnung einfach dadurch aushebeln, dass man den Wirkungsbeginn der Narkose abwartet.

Um rechtlich wirksam zu sein, muss die Einwilligung frei von Willensmängeln sein; überdies muss ihr eine hinreichende ärztliche *Aufklärung* (insbesondere über Risiken, Nebenwirkungen und Behandlungsalternativen) vorangehen. Umfang und Intensität der Aufklärungspflicht sind gesetzlich nicht näher geregelt; die maßgeblichen Kriterien wurden von der kasuistischen Rechtsprechung (vor allem in zivilrechtlichen Haftungsfällen) konkretisiert, die sich an einem „beweglichen System" von Kriterien (z. B. Dringlichkeit, Indikation etc.) orientiert. Grundsätzlich wird davon ausgegangen, dass die Aufklärung umso eingehender sein muss, je geringer die medizinische Notwendigkeit bzw. die Dringlichkeit der Behandlung ist (und umgekehrt). In Notfällen wird sich die Aufklärung daher – sofern der Patient überhaupt entscheidungs- und kommunikationsfähig ist – auf ein Minimum beschränken können. Ein „therapeutisches Privileg" in dem Sinn, dass die Aufklärung zum Schutz des Patienten gänzlich entfallen könnte, ist in Österreich allerdings nicht anerkannt.

Mutmaßliche Einwilligung und Vertretung

Für den Fall, dass der Patient im relevanten Zeitpunkt nicht einsichts- und urteilsfähig ist, bestehen rechtlich mehrere Varianten: Liegt eine verbindliche *Patientenverfügung* (nach den detaillierten Regelungen des Patientenverfügungsgesetzes 2006 – PatVG) vor, dann darf die in einer derartigen Verfügung abgelehnte Behandlung nicht vorgenommen werden. Ist die Patientenverfügung – etwa wegen Nichterfüllung der inhaltlichen und/oder formellen Voraussetzungen des PatVG – lediglich „beachtlich", dann bildet sie die Grundlage für die Ermittlung des „mutmaßlichen Willens". Lässt sich dieser anhand der vorliegenden Informationen verlässlich rekonstruieren, ist die Behandlungsentscheidung danach auszurichten. In gleicher Weise ist vorzugehen, wenn der Patient seinen Willen nicht vorab festgelegt hat.

Abgesehen von einer möglichen antizipierten Patientenentscheidung in Gestalt einer Patientenverfügung kommen im Wesentlichen zwei Vertretungsformen bei

Einwilligungsunfähigen in Betracht: Hat der Patient einen „*Vorsorgebevollmächtigten*" (§§ 284 f-284 h ABGB), dessen Zuständigkeit auch die Zustimmung zu medizinischen Behandlungen umfasst (für Zustimmungen zu schwerwiegenden Maßnahmen gelten verschärfte Errichtungsvoraussetzungen), dann liegt die Entscheidung beim Vorsorgebevollmächtigten. Dieser ist an den Willen des Vollmachtgebers gebunden; er könnte daher gegebenenfalls auch eine medizinisch notwendige Behandlung verweigern, wenn dies im Bevollmächtigungsvertrag klar zum Ausdruck kommt. Hat der Patient keinen Vorsorgebevollmächtigten, könnte vom Pflegschaftsgericht gemäß § 268 i.V.m. § 284 g ABGB ein *Sachwalter* als gesetzlicher Vertreter bestellt und mit dem Wirkungskreis der Behandlungszustimmung betraut werden. Für die Zustimmung zu schwerwiegenden Behandlungen gelten – ausgenommen Gefahr im Verzug – auch hier besondere Regeln, etwa die Notwendigkeit einer zusätzlichen ärztlichen Bescheinigung oder einer pflegschaftsgerichtlichen Genehmigung (§ 283 Abs. 2 ABGB). Der Sachwalter hat seine Vertretungsbefugnis zum *Wohl* des Betroffenen wahrzunehmen; widrigenfalls könnte er vom Gericht enthoben werden. Da die Bestellung eines Sachwalters nur bei psychischer Krankheit oder geistiger Behinderung möglich ist, wird bei zunächst geistig gesunden Personen, die erst in Folge eines Notfalls entscheidungsunfähig werden, typischerweise (noch) kein Sachwalter vorhanden sein. Als dritte Vertretungsvariante kennt das österreichische Recht auch eine (gegenüber den anderen Vertretungsfällen subsidiäre) *Vertretungsbefugnis der nächsten Angehörigen* (§§ 284b-284e ABGB); von deren Vertretungsmacht sind allerdings schwerwiegende Behandlungsentscheidungen ausgenommen (§ 284b Abs. 3 ABGB).

In der Praxis der Notfallmedizin hat die Mehrzahl der Patienten freilich weder eine Patientenverfügung noch einen anderen (gesetzlichen oder bevollmächtigten) Vertreter. In diesem typischen Regelfall liegt die Entscheidung in der Hand der Ärzte. Diese sind auch nicht verpflichtet, in Notfällen nach einer Patientenverfügung zu suchen (§ 12 PatVG). Fehlt dem Patienten die Einsichts- und Urteilsfähigkeit und handelt es sich um einen dringenden Fall der Gefahr im Verzug, dann kann (und muss) die Entscheidung auch ohne Zustimmungserklärung in eigener ärztlicher Verantwortung getroffen werden (§ 110 Abs. 2 StGB). Bei Behandlungen im Krankenhaus kommt die Entscheidung über die Notwendigkeit und Dringlichkeit der Behandlung dem ärztlichen Leiter oder dem Leiter der Abteilung zu (§ 8 Abs. 3 KAKuG). Richtschnur ist der „*mutmaßliche Wille*" des Patienten. Hat der Patient vor dem Verlust der Entscheidungsfähigkeit eine Behandlung (sei es auch formlos und mündlich) abgelehnt, dann ist diese Weigerung bindend, auch bei vitaler Behandlungsnotwendigkeit.

Im vorliegenden Fallbeispiel wirft die erste Phase unmittelbar nach der Einlieferung keine besonderen Rechtsprobleme auf: Der Patient war stark verwirrt und daher nicht einsichts- und urteilsfähig. Da er soweit ersichtlich auch weder eine Patientenverfügung noch einen Sachwalter oder Vorsorgebevollmächtigten hatte, waren die Ärzte berechtigt und verpflichtet, die zur Abwehr der Gesundheitsgefahren nötigen Behandlungsschritte zu setzen, ohne sich langwierig mit der Frage eines „informed consent" beschäftigen zu müssen. Die Rechtsgrundlage dafür bietet § 110 Abs. 2 StGB und § 8 Abs. 3 KAKuG.

In dem Maße, in dem der Patient seine Einsichts- und Urteilsfähigkeit in weiterer Folge wiedererlangt, gewinnt auch seine höchstpersönliche Entscheidung an Gewicht. Hier besteht zunächst die Schwierigkeit festzustellen, ab welcher Schwelle vom Vorliegen der *„Einsichts- und Urteilsfähigkeit“* im Rechtssinn auszugehen ist. Da es sich dabei um empirisch kontinuierliche Übergänge handelt und das Gesetz die Kriterien der „Einsichts- und Urteilsfähigkeit“ nicht genauer präzisiert, besteht in diesem Punkt ein erheblicher ärztlicher Beurteilungsspielraum. Geht man davon aus, dass der Patient bei der Artikulation seines Wunsches, die Frage der Amputation vor Erteilung seiner Einwilligung mit der Tochter zu besprechen, bereits ausreichend einsichts- und urteilsfähig war, dann gilt der dabei zum Ausdruck kommende Wille grundsätzlich auch nach dem neuerlichen Verlust des Bewusstseins weiter. Er kann daher nicht ohne Weiteres durch Anwendung der „Gefahr im Verzug“-Klauseln übergangen werden. Allerdings – und hier liegt wohl die zentrale Problematik des Falls – ist fraglich, ob der Wunsch nach einer Kommunikation mit der Tochter tatsächlich als hinreichende Behandlungsverweigerung in Bezug auf eine (sofern dringend nötige) Amputation gedeutet werden darf. Das ist letztlich eine Frage nach der Auslegung des zuvor formulierten Patientenwillens und einer darauf gestützten Ermittlung des aktuellen „mutmaßlichen Willens“. Wenn sich die Tochter rechtzeitig erreichen lässt, wären ihre Aussagen jedenfalls in die Beurteilung des „mutmaßlichen Willens“ einzubeziehen (eine gesetzliche Vertretungsbefugnis als Angehörige hätte sie allerdings wegen der Schwere des Eingriffs nicht). Doch auch bei Nichterreichbarkeit der Tochter legen die Details des Sachverhalts den Schluss nahe, dass der Patient zwar das Gespräch mit der Tochter gewünscht hat, nicht jedoch, dass er lieber seinen Tod in Kauf nehmen wollte, wenn die Kontaktaufnahme mit der Tochter scheitert. Selbst bei verbleibenden Unklarheiten über den „mutmaßlichen Willen“ wäre daher im Zweifel nach dem Grundsatz „in dubio pro vita“ vorzugehen und die Operation durchzuführen.

Literatur und Materialien

Appelbaum PS (2007) Clinical practice. Assessment of patients' competence to consent to treatment. N Engl J M 357: 1834–1840

Berg JW, Appelbaum PS, Lidz CW, Parker L (2001) Informed Consent: Legal Theory and Clinical Practice, 2. Aufl. Oxford University Press, New York

Bernat E (1995) Behandlungsabbruch und (mutmaßlicher) Patientenwille. RdM 2:51–61

Deutsch E, Spickhoff A (2008) Medizinrecht, 6. Aufl. Springer, Berlin

Devaud C (2009) L'information en droit medical. Schulthess, Zürich

Drane JF (1984) Competency to Give an Informed Consent. A Model for Making Clinical Assessments. JAMA 252:925–927

Duc JM (2011) Responsabilité du médecin. Le consentement thérapeutique et le consentement économique éclairés du patient. AJP: 253–262

Eichenberger R, Kohler T (2012) Art. 377–381 ZGB. In: Geiser T, Reusser RE (Hrsg.) Basler Kommentar zum Erwachsenenschutz. Helbing Lichtenhahn, Basel: 152–167

Emanuel LL, Emanuel EJ, Stoeckle JD, Hummel LR, Barry MJ (1994) Advanced Directives: Stability of Patients' Treatment Choices. Arch Intern Med 154: 209–217

Emanuel LL (2008) Advanced Directives. Ann Rev Med 59:187–188
Fassbind P (2011) Art. 377–381 ZGB. In: Kren Kostkiewicz J, Nobel P, Schwander I, Wolf S (Hrsg.) ZGB Kommentar, Schweizerisches Zivilgesetzbuch, 2. Aufl. Orell Füssli, Zürich, S. 1691–1698
Gächter T, Rütsche B (2013) Gesundheitsrecht, 3. Aufl. Helbing Lichtenhahn, Basel
Guillod O (1986) Le consentement éclairé du patient. Editions Ides et Calendes, Neuenburg
Hausheer H, Geiser T, Aebi-Müller RE (2010) Das neue Erwachsenenschutzrecht. Stämpfli, Bern
Kopetzki C (2007) Das Patientenverfügungs-Gesetz im System der Rechtsordnung – Wirkungen und Nebenwirkungen. In: Körtner U, Kopetzki C, Kletecka-Pulker (Hrsg.) Das österreichische Patientenverfügungsgesetz. Springer, Wien, S. 127–155
Kopetzki C (2007) Einleitung und Abbruch der medizinischen Behandlung beim einwilligungsunfähigen Patienten. iFamZ 2:197–204
Kopetzki C (2009) Patientenverfügung: Ist alles Machbare auch rechtlich geboten? In: Kröll W, Pateter W, Schweppe P (Hrsg.) Recht und Risikomanagement in Anästhesie und Intensivmedizin. Festschrift für Helfried Metzler. Manz, Wien, S. 38–65
Kopetzki C (2010) Behandlungsablehnung trotz vitaler Indikation. Juristische Stellungnahme. RdM 17: 15–17
Manaï D (2013) Droits du patient face à la biomédecine. Stämpfli, Bern
Poledna T, Berger B (2002) Öffentliches Gesundheitsrecht. Stämpfli, Bern
Silveira MJ, Kim SYH, Langa KM (2010) Advance Directives and Outcomes of Surrogate Decision Making before Death. N Engl J Med 362: 1211–1218
Sommer U, Tsambikakis M (2009) Die strafrechltiche Arzthaftung. In: Terbille M (Hrsg.) Medizinrecht, Münchener Anwaltshandbuch. C.H. Beck, München, S. 286–389
Spickhoff A (Hrsg.) (2011) Medizinrecht, Kommentar. C.H. Beck, München
Swiss Academy of Medical Sciences (SAMS) (2009) Research with Human Subjects. A manual for general practice
Wilks I (1997) The debate over risk-related standards of competence. Bioethics 11: 413–426

Violet Fleur Handtke

3 Therapieverzicht und Patientenverfügungen

Fallbeispiel

Nach einem schweren Verkehrsunfall wird Herr B. bewusstlos in die Notfallstation eingeliefert. Nachdem der diensthabende Arzt alles Nötige getan hat, um den Patienten zu stabilisieren, schickt er ihn zur Untersuchung mittels Computertomografen (CT) mit Verdacht auf ein zerebrales Hämatom.

Als der Patient wenig später von der Untersuchung zurückkehrt, ist er immer noch nicht bei Bewusstsein. Er ist intubiert und wird nun künstlich beatmet. Der CT-Scan zeigt ein sehr großes raumforderndes intrazerebrales Hämatom in der linken Gehirnhälfte. Der behandelnde Arzt diskutiert mit dem Anästhesisten und dem Neurochirurgen, ob ein neurochirurgischer Eingriff durchgeführt werden soll. Die Prognose ist sehr schlecht. Die Überlebenschance bei einer Operation ist gering, wobei das Risiko hoch ist, dass schwere, bleibende Gehirnschäden zurückbleiben.

Als der behandelnde Arzt den Warteraum betritt, erfährt er, dass die Ehefrau des Patienten schon eine ganze Weile dort wartet. Er informiert sie über den kritischen Zustand ihres Mannes, die Erfolgsaussichten und Risiken der Operation sowie die Wahrscheinlichkeit einer bleibenden geistigen Behinderung. Er erfährt von der Ehefrau, dass Herr B. 75 Jahre alt ist und immer noch ein kleines Unternehmen führt.

Frau B. sagt Folgendes: „Ich bin mit Adrian schon seit 40 Jahren verheiratet, wir sind sehr glücklich miteinander. Versuchen Sie bitte alles, um ihn zu retten. Ich werde mich ohne Unterlass um ihn kümmern, selbst wenn er danach behindert oder schwer krank sein sollte. Hauptsache er überlebt. Das ist auch sehr wichtig für die Mitarbeiter in seinem Unternehmen".

Im weiteren Verlauf des Gesprächs erfährt der Arzt, dass Herr B. vor Kurzem eine Patientenverfügung gemacht hat. Frau B. hat sie mitgebracht und legt sie nun dem Arzt vor. Es ist ein formloses Blatt, das von Herrn B. unterschrieben und datiert ist und folgende Anweisungen gibt. „Im Fall eines schweren Unfalls oder einer schweren Krankheit, bei dem oder der ich das Bewusstsein verlieren sollte, lehne ich jegliche lebensverlangernden Maßnahmen ab. Ich möchte in Würde sterben, ohne künstlich am Leben erhalten zu werden. Ich will, dass nur diejenigen Maßnahmen getroffen werden, die der Schmerzlinderung dienen, Atemnot, Unruhe und Angst lindern."

3.1 Problemfelder

Im vorliegenden Fall des Patienten B. stehen sich drei verschiedene Beurteilungsperspektiven gegenüber: die Perspektive des Arztes, jene der Ehefrau sowie der vorgängig in einer Patientenverfügung geäußerte Wille des Patienten selbst.

Therapieverzicht?

Aus Sicht des Arztes geht es darum, die Vor- und Nachteile der verschiedenen Behandlungsmöglichkeiten abzuwägen. Angesichts der geringen Erfolgschancen einer Notoperation und der hohen Risiken schwerer Gehirnschäden stellt sich die Frage, ob ein therapeutischer Eingriff überhaupt angezeigt ist. Einerseits haben Ärzte grundsätzlich die Pflicht, Leben zu retten, auch wenn die Überlebenschancen eines Patienten gering sind. Anderseits gilt es, eine medizinische Überversorgung des Patienten („*medical futility*") zu vermeiden; dies umso mehr, wenn der Patient trotz einer ärztlichen Behandlung mit schweren Schädigungen, wie beispielsweise einer schweren geistigen Behinderung, zurückbleibt. In dieser Konfliktsituation besteht die schwierige Aufgabe, eine dem besten Interesse des Patienten entsprechende Entscheidung zu treffen.

Patientenverfügung

Im vorliegenden Fall äußert die Ehefrau des Patienten den klaren Wunsch nach einer Therapie, auch wenn mit bleibenden Gehirnschäden zu rechnen ist. Der *Wille der Ehefrau* widerspricht anscheinend dem *Willen des Patienten* selbst, wie er in der Patientenverfügung zum Ausdruck kommt. Im Zusammenhang mit der Patientenverfügung von Herrn B. stellen sich allerdings verschiedene Fragen: Ist die Patientenverfügung gültig? Muss sie vom Arzt beachtet werden? Ist die medizinische Beurteilung überhaupt noch maßgebend, wenn eine Patientenverfügung vorliegt? Wie ist vorzugehen, wenn die nächsten Angehörigen des Patienten Wünsche äußern, die von der Patientenverfügung abweichen? Was ist, wenn Zweifel aufkommen, ob der Patient in der konkreten Situation immer noch so entscheiden würde, wie er sich in der Patientenverfügung ausgesprochen hat?

3.2 Ethische Beurteilung

Das „medical futility"-Konzept

In der Literatur über Therapieverzicht und Therapieabbruch geht es oft darum, zu ermitteln, ob eine Behandlung „futile" ist, also aussichts- oder nutzlos. Diese Entscheidung wird vom Arzt oder vom behandelnden Team getroffen (Moratti 2009). Das Konzept der „*medical futility*" wurde in den 1980er Jahren entwickelt, als eine Art Gegenströmung zur immer radikaler interpretierten Autonomie des Patienten (Gabbay et al. 2010; Moratti 2009). Diese führte dazu, dass Patienten nicht nur der Meinung waren, Behandlungen ablehnen zu dürfen – Autonomie als sogenanntes negatives Recht – sondern ebenfalls einfordern zu können (Moratti 2009). Das „futility"-Konzept sollte den Ärzten wieder eine gewisse Entscheidungsgewalt zurückgeben und damit den Arzt in die Lage versetzen, eine von einem Patienten verlangte Durchführung einer medizinisch sinnlosen Therapie abzulehnen. Bis heute besteht allerdings große Uneinigkeit, was die Definition von „futility" angeht und ob das Konzept an sich nützlich ist (Chwang 2009); für einen Überblick über die Entwicklung des Konzeptes siehe (Moratti 2009).

Generell ist festzuhalten, dass das Konzept in Verbindung mit dem zu erreichenden Ziel der Behandlung immer mit einem subjektiven Werturteil über die Lebensqualität verbunden und somit nicht unproblematisch ist. Fakt ist dennoch, dass für eine Mehrheit der Patienten, die im Krankenhaus sterben, eine Entscheidung über Therapieverzicht oder Therapieabbruch vorausgeht (Pellegrino 2005).

Im Fall von Herrn B., wie in vielen anderen Fällen des klinischen Alltags, ist grundsätzlich festzuhalten, dass es ethisch keinen relevanten *Unterschied zwischen Therapieverzicht und Therapieabbruch* gibt. Lediglich auf der psychologischen und situativen Ebene unterscheiden sie sich, was dazu führt, dass gemeinhin der Eindruck entsteht, dass sie sich auch auf moralischer Ebene unterscheiden (Melltorp und Nilstun 1997). Gerade bei medizinischem Personal ist diese Wahrnehmung besonders ausgeprägt (Melltorp und Nilstun 1997). Dies rührt zum einen daher, dass Therapieverzicht keine aktive Handlung vonseiten des Personals beinhaltet, was bei einem Therapieabbruch aber der Fall ist („act" vs. „omission"; (President's Commission 1983)). Zum anderen können sich bei einer begonnenen Behandlung bestimmte Erwartungen seitens des Patienten oder der Angehörigen entwickeln, die einen Abbruch im Gegensatz zu einem Therapieverzicht unter Umständen erschweren (President's Commission 1983). Diese psychologischen Unterschiede sollten zwar berücksichtigt werden, aber nicht die Grundlage für eine Entscheidungsfindung sein, da sie aus ethischer Sicht nicht ausschlaggebend sind (aus der Sicht ethischer Theorien ausgeführt von (Melltorp und Nilstun 1997)). Dies wird im Fall von Herrn B. eine gute Kommunikation zwischen Frau B. und dem behandelnden Arzt erfordern, sollte eine begonnene Therapie nicht den gewünschten Effekt bringen.

Patientenverfügung

Eine Patientenverfügung (PV) ist ein Dokument, in dem ein Patient *für den Fall seiner Urteilsunfähigkeit* festgelegt hat, welche Präferenzen er/sie bezüglich seiner/ihrer zukünftigen Behandlung hat (MacLean 2006; SAMW 2009). Dabei kann auch ein Stellvertreter/eine Stellvertreterin ernannt werden, der/die die medizinischen Entscheidungen trifft, sollte der Verfasser/die Verfasserin der PV nicht mehr dazu in der Lage sein.

Die PV ist Ausdruck des *fortbestehenden Selbstbestimmungsrechts* des Patienten (Emanuel et al. 1991; Kim und Kjervik 2005; MacLean 2006; Rosenfeld et al. 2000) und des Prinzips des Nicht-Schadens (Beauchamp und Childress 2008). Gemeinhin werden PV allerdings nur wenig von Patienten genutzt (Cantor 1998; Lang und Wagner 2007; Perkins 2007), obwohl generell ein großes Interesse daran besteht (Emanuel et al. 1991).

Um anwendbar zu sein, muss die PV bestimmte Anforderungen erfüllen. Eine häufige und zentrale Kritik ist, dass PV oft nicht bei der Entscheidungsfindung zur weiteren Behandlung bei urteilsunfähigen Patienten verwendet werden können (Cantor 1998). Dies ist überwiegend darauf zurückzuführen, dass sie *zu vage und allgemein* in ihrer Formulierung sind (Cantor 1998; Emanuel und Emanuel 1989), da man die Zukunft nur sehr schwer antizipieren kann. Weiterhin wird aus prinzipieller Sicht gegen die PV eingewendet, dass die Identität der Person, die die PV verfasst hat, nicht notwendigerweise deckungsgleich mit dem Selbst ist, für das die Behandlungsentscheidungen getroffen werden müssen, womit ein Problem der *Kontinuität personaler Identität* besteht (Kuhse 1999; MacLean 2006). Konkret heißt dies, dass die Person heute möglicherweise andere Entscheidungen treffen würde als zur Zeit der Abfassung der PV (zur Relevanz dieser philosophischen Diskussion siehe Patrick et al. (1997) wonach sich Behandlungswünsche vor und während einer lebensbedrohenden Krankheit durchaus verändern können).

Da es praktisch unmöglich ist, das Szenario zu antizipieren, in der die PV letztendlich eingesetzt werden soll (Cantor 1998), ist es sehr schwer, sie so zu gestalten, dass sie eine gewisse Allgemeingültigkeit in Bezug auf künftige medizinische Behandlungen hat. Interpretationsbedürftige und wertende Weisungen wie beispielsweise „in Würde sterben“, „menschenunwürdiges Dasein“ oder auch „Lebensqualität“ (Emanuel et al. 1991), sollten erklärt werden (Cantor 1998; Lack 2005). Insbesondere können unerwünschte medizinische Maßnahmen genannt werden, beispielsweise das Legen einer Magensonde (Emanuel und Emanuel 1989). Dabei sollte sichergestellt sein, dass der Patient die Behandlungen und Folgen begriffen hat, um Missverständnisse zu vermeiden (Patrick et al. 1997). Eine detaillierte PV kann nämlich durchaus das behandelnde Team sowie die Angehörigen entlasten (Cantor 1998).

Um Unklarheiten zu vermeiden, empfiehlt es sich, die PV mit den Angehörigen, vor allem aber mit dem Stellvertreter und dem Hausarzt/der Hausärztin, durchzusprechen (Emanuel und Emanuel 1989; Lack 2005; Perkins 2007). Die PV sollte außerdem leicht zugänglich sein und regelmäßig aktualisiert werden; so kann gewährleistet werden, dass die Angaben noch immer den Wünschen des Patienten entsprechen (Barta und Kalchschmid 2004).

Liegt keine PV vor ist zu versuchen, den mutmaßlichen Willen des Patienten anhand von Aussagen der Angehörigen und betreuender Ärzte zu rekonstruieren. In Notfallsituationen, wo nur wenig Zeit ist, oder wenn keine Angehörigen anwesend sind, wird zum Wohl des Patienten entschieden, was bedeutet, dass lebenserhaltene Maßnahmen erst dann beendet werden, wenn die Nachteile der Behandlung überwiegen (Cantor 1998).

Im Fall von Herrn B. sind folgende ethische Prinzipien zu beachten und gegeneinander abzuwägen: die Prinzipien des Nicht-Schadens und der Fürsorge schließen Überlegungen zur künftigen Lebensqualität des Patienten sowie zu den Vor- und Nachteilen der möglichen Behandlungen ein. Das Prinzip des Respektes der Autonomie des Patienten ist im Zusammenhang mit der derzeitigen fehlenden Urteilsfähigkeit des Patienten relevant. Wie kann sichergestellt werden, dass die Wünsche von Herrn B. respektiert werden? Es gilt, den mutmaßlichen Willen des Patienten zu ermitteln und gegebenenfalls auch gegen die Wünsche seiner Frau zu handeln, sollten ihre Wünsche nicht mit denen des Patienten übereinstimmen. Dies verlangt besonderes, über die Medizin hinausgehendes Geschick vonseiten der Ärzte.

Da eine PV von Herrn B. vorliegt, die nicht genau auf die aktuelle Situation zutrifft und Spielraum für Interpretation lässt, sollte der mutmaßliche Wille rekonstruiert werden. Dafür können sowohl die Ehefrau oder andere ihm nahestehende Personen als auch der Hausarzt befragt werden. Was bedeutet für Herrn B., in „Würde zu sterben"? Würde er eine Operation mit geringen Erfolgsaussichten als lebenserhaltende Maßnahme werten und sie deshalb ablehnen? Dieses Vorgehen würde die Autonomie von Herrn B. respektieren, die er mit der PV zum Ausdruck gebracht hat. Sie sollte also auf jeden Fall berücksichtigt werden.

Die Ärzte müssen unabhängig davon bewerten, ob es sich bei der möglichen Operation um eine „futile" Behandlung handelt. Dies ist eine medizinische Entscheidung, die die Ärzte aufgrund ihrer Expertise und unter Einbeziehung der möglichen Folgen treffen müssen. Sollten sie zu dem Schluss kommen, dass die Operation nicht indiziert ist, so würde die Entscheidung allein aufgrund dessen erfolgen.

Die Wünsche von Frau B. sollten zwar respektiert werden, wenn sie aber nicht mit dem mutmaßlichen Willen von Herrn B. übereinstimmen, können sie nicht ausschlaggebend für den Entscheidungsprozess sein. Um das Prinzip des Nicht-Schadens auch bei ihr, als Angehöriger, zu respektieren, sollte sie umfassend über die Situation aufgeklärt und soweit wie möglich in den Entscheidungsprozess involviert werden. Gegebenenfalls sollte ihr die Zeit gegeben werden, die letztendliche Entscheidung zu akzeptieren.

Sollte der mutmaßliche Wille von Herrn B. nicht zufriedenstellend ermittelt werden können, muss im besten Interesse für ihn gehandelt werden. Im Allgemeinen sind Entscheidungen am Lebensende, wegen ihrer Endgültigkeit, immer eine ethische Herausforderung, die nur bewältigt werden kann, wenn alle Akteure zusammenarbeiten.

3.3 Rechtliche Beurteilung

3.3.1 Schweizerisches Recht

Bernhard Rütsche, Nadja D'Amico

Im vorliegenden Fall geht es darum, für einen bewusstlosen Patienten einen schwierigen Behandlungsentscheid zu treffen. Wer in solchen Situationen entscheidungsbefugt ist und nach welchen Maßstäben zu entscheiden ist, ergibt sich aus dem *Erwachsenenschutzrecht* (Art. 360 ff. ZGB). Dieses regelt insbesondere die Patientenverfügung (Art. 370 ff. ZGB).

Therapieverzicht?

Für Patienten, die bewusstlos und damit urteilsunfähig sind, entscheiden die nach Art. 378 ZGB *vertretungsberechtigen Personen* (dazu Fallbeispiel 2). Existiert keine Patientenverfügung oder fehlen in einer solchen inhaltliche Weisungen, so entscheidet die vertretungsberechtigte Person nach dem mutmaßlichen Willen und den Interessen der urteilsunfähigen Person (Art. 378 Abs. 3 ZGB). In dringlichen Fällen ergreift der Arzt medizinische Maßnahmen nach dem mutmaßlichen Willen und den Interessen der urteilsunfähigen Person (Art. 379 ZGB).

Vorliegend ist die Ehefrau von Herrn B. vertretungsberechtigte Person, sofern sie mit Herrn B. im gleichen Haushalt lebt oder ihm regelmäßig und persönlich Beistand leistet, wovon auszugehen ist (Art. 378 Abs. 1 Ziff. 3 ZGB). Der behandelnde Arzt muss die Ehefrau über alle Umstände *informieren*, die im Hinblick auf den zu treffenden Behandlungsentscheid wesentlich sind, insbesondere über die Erfolgsaussichten, die Risiken und Nebenwirkungen der vorgesehenen Notoperation sowie die Folgen eines Verzichts auf Behandlung (Art. 377 Abs. 2 ZGB).

Aufgrund der ärztlichen Informationen ist es an der Ehefrau, über die Behandlung zu entscheiden – immer vorausgesetzt, es bestehe keine Patientenverfügung mit Anweisungen für die konkrete Situation. Die Ehefrau hat sich am mutmaßlichen Willen und an den Interessen des Patienten zu orientieren. Ein *mutmaßlicher Wille* kann sich aufgrund von früheren Äußerungen des Patienten gegenüber der Ehefrau oder Dritten ergeben; eine mögliche Quelle für den mutmaßlichen Willen ist aber auch eine Patientenverfügung, die zwar keine hinreichend konkrete, auf die fragliche Entscheidungssituation anwendbare Weisungen enthält, jedoch bestimmte Werthaltungen des Patienten zum Ausdruck bringt.

Lässt sich kein mutmaßlicher Wille rekonstruieren, ist das *beste Interesse des Patienten* entscheidend. Was das beste Interesse ist und wie es bestimmt werden soll, regelt das Gesetz nicht näher. Die allgemeine Objektivierungsformel, wonach darauf abzustellen ist, wie ein durchschnittlich vernünftiger Patient in der fraglichen Situation entscheiden würde, hilft auch nicht weiter. Maßgebend muss letztlich eine sorgfältige Abwägung der auf dem Spiel stehenden Güter und Interessen sein. Im vorliegenden Fall ist einerseits zu bedenken, dass die Überlebenschancen des Patienten gering sind und eine neurochirurgische Operation voraussichtlich keine Besserung bringen wird. Anderseits wird selbst bei erfolgreicher Operation das Risiko hoch sein, dass der Patient geistig schwer behindert bleiben wird. In dieser Lage kann ein Verzicht auf eine lebenserhaltende Maßnahme oder deren Abbruch gerechtfertigt oder gar geboten sein (vgl. SAMW 2012b).

Patientenverfügung

In einer Patientenverfügung kann eine *urteilsfähige* Person festlegen, welchen medizinischen Maßnahmen sie im Fall ihrer Urteilsunfähigkeit zustimmt oder nicht zustimmt (Art. 370 Abs. 1 ZGB). Alternativ kann sie eine natürliche Person bezeichnen, die im Fall ihrer Urteilsunfähigkeit in Bezug auf medizinische Maßnahmen entscheidungsbefugt ist. Sie kann dieser Person Weisungen erteilen (Art. 370 Abs. 2 ZGB).

Für die Errichtung der Patientenverfügung wird die Urteilsfähigkeit der betroffenen Person vorausgesetzt. Indessen entfaltet sie erst mit Eintreten der Urteils*un*fähigkeit ihre Wirkung. Die Patientenverfügung regelt also eine künftige Situation im Voraus und wird als *aktuelle Einwilligung* in eine medizinische Maßnahme respektive deren Ablehnung behandelt. Die sonst für einen zulässigen medizinischen Eingriff geltende Voraussetzung einer rechtsgenüglichen *Aufklärung fällt weg*. Es wird davon ausgegangen, dass der Verfasser zum Zeitpunkt der Errichtung der Patientenverfügung, „über die für die Willensbildung erheblichen Informationen verfügt und auf zusätzliche Aufklärung verzichtet" (BBl 2006 7033).

Sodann muss die Patientenverfügung gewisse *Formvorschriften* beachten: Sie ist schriftlich zu errichten, zu datieren und zu unterzeichnen (Art. 371 Abs. 1 ZGB). Die Einhaltung der Form ist Gültigkeitserfordernis (vgl. Art. 11 Abs. 2 OR). Dessen ungeachtet ist die Patientenverfügung bei allfälligen Formmängeln nicht einfach unbeachtlich, sondern kann zur Eruierung des mutmaßlichen Willens des urteilsunfähigen Patienten herangezogen werden (BBl 2006 7031 f.; vgl. Art. 378 Abs. 3 ZGB).

Die Patientenverfügung kann ihre Wirkung nur entfalten, wenn sie bekannt und zugänglich ist. Das Gesetz bietet die Möglichkeit, die Tatsache der Errichtung einer Patientenverfügung und ihren Hinterlegungsort auf der *Versicherungskarte* eintragen zu lassen (Art. 371 Abs. 2 ZGB).

Die Erklärungen in der Patientenverfügung stellen nach schweizerischem Konzept nicht bloß Indizien für den mutmaßlichen Willen des Patienten dar, sondern sind als *verbindlich* zu betrachten. Folgerichtig verpflichtet Art. 372 Abs. 2 ZGB die Ärzte, der Patientenverfügung zu entsprechen. Die Einwilligung der vertretungsberechtigten Person (vgl. Art. 378 Abs. 1 ZGB) ist demnach nicht einzuholen. Ein Abweichen von der Patientenverfügung ist nur möglich, wenn sie gegen gesetzliche Vorschriften verstößt oder wenn begründete Zweifel bestehen, dass sie auf freiem Willen beruht oder noch dem mutmaßlichen Willen des Patienten entspricht (Art. 372 Abs. 2 ZGB).

In der Schweiz ist die Patientenverfügung zeitlich nicht befristet – auch 20 Jahre alte Patientenverfügungen behalten ihre Gültigkeit. Hingegen ist ihr *Widerruf* jederzeit möglich. Hierzu verweist das Gesetz auf die Bestimmungen des Vorsorgeauftrags (vgl. Art. 371 Abs. 3 ZGB „sinngemäß"). Demzufolge hat der Widerruf in derselben Form wie die Errichtung der Patientenverfügung, durch deren Vernichtung oder durch Errichtung einer neuen Patientenverfügung zu erfolgen (Art. 362 ZGB). Ein mündlicher Widerruf der Patientenverfügung sieht das Gesetz nicht ausdrücklich vor. Die herrschende Lehre geht indessen davon aus, dass im Gegensatz zum Vorsorgeauftrag bei der Patientenverfügung ein formloser, d. h. auch mündlicher Widerruf möglich ist.

Schwierigkeiten bereitet die Situation, in welcher eine Erklärung in der Patientenverfügung dem *Verhalten* des (nun) urteilsunfähigen Patienten widerspricht. Denn auch ein Widerruf setzt Urteilsfähigkeit voraus. Gleichzeitig verlangt das schweizerische Recht, dass Urteilsunfähige soweit möglich in die Entscheidfindung miteinbezogen werden (Art. 6 Ziff. 3 BMK; Art. 377 Abs. 3 ZGB). Das bedeutet, dass das Verhalten des urteilsunfähigen Patienten zwar keinen Widerruf der Patientenverfügung begründet, jedoch unter Umständen Zweifel wecken kann, ob die Patientenverfügung noch dem aktuellen mutmaßlichen Willen entspricht. Sind solche Zweifel begründet, kann von der Patientenverfügung abgewichen werden (vgl. Art. 372 Abs. 2 ZGB).

Im *Fall von Herrn B.* sind insbesondere gewisse Zweifel angebracht, ob die in der Patientenverfügung antizipierte Situation tatsächlich der aktuellen Situation des Patienten entspricht. Denn Herr B. sprach sich in der Patientenverfügung zwar gegen lebensverlängernde Maßnahmen aus, wenn er infolge eines Unfalls oder einer Krankheit das Bewusstsein verlieren sollte; gleichzeitig äußerte er den Wunsch, nicht künstlich am Leben erhalten zu werden. Damit ist nicht ganz klar, ob die Patientenverfügung auf alle Situationen eines Bewusstseinsverlustes infolge von Unfall oder Krankheit anwendbar sein soll oder ob sie nur gelten soll, wenn es um Maßnahmen zwecks künstlicher Lebensverlängerung geht, namentlich eine künstliche Beatmung im Fall eines komatösen Zustandes. Wird Letzteres angenommen, ist die Patientenverfügung auf den vorliegenden Fall nicht anwendbar, da nicht eine künstliche Lebenserhaltung zur Diskussion steht, sondern eine Operation, die (allerdings nur mit einer kleinen Wahrscheinlichkeit) lebensrettend sein könnte. Aus der Patientenverfügung kann dann aber immer noch auf einen mutmaßlichen Willen des Patienten geschlossen werden: nämlich den Willen, lieber zu sterben als in einem Zustand schwerer geistiger Beeinträchtigung weiterzuleben. Dieser mutmaßliche Wille ist von der vertretungsberechtigten Person, d. h. von der Ehefrau, zu beachten. Zugleich steht ein solcher mutmaßlicher Wille des Patienten nicht im Widerspruch zum besten Interesse, ist es doch wie gesagt in einer Situation wie der vorliegenden objektiv nachvollziehbar, auf eine nahezu aussichtslose Therapie zu verzichten.

Aus dem Gesagten ist zu schließen, dass in casu auf einen neurochirurgischen Eingriff *verzichtet* werden sollte, und zwar unabhängig davon, ob die Patientenverfügung auf den konkreten Fall anwendbar ist oder nur als Indiz für den mutmaßlichen Willen von Herrn B. herangezogen werden kann.

3.3.2 Deutsches Recht

Tade Matthias Spranger, Jenny Gorenstein

In Deutschland ist am 26.02.2013 das Patientenrechtegesetz (BGBl. I S. 277) in Kraft getreten, um die Rechte der Patienten, die bisher in verschiedenen Regelwerken verstreut waren, in einem Gesetz zu bündeln. Dieses Gesetz hat dazu geführt, dass der Behandlungsvertrag als neue Vertragsart in das Bürgerliche Gesetzbuch (vgl. §§ 630a ff. BGB) aufgenommen wurde. Die Vorschriften regeln nun umfassend das Arzt-Patienten-Verhältnis. Außerdem wurde bereits im Jahre 2009 eine Änderung des ebenfalls im BGB geregelten Betreuungsrechts dahingehend beschlossen (BGBl. I S. 2286), dass die Patientenverfügung ausdrücklich im BGB verankert wurde.

Therapieverzicht?
Basierend auf dem in Art. 2 Abs. 1 i.V.m. Art. 1 Abs. 1 Grundgesetz (GG) verankerten Selbstbestimmungsrecht steht es jedem Menschen grundsätzlich frei zu entscheiden, ob er sich einer medizinischen Behandlung unterziehen möchte oder nicht. Der im Rahmen des Patientenrechtegesetzes neu eingeführte § 630d Abs. 1 Satz 1 BGB bestimmt hierzu, dass vor der Durchführung einer medizinischen Maßnahme, insbesondere eines Eingriffs in den Körper oder die Gesundheit, der behandelnde Arzt verpflichtet ist, die Einwilligung des Patienten einzuholen. Entsprechend diesem Grundsatz stellt jede medizinische Intervention in die körperliche Integrität eines Menschen, die gegen oder ohne den erklärten Willen des Patienten erfolgt, eine Körperverletzung dar, die gemäß § 223 Strafgesetzbuch (StGB) strafbar ist. Die Einholung einer Einwilligung ist jedoch nicht möglich, wenn der Patient sich in einem einwilligungsunfähigen Zustand (z. B. infolge von Bewusstlosigkeit) befindet. In einem solchen Fall ist gem. § 630d Abs. 1 Satz 2 BGB die Einwilligung eines hierzu Berechtigten einzuholen, soweit nicht eine *Patientenverfügung* nach § 1901a Abs. 1 Satz 1 BGB die Maßnahme gestattet oder untersagt. Ein Berechtigter ist dabei etwa ein Vormund, ein Betreuer, ein gesetzlicher Vertreter oder ein rechtsgeschäftlich Bevollmächtigter (vgl. Entwurf eines Gesetzes zur Verbesserung der Rechte von Patientinnen und Patienten vom 15. August 2012, BT-Drs. 17/10488).

Zu beachten ist, dass in der Bundesrepublik kein gesetzliches *Angehörigenvertretungsrecht* existiert. Eine gesetzliche Angehörigenvertretung findet sich lediglich im Rahmen der elterlichen Fürsorge gemäß § 1629 BGB gegenüber minderjährigen Kindern. Ehegatten können sich nur im Rahmen von § 1357 BGB, der Geschäfte zur Deckung des Lebensbedarfs regelt, gegenseitig vertreten. Somit kann die Ehefrau ihren Ehemann vorliegend nicht ohne weiteres vertreten. Vielmehr muss vom Betreuungsgericht ein Betreuer für Herrn B. bestellt werden.

Kann die Einwilligung für eine unaufschiebbare medizinische Maßnahme nicht rechtzeitig eingeholt werden, darf die Maßnahme ohne die erforderliche Einwilligung durchgeführt werden, wenn sie dem mutmaßlichen Willen des Patienten entspricht (§ 630d Abs. 1 Satz 4 BGB).

Patientenverfügung
Hinsichtlich der Patientenverfügung verweist § 630d Abs. 1 BGB auf § 1901a Abs. 1 Satz 1 BGB. Dabei enthält § 1901a Abs. 1 Satz 1 BGB eine Legaldefinition der Patientenverfügung. Demnach liegt eine Patientenverfügung vor, wenn ein einwilligungsfähiger Volljähriger für den Fall seiner Einwilligungsunfähigkeit schriftlich festgelegt hat, ob er in bestimmte, zum Zeitpunkt der Festlegung noch nicht unmittelbar bevorstehende Untersuchungen seines Gesundheitszustandes, Heilbehandlungen oder ärztliche Eingriffe einwilligt oder diese untersagt. In einem solchen Fall beschränkt sich die Aufgabe des Betreuers darauf zu prüfen, ob diese Festlegungen auf die aktuelle Lebens- und Behandlungssituation des Betreuten zutreffen. Sofern dies der Fall ist, hat

der Betreuer dem Willen des Betreuten Ausdruck und Geltung zu verleihen (§ 1901a Abs. 1 Satz 3 BGB).

Zwingende Voraussetzungen für die Wirksamkeit der Patientenverfügung sind die Einwilligungsfähigkeit des Patienten zum Zeitpunkt des Abfassens der Verfügung sowie die Einhaltung der Schriftform (§ 1901a Abs. 1 Satz 1 BGB). Die Schriftform ist gemäß § 126 BGB gewahrt, wenn das Dokument eigenhändig vom Verfasser unterschrieben oder vom Notar beglaubigt ist. Weitergehende formelle Voraussetzungen gibt es nicht. Hintergrundgedanke ist, dass nicht zu hohe Hürden für die Errichtung einer Patientenverfügung aufgebaut werden sollen, um die Verwirklichung des Selbstbestimmungsrechts nicht zu gefährden (Beschlussempfehlung und Bericht u. a. zum Entwurf eines Gesetzes zur Verankerung der Patientenverfügung im Betreuungsrecht [PatVerfG]) vom 8. Juni 2009, BT-Drs. 16/13314, S. 19). Die erforderlichen Voraussetzungen sind im vorliegenden Fall erfüllt, da Herr B. die Willenserklärung eigenhändig unterzeichnet hat und davon auszugehen ist, dass er zu diesem Zeitpunkt auch einwilligungsfähig war.

Fraglich ist jedoch, ob die konkret vorliegende Situation von Herrn B. bei der Abfassung der Patientenverfügung auch entsprechend berücksichtigt worden ist. Herr B. hat in seiner Patientenverfügung eindeutig zum Ausdruck gebracht, dass er keine lebensverlängernden Maßnahmen wünscht und in Würde sterben möchte. Im vorliegenden Fall geht es jedoch weniger um eine lebenserhaltende Maßnahme als um einen neurochirurgischen Eingriff, der gegebenenfalls das Leben von „Herrn B." retten, ihn jedoch unter Umständen schwerbehindert zurücklassen wird. Liegt keine Patientenverfügung vor oder treffen die Festlegungen einer Patientenverfügung nicht auf die aktuelle Lebens- und Behandlungssituation zu, liegt es am Betreuer, die Behandlungswünsche oder den mutmaßlichen Willen des Betreuten festzustellen und auf dieser Grundlage zu entscheiden, ob er in eine ärztliche Maßnahme einwilligt oder sie untersagt (§ 1901a Abs. 2 Satz 1 BGB). Zu berücksichtigen sind insbesondere frühere mündliche oder schriftliche Äußerungen, ethische oder religiöse Überzeugungen oder sonstige persönliche Wertvorstellungen des Betreuten (§ 1901a Abs. 2 Satz 3 BGB). Die Tatsache, dass Herr B. in seiner Willenserklärung deutlich zum Ausdruck gebracht hat, dass er in Würde sterben möchte, könnte darauf schließen lassen, dass ein Leben als geistig Schwerbehinderter diesem Willen entgegensteht. Sollte also der Betreuer zu dem Schluss gelangen, dass in der Patientenverfügung die hier vorliegende Situation nicht berücksichtigt worden ist, muss der in der Patientenverfügung erkennbare Wille als Indiz berücksichtigt werden.

Gemäß § 1901b Abs. 1 Satz 1 BGB obliegt es dem behandelnden Arzt zu prüfen, welche ärztliche Maßnahme im Hinblick auf den Gesamtzustand und die Prognose des Patienten indiziert ist. Dies ist im vorliegenden Fall ein neurochirurgischer Eingriff. Dabei hat der Arzt mit dem Betreuer die medizinische Maßnahme zu erörtern und auf Grundlage des geäußerten oder gemutmaßten Willen des Patienten eine Entscheidung darüber zu treffen, ob die Maßnahme durchzuführen ist (§ 1901b Abs. 1 Satz 2 BGB). Bei der Feststellung des Patientenwillens nach § 1901a Abs. 1 BGB oder der Behandlungswünsche oder des mutmaßlichen Willens nach § 1901a Abs. 2 BGB soll nahen

Angehörigen und sonstigen Vertrauenspersonen des Betreuten Gelegenheit zur Äußerung gegeben werden, sofern dies ohne erhebliche Verzögerung möglich ist (§ 1901b Abs. 2 BGB). Aus dieser Formulierung des Gesetzes geht hervor, dass Angehörige nach Möglichkeit in den Entscheidungsprozess einbezogen werden sollen, jedoch allein mit dem Ziel den tatsächlichen oder mutmaßlichen Patientenwillen zu ermitteln. Ein eigenes Mitentscheidungsrecht steht den Angehörigen nicht zu.

Als nahe Angehörige ist die Ehefrau des Herrn B. in den Entscheidungsprozess hinsichtlich der weiteren Behandlung ihres Ehemannes mit einzubeziehen, was vorliegend auch erfolgt ist. Jedoch ist ihre Ansicht nicht der Ermittlung des Patientenwillens zuträglich, sondern läuft dem erkennbaren Willen ihres Ehemannes zuwider, weshalb diese bei der zu treffenden Entscheidung unberücksichtigt bleiben wird. Vielmehr folgt aus den §§ 1901a ff. BGB, dass die Bestellung eines Betreuers seitens des Betreuungsgerichts unumgänglich ist, auch wenn eine wirksame Patientenverfügung existiert. Da bei der hier infrage stehenden Operation die begründete Gefahr besteht, dass der Betreute aufgrund der Maßnahme stirbt oder einen schweren und länger andauernden gesundheitlichen Schaden erleidet, bedarf die Einwilligung des Betreuers in den ärztlichen Eingriff zusätzlich der Genehmigung des Betreuungsgerichts (§ 1904 Abs. 1 Satz 1 BGB).

3.3.3 Österreichisches Recht

Christian Kopetzki

Für Behandlungsentscheidungen, die der Patient wegen fehlender Einwilligungsfähigkeit selbst nicht treffen kann, sieht das österreichische Recht unterschiedliche Varianten vor: 1) Der Patient kann für Zeiträume künftiger Einwilligungsunfähigkeit bereits zu einem früheren Zeitpunkt eine *Patientenverfügung* errichten und dadurch sein Selbstbestimmungsrecht antizipiert ausüben; die rechtliche Wirkung solcher Patientenverfügungen richtet sich nach dem Patientenverfügungsgesetz (PatVG). 2) Eine Alternative stellt die *Vorsorgevollmacht* dar (§§ 284f ff. ABGB), mit der der (erwachsene) Betroffene für den Fall späterer Entscheidungsunfähigkeit einen gewillkürten Stellvertreter zur Entscheidung über medizinische Behandlungen betraut. 3) Hat der Patient einen für medizinische Behandlungen zuständigen *Sachwalter* (als gerichtlich bestellten gesetzlichen Vertreter), dann liegt die Entscheidung über die Behandlung bei diesem (näher § 283 ABGB). 4) Hat der einwilligungsunfähige Patient weder einen gesetzlichen noch einen gewillkürten Vertreter, dann besteht eine *Vertretungsbefugnis nächster Angehöriger* für „Rechtsgeschäfte des täglichen Lebens" (§ 284b ABGB); sie umfasst auch die Zustimmung zu medizinischen Behandlungen, sofern diese „nicht gewöhnlich mit einer schweren oder nachhaltigen Beeinträchtigung der körperlichen Unversehrtheit oder der Persönlichkeit verbunden" sind (§ 284b Abs. 3 ABGB). 5) Liegt keine der genannten Konstellationen vor, dann muss der behandelnde Arzt die Entscheidung unter Beachtung des mutmaßlichen Patientenwillens „allein“ treffen; abgesehen von dringenden Behandlungsentscheidungen bei Gefahr im Verzug (vgl. § 110 Abs. 2 StGB) bedürfte es dann aber der Bestellung eines Sachwalters.

Da der Patient im Beispielfall eine Patientenverfügung, jedoch keinen rechtlichen Vertreter hat, hat die Beurteilung nach dem PatVG zu erfolgen. Die – sofern im gemeinsamen Haushalt lebende – Ehefrau gehört zwar zum Kreis der vertretungsbefugten nächsten Angehörigen (§ 284c Abs. 1 ABGB); wegen der Schwere des in Frage stehenden operativen Eingriffs kommt ihr jedoch nach § 284b Abs. 3 ABGB keine Vertretungsbefugnis zu. Sie hat daher kein Entscheidungsrecht, sondern ist allenfalls Auskunftsquelle für die Feststellung des mutmaßlichen Patientenwillens.

Therapieverzicht?

Ist der Patient nicht einwilligungsfähig und ist weder eine bindende Patientenverfügung noch ein vertretungsbefugter Vorsorgebevollmächtigter, Angehöriger oder Sachwalter vorhanden, hängt die Verpflichtung zur Durchführung bzw. Weiterführung von medizinischen Behandlungen nicht mehr von Willenserklärungen Dritter, sondern letztlich von den objektiven Grenzen der ärztlichen Behandlungspflicht ab.

Hinsichtlich der Kriterien für therapiebegrenzende Entscheidungen beim einwilligungsunfähigen Patienten besteht Einigkeit, dass eine Behandlung dann nicht begonnen oder fortgesetzt werden muss, wenn sie aus medizinischer Sicht nicht indiziert, oder – was auf dasselbe hinausläuft – mangels Wirksamkeit nicht mehr erfolgversprechend oder aussichtslos ist. In diesem Fall fehlt es schon an der *medizinischen Indikation.* Dazu gehören auch jene Konstellationen, in denen der Sterbeprozess bereits unaufhaltsam eingetreten ist und durch eine weitere medizinische Intervention nur in die Länge gezogen werden würde. Die technisch-apparative oder/und medikamentöse Möglichkeit, das Leben eines Moribunden künstlich zu verlängern, begründet jedenfalls keine Rechtspflicht, dies auch zu tun. Eine Behandlungspflicht fehlt aber auch in anderen (nicht terminalen) Fällen, bei denen eine bestimmte Behandlung aus medizinischer Sicht nicht (mehr) sinnvoll erscheint oder bei denen mit der Behandlung eine Belastung des Patienten verbunden wäre, die den aus der Behandlung zu erwartenden Vorteil überwiegt.

Ob diese Grenzen der Behandlungspflicht im Beispielfall erreicht sind, ist allerdings fraglich, da die Operation nicht von vornherein aussichtslos erscheint und mit dem Weiterleben durchaus – wenngleich unter Inkaufnahme gravierender Risiken – vereinbar sein könnte. Derart schwierige Abwägungsentscheidungen können nur unter Berücksichtigung des mutmaßlichen Patientenwillens getroffen werden. Die kontroversiell diskutierte Frage, ob beim Einwilligungsunfähigen ein Behandlungsabbruch oder Behandlungsverzicht aufgrund einer bloß *mutmaßlichen Behandlungsverweigerung* zulässig ist, der nicht mehr an die engen Kriterien der Aussichtslosigkeit gebunden wäre und den Verzicht auf eine medizinisch mögliche Lebenserhaltung einschließen könnte, wurde vom OGH (zur Einstellung einer lebenserhaltenden Sondenernährung) zugunsten einer „mutmaßlichen“ Behandlungsablehnung entschieden (OGH 6 Ob 286/07p RdM 2008/119). Allerdings hat der OGH die Relevanz des „mutmaßlichen Willens“ für einen Behandlungsverzicht nur unter der Voraussetzung bejaht, dass sich diese Einschätzung des mutmaßlichen Willens auf mündliche oder schriftliche Äußerungen des Patienten stützen kann. Wertvorstellungen der Gesellschaft oder anderer Personen sollen nicht ins Gewicht fallen. Ist (auch) der mutmaßliche Wille des Patienten nicht feststellbar, gelte im Zweifel der Wille, durch die medizinische Behandlung weiterzuleben („in dubio pro vita“).

Patientenverfügung

Mit Inkrafttreten des PatVG (2006) wurden die Voraussetzungen und Wirkungen von Patientenverfügungen ausdrücklich gesetzlich geregelt. Demnach handelt es sich um eine Willenserklärung, „mit der ein Patient eine medizinische Behandlung ablehnt und die dann wirksam werden soll, wenn er im Zeitpunkt der Behandlung nicht einsichts-, urteils- oder äußerungsfähig ist“ (§ 2 Abs. 1 PatVG). Behandlungszustimmungen unterliegen nicht dem PatVG. Eine Patientenverfügung kann nur höchstpersönlich errichtet werden, sofern der Patient bei der Errichtung einsichts- und urteilsfähig ist (§ 3 PatVG). Auf eine bereits bestehende Erkrankung oder einen Bezug zum Lebensende kommt es nicht an.

Im Gegensatz zu den meisten anderen Rechtsordnungen differenziert das PatVG zwischen *„verbindlichen“* und *„beachtlichen“ Patientenverfügungen.* Erstere sind für jedermann unmittelbar rechtlich bindend; das gilt auch bei Gefahr im Verzug: durch die verbindliche Patientenverfügung wird die Inanspruchnahme des Rechtfertigungsgrundes des § 110 Abs. 2 StGB (Behandlung Entscheidungsunfähiger ohne Einwilligung bei Gefahr im Verzug) ausgeschlossen. Letztere sind „bloß“ Beweismittel für die Ermittlung des (mutmaßlichen) Patientenwillens (§ 1 Abs. 2 PatVG).

Als Preis für die unmittelbare Bindungswirkung – und zur Sicherstellung der Aktualität, Authentizität und Ernsthaftigkeit des Patientenwillens – müssen „verbindliche“ Patientenverfügungen sehr hohe *inhaltliche und formelle Anforderungen* erfüllen: Die abgelehnten medizinischen Behandlungen müssen „konkret beschrieben sein oder eindeutig aus dem Gesamtzusammenhang der Verfügung hervorgehen“. Außerdem muss aus der Patientenverfügung hervorgehen, dass der Patient die Folgen der Verfügung zutreffend einschätzt (§ 4 PatVG). Zusätzlich bedarf es einer umfassenden ärztlichen Aufklärung (einschließlich der ärztlichen Beurteilung und Dokumentation der Einsichts- und Urteilsfähigkeit; § 5 PatVG) sowie der schriftlichen Errichtung vor einem Rechtsanwalt, einem Notar oder einem rechtskundigen Mitarbeiter einer (auf Landesebene eingerichteten) Patientenvertretung (§ 6 PatVG). Die Patientenverfügung verliert spätestens nach Ablauf von fünf Jahren ihre Verbindlichkeit; soll sie weiterhin gelten, muss sie unter neuerlicher Einhaltung der Formerfordernisse sowie der ärztlichen Aufklärung rechtzeitig erneuert werden; ausgenommen davon ist lediglich der Fall, dass der Patient zuvor seine Einwilligungsfähigkeit verliert (§ 7 PatVG). Patientenverfügungen sind auch dann unwirksam, wenn ein Willensmangel vorliegt, ihr Inhalt (straf-)rechtlich nicht zulässig ist oder sich der Stand der medizinischen Wissenschaft im Hinblick auf den Inhalt der Verfügung seit ihrer Errichtung wesentlich verändert hat (§ 10 Abs. 1 PatVG). Patientenverfügungen können jederzeit (auch formlos und schlüssig) widerrufen werden (§ 10 Abs. 2 PatVG). Eine rechtliche Vorsorge für die zentrale bundesweite Dokumentation und Abfrage von Patientenverfügungen besteht nicht; es gibt allerdings informelle Registrierungsangebote.

Sind die materiellen und formellen Voraussetzungen einer „verbindlichen" Patientenverfügung (§§ 4–7 PatVG) – aus welchem Grund auch immer – nicht verwirklicht, so liegt eine *„beachtliche" Patientenverfügung* vor; die darin zum Ausdruck kommende Willensäußerung stellt nach dem Willen des Gesetzgebers ein Hilfsmittel zur Ermittlung des „mutmaßlichen" (hypothetischen) Patientenwillens dar. Die Intensität der Bindungswirkung richtet sich gemäß § 9 PatVG nach einem „beweglichen System": Je mehr die Erklärung einer verbindlichen Verfügung gleichkommt, desto mehr Gewicht hat der darin zum Ausdruck kommende Wille. Das Spektrum der Beachtlichkeit kann je nach Lage des Falles von „kaum beachtlich" bis hin zu einer von der „Verbindlichkeit" gar nicht mehr zu unterscheidenden „sehr hohen" Beachtlichkeit reichen. Für die zuletzt genannte Gruppe von Verfügungen hat sich der Begriff der „qualifiziert beachtlichen" Verfügung eingebürgert. Bei der „beachtlichen" Verfügung muss es sich also nicht notwendigerweise um eine „weniger verbindliche" Verfügung handeln. Sie ist zwar „nur" Hilfsmittel für die Ermittlung des Patientenwillens; sobald dieser Wille aber hinreichend ermittelt ist, muss ihn der Arzt ebenso befolgen wie bei einer „verbindlichen" Verfügung.

Im Fallbeispiel liegt – „nur", aber immerhin – eine „beachtliche" Patientenverfügung vor, da weder die materiellen (insb. konkrete Beschreibung der abgelehnten Maßnahmen) noch die formellen Erfordernisse (obligate ärztliche Aufklärung, Errichtung vor qualifiziertem Juristen) für eine verbindliche Verfügung erfüllt sind. Auch wenn man einräumt, dass der darin ausgedrückte Wille von Herrn B. in Bezug auf die anstehende neurochirurgische Operation nicht ganz eindeutig ist, wird man daraus dennoch auf einen hinreichend erkennbaren mutmaßlichen Willen von Herrn B. schließen dürfen, angesichts der geringen Erfolgsaussichten des Eingriffs und des damit verbundenen Risikos einer bleibenden geistigen Behinderung auf den operativen Eingriff zu verzichten. Der gegenläufige Wunsch der Ehefrau ändert daran nichts, weil die von ihr vorgebrachten Gründe („Hauptsache er überlebt"; Interessen des Unternehmens) gar nicht auf den hypothetischen Willen von Herrn B. bezogen sind und folglich auch die Annahme einer „mutmaßlichen Behandlungsverweigerung" nicht entkräften können.

Da es sich um keine verbindliche Patientenverfügung handelt (bei der sich die Bestellung eines Sachwalters erübrigt: § 268 Abs. 2 ABGB) und wohl auch keine Gefahr im Verzug ist, müsste zur Entscheidungsfindung streng genommen ein Sachwalter bestellt werden; dieser hätte die beachtliche Patientenverfügung zu berücksichtigen und wäre an den darin zum Ausdruck kommenden *mutmaßlichen Willen* gebunden. Nach einer (umstrittenen) Entscheidung des OGH käme dann aber weder dem Sachwalter noch dem behandelnden Arzt die alleinige Entscheidungsbefugnis zu; vielmehr hätten sie „über die weitere Vorgangsweise konsensuell zu befinden. Ist nur einer von ihnen für die Lebenserhaltung, hat diese Vorrang“. Ein gerichtlicher Genehmigungsvorbehalt bestehe nur für die Zustimmung, nicht jedoch für einen Behandlungsabbruch bzw. Behandlungsverzicht (OGH 9 Ob 68/11g, RdM 2013/74).

Literatur und Materialien

Aebi-Müller RE (2013) Perpetuierte Selbstbestimmung? Einige vorläufige Gedanken zur Patientenverfügung nach neuem Recht. ZBJV 149:150 – 178

Barta H, Kalchschmid G (2004) Die „Patientenverfügung“ in Europa. Wiener Klinische Wochenschrift 116(13):442 – 457

Barth P (2006) Die Patientenverfügung und ihre praktischen Folgen für den Arzt. iFamZ 1: 72 – 76

Beauchamp TL, Childress JF (2008) Principles of Biomedical Ethics, 6. Aufl. Oxford University Press, New York

Becker G, Blum H (2004) „Medical Futility“: Der Arzt im Spannungsfeld von Behandlungsauftrag und Behandlungsbegrenzung. Dtsch Med Wochenschr 129: 1694 – 1697

Bernat E (1995) Behandlungsabbruch und (mutmaßlicher) Patientenwille. RdM 2: 51 – 61

Bernat E (2007) Nicht verbindlich – und dennoch beachtlich. In: Körtner U, Kopetzki C, Kletecka-Pulker M (Hrsg.) Das österreichische Patientenverfügungsgesetz. Springer, Wien: 43 – 73

Bernat E (2013) Sterbehilfe und Sachwalterrecht. Zugleich eine Besprechung des Beschlusses des OGH vom 18.10.2012, 9 Ob 68/11g. EF-Z 8:5 – 8

Botschaft des Bundesrates vom 28. Juni 2006 zur Änderung des Schweizerischen Zivilgesetzbuches (Erwachsenenschutz, Personenrecht und Kindesrecht), BBl 2006: 7001

Büchler A, Michel M (2013) Art. 370 – 373 ZGB. In: Büchler A, Häfeli C, Leuba A, Stettler M (Hrsg.) Kommentar Erwachsenenschutz. Stämpfli, Bern: 184 – 227

Cantor NL (1998) Making advance directives meaningful. Psychology, Public Policy, and Law 4(3): 629 – 652

Chwang E (2009) Futility clarified. Journal Law, Med Ethics 37(3):487 – 495

Emanuel LL, Barry MJ, Stoeckle JD, Ettelson LM, Emanuel J (1991) Advance directives for medical care – a case for greater use. N Engl J M 324(13):889 – 895

Emanuel LL, Emanuel EJ (1989) The medical directive. JAMA 261(22):3288 – 3293

Gabbay E, Calvo-Broce J, Meyer KB, Trikalinos TA, Cohen J, Kent DM (1010) The empirical basis for determinations of medical futility. J Gen Int Med: 1 – 7

Gächter T, Rütsche B (2013) Gesundheitsrecht, 4. Aufl. Helbing Lichtenhahn, Basel

Hausheer H, Geiser T, Aebi-Müller RE (2010) Das neue Erwachsenenschutzrecht. Stämpfli, Bern

Kathrein G (2006) Das Patientenverfügungs-Gesetz. ÖJZ 61:555 – 567

Kim SH, Kjervik D (2005) Deferred decision making: patients' reliance on family and physicians for CPR decisions in critical care. Nursing Ethics 12(5):493 – 506

Kopetzki C (2007a) Das Patientenverfügungs-Gesetz im System der Rechtsordnung – Wirkungen und Nebenwirkungen. In: Körtner U, Kopetzki C, Kletecka-Pulker M (Hrsg.) Das österreichische Patientenverfügungsgesetz. Springer, Wien: 127 – 155

Kopetzki C (2007b) Einleitung und Abbruch der medizinischen Behandlung beim einwilligungsunfähigen Patienten. iFamZ 2: 197 – 204

Kopetzki C (2009) Patientenverfügung: Ist alles Machbare auch rechtlich geboten? In: Kröll W, Pateter W, Schweppe P (Hrsg.) Recht und Risikomanagement in Anästhesie und Intensivmedizin. Festschrift für Helfried Metzler. Manz, Wien, S. 38 – 65

Kopetzki C (2010) Der Abbruch der künstlichen Ernährung beim Wachkomapatienten. In: Kröll W, Schaupp W (Hrsg.) Eluana Englaro – Wachkoma und Behandlungsabbruch. Medizinische – ethische – rechtliche Aspekte. Manz, Wien, S. 61–88

Kopetzki C (2013) Entscheidungsanmerkung zu OGH 9 Ob 68/11g (Behandlungsabbruch durch Sachwalter – keine gerichtliche Genehmigung). RdM 20:111–113

Kuhse H (1999) Some reflections on the problem of advance directives, personhood, and personal identity. Kennedy Institute of Ethics Journal 9(4): 347–364

Lack P (2005) Die individuell im Beratungsgespräch erstellte Patientenverfügung als Klärungs-, Selbstbestimmungs-und Kommunikationsinstrument. SÄZ 86: 11

Lang FR, Wagner GG (2007) Patientenverfügungen in Deutschland: empirische Evidenz für die Jahre 2005 bis 2007. SOEPpapers 2007. DIW, Berlin

MacLean AR (2006) Advance directives, future selves and decision-making. Medical Law Review 14 (3): 291–320

Melltorp G, Nilstun T (1997) The difference between withholding and withdrawing life-sustaining treatment. Intensive care medicine 23(12):1264–1267

Memmer M (2006) Das Patientenverfügungs-Gesetz 2006. RdM 13:163–173

Moratti S (2009) The development of "medical futility": towards a procedural approach based on the role of the medical profession. Journal of Medical Ethics 35(6):369–372

Patrick DL, Pearlman RA, Starks HE, Cain KC, Cole WG, Uhlmann RF (1997) Validation of preferences for life-sustaining treatment: implications for advance care planning. Ann Int Med 127(7): 509–517

Pellegrino E (2005) Futility in Medical Decisions: The Word and the Concept, HEC Forum 17 (4):308–318

Perkins HS (2007) Controlling death: the false promise of advance directives. Annals of internal medicine 147(1):51–57

President's Commission for the Study of Ethical Problems in Medicine and Biomedical and Behavioral Research (1983) Deciding to forego Life-Sustaining Treatment. Washington D.C.: President's Commission for the Study of Ethical Problems in Medicine and Biomedical and Behavioral Research

Rosenfeld KE, Wenger NS, Kagawa-Singer M (2000) End-Of-Life Decision Making. J Gen Int Med 15 (9): 620–625

SAMW (2008) Medizinische Behandlung und Betreuung von Menschen mit Behinderung. Medizinisch-ethische Richtlinien und Empfehlungen (aktualisiert 2012b)

SAMW (2009) Patientenverfügungen. Medizinisch-ethische Richtlinien und Empfehlungen (aktualisiert 2012a)

Schmoller K (2000) Lebensschutz bis zum Ende? ÖJZ 55:361–377

Spickhoff A (2008) Patientenverfügungen und Patientenautonomie zwischen Rechtsdogmatik, Rechtspolitik und Rechtswirklichkeit. Gesundheit und Medizin im interdisziplinären Diskurs: 103–108

Widmer Blum CL (2010) Urteilsunfähigkeit, Vertretung und Selbstbestimmung – insbesondere: Patientenverfügung und Vorsorgeauftrag. Schulthess, Luzern

Wyss S (2012) Art. 370–372 ZGB. In: Geiser T, Reusser RE (Hrsg.) Basler Kommentar, Erwachsenenschutz, Art. 360–456 ZGB, Art. 14, 14a SchlT ZGB. Helbing Lichtenhahn, Basel: 88–103

Tanja Krones

4 Pränataldiagnostik und Schwangerschaftsabbruch

Fallbeispiel

Irma L., 36-jährig und verheiratet, hat einen Sohn von acht und eine Tochter von drei Jahren. Sie ist halbtags berufstätig als Lehrerin und erwartet ihr drittes Kind. Ihr Mann ist als Unternehmensberater viel unterwegs. Der Sohn geht in die Schule, die Tochter in den Kindergarten. Der Sohn ist leicht hyperaktiv und bekommt zweimal die Woche Ergotherapie. Die dritte Schwangerschaft war von den Eltern gewollt, und auch die Kinder haben sich noch ein Geschwister gewünscht. Wie bei ihren ersten beiden Schwangerschaften hat Irma L. keinen Screeningtest oder eine Fruchtwasserzellenuntersuchung durchführen lassen.

Aufgrund der Ultraschalluntersuchung in der 23. Schwangerschaftswoche entdeckt dann aber die Gynäkologin, dass das Kind einen schweren Herzfehler hat. Zudem verstärken sich die bereits in einer früheren Ultraschalluntersuchung festgestellten Indizien, dass das Kind ein Downsyndrom hat. Irma L. ist verzweifelt. Sie weiss nicht, wie sie es schaffen wird, die vermutlich mehrfach notwendigen Herzoperationen, verbunden mit längeren Spitalaufenthalten und Rehabilitationsphasen für ihr drittes Kind mit den jetzt schon vielfältigen Verantwortlichkeiten für ihre Familie zu vereinbaren. Sie beginnt über einen Abbruch der Schwangerschaft nachzudenken.

4.1 Problemfelder

Das Fallbeispiel betrifft den Umgang mit vorgeburtlichem Leben und spricht dabei zwei eng miteinander verknüpfte Problemfelder an: Zum einen geht es um biologische, insbesondere genetische Untersuchungen von Embryonen und Föten (*Pränataldiagnostik*, PND). Welche Zustände und Veranlagungen dürfen mithilfe der modernen Labortechniken analysiert werden? Sollen pränatale Tests routinemäßig durchgeführt und von Krankenkassen bezahlt werden, oder ist eine PND nur in Ausnahmesituationen und nur auf ausdrückliches Verlangen der werdenden Eltern angebracht? Und: Haften der verantwortliche Gynäkologe bzw. das zuständige Labor, wenn eine PND unsorgfältig durchgeführt wird und deshalb schwere Defekte nicht erkannt werden? Zum anderen stellt sich die Frage, ob und unter welchen Voraussetzungen ein *Schwangerschaftsabbruch* erlaubt ist, wenn beim Embryo oder Fötus unerwünschte Eigenschaften diagnostiziert werden. Dabei ist zu bedenken, dass die Praktizierung der PND zu mehr Schwangerschaftsabbrüchen führen kann: Soweit die mit Hilfe der PND erkannten Schädigungen *nicht therapierbar* sind, ist ein Schwangerschaftsabbruch für die Eltern die einzige Möglichkeit zu verhindern, ein Kind mit einer Behinderung oder Krankheit zu bekommen.

Pränataldiagnostik

Als erste nicht invasive (nicht in den Körper der Schwangeren verletzend eingreifende) pränataldiagnostische Methode wurde der *Ultraschall* zur Untersuchung der Lage des Kindes und der Plazenta, d. h. im Wesentlichen für geburtshilfliche Fragestellungen Ende der 50er Jahre des letzten Jahrhunderts entwickelt. Durch die Verbesserung der Geräte in den letzten 60 Jahren wurde es möglich, ohne ein zusätzliches diagnostisches Risiko für Mutter und Fötus zunehmend äußere und innere Auffälligkeiten wie Herzfehler, Zwerchfellhernien, Extremitäten- und Gesichtsfehlbildungen des Fötus zu erkennen. Die sogenannte *Nackentransparenzmessung* mittels Ultraschall im ersten (Ersttrimesterscreening) oder (seltener) zweiten Trimenon in Verbindung mit weiteren *biochemischen Markern* (z. B. dem Schwangerschaftsassoziierten Plasma-Protein A und dem freien beta HCG) aus dem Blut der Mutter wird zunehmend seit den 1990erJahren in der Versorgung eingesetzt und ermöglicht eine Risikoabschätzung für bestimmte chromosomale Fehlverteilungen des Fötus, insbesondere Trisomie 18 (Edwards Syndrom) und 21 (Down Syndrom).

Wie bei allen Screening-Untersuchungen spielt bei der medizinischen und ethischen Bewertung die *diagnostische Unsicherheit* eine Rolle. Insbesondere bei geringem Grundrisiko des gescreenten Kollektivs ist die Rate an so genannten falsch positiven Befunden nicht unerheblich, d. h. es wird aufgrund des Tests angenommen, dass eine Chromosomenfehlverteilung vorliegt, obgleich dies nicht der Fall ist. Auch gibt es immer eine bestimmte Rate an falsch negativen Befunden: Das Kind hat eine Chromosomenfehlverteilung, obgleich diese durch das Screening nicht erkannt wurde.

Frauen mit einem positiven Befund im Rahmen einer Screening-Untersuchung wird in der Regel eine sogenannte *invasive Pränataldiagnostik* angeboten: Eine so genannte *Amniozentese* (Untersuchung der fetalen DNA aus Fruchtwasserzellen nach Punktion der Fruchtblase eher in der spätere Schwangerschaft) oder (eher in der frühen Schwangerschaft) eine *Chorionzottenbiopsie* (Untersuchung der fetalen DNA aus Zellen der Plazenta). Diese Methoden der sogenannten invasiven Pränataldiagnostik wurden ebenfalls Ende der 50er Jahre entwickelt. Die Tests haben wie alle DNA Tests eine (sehr kleine) Fehldiagnostikrate. Als wesentliches Problem wird hierbei jedoch die die Fehlgeburtsrate diskutiert, die bei der Chorionzottenbiopsie etwas höher liegt als bei der Amniozentese und in den meisten Veröffentlichungen bei 0,1–0,5 % (maximal 1,0 für die Chorionzottenbiopsie) angegeben wird. Auch wenn aktuellere großangelegte Studien zeigen, dass die Fehlgeburtsraten der invasiven Diagnostik abnehmen oder sogar nicht größer sind als die spontane Fehlgeburtsrate bei Schwangeren (Eddleman et al. 2006), basieren wesentliche ethische und gesundheitspolitische Erwägungen auf der Annahme eines erhöhten Risikos der invasiven Pränataldiagnostik für eine Fehlgeburt. In der Routine wird ungefähr in zehn Prozent der Schwangerschaften eine invasive Diagnostik durchgeführt (vgl. Krones 2010).

Neuerdings wird der neue „*Präna-Test*“ als weitere Möglichkeit einer DNA Analyse des Fötus eingeführt und diskutiert. Es gelingt seit einigen Jahren, fetale Zellen nicht aus der Gebärmutter, sondern dem *mütterlichen Blut* zu extrahieren. Die Tests für Trisomie 21 aus der DNA der Zellen sind 2012 in der Versorgung im deutschsprachigen Raum eingeführt worden, die Testung auf Trisomie 13 und 18 ist ebenfalls möglich. Auch beim Präna-Test gibt es eine (gegenüber der Amniozentese und Chorionzottenbiopsie erhöhte) Wahrscheinlichkeit für falsch positive und falsch negative Befunde, jedoch ist der Präna-Test diagnostisch sicherer als die oben beschriebenen Screeningtests, ohne dass ein Eingriffsrisiko besteht. Dank Präna-Test kann schon in der Frühschwangerschaft eine Chromosomenfehlverteilung diagnostiziert werden, was entsprechend frühe Schwangerschaftsabbrüche aus embryopathischen Gründen ermöglicht.

Wichtig ist dass – unabhängig von der gewählten Methode – nur das diagnostiziert werden kann, *wonach gesucht wird:* Bei Ultraschalluntersuchungen lassen sich nur in Ausnahmefällen Rückschlüsse auf genetische Prädispositionen ziehen; bei genetischen Untersuchungen kann nur etwas über Prädispositionen gesagt werden, die untersucht wurden – jedoch nichts über andere genetisch bedingte Erkrankungen, nach denen nicht gesucht wird (z. B. Stoffwechselstörungen bei einer Untersuchung auf chromosomale Fehlverteilungen). Auch kann bei vielen genetischen Prädispositionen über deren spätere Auswirkungen auf die Ausprägung von Krankheitssymptomen oder Behinderungen wenig gesagt werden. Diese können sich z. B. bei der Mukoviszidose oder dem Downsyndrom stark unterscheiden.

Schwangerschaftsabbruch

Die im Fallbeispiel beschriebene Konfliktkonstellation ist häufiger als diejenige eines Paares, welches eine Präimplantationsdiagnostik aufgrund einer familiären Disposition für eine Erbkrankheit in Anspruch nehmen möchte. Der Fall ist auch insofern nah an der täglichen Routine, als dass die Entscheidung, ob ein Schwangerschaftsabbruch durchgeführt werden soll, eine Frau betrifft, die bereits Mutter ist. Die meisten Schwangerschaftsabbrüche werden von Frauen durchgeführt, die *schon Kinder haben.* Dabei kommt in den westlichen Industrieländern ungefähr ein Schwangerschaftsabbruch auf 6 bis 8 Geburten. In Deutschland sind dies etwa 100 000 Abbrüche, in der Schweiz etwa 11 000 Abbrüche pro Jahr. Die Zahlen sind rückläufig. Österreich führt keine offiziellen Statistiken zum Schwangerschaftsabbruch, man geht aber von überdurchschnittlichen Zahlen aus. Über 95 % der Abbrüche werden innerhalb der ersten 12 Wochen vorgenommen. Abbrüche aufgrund einer Erkrankung der Mutter oder einer Erkrankung oder Behinderung des Fötus nach der 12. Woche sind vergleichsweise selten. Abbrüche nach der 22. Woche, bei welchen bereits eine Lebensfähigkeit des Föten gegeben sein kann, kommen in Deutschland in ca. 500 Fällen pro Jahr vor.

Schwangerschaftsabbrüche werden in allen Ländern der Welt seit Jahrhunderten durchgeführt. *In vielen asiatischen Ländern und im subsaharischen Afrika* zählen unsachgemäß durchgeführte Schwangerschaftsabbrüche jedoch weiterhin zu den häufigsten Ursachen der Müttersterblichkeit und Morbidität. Über diese Problematik wird so wenig gesprochen und die Konsequenzen für die Gesundheit sind so gravierend, dass die WHO von einer vermeidbaren, stillen Pandemie spricht und die Möglichkeit zu medizinisch sachgerechten Schwangerschaftsabbrüchen als eine der weltweit wichtigsten gesundheitspolitischen Aufgaben betrachtet (WHO/Grimes et al. 2006).

Die Debatten in Bezug auf Schwangerschaftsabbrüche haben *in unserem westlich-christlich geprägten Kulturbereich* jedoch einen anderen Fokus und werden zudem deutlich intensiver geführt als in Ländern mit anderer religiös-kultureller Prägung (Rapp 2000; Rosenfeld und Iden 1997). Zwar sind gewalttätige Aktionen gegen Ärzte und Frauen, die an Abtreibungen beteiligt sind, weltweit sehr selten geworden. Der Graben zwischen Abtreibungsgegnern („Pro Life"-Lager) und Befürwortern liberaler Abtreibungsregelungen („Pro Choice"-Lager) ist jedoch immer noch groß. Dieser Graben bricht immer dann auf, wenn eine neue Entwicklung die Wahlmöglichkeiten erweitert, zuletzt die eingangs erwähnte nicht invasive genetische PND, der Präna-Test. Die Behinderten- und Frauenrechtsbewegungen haben in diesen Debatten ebenfalls eine wichtige, teils ambivalente Position. Während von diesen Gruppierungen Schwangerschaftsabbrüche aus „sozialen" Gründen (eine Frau will nicht oder nicht zu diesem Zeitpunkt Mutter werden) – anders als in religiös geprägten Kreisen – wenig umstritten sind, wird gegen genetische Untersuchungen von Embryonen und Föten der Vorwurf der (indirekten) Diskriminierung wegen Behinderung oder Geschlechtszugehörigkeit erhoben.

4.2 Ethische Beurteilung

„Als ‚Perversion des medizinischen Denkansatzes' kritisiert der Theologe Eberhard Schockenhoff Tests zur Früherkennung des Downsyndroms. Die Medizin habe den Auftrag, kranke Menschen zu heilen, und nicht ganze Menschengruppen zu beseitigen. (...) Schockenhoff warnte am Mittwoch im Deutschlandfunk, durch immer simplere pränatale Tests wachse der Druck auf Eltern, behinderte Kinder abzutreiben. Bereits jetzt würden Eltern behinderter Kinder immer wieder mit der Frage konfrontiert: ‚Muss es heute sein, dass so ein Kind noch auf die Welt kommt?' (Domradio 2012)

In diesem Ausschnitt zur aktuellen Debatte um den Präna-Test argumentiert der katholische Moraltheologe Eberhard Schockenhoff gegen die Einführung solcher Tests mit Argumenten, die auch in der fachethischen Debatte relevant sind; zu diesen Argumenten kommen weitere hinzu, die im Zusammenhang mit der Pränataldiagnostik und dem Schwangerschaftsabbruch relevant sind:

1. Status des Embryos: Aus der Sicht der obigen Argumentation werden bei einer möglichen Abtreibung nicht Embryonen, sondern Kinder getötet.
2. Sozialethische Argumente: Die Technik und die Gesellschaft schaffen Zwänge, die unmoralische Handlungen nach sich ziehen. Dieser soziale Druck geht dabei allein in die Richtung, kein behindertes Kind zu bekommen.

3. Dammbruch: Der soziale Druck auf werdende Eltern wächst und führt schließlich dazu, dass Menschen mit einer Behinderung in der Gesellschaft nicht mehr akzeptiert sind.
4. Rechte der Frau: Mögliche Vorteile nicht-invasiver Tests, die es ohne einen invasiven Eingriff und recht früh erlauben, eine für die Schwangere selbst gewollte, für sie wichtige Information zu bekommen, werden unterschlagen.
5. Beziehungsethische Argumente: Der Wert behinderter Kinder mit Blick auf die Fürsorge und den Zusammenhalt der Familie werden ebenfalls nicht genannt.

Einige der angeführten Argumente haben normativen, einige empirischen Charakter. *Empirischen Charakter* haben die sozialethischen Thesen und Dammbruchargumente: Ob es tatsächlich so ist, dass ein sozialer Druck besteht, die Techniken der Pränataldiagnostik anzuwenden, und ob dieser immer stärker wird und zu einem Zerfall der moralischen Einstellungen gegenüber behinderten Menschen führt, ist eine empirische Behauptung (Schöne-Seifert 1996). Sozialwissenschaftliche Studien zeigen eher, dass die Toleranz gegenüber Menschen mit Behinderungen in den letzten Jahrzehnten zugenommen hat. Paare, die die Pränataldiagnostik anwenden, sind gegenüber Menschen mit Behinderungen nicht negativer eingestellt als Paare, die darauf verzichten. In der Realität gibt es nicht nur einen sozialen Druck, die Techniken anzuwenden, sondern auch – z. B. aufgrund öffentlicher Äußerungen wie der oben zitierten – einen solchen, die Techniken gerade nicht anzuwenden (Krones 2008).

Die Frage nach dem *Status des Embryos* beruht dagegen auf normativen Annahmen. Hierbei werden meist drei Auffassungen vom Status des menschlichen Embryos vertreten und mit verschiedenen Moraltheorien verbunden (vgl. auch Damschen und Schönecker 2002; Düwell 2003; sodann Fallbeispiel 13):

1. *Lebensschutzposition* (Stichworte: Mensch von Anfang an, Heiligkeit des Lebens, Gattungsethik, Menschenwürde, Deontologie): Dem menschlichen Leben kommt von Beginn an, d. h. ab dem Zeitpunkt der Befruchtung der menschlichen Eizelle, die Menschenwürde und damit der volle Lebensschutz zu. Schwangerschaftsabbrüche sind damit außer in notwehrähnlichen Situationen, wenn das Leben der Schwangeren gefährdet ist, moralisch unzulässig.
2. *Säkular-liberalethische Position* (Stichworte: Schutz von Personen, Schmerzfähigkeit, Präferenzen, Liberalismus, Utilitarismus): Moralisch relevant sind allein bestimmte Eigenschaften, die frühe menschliche Embryonen gar nicht (Schmerzfähigkeit, Präferenzen) und Föten nur zu einem gewissen Mass (Schmerzfähigkeit) besitzen. Schwangerschaftsabbrüche sind daher prinzipiell – unter Beachtung der Schmerzreduktion bei späten Schwangerschaftsabbrüchen – zulässig.
3. *Gradualistische Position* (Stichworte: Potenzialität, Prinz-Charles-Argument, Diskursethik): Der Embryo ist zwar noch keine Person – genau wie Prinz Charles noch nicht König von England ist. Der Embryo hat jedoch das Potenzial, eine Person zu werden, und besitzt zunehmend Eigenschaften, die einen wachsenden Schutz-

anspruch begründen. Schwangerschaftsabbrüche werden damit mit fortschreitender Schwangerschaftsdauer problematischer.

Diese Statusargumente werden nicht nur im Bereich der embryonalen Stammzellforschung diskutiert, sondern auch bezogen auf die *Konfliktsituation der Schwangerschaft*. Je nach zugrunde liegender Auffassung werden dann die sich aus dem Status des menschlichen Embryos resultierenden Rechte den Rechten der Frau auf körperliche Unversehrtheit und damit auf einen Schwangerschaftsabbruch gegenübergestellt.

Dass die Schwangerschaft diesbezüglich einen *einzigartigen Ausnahmezustand* darstellt, hat Judith Jarvis Thomson 1971 in ihrem berühmten Geigerbeispiel dargelegt. Darin vergleicht sie die Situation der Schwangerschaft mit der Situation, dass jemand für die Aufrechterhaltung des Lebens eines berühmten Geigers für 9 Monate mit dessen Blutkreislauf verbunden wird und dieser – wie der Fötus – danach selbst überleben kann. Wäre man gezwungen, die körperliche Verbindung 9 Monate lang aufrecht zu erhalten? Dieser Vergleich „hinkt" zwar an verschiedenen Stellen, was auch Judith Thomson diskutiert. So befindet sich insbesondere die schwangere Frau, die nach einer Pränataldiagnostik mit positivem Befund über einen Schwangerschaftsabbruch nachdenkt, in einer anderen Entscheidungssituation: In solchen Fällen ist die Schwangerschaft meist eine gewollte, daher „mit verursachte" Wunschschwangerschaft, während das Gedankenspiel im Geigerbeispiel eher einer ungewollten Schwangerschaft nach Vergewaltigung entspricht. Dennoch hebt das Geigerbeispiel eindrücklich das ansonsten in jeder anderen Situation geltende fundamentale Abwehrrecht eines jeden Menschen hervor: Man wird, außer in der Schwangerschaft, nicht verpflichtet, den eigenen Körper für das Leben eines anderen Menschen zur Verfügung zu stellen – selbst dann nicht, wenn man „schuld" an dessen Notsituation ist. Wenn jemand einen Verkehrsunfall verursacht hat, bei dem das Opfer so verletzt wurde, dass es eine neue Leber bräuchte, und ausgerechnet die Leber des Unfallverursachers kompatibel wäre, wäre der Unfallverursacher nicht gezwungen, einen Teil seiner Leber für das Leben des Unfallopfers zu spenden, auch wenn dies moralisch zweifellos wünschenswert wäre (Lübbe 2003). Entsprechend bedarf es sehr triftiger Gründe, eine Frau zu zwingen, gegen ihren Willen ein Kind auszutragen, und zwar unabhängig vom normativ zugeschriebenen Status des Embryo oder Fötus.

Die bisherigen Argumente beschreiben die zugrunde liegende Problematik als einen Konflikt von zwei unabhängigen, miteinander streitenden Subjekten mit je eigenen Interessen: Die Frau auf der einen Seite und der Fötus auf der anderen Seite. Ob der Abbruch der Schwangerschaft als moralisch gerechtfertigt angesehen wird, hängt dabei von der zugrunde liegenden Moraltheorie ab. Für die Lebensschutzposition wäre ein Schwangerschaftsabbruch, außer wenn es um „Leben gegen Leben" geht, nicht zu rechtfertigen. Im Fallbeispiel ist diese Konstellation eindeutig nicht gegeben. Zudem würde Irma aus der Perspektive der Lebensschutzposition vermutlich eine diskriminierende Haltung gegenüber ihrem zukünftigen Kind vorgeworfen. Eine liberale Ethikposition, gepaart mit einem utilitaristischen Verständnis des ungeborenen Lebens, hätte mit der Entscheidung zum Schwangerschaftsabbruch weniger Probleme. Da das Kind schon weit entwickelt ist, müsste jedoch eine ausreichende Anästhesie des Fötus sichergestellt werden. Für die gradualistische Position wäre der Schwangerschaftsabbruch zwar prinzipiell möglich, jedoch aufgrund der bereits fortgeschrittenen Entwicklung des Fötus problematisch. Die zu stellende Frage wäre hier, ob die geschilderten Nöte von Irma ausreichend sind, um einen Schwangerschaftsabbruch durchzuführen.

Die Anfang der 1980er Jahre entstandene *Care-(beziehungs-)ethische Richtung* stellt diese Sichtweise auf den Schwangerschaftskonflikt – und auf moralische Probleme insgesamt – in Frage. Die Care-Ethik ist aus Untersuchungen zu den moralischen Fragen entstanden, die beim Schwangerschaftskonflikt entstehen (Biller-Andorno 2001; Gilligan 1982/1993; siehe auch Wiesemann 2006). Die Moralpsychologin Carol Gilligan hat vielen jungen Frauen aufmerksam zugehört und eine Stimme der Moral vernommen, die ganz anders war als „die Begriffe und der Duktus der öffentlichen Debatte (die schreiende Rhetorik über Rechte und Mord)" (Gilligan 1993, Übersetzung durch die Autorin). Wenn Frauen über einen Schwangerschaftsabbruch nachdenken, stellen sich vielmehr zentrale Fragen von Verantwortung und Fürsorge. Diese reifen im Laufe der Sozialisation von einem Stadium der Selbstverteidigung und empfundenen Oktroyierung der Verantwortung hin zu einer selbst gewählten Verantwortung. Eine solche Haltung nimmt nicht unkritisch, ohne Rücksicht auf die eigenen Kräfte und bestehenden Verantwortlichkeiten, alle neuen Aufgaben an, sondern berücksichtigt die Sorge um das eigene Selbst und die weiteren anvertrauten Menschen. Je nach Situation kann damit sowohl das Austragen eines Kindes als auch die Entscheidung gegen ein Kind von Verantwortung getragen sein.

In den öffentlichen Diskursen wird zudem weiterhin das Argument verwandt, bei der Verbreitung und Nutzung der Pränataldiagnostik und der Entscheidung zu einem Schwangerschaftsabbruch im Falle eines auffälligen Befundes handle es sich um eine Form von *Diskriminierung von Menschen mit Behinderungen*. Hierbei werden sowohl Dammbruchargumente (durch weitere Verbreitung der Pränataldiagnostik käme es zu einer zunehmenden Ablehnung von Menschen mit Behinderungen) als auch das so genannte „*expressivist argument*" ins Feld geführt, welches Ende der 1980er Jahre aus der angloamerikanischen Disability-Rights-Bewegung heraus entwickelt wurde (Asch 1988). Das Argument sagt aus, dass eine Gesellschaft, die Technologien wie die Pränatal- oder Präimplantationsdiagnostik bereitstellt, sowie die Nutzerinnen der Techniken Menschen mit Behinderungen diskriminieren. In der medizinethischen Diskussion wird heute mehrheitlich aufgrund verschiedener Argumente (vgl. Edwards 2004; siehe auch Lübbe 2003) die Auffassung vertreten, dass das expressivist argument nicht haltbar ist, unter anderem weil es empirisch nicht nachzuweisen ist, aber auch, weil der Diskriminierungsbegriff in Bezug auf die eigenen Kinder nicht greift. Der Diskriminierungsbegriff betreffe die öffentliche Sphäre, jedoch nicht höchstpersönliche Entscheide in Nahbeziehungen: Man dürfe seinen Arbeitskollegen mit einer Behinderung nicht ungerechtfertigt ungleich behandeln (=diskriminieren), sei jedoch nicht gezwungen, diesen zum Ehemann zu nehmen. Auch wenn die Ehepartnerin eine

Behinderung im Laufe der Ehe erleidet und sich der Ehemann von ihr trennt, sei dies keine Diskriminierung.

Mit Blick auf das vorliegende Fallbeispiel spiegeln sich diese Argumente auch in Irmas Überlegungen wider: Wenn sie sich für einen Schwangerschaftsabbruch entscheidet, geht es ihr nicht darum, jemanden zu diskriminieren, weder Kinder mit Behinderungen noch Frauen, die wie sie ein drittes Kind bekommen. Sie möchte das Kind, fragt sich aber verzweifelt, wie sie den verschiedenen Verantwortungen den Menschen gegenüber, die sie liebt, wirklich gerecht werden kann. Hier ist auf jeden Fall eine umfassende Unterstützung und Beratung vonnöten (vgl. dazu Hürlimann et al. 2008; Wassermann und Rohde 2009).

Wenn man den Eingangsfall so gewählt hätte, dass Irma das Kind nicht will, weil es nur eine sehr leichte Verformung des Gesichts im Ultraschall aufweist, weil es eine Disposition für eine später im Leben auftretende Darmerkrankung hat oder weil es ein Junge ist, obgleich sie sich ein Mädchen gewünscht hätte, stellten sich weitere Fragen. Es erscheint nicht unproblematisch, dass es zunehmend möglich ist, verschiedene *genetische Dispositionen des zukünftigen Kindes* zu erfahren, und sich auch aufgrund von Eigenschaften für einen Schwangerschaftsabbruch zu entscheiden, die für das Kind erst im späteren Leben (wie bei sich später manifestierenden Erkrankungen) relevant oder nur wenig (wie bei der Gesichtsverformung) oder gar nicht (wie beim Geschlecht) belastend sind. Zum einen wird in der ethischen und juristischen „Alltagspraxis" in Bezug auf das ungeborene Kind faktisch eine gradualistische Position bezogen und eine Abwägung gegenüber den Rechten der Schwangeren auf Selbstbestimmung und Privatsphäre vorgenommen. Je weniger einschränkend die pränatale Disposition und je weiter fortgeschritten die Schwangerschaft, desto weniger gerechtfertigt erscheint demnach ein Schwangerschaftsabbruch. Für die Geschlechtsbestimmung mittels Ultraschall in der Frühschwangerschaft besteht aus diesem Grund ein weitgehender internationaler Konsens, dass diese nicht durchgeführt werden soll.

Ein wichtiges ethisches Argument ist sodann das *Recht auf Nichtwissen.* Dieses wird im Kontext von Schwangerschaft und Geburt sowohl bezogen auf die Schwangere (Recht, auf eine Pränataldiagnostik oder die Mitteilung eines Ergebnisses zu verzichten) wie auch bezogen auf das Kind (Recht auf eine „offene Zukunft") diskutiert. Das Konzept der offenen Zukunft geht auf den Philosophen Hans Jonas zurück (Jonas 1979). In der Humangenetik gilt daher grundsätzlich das Prinzip einer nicht-direktiven Beratung. Nur in Ausnahmefällen diskutieren die Richtlinien der humangenetischen Fachgesellschaften die Zulässigkeit, Patienten zu einem Wissen über genetische Prädispositionen zu „zwingen" (z. B. bei Vaterschaftstests im Rahmen von Zivilverfahren oder bei Straftaten). Namentlich für spätmanifestierende Erkrankungen gilt, dass Kinder in der Regel nicht auf die entsprechenden Genmutationen getestet werden, außer es gäbe bereits im Kindesalter prophylaktische Behandlungsmöglichkeiten. Werden solche Dispositionen pränatal getestet und kommt es nicht zu einem Schwangerschaftsabbruch, wird ein Kind geboren, über das eine Kenntnis vorliegt, die man beim geborenen Kind selbst nicht erheben würde. Paradoxerweise erscheint es insofern in dieser Situation im Licht des Arguments des „Rechts auf Nichtwissen" gerade problematisch, die Schwangerschaft nicht abzubrechen. Auf der Basis dieser Überlegungen hat der deutsche Gesetzgeber in das Gendiagnostikgesetz (GenDG) ein Verbot der Diagnostik spätmanifestierender Erkrankungen eingefügt, dessen Umsetzung jedoch schwierig ist (vgl. Krones et al. 2012).

Im Fallbeispiel wäre für Irma ein Leben mit einem Kind mit Downsyndrom allenfalls vorstellbar. Es ist bei ihr vor allem die zusätzliche Belastung durch den schweren Herzfehler, die sie zweifeln lässt. Möglicherweise wäre der Entscheidungskonflikt für sie weniger dramatisch gewesen, wenn sie früher von der Erkrankung ihres Kindes gewusst hätte. Denn empirisch – medizinisch und emotional – macht es für die Frau (und auch für das ungeborene Kind und den behandelnden Arzt) einen beträchtlichen Unterschied, ob ein Schwangerschaftabbruch *in einem frühen oder späten Stadium* durchgeführt wird. Handkehrum wird in den Diskussionen zur Pränataldiagnostik vorgebracht, dass es problematisch sei, wenn für PND und Schwangerschaftsabbrüche möglichst risiko- und belastungsarme Methoden verwendet werden, die es der Schwangeren „leichter machen", sich dafür zu entscheiden. Dieses Argument beruht auf der Sorge, dass es zum oben beschriebenen Dammbruch kommen könnte. Auch wenn diese Sorge ernst genommen werden muss, wird das Prinzip, möglichst wenig zu schaden, auf den Kopf gestellt: Ein größerer physischer und psychischer Schaden bei einem späteren Schwangerschaftsabbruch sowie das mögliche Fehlgeburtsrisiko der invasiven Pränataldiagnostik werden als Nutzen ausgelegt (Macklin 1997). Das Nichtschadensprinzip gilt jedoch auch für Entscheidungen zum Schwangerschaftsabbruch und zum Austragen der Schwangerschaft.

Diese Erwägungen sind zudem relevant für die Frage nach der *Kostenübernahme* eines Schwangerschaftsabbruchs durch die Krankenkassen. Auch aufgrund der Haltung der WHO, die Schwangerschaftsabbrüche zur reproduktiven Gesundheit zählt und Maßnahmen gegen lebensgefährliche, unsachgemäß durchgeführte Schwangerschaftsabbrüche fordert, werden diese in den meisten Ländern mit einem Krankenversicherungssystem durch die Krankenkassen ganz oder zum größten Teil bezahlt. Österreich ist eines der wenigen Länder, in dem Frauen einen Schwangerschaftsabbruch komplett selbst finanzieren müssen; in der Schweiz gelangt demnächst eine analoge Initiative in die Volksabstimmung. Sodann gehören in Deutschland, Österreich und der Schweiz bestimmte pränataldiagnostische Methoden (Basisultraschall und invasive Pränataldiagnostik bei sogenannten Risikoschwangerschaften, wozu auch Schwangere über 35 Jahren zählen) zum Leistungskatalog der Krankenkassen. In den Kontroversen um die Finanzierung kommen die grundlegenden normativen Haltungen zum Ausdruck, die oben beschrieben wurden. Diese reichen von der häufig christlich (mit)geprägten Ansicht, ein Schwangerschaftsabbruch sei eine (teils unmoralische) „Wunscherfüllung" der Frau, bis hin zu säkular-liberalen Auffassungen, dass alles, was die reproduktive Gesundheit betrifft (dazu zählte dann auch der neue Präna-Test, sollte dieser sich als vorteilhafte Screeningmethode erweisen), finanziert werden müsse. Aber: Was heißt genau vorteilhaft? Und: Vorteil für wen? – Auch wenn es um Geld geht, lohnt es sich zu hinterfragen, welche ethischen Haltungen auf dem Spiel stehen und welche Begründungen hierbei ins Feld geführt werden.

4.3 Rechtliche Beurteilung

4.3.1 Schweizerisches Recht

Bernhard Rütsche, Nadja D'Amico

Das Bundesgesetz über genetische Untersuchungen beim Menschen (GUMG) legt die Rahmenbedingungen für die Durchführung pränataler Untersuchungen fest. Ob und unter welchen Voraussetzungen ein Schwangerschaftsabbruch zulässig ist, beurteilt sich demgegenüber nach dem Strafrecht. Die am 1. Oktober 2002 in Kraft getretenen Art. 118 – 120 des schweizerischen Strafgesetzbuches (StGB) regeln die Zulässigkeit des Schwangerschaftsabbruchs abschließend (vgl. BGE 129 I 402, E. 3.1 S. 405).

Pränataldiagnostik

Bisher hat sich Irma L. während ihrer Schwangerschaft mehreren Ultraschalluntersuchungen unterzogen. Es handelt sich dabei um sog. *pränatale Risikoabklärungen* im Sinne von Art. 3 Bst. g GUMG. Darunter fallen Laboruntersuchungen, die Hinweise auf das Risiko einer genetischen Anomalie des Ungeborenen geben sowie Untersuchungen mit bildgebenden Verfahren. Diese Untersuchungen haben ergeben, dass das ungeborene Kind einen schweren Herzfehler hat; zudem liegen Anzeichen für ein Downsyndrom (Trisomie 21) vor. Ob dieser Verdacht begründet ist, ließe sich mithilfe einer *pränatalen genetischen Untersuchung* verifizieren. Diese Art der Untersuchung dient der Abklärung von Eigenschaften des Erbguts des Embryos oder des Fötus (vgl. Art. 3 Bst. f GUMG).

Generell verbietet das GUMG pränatale Untersuchungen (d. h. sowohl Risikoabklärungen als auch genetische Untersuchungen), die auf die Ermittlung von Eigenschaften abzielen, welche *nicht die Gesundheit betreffen* (Art. 11 GUMG). Nicht ausgeschlossen ist damit aber die in der Praxis übliche Geschlechtsbestimmung anlässlich einer Ultraschalluntersuchung. Art. 11 GUMG greift erst dann, wenn die Gefahr besteht, dass die Information – die Bekanntgabe des Geschlechts – die werdenden Eltern zu einer Abtreibung veranlassen würde (vgl. BBl 2002 7410).

Vor einer pränatalen Risikoabklärung muss die schwangere Frau vom Arzt über den Zweck und die Aussagekraft der Untersuchung, die Möglichkeit eines unerwarteten Untersuchungsergebnisses, mögliche Folgeuntersuchungen und -eingriffe informiert sowie darauf hingewiesen werden, dass sie sich an die kantonale Informations- und Beratungsstelle für pränatale Untersuchungen richten kann (Art. 16 GUMG). Von dieser *Informationspflicht* zu unterscheiden ist die *genetische Beratung*, die der Gesetzgeber im Hinblick auf pränatale genetische Untersuchungen festschreibt. So müssen gemäß Art. 14 Abs. 1 GUMG genetische Untersuchungen vor und nach ihrer Durchführung von einer nicht-direktiven, fachkundigen genetischen Beratung begleitet sein. Die genetische Beratung hat sich an der konkreten individuellen und familiären Situation zu orientieren und muss die möglichen psychischen und sozialen

Auswirkungen des Untersuchungsergebnisses auf die betroffene Person und ihre Familie berücksichtigen. Weitere Gesichtspunkte wie namentlich allgemeine gesellschaftliche Interessen dürfen dagegen nicht in die Beratung einfließen – der Gesetzgeber will damit der Gefahr eugenischer Einflussnahme vorbeugen (Art. 14 Abs. 2 GUMG; vgl. BBl 2002 7415). Die betroffene Frau muss namentlich über Zweck, Art und Aussagekraft der Untersuchung, die Möglichkeit unerwarteter Untersuchungsergebnisse und Folgemaßnahmen sowie allfällige physische und psychische Risiken und Belastungen informiert werden (Art. 14 Abs. 3 GUMG). Sollte die vorgeschlagene Untersuchung mit hoher Wahrscheinlichkeit keine therapeutische oder prophylaktische Möglichkeit eröffnen, ist die betroffene Frau außerdem im Voraus darauf hinzuweisen (Art. 15 Abs. 2 GUMG). Wird schließlich anhand der Untersuchung eine unheilbare Störung festgestellt, so ist sie auch über Alternativen zum Schwangerschaftsabbruch zu informieren und auf Vereinigungen von Eltern behinderter Kinder sowie Selbsthilfegruppen aufmerksam zu machen (Art. 15 Abs. 3 GUMG).

Dem *Selbstbestimmungsrecht* der schwangeren Frau kommt bei pränatalen Untersuchungen besondere Bedeutung zu. Auf dieses Recht ist die betroffene Frau sowohl vor Durchführung der Untersuchung als auch nach Vorliegen der Untersuchungsergebnisse ausdrücklich hinzuweisen (Art. 15 Abs. 1 GUMG). Die Frau entscheidet nach hinreichender Aufklärung frei, ob die pränatale Untersuchung durchgeführt werden soll, sie das Untersuchungsergebnis zur Kenntnis nehmen (*Recht auf Nichtwissen*, vgl. Art. 6 GUMG) und welche Folgerungen sie daraus ziehen will (vgl. Art. 18 Abs. 1 GUMG). Eine Ausnahme vom Recht auf Nichtwissen gilt allerdings dann, wenn für die schwangere Frau oder für den Embryo bzw. Fötus eine unmittelbar drohende physische Gefahr besteht, die abgewendet werden könnte; in diesem Fall muss die Ärztin die betroffene Person unverzüglich über das Untersuchungsergebnis informieren (Art. 18 Abs. 2 GUMG). Die Zustimmung zur pränatalen Untersuchung hat *schriftlich* zu erfolgen (Art. 18 Abs. 3 GUMG) und ist jederzeit widerrufbar (Art. 5 Abs. 3 GUMG). Nach Möglichkeit ist der Ehegatte oder Partner in die genetische Beratung mit einzubeziehen (Art. 15 Abs. 4 GUMG); die betroffene Frau entscheidet aber grundsätzlich alleine.

Wird eine vorgeburtliche Krankheit oder Behinderung nicht erkannt, weil die Pränataldiagnostik unsorgfältig durchgeführt wurde, können die unterhaltspflichtigen Eltern nach herrschender Lehre gegen den fehlbaren Arzt oder das medizinische Labor Klage auf Schadenersatz – zumindest für die krankheits- resp. behinderungsbedingten Mehrkosten – und Genugtuung einreichen (Klagen aus *wrongful birth*). Dies unter der Voraussetzung, dass die Mutter in Kenntnis einer allfälligen Krankheit oder Behinderung des ungeborenen Kindes die Schwangerschaft abgebrochen hätte. Das schweizerische Bundesgericht hatte bisher keine Gelegenheit, diese Klagemöglichkeit zu beurteilen (BGE 132 III 359 betrifft eine – gutgeheißene – Klage auf Schadenersatz aus *wrongful conception*; es handelt sich dabei um eine Klage, mit welcher der Unterhaltsaufwand für ein Kind geltend gemacht wird, nachdem empfängnisverhütende Maßnahmen wie zum Beispiel eine Eileiterunterbindung fehlgeschlagen sind und zu einer ungeplanten Schwangerschaft geführt haben); auf kantonaler Ebene wurden jedoch Ansprüche aus wrongful birth schon bejaht – nicht aber Ansprüche aus *wrongful life*, welche das behinderte Kind selber geltend macht (vgl. Urteil des Obergerichts des Kantons Bern vom 2. Mai 2011, in: CAN 2012 Nr. 1 S. 8: „Das behindert zur Welt gekommene [statt abgetriebene] Kind hat weder aus Delikt noch aus Vertrag einen Genugtuungsanspruch gegenüber der Ärztin, welche die notwendige pränatale Diagnostik nicht vornahm und deshalb die genetisch bedingte Behinderung nicht erkannte. Der Umstand, mit einer Behinderung geboren statt abgetrieben worden zu sein, stellt keine immaterielle Unbill dar.“).

Schwangerschaftsabbruch

Der schweizerische Gesetzgeber hat sich in der Frage der Strafbarkeit des Schwangerschaftsabbruchs für eine sog. *Fristenregelung* entschieden. Diese beruht auf einer Güterabwägung zwischen dem pränatalen Lebensschutz und dem Selbstbestimmungsrecht der schwangeren Frau. Im ersten Drittel der Schwangerschaft wird dem Selbstbestimmungsrecht der Frau vor dem strafrechtlichen Schutz des ungeborenen Lebens Vorrang eingeräumt (vgl. BBl 1998 III 3015). Demnach ist der Schwangerschaftsabbruch straflos, wenn er innerhalb von zwölf Wochen seit Beginn der letzten Periode auf *schriftliches Verlangen der schwangeren Frau*, die geltend macht, sie befinde sich in einer *Notlage*, durch einen zur Berufsausübung zugelassenen Arzt vorgenommen wird (Art. 119 Abs. 2 StGB). Der Arzt hat persönlich mit der Frau vorher ein eingehendes Gespräch zu führen und sie zu beraten. Ob eine Notlage vorliegt, beurteilt sich nicht nach objektiven Kriterien, sondern ist allein der subjektiven Einschätzung der schwangeren Frau überlassen.

In casu befindet sich Irma L. in der 23. Schwangerschaftswoche. Zu diesem Zeitpunkt ist ein Schwangerschaftsabbruch nur unter den strengeren Voraussetzungen nach Art. 119 Abs. 1 StGB straflos. Nach dieser Bestimmung bleibt ein Schwangerschaftsabbruch ohne Strafe, wenn er nach *ärztlichem Urteil* notwendig ist, damit von der schwangeren Frau die Gefahr einer schwerwiegenden körperlichen Schädigung (*medizinische Indikation*) oder einer schweren seelischen Notlage (*sozial-medizinische Indikation*) abgewendet werden kann. Dabei hält das Gesetz ausdrücklich fest, dass je fortgeschrittener die Schwangerschaft ist, „die Gefahr umso größer“, d. h. der Grund für einen Abbruch umso gewichtiger, sein muss. Der schweizerische Gesetzgeber hat demzufolge auf einen Katalog möglicher Indikationen verzichtet und sich für eine offene Formulierung strafloser Abbruchgründe entschieden (BBl 1998 III 3015). Sind die Voraussetzungen für einen straflosen Schwangerschaftsabbruch nach ärztlichem Urteil nicht erfüllt und bricht die Frau die Schwangerschaft dennoch ab, wird sie mit Freiheitsstrafe bis zu drei Jahren oder Geldstrafe bestraft (Art. 118 Abs. 3 StGB).

Bemerkenswert ist, dass der Strafgesetzgeber dem behandelnden Arzt – und nicht etwa einer staatlichen Behörde – die Aufgabe überträgt, die Voraussetzungen eines straflosen Schwangerschaftsabbruchs zu überprüfen. Dem Arzt steht hierbei ein kaum überprüfbares Ermessen zu. Gerade der Begriff der „*schweren seelischen Notlage*“ ist sehr offen formuliert. Gemäß herrschender Lehre ist die Gefahr einer solchen anzunehmen, wenn die betroffene Frau leicht in einen dauerhaften psychischen Ausnahmezustand verfallen könnte. Dabei sind sämtliche innere und äußere Umstände (z. B. Persönlichkeitsstruktur und gegenwärtige sowie künftige Lebensumstände) zu berücksichtigen. Es handelt sich also um eine sozial-medizinische Gesamtindikation, welcher auch embryopathische Indikationen (diagnostizierte körperliche oder geistige Störung des Ungeborenen) zugrunde liegen können. Ein embryopathisch indizierter Schwangerschaftsabbruch kann daher zulässig sein, wenn die Pflege und Erziehung des Kindes aufgrund der Schwere seiner erwarteten Krankheit bzw. Behinderung eine unzumutbare Überforderung der Mutter darstellt. Um die ärztliche Entscheidfindung besser abzustützen, kennen gewisse Spitäler interne Ethikkonzile, die zur Beurteilung später Schwangerschaftsabbrüche einberufen werden.

Die Schwangerschaft von Irma L. ist relativ weit fortgeschritten. In der 23. Schwangerschaftswoche müssen die Gründe für einen Abbruch ein gewisses Gewicht haben. Wäre Irma L. mit der Pflege und Erziehung eines herzkranken und/oder behinderten Kindes voraussichtlich unzumutbar überfordert und sieht der Arzt darin die Gefahr einer schweren seelischen Notlage, wird er einen embryopathisch indizierten Schwangerschaftsabbruch als notwendig einstufen und den Abbruch vornehmen.

4.3.2 Deutsches Recht

Tade Matthias Spranger, Jenny Gorenstein

Die Voraussetzungen für pränataldiagnostische Verfahren werden in Deutschland im *Gendiagnostikgesetz* (GenDG) geregelt, welches sich gemäß § 2 GenDG auch auf genetische Untersuchungen bei Embryonen und Föten während der Schwangerschaft erstreckt. Regelungen zum Schwangerschaftsabbruch finden sich hingegen im Strafgesetzbuch (§§ 218 ff. StGB). Ergänzend ist zudem das *Schwangerschaftskonfliktgesetz* (SchKG) heranzuziehen.

Pränataldiagnostik

In Deutschland sind Ultraschall-Untersuchungen und serologische Untersuchungen sowie eine Kombination beider Verfahren routinemäßig bei allen Schwangeren vorgesehen (vgl. Mutterschafts-Richtlinien). Eine genetische Untersuchung am Embryo darf hingegen gemäß § 15 Abs. 1 Satz 1 GenDG nur vorgenommen werden, wenn sie medizinischen Zwecken dient und die Untersuchung auf bestimmte genetische Eigenschaften des Fötus abzielt, die nach dem allgemein anerkannten Stand der Wissenschaft und Technik seine Gesundheit während der Schwangerschaft oder nach der Geburt beeinträchtigen können. Genetische Untersuchungen, die anderen Zwecken dienen, sind hingegen verboten.

Eine vorgeburtliche genetische Untersuchung, die darauf abzielt, genetische Eigenschaften des Embryos oder des Fötus für eine Erkrankung festzustellen, die nach dem allgemein anerkannten Stand der medizinischen Wissenschaft und Technik erst nach Vollendung des 18. Lebensjahres ausbricht, darf nach § 15 Abs. 2 GenDG ebenfalls nicht vorgenommen werden. Damit sind genetische Untersuchungen für sog. spätmanifestierende Erkrankungen unzulässig. Wird anlässlich einer genetischen Untersuchung oder Analyse das Geschlecht des ungeborenen Kindes festgestellt, so ist eine entsprechende Mitteilung an die Schwangere mit ihrer Einwilligung gemäß § 15 Abs. 1 Satz 2 GenDG erst nach Ablauf der 12. Schwangerschaftswoche zulässig. Diese Einschränkung soll verhindern, dass ein strafloser *Schwangerschaftsabbruch* innerhalb der von § 218a Abs. 1 Nr. 3 StGB vorgegebenen Frist von 12 Wochen aufgrund des Geschlechts des Embryos möglich wird (Heinrichs et al. 2012).

Des Weiteren ist eine genetische Untersuchung nur zulässig, wenn die Schwangere nach § 9 GenDG von dem verantwortlichen Arzt über das Wesen, die Bedeutung und Tragweite der Maßnahme aufgeklärt worden ist und nach § 8 Abs. 1 Satz 1 GenDG ausdrücklich und schriftlich eingewilligt hat (§ 15 Abs. 1 Satz 1 GenDG). Gemäß § 9 Abs. 2 Nr. 4 GenDG steht der Schwangeren dabei ausdrücklich ein Recht auf Nichtwissen zu, welches auch das Recht umfasst, Untersuchungsergebnisse oder Teile davon nicht zur Kenntnis zu nehmen, sondern vernichten zu lassen (Fenger, in: Spickhoff 2011: § 9, Rn. 1). Vor einer genetischen Untersuchung und nach Vorliegen des Untersuchungsergebnisses haben zudem zwingend eine genetische Beratung der Schwangeren nach § 10 GenDG sowie der Hinweis auf den Beratungsanspruch nach § 2 SchKG zu erfolgen. Besteht nach den durchgeführten pränataldiagnostischen Maßnahmen der begründete Verdacht hinsichtlich einer körperlichen oder geistigen Gesundheitsschädigung des Kindes, so hat der behandelnde Arzt gemäß § 2a Abs. 1 SchKG der Schwangeren dies (sofern eine entsprechende Einwilligung vorliegt) mitzuteilen und sie über die entsprechenden medizinischen und psychosozialen Aspekte zu beraten.

Wird aufgrund eines Fehlers des behandelnden Arztes oder Genetikers die Schwangere über eine festgestellte Behinderung des Embryos nicht aufgeklärt oder wird eine angezeigte pränataldiagnostische Maßnahme unterlassen und hätte die Schwangere in Kenntnis dieser Tatsache eine Abtreibung vornehmen lassen, so setzt sich der betroffene Mediziner im Falle der Geburt eines geschädigten Kindes grundsätzlich Haftungsansprüchen der Eltern aus. Der Bundesgerichtshof erkennt nach anfänglichen Unsicherheiten mittlerweile in ständiger Rechtsprechung einen Anspruch der Eltern eines behindert geborenen Kindes auf Ersatz des Unterhalts unter der Voraussetzung an, dass der Arzt die Behinderung hätte vorhersehen können und eine Aufklärung der Mutter diese zur Abtreibung bewegt hätte. Wegweisend ist hier das im Jahre 1983 ergangene Urteil des BGH, das unter dem Stichwort „*Kind als Schaden*“ bzw. „*wrongful life*“ bekannt geworden ist (BGHZ 86, 240 ff.). Hier erkennt der BGH im Ergebnis zwar den betroffenen Eltern, nicht jedoch dem behindert geborenen Kind einen Schadensersatzanspruch zu. Die Entscheidung macht zugleich deutlich, dass der BGH nicht das geschädigte Kind, sondern allein dessen Unterhaltsbedarf als Schaden begreift (Wagner 2002). Sofern der BGH dem geschädigten Kind einen eigenen Schadensersatzanspruch gegen den behandelnden Arzt abspricht, begründet er dies damit, dass der Mensch sein Leben so hinzunehmen hat, wie es von der Natur vorgegeben ist, und keinen Anspruch auf eine Verhütung oder Vernichtung durch andere hat (BGHZ 86, 240 ff.).

Schwangerschaftsabbruch

Die Strafbarkeit des Schwangerschaftsabbruchs ergibt sich in Deutschland aus § 218 StGB. Allerdings finden sich in § 218a StGB Ausnahmen von diesem Grundsatz. Gemäß § 218a Abs. 1 StGB ist ein nach einer Beratung erfolgter ärztlicher Abbruch der Schwangerschaft innerhalb von 12 Wochen nicht strafbar. Voraussetzung ist weiterhin, dass die Schwangere den Schwangerschaftsabbruch verlangt, weshalb eine einfache Einwilligung unzureichend ist. Zudem muss die Beratung mindestens drei Tage vor dem Eingriff erfolgen; die Beratung ist dem Arzt durch eine entsprechende Bescheinigung nachzuweisen. Sind diese Voraussetzungen erfüllt, so sind sowohl die Schwangere als auch der Arzt straffrei.

Des Weiteren ist der Schwangerschaftsabbruch in den Fällen des § 218a Abs. 2 und Abs. 3 StGB nicht rechtswidrig. Im Gegensatz zu § 218a Abs. 1 StGB, der schon die Tatbestandserfüllung im Sinne des § 218 StGB ausschließt, handelt es sich hierbei um Rechtfertigungsgründe. Eine Rechtfertigung des Schwangerschaftsabbruchs ist zunächst im Falle einer medizinisch-sozialen Indikation vorgesehen (§ 218a Abs. 2 StGB). Danach ist ein Schwangerschaftsabbruch nicht rechtswidrig, wenn er notwendig ist, um eine Gefahr für das Leben oder die Gefahr einer schwerwiegenden körperlichen oder seelischen Gesundheitsschädigung der Schwangeren abzuwenden. Resultiert aus einer Behinderung des Kindes eine schwerwiegende Gesundheitsgefahr für die werdende Mutter, so ist eine Abtreibung grundsätzlich gerechtfertigt. Anknüpfungspunkt ist damit nicht die Behinderung des Fötus, sondern die damit verbundene Belastung der Mutter (Gropp, in: Joecks und Miebach 2012: § 218a, Rn. 61). Hintergrund dieser Regelung ist, dass der Gesundheitszustand der Schwangeren vorrangigen Schutz genießt und ihr nicht zugemutet werden kann, das ungeborene Kind unter Hinnahme der eigenen Lebensgefahr oder einer schwerwiegenden Gesundheitsbeeinträchtigung auszutragen. Dies gilt jedoch nur insofern, als diese Gefahren nicht auf andere Weise abgewendet werden können. Als Gesundheitsgefahren kommen dabei explizit nicht nur körperliche, sondern auch seelische Leiden in Betracht. Im Wege einer Gesamtbetrachtung sind dabei sowohl der biologisch-medizinische Zustand als auch die gesamte soziale Lebenssituation der Schwangeren zu berücksichtigen, wobei nicht nur die gegenwärtige, sondern auch die künftige Lebenslage in die Betrachtung einzubeziehen sind. Dabei können auch solche Gefährdungen relevant sein, die aus einer wirtschaftlichen und familiären psychischen Dauerbelastung oder aus einer Überforderung durch Sorge und Einstandspflichten im Falle der Geburt eines behinderten Kindes resultieren (Eser, in: Schönke und Schröder 2010: § 218a, Rn. 29).

Die Rechtswidrigkeit des Schwangerschaftsabbruchs entfällt auch im Falle einer kriminologischen Indikation nach § 218a Abs. 3 StGB, wenn die Schwangere Opfer eines Sexualdelikts geworden ist, der Eingriff mit ihrer Einwilligung erfolgt und von einem Arzt innerhalb von 12 Wochen nach der Empfängnis vorgenommen wird.

Schließlich sieht § 218a Abs. 4 StGB im Falle eines Schwangerschaftsabbruchs, der weder unter § 218a Abs. 1 noch unter Abs. 2 oder Abs. 3 StGB fällt, unter den dort genannten Voraussetzungen besondere Privilegierungen für die Schwangere vor. Die in Deutschland geltende kombiniert-abgestufte Beratungs- und Indikationsregelung (Eser, in: Schönke und Schröder 2010: § 218a, Rn. 1) in Verbindung mit zusätzlichen Privilegien für die Schwangere stellt somit einerseits zwar detaillierte Anforderungen an eine straflose Abtreibung, gesteht aber andererseits der Schwangeren ein weitreichendes Selbstbestimmungsrecht zu, das gegenüber dem Schutz ungeborenen Lebens überwiegt.

4.3.3 Österreichisches Recht

Christian Kopetzki

Eine ausdrückliche und generelle gesetzliche Regelung für pränatale Untersuchungen gibt es im österreichischen Recht nicht. Nur für *pränatale genetische Analysen* – also für eine bestimmte Untersuchungsmethode – enthält das Gentechnikgesetz (GTG) etwas genauere Bestimmungen, deren Schwerpunkt sich allerdings auf prozedurale Vorgaben beschränkt (§ 69 GTG). Die Grenzen für die Zulässigkeit des Schwangerschaftsabbruchs werden hingegen vom einschlägigen Kapitel des StGB (§§ 96–98) festgelegt.

Pränataldiagnostik

Genetische Analysen im Rahmen einer pränatalen Untersuchung sind nach § 69 Abs. 1 GTG zulässig, wenn eine schriftliche Bestätigung der Schwangeren über ihre Einwilligung und eine umfassende humangenetische Aufklärung über Wesen, Tragweite und Aussagekraft der Genanalyse vorliegt. Aufklärung und Einwilligung müssen auch die Risiken des Eingriffs umfassen. Zur Indikationsstellung und Beratung ist nur ein für das Indikationsgebiet zuständiger Facharzt oder ein speziell humangenetisch ausgebildeter Facharzt befugt. Die schriftliche Bestätigung ist bei einer unmündigen Minderjährigen (unter 14 Jahren) durch den Erziehungsberechtigten, bei einer Mündigen von dieser selbst abzugeben.

Das *Selbstbestimmungsrecht* der Schwangeren in Bezug auf genetische Analysen wird durch eine Reihe flankierender Bestimmungen zusätzlich abgesichert: Abgesehen von der obligaten Aufklärung vor der Untersuchung hat auch nach der Untersuchung neuerlich eine sachbezogene Erörterung der Untersuchungsergebnisse und medizinischen Tatsachen sowie möglicher medizinischer, sozialer und psychosozialer Konsequenzen stattzufinden (§ 69 Abs. 4 GTG). Die Beratungen vor und nach der Analyse dürfen nicht direktiv sein; die Betroffene ist bereits bei Beginn der Beratungsgespräche darauf hinzuweisen, dass sie – auch nach erfolgter Einwilligung – auf die Mitteilung der Analyseergebnisse und der daraus ableitbaren Konsequenzen verzichten kann (§ 69 Abs. 5 GTG; „*Recht auf Nichtwissen*"). Die Beratungen vor und nach der Analyse sind mit einem individuellen Beratungsbrief abzuschließen.

Sonstige PND außer Genanalysen (wie z. B. Ultraschall, Bluttest, mikroskopische Untersuchungen) sind vom GTG nicht erfasst; ihre Beurteilung richtet sich nach den allgemeinen medizinrechtlichen Grundsätzen für diagnostische Maßnahmen. Bei fachgerechter Durchführung und nach informed consent der Patientin sind sie daher grundsätzlich erlaubt, wobei auch hier eine umfassende Aufklärung über Risiken und Aussagekraft der Untersuchungsmethode bzw. über alternative Testmethoden nötig ist. Detaillierte gesetzliche Vorschriften über die Form der Zustimmung oder über die Beratung (wie sie das GTG für Genanalysen vorsieht) bestehen jedoch nicht.

Sowohl für genetische als auch für sonstige pränatale Untersuchungen gilt, dass die Rechtsordnung *keine inhaltlichen Grenzen* oder Voraussetzungen für die Suche nach bestimmten Krankheiten oder (gesundheitsbezogenen oder gesundheitsfremden) Eigenschaften vorgibt. Insofern ist die Entscheidung über das Untersuchungsziel von der Betroffenen (im Einvernehmen mit dem Arzt) autonom zu treffen. Nicht zwingend, aber typischerweise findet die PND im Vorfeld der Entscheidungsfindung über einen Schwangerschaftsabbruch statt. Im Beispielfall würde das österreichische Recht weitergehenden pränatalen Untersuchungen bei Irma L nicht entgegenstehen. Unter Umständen könnte sogar ein Leistungsanspruch gegenüber der Krankenversicherung aus dem Titel „humangenetischer Vorsorgemaßnahmen" bestehen (§ 132c ASVG).

Bei einem Diagnosefehler und/oder mangelhafter Aufklärung über die Diagnose kann den Arzt bzw. den Krankenanstaltenträger nach allgemeinem Schadenersatzrecht eine Haftung für den „Familienplanungsschaden" (Unterhaltsschaden – Haftung wegen „*wrongful birth*") treffen, wenn die Frau bei korrekter Information die Schwangerschaft abgebrochen hätte (in diesem Fall ist nie das Kind der „Schaden", sondern die Vermögensbelastung der Eltern; vgl. OGH SZ 72/91; 5 Ob 148/07 m, RdM 2008/38). Die intensiven Aufklärungspflichten umfassen nach der Rechtsprechung des OGH z. B. auch die Aussagekraft von Untersuchungsergebnissen, die Risiken von Schwangerschaftsuntersuchungen sowie die Folgen unterlassener Zusatzuntersuchungen bzw. die Gefahr der Geburt eines behinderten Kindes. Der Arzt kann freilich nur bei rechtswidrigem Verhalten haften, d. h. bei Nichteinhaltung der medizinischen Standards oder bei einem Aufklärungsmangel. Eine reine „Erfolgshaftung", die nur auf den Eintritt eines Schadens (eines „schädlichen Erfolgs") abstellt, trifft ihn nicht. Der Arzt ist auch nicht verpflichtet, auf Durchführung pränataldiagnostischer Untersuchungen oder gar eine Abtreibung „zu drängen", er schuldet aber immerhin eine ordnungsgemäße Untersuchung und wahrheitsgemäße Informationen (auch über die Option der Abtreibung), weil und sofern dies von der Schwangeren gewünscht ist. Kommt es zur zivilrechtlichen Haftung, dann umfasst die Haftung nach der jüngeren Rechtsprechung den gesamten Unterhaltsaufwand für ein behindertes Kind. Allerdings ist die Judikatur in sich widersprüchlich: Bei fehlgeschlagenen Sterilisationen infolge eines ärztlichen Behandlungs- oder Aufklärungsfehlers und bei der vereinbarungswidrigen Implantation von mehreren Embryonen nach einer IVF wird eine Haftung für den Unterhaltsaufwand bei Geburt eines gesunden Kindes zur Gänze verneint („*wrongful conception*“; vgl. z. B. OGH 6 Ob 101/06f, RdM 2007/23). Alle Versuche, diese Inkonsistenzen der Judikatur durch eine explizite gesetzliche Regelung von „wrongful birth“ bzw. „wrongful conception“ zu bereinigen, sind bisher an der Unvereinbarkeit der politischen Positionen gescheitert.

Schwangerschaftsabbruch

Trotz aller moralischer Divergenzen ist die Zulässigkeit des Schwangerschaftsabbruchs seit 1975 in den §§ 96ff. StGB rechtlich klar geregelt: Ein Abbruch ist grundsätzlich verboten und strafbar, es sei denn, dass zumindest eine der Ausnahmen des § 97 StGB erfüllt ist und ein Arzt den Abbruch mit Einwilligung der Patientin (bei unmittelbarer Lebensgefahr für die Frau auch ohne Einwilligung bzw. durch Nichtärzte: § 97 Abs. 1 Ziff. 3 und § 98 Abs. 2 StGB) durchführt. Diese Ausnahmen betreffen neben der sog. „Fristenlösung“ (innerhalb der ersten 3 Monate nach Schwangerschaftsbeginn nach ärztlicher Beratung), der „medizinischen Indikation“ (zur Abwendung einer nicht anders abwendbaren Gefahr für das Leben oder eines schweren Schadens für die körperliche oder seelische Gesundheit der Schwangeren) und der Unmündigkeit der Schwangeren zur Zeit der Schwängerung („kriminologische Indikation“) insb. auch die „embryopathische Indikation“, also jene Fälle, in denen „eine ernste Gefahr besteht, dass das Kind geistig oder körperlich schwer geschädigt sein werde“ (§ 97 Abs. 1 Ziff. 2 StGB). Schwangerschaftsabbrüche aus Gründen drohender kindlicher Schädigungen müssen daher nach österreichischem Recht nicht über den „Umweg“ einer mütterlichen (z. B. psychosozialen) Indikation begründet werden. Was als „schwere“ Schädigung anzusehen ist und wie wahrscheinlich diese sein muss („ernste Gefahr“), wird im Gesetz allerdings nicht näher präzisiert. Entsprechend weit gespannt ist das Spektrum der vertretenen Auslegungen. Im Ergebnis haben die Ärzte bei der Einschätzung von Art und Schwere der befürchteten Schädigung einen breiten Ermessensspielraum; eine vorangehende Bewilligung ist nicht erforderlich.

Ein Abbruch bei medizinischer/embryopathischer Indikation oder bei Unmündigkeit der Schwangeren ist zeitlich an keine Frist gebunden und darf bis zum Beginn der Eröffnungswehen vorgenommen werden. Bei Irma L wären die Voraussetzungen einer embryopathischen Indikation zweifellos zu bejahen gewesen (schwerer Herzfehler, Downsyndrom); sie hätte den Schwangerschaftsabbruch daher auch nach der 23. Schwangerschaftswoche vornehmen lassen dürfen. Gewisse Probleme könnten allerdings dadurch entstehen, dass das faktische Angebot zur Durchführung von Schwangerschaftsabbrüchen (insb. bei Spätabbrüchen) nicht in allen Bundesländern gleichmäßig ausgeprägt ist. Außerdem ist niemand – außer bei Lebensgefahr – zur Durchführung eines Abbruchs oder zur Mitwirkung daran verpflichtet (Gewissensklausel – § 97 Abs. 2 StGB).

Umgekehrt schützt die Rechtsordnung aber auch die handelnden Ärzte, wenn sie im Rahmen des StGB Schwangerschaftsabbrüche vornehmen: Nach § 97 Abs. 3 StGB darf niemand wegen Durchführung eines straflosen Schwangerschaftsabbruchs oder Mitwirkung daran „in welcher Art immer benachteiligt werden". Das schließt auch außerstrafrechtliche Rechtsnachteile aus. Aus diesem Diskriminierungsverbot wird zugleich ersichtlich, dass der Schwangerschaftsabbruch – trotz manch abweichender Stimmen in der Literatur – innerhalb der Voraussetzungen des StGB nicht nur „straffrei", sondern rechtlich insgesamt erlaubt ist.

Ob die relativ „liberale" Konzeption des österreichischen Abtreibungsrechts und seiner expliziten „embryopathischen" Indikation sowie der weitgehende rechtliche Freiraum zur Durchführung pränataler Untersuchungen mit den behindertenspezifischen Diskriminierungsverboten der Bundesverfassung (Art. 7 Abs. 1 B-VG) und der europäischen Grundrechte-Charta (GRC) vereinbar sind, ist auch hierzulande Gegenstand emotionaler Diskussionen. Die überwiegende (und zutreffende) Auffassung geht freilich dahin, dass sich diese Diskriminierungsverbote nur auf geborene Menschen beziehen und folglich in der Pränatalphase noch gar nicht anwendbar sind. Maßnahmen, die künftige Krankheiten oder Behinderungen vermeiden sollen, stehen mit dem rechtlichen Behindertenschutz nicht im Widerspruch, und zwar auch dann nicht, wenn dieses Ziel durch einen Schwangerschaftsabbruch aus embryopathischer Indikation nach PND erreicht wird. Auch hier setzt sich also das Selbstbestimmungsrecht der Schwangeren gegenüber dem deutlich schwächer ausgeprägten Schutz der Leibesfrucht durch (zum Schutzbeginn des Rechts auf Leben erst mit der Geburt vgl. VfSlg. 7400/1974 sowie Fallbeispiel 13).

Literatur und Materialien

Asch A (1988) Reproductive Technologies and Disability. In: Cohen S, Taub N (Hrsg.) Reproductive Laws for the 1990 s. New York, S. 69 – 124

Babu VB (2011) Selective Abortion of Female Fetuses in India. Some Questions on the Lancet Article. Lancet. http://www.sciencedebate.com/science-blog/selective-abortion-female-fetuses-india-some-questions-lancet-article. Zugegriffen: 5. Sept. 2013

Bericht der Kommission für Rechtsfragen des Nationalrates zur parlamentarischen Initiative zur Änderung des Strafgesetzbuches betreffend Schwangerschaftsabbruch vom 19. März 1998, BBl 1998 III 3005

Bernat E (2006) Pränatale Diagnostik und Präimplantationsdiagnostik: Gibt es ein Recht auf informierte Fortpflanzung? In: Kern BR, Wadle E, Schroeder KO, Katzenmeier C (Hrsg.) Humaniora. Medizin-Recht-Geschichte. Festschrift für Adolf Laufs. Springer, Berlin, Heidelberg: 671 – 701

Bernat E (2007) Pränatale Diagnostik und Präimplantationsdiagnostik auf dem Prüfstand des österreichischen Rechts. In: Dierks C, Wienke A, Eisenmenger W (Hrsg.) Rechtsfragen der Präimplantationsdiagnostik. Springer, Berlin, Heidelberg: 25 – 63

Biller-Andorno N (2001) Gerechtigkeit und Fürsorge. Zur Möglichkeit einer integrativen Medizinethik. Campus, Frankfurt am Main

Botschaft des Bundesrates vom 11. September 2002 zum Bundesgesetz über genetische Untersuchungen beim Menschen, BBl 2002 7361
Clerc A (2002) Über eine aktuelle Tendenz im Strafrecht am Beispiel der Fristenregelung, in: FZR (Sonderheft): 121–131
Dahl E (2003) Procreative liberty: the case for preconception sex selection. Reproductive Biomedicine online 7(4):380–384
Damschen G, Schönecker D (Hrsg.) (2002) Der moralische Status menschlicher Embryonen. Pro und Contra Spezies-, Kontinuums-, Identitäts- und Potentialitätsargument. Berlin, New York
Devaney SA, Palomaki GE, Scott JA, Bianchi DW. Noninvasive Fetal Sex Determination Using Cell-Free Fetal DNA. JAMA 2011;306 (6): 627–636
Domradio (2012) Theologe Schockenhoff kritisiert Tests auf Down- Syndrom. http://www.domradio.de/aktuell/80689/nur-wenige-tropfen-blut.html. Zugegriffen: 4. Sept. 2013 (Siehe dazu auch Schockenhoff E (2003) Fortpflanzungsfreiheit und verantwortliche Elternschaft. Z Med Ethik 4: 379–396
Düwell M (2003) Der moralische Status von Embryonen und Feten. In: Düwell M, Steigleder K. (Hrsg.) Bioethik. Eine Einführung. Suhrkamp, Frankfurt am Main, S. 221–229
Eddleman KA, Malone FD, Sullivan L, Dukes K, Berkowitz RL, Kharbutli Y, et al. (2006) Pregnancy Loss Rates After Midtrimester. Amniocentesis Obstet Gyn 108(5):1067–1072
Eder-Rieder M (2001) Kommentar zu § 97 StGB. In: Höpfel F, Ratz E (Hrsg.) Wiener Kommentar zum Strafgesetzbuch, 2. Aufl. Loseblattausgabe. Manz, Wien
Edwards SD (2004) Disability, identity and the "expressivist objection". J Med Ethics 30: 418–420
Funcke D, Thorn P (Hrsg) (2010) Die gleichgeschlechtliche Familie mit Kindern. Interdisziplinäre Beiträge zu einer neuen Lebensform. Transkript Verlag, Bielefeld
Gächter T, Rütsche B (2013) Gesundheitsrecht, 3. Aufl. Helbing Lichtenhahn, Basel
Gilligan C (1982) In a Different Voice: Psychological Theory and Women's Development. Cambridge
Graumann S (2011) Schwangerschaftsabbruch und Empfängnisverhütung. In: Stöcker R, Neuhäuser C, Raters ML (Hrsg.) Handbuch angewandte Ethik. Metzler, Stuttgart, S. 419–423
Heinrichs B, Spranger TM, Tambornino L (2012) Ethische und rechtliche Aspekte der Pränataldiagnostik. MedR: 625–630
Hürlimann D, Baumann-Hölzle R, Müller HJ (Hrsg.) (2008) Der Beratungsprozess in der Pränatalen Diagnostik. Lang Verlag, Bern
Jha P, Kesler MA, Kumar R, et al. (2011) "Trends in selective abortion of female fetuses. In India: analysis of nationally representative birth histories from 1990–2005 and census data from 1991–2011". Lancet 377(9781):1921–1928
Joecks W, Miebach K (Hrsg.) (2012) Münchener Kommentar zum StGB, Bd. 3, 2. Aufl. C.H.Beck, München
Jossen R (2009) Ausgewählte Fragen zum Selbstbestimmungsrecht des Patienten beim medizinischen Heileingriff. Stämpfli, Bern
Kitzman JO, Snyder MW, Ventura M et al. (2012) Noninvasive Whole-genome Sequencing of a Human Fetus. Sci Trans Med 6(4):137ra76
Kletecka A (2011) Wrongful brith, wrongful conception. Zur aktuellen Diskussion über den Familienplanungsschaden. JBl 133:749–761
Kopetzki C (2012) Altes und Neues zur Präimplantationsdiagnostik. J Rechtspolit 20:317–337
Krones T (2008) Kontextsensitive Bioethik. Wissenschaftstheorie und Medizin als Praxis. Campus, Frankfurt am Main
Krones T (2010a) Getäuschte Hoffnung? Überlegungen zu einem verantwortlichen Umgang mit der Pränataldiagnostik. In: Frewer A, Bruns F, Rascher W (Hrsg.) Hoffnung und Verantwortung. Herausforderungen für die Medizin. Königshausen und Neumann, S- 39–56
Krones T (2010b) Pränatal und Präimplantationsdiagnostik: Diskriminierung von Menschen mit Behinderungen? In: Gross D, Müller S, Steinmetzer J (Hrsg.) Normal-anders-Krank? Akzeptanz,

Stigmaisierung und Pathologisierung im Kontext der Medizin. Medizinisch Wissenschaftliche Verlagsgesellschaft, Berlin, S. 435–454

Krones T (2011) Abtreibung medizinethisch. In: Wittwer H, Schäfer D, Frewer A (Hrsg.) Sterben und Tod. Ein interdisziplinäres Handbuch. Metzler Verlag, Stuttgart: 299–306

Krones T, Körner U, Schmitz D, Henn W, Wewetzer C, Kress H, et al. (2012) Für die AG Reproduktionsmedizin und Embryonenschutz der AEM. Das Verbot der pränatalen Diagnostik spätmanifestierender Erkrankungen im deutschen Gendiagnostikgesetz. Eine Diskussion medizinischer und rechtlicher Aspekte und deren Implikation für die medizinethische Diskussion. In: Ethik in der Medizin: online first, doi 10.1007.s00481–012–0240–6

Lübbe W (2003) Das Problem der Behindertenselektion bei der pränatalen Diagnostik und der Präimplantationsdiagnostik. Ethik in der Medizin 3: 203–220

Macklin R (1997) Abortion. Contemporary Ethical and Legal Aspects. In: Reich WT (Hrsg.) The Ethics of Sex and genetics. Selection from the Five Volume Macmillan Encyclopedia of Bioethics. New York, S. 6–16

Müller C (2003) Die ärztliche Haftpflicht für die Geburt eines unerwünschten behinderten Kindes, Rechtsvergleichende Überlegungen zur Zulässigkeit von Wrongful birth- und Wrongful life-Klagen im schweizerischen Recht. AJP: 522–538

Rapp R (2000) Testing Women, Testing the Fetus. The Social Impact of Amniocentesis in America. New York, London

Rosenfeld A, Iden S (o.J.) Abortion. Medical Perspectives. In: Reich WT (Hrsg) The Ethics of Sex and genetics. Selection from the Five Volume Macmillan Encyclopedia of Bioethics. New York, S. 1–6

Rütsche B (2009) Rechte von Ungeborenen auf Leben und Integrität: Die Verfassung zwischen Ethik und Rechtspraxis. Dike, Zürich, St. Gallen

Schöne-Seifert B (1996) Medizinethik. In: Nida-Rümelin J (Hrsg.) Angewandte Ethik – Die Bereichsethiken und ihre theoretische Fundierung. Kröner, Stuttgart, S. 552–648

Schönke A, Schröder H (2010) Kommentar zum Strafgesetzbuch, 28. Aufl. München

Schwarzenegger C, Heimgartner S (2013) Art. 118–120 StGB. In: Niggli MA, Wiprächtiger H (Hrsg.) Basler Kommentar, Strafgesetzbuch II, Art. 111–401 StGB, 3. Aufl. Helbing Lichtenhahn, Basel, S. 115–151

Spickhoff A (Hrsg.) (2011) Medizinrecht, Kommentar. C.H.Beck, München

Thomson JJ (1971) A Defense of Abortion. In: Philos Publ Aff 1: 47–66

Wagner C (2002) Das behinderte Kind als Schaden? NJW: 3379–3381

Wassermann K, Rohde A (2009) Pränataldiagnostik und psychosoziale Beratung. Aus der Praxis für die Praxis. Schattauer, Stuttgart

Wewetzer C, Wernstedt T (2008) Spätabbruch der Schwangerschaft. Praktische, ethische und rechtliche Aspekte eines moralischen Konflikts. Campus Verlag, Frankfurt

WHO (Grimes DA, Benson J, Singh S. et al) (2006) Unsafe Abortion. The preventable pandemic. The Lancet sexual and reproductive health series. http://www.who.int/reproductivehealth/publications/unsafe_abortion/lancet_paper/en/index.html. Zugegriffen: 4. Sept. 2013

Wiesemann C (2006) Von der Verantwortung, ein Kind zu bekommen. Eine Ethik der Elternschaft. München

Verina Wild

5 Eigenverantwortung und soziale Exklusion: Medizinische Versorgung für Menschen ohne gesicherten Aufenthaltsstatus

Fallbeispiel

Bettina Müller, 23 Jahre, meldet sich telefonisch in einer allgemeinärztlichen Praxis an. Sie berichtet über Schmerzen im Arm nach einem Sturz. Wenig später ist sie in Begleitung einer Frau da und gibt am Empfang ihre Krankenkassenkarte ab. Beide Frauen werden in den gut gefüllten Warteraum gebeten.

Frau Müller wird aufgerufen, und die Frauen gehen gemeinsam in das Sprechzimmer. Nur die begleitende Frau zieht im Sprechzimmer ihre Jacke aus. Sie ist circa 40 Jahre alt, spricht kein Deutsch, ist dunkelhäutig und wirkt verschüchtert. Sie hält ihren Arm fest, um den eine durchgeblutete Binde gewickelt ist. Die Jüngere der beiden stellt sich der behandelnden Ärztin als Medizinstudierende namens Bettina Müller vor und sagt, sie hätte am Empfang ihre Krankenkassenkarte abgegeben. Eigentlich sei aber die Dame neben ihr, Jamila, die Patientin.

Hintergrundinformationen

Jamila kommt aus Eritrea und hat mit ihrem Ehemann zusammen Asyl beantragt. Obwohl die Chancen gut standen, als Eritreer aufgenommen zu werden, wurde ihr Asylantrag abgelehnt. Jamila und ihr Mann sahen aufgrund der politischen Umstände in Eritrea keine Möglichkeit zur Rückkehr und leben nun seit 10 Monaten ohne Aufenthaltsstatus. Sie haben Angst, sich mit Behörden auseinanderzusetzen und wissen zum Beispiel nicht, ob sie eine Krankenversicherung abschließen können. Ihre Bekannten, ebenfalls Sans-Papiers, raten ihnen davon ab, sich an offizielle Stellen zu wenden, denn die Gefahr, dabei als „Illegale" gemeldet zu werden, sei zu groß.

Jamila ist gestürzt und muss die Wunde ärztlich untersuchen lassen. Von einer Bekannten weiß sie, dass es die „Medizinische Flüchtlingshilfe" gibt, von der sie nicht an öffentliche Behörden gemeldet werde.

In der Medizinischen Flüchtlingshilfe arbeiten Medizinstudierende auf freiwilliger Basis. Sie haben eine Liste mit Ärzten zusammengestellt, die sich bereit erklärt haben, Sans-Papiers unentgeltlich behandeln. In letzter Zeit wurde es schwierig, Ärzte für diese Aufgabe zu rekrutieren. Viele klagten über die zunehmende Arbeitslast, die drückenden Praxiskosten und darüber, dass sich insgesamt zu wenig Kollegen um die Sans-Papiers kümmern würden. Sie allein könnten den erhöhten Arbeitsaufwand kaum noch bewältigen. Bettina hatte heute Dienst in der Flüchtlingshilfe und wurde von Jamila aufgesucht. Keiner der wenigen auf der Liste verbliebenen Ärzte war erreichbar. Bettina entschloss sich daraufhin, den Versuch zu unternehmen, Jamila bei einem bisher unbekannten Arzt auf ihre eigene Krankenkassenkarte behandeln zu lassen.

5.1 Problemfelder

Aus Jamilas Sicht: Eigenverantwortlicher Entscheid für ein Leben ohne Gesundheitsversorgung?

Aus Angst vor Folter und Strafe möchte Jamila nicht nach Eritrea zurückzukehren. In ihrer Abwägung zieht sie das Leben ohne Papiere einer Rückkehr in ihr Heimatland vor. Damit ist sie eine von geschätzten 50.000 – 300.000 Sans-Papiers in der Schweiz oder eine von geschätzten 4,5 – 8 Millionen in der Europäischen Union (Haase und Jugl 2007; Longchamp et al. 2005). Ihr Leben ist von der Befürchtung geprägt, dass sie oder ihr Mann entdeckt werden. Sie lebt sehr zurückgezogen, leidet unter Schlafstörungen und Kopfschmerzen.

In der Schweiz könnte sie aus rechtlicher Sicht eine Krankenversicherung abschließen. Doch auch dort entscheiden sich viele Sans-Papiers aus Angst vor der Weitervermittlung ihrer Daten gegen einen Abschluss der Versicherung (Bundesrat 2012). In Deutschland besteht eine Übermittlungspflicht durch Sozialämter, die Menschen ohne Papiere daran hindert, Krankenversorgung in Anspruch zu nehmen. Durch Jamila's „Entscheidung" für ein Leben ohne Aufenthaltsstatus ist sie also von einer regulären Krankenversorgung ausgeschlossen.

Aus Bettinas Sicht: Umsetzung und Einhaltung des ärztlichen Berufskodex?

Bettina ist Medizinstudentin und möchte Neurologin werden. Neben der naturwissenschaftlichen ist ihr auch die soziale Dimension der Medizin wichtig. In der Genfer Deklaration des Weltärztebundes findet sie ihr Verständnis für Medizin wieder (WMA 2006):

> „Bei meiner Aufnahme in den ärztlichen Berufsstand gelobe ich feierlich:
> mein Leben in den Dienst der Menschlichkeit zu stellen. (...)
> Die Gesundheit meines Patienten soll oberstes Gebot meines Handelns sein. (...)
> Ich werde mich in meinen ärztlichen Pflichten meinem Patienten gegenüber nicht beeinflussen lassen durch Alter, Krankheit oder Behinderung, Konfession, ethnische Herkunft, Geschlecht, Staatsangehörigkeit, politische Zugehörigkeit, Rasse, sexuelle Orientierung oder soziale Stellung. (...)"

In ihrer Gruppe der medizinischen Flüchtlingshilfe bemerken sie, dass es immer schwieriger wird, Sans-Papiers eine adäquate medizinische Versorgung zu ermöglichen. Sie diskutieren das Problem, dass die ärztlichen ethischen Prinzipien kaum in der Realität umsetzbar sind. Ihre Gruppe, wie viele andere Flüchtlingshilfegruppen oder Ärzteorganisationen auch, setzt sich daher für eine strukturelle Verbesserung der medizinischen Versorgung von Sans-Papiers ein. Sie berufen sich in ihrer Argumentation unter anderem auf den internationalen Pakt über die wirtschaftlichen, sozialen und kulturellen Rechte (OHCHR 1976), in dem es heißt:

„(1) Die Vertragsstaaten erkennen das Recht eines jeden auf das für ihn erreichbare Höchstmaß an körperlicher und geistiger Gesundheit an.
(2) Die von den Vertragsstaaten zu unternehmenden Schritte zur vollen Verwirklichung dieses Rechts umfassen die erforderlichen Maßnahmen
(...)
d) zur Schaffung der Voraussetzungen, die für jedermann im Krankheitsfall den Genuss medizinischer Einrichtungen und ärztlicher Betreuung sicherstellen."

Aus Sicht des behandelnden Arztes: Barmherziger Samariter in Zeiten knapper Kassen?
Der Arzt erlebt einen Konflikt. Er möchte einerseits der Patientin medizinisch helfen, denn das ist sein professioneller Auftrag.

Andererseits fühlt er sich verpflichtet, die Kosten, die für eine Behandlung aufgebracht werden, zu decken. Insbesondere durch die zunehmenden Wirtschaftlichkeitsanforderungen steht er unter Druck, kostengünstig zu arbeiten. Sein Arbeitstakt hat sich über die letzten Jahre stark erhöht. Eine Episode, wie die mit Jamila, stört den gut organisierten Praxisalltag. Der Arzt weiß des Weiteren nicht, ob er Versicherungsbetrug begeht, wenn er Jamila auf Bettinas Karte behandelt. Ihm ist es zudem nicht recht, dass die solidarisch finanzierte Krankenversicherung – zu der Jamila keinen Beitrag geleistet hat – für diese Behandlung aufkommen muss. Auch möchte er in Zukunft nicht mehr von der Gruppe der medizinischen Flüchtlingshilfe beansprucht werden. Einerseits weiß er rechtlich insgesamt kaum etwas über seine oder die Möglichkeiten der Patienten, andererseits hat er Sorge, in Zukunft von der Gruppe überbeansprucht zu werden, wenn er der Behandlung zustimmt.

5.2 Ethische Beurteilung

Heutzutage werden weltweit mehr als 214 Millionen Migranten vermutet; eine Zahl, die das fünftgrößte Land der Erde konstituieren würde (UN 2009). Prognosen gehen davon aus, dass die Zahl bis zum Jahr 2050 auf circa 405 Millionen steigen wird, insbesondere wird mit einer Zunahme von Menschen ohne Aufenthaltsstatus gerechnet (IOM 2010). Zu der Lebenssituation von Sans-Papiers heißt es bei der deutschen Bundeszentrale für politische Bildung (Haase und Jugl 2007):

„Ausbeutung und Abhängigkeit prägen in der Regel die Situation von irregulären Einwanderern. Ihre Arbeitsbedingungen in vielen Betrieben sind deutlich schlechter als die regulärer Arbeitskräfte, was sich etwa in niedrigeren Löhnen, fehlenden Arbeitsverträgen (und damit auch Rechten) und längeren Arbeitszeiten äußert. Viele irreguläre Einwanderer nehmen diese Ausbeutung aus Angst hin, sie könnten ihren Job verlieren oder ihr Status könne auffliegen. Einige irreguläre Migranten, die geflüchtet sind und erfolglos Asylverfahren durchlaufen haben, verfügen auch über hohe Berufsqualifikationen, die sie wegen ihres fehlenden Status aber nicht anerkennen lassen können."

Das schweizerische Eidgenössische Justiz- und Polizeidepartment (Longchamp et al. 2005, 41) schreibt:

> „Als Hauptprobleme von Sans-Papiers werden die Illegalität, (‚Aufdeckungsgefahr', Angst vor Polizeikontrollen, Angst vor Ausschaffung), die Abhängigkeit von Dritten (von Arbeitgeber, Verwandten und Herkunftsgemeinschaften), das hohe Risiko von sozialen und gesundheitlichen Problemen (Isolation, fehlende Integration, Druck von Angehörigen im Heimatland, Stress, mangelnde Gesundheitsvorsorge) die prekäre Lebensweise und fehlende Zukunftsperspektiven (schlechte Lohn- und Arbeitsverhältnisse, Unmöglichkeit der Zukunftsplanung, Bildung der Kinder), sowie der fehlende Rechtsschutz (Sozialversicherungen, Ausbeutungsgefahr) genannt."

Grundsätzlich besteht für bestimmte Gruppen von Migranten eine erhöhte Vulnerabilität hinsichtlich der Gesundheitsversorgung (Derose et al. 2007). Bei Sans-Papiers ist diese Vulnerabilität u. a. durch Zugangsbarrieren zum Gesundheitssystem begründet. Derzeit bieten 10 von 27 Staaten in Europa keine geregelte Notfallversorgung für Sans-Papiers an (Björngren Cuadra 2011). Folgende ethische Abwägungen spielen bei der Diskussion des vorliegenden Falls eine Rolle.

Eigenverantwortung und der Handlungsspielraum sozial schwächer gestellter Menschen

Ein möglicher Einwand gegen unentgeltliche Behandlungen ist, dass es in Deutschland und der Schweiz die Möglichkeit, ja sogar eine Pflicht gibt, eine Krankenversicherung abzuschließen. Im Fall von Jamila könnte argumentiert werden, dass sie grundsätzlich dem Ausreiseentscheid hätte Folge leisten müssen. Folglich trüge sie nun auch die Verantwortung für die ihr fehlende Krankenversicherung.

Doch ist zu fragen, wie viel Handlungsspielraum sich für sozial schwächer gestellte Menschen tatsächlich bietet. Kann einer Familie, die sich eine Zahnzusatzversicherung nicht leisten kann, tatsächlich im Behandlungsfall ein Vorwurf der fehlenden Eigenverantwortung gemacht werden, wenn es aufgrund von prekären sozialen Verhältnissen für die Familie *de facto* keine Möglichkeit gab, das Geld für die Zusatzversicherung aufzubringen? Und wie viel Handlungsspielraum bietet sich Jamila und ihrem Ehemann? Kann hier von einem *freiwilligen* Entscheid für die Illegalität und gegen eine Krankenversicherung gesprochen werden? Freiwillig würde bedeuten, dass es umsetzbare Alternativen zu dieser einen Handlungsoption gegeben hätte. Es kann jedoch davon ausgegangen werden, dass weder die verarmte Familie noch Jamila und ihr Mann gute Alternativen zu ihrer Handlung hatten.

Das zugrunde liegende Problem ist häufig nicht die fehlende Eigenverantwortung, sondern strukturelle Bedingungen, die zu einer systematischen Benachteiligung führen. Theorien der sozialen Gerechtigkeit in der Medizin arbeiten diesen Aspekt heraus und weisen darauf hin, dass es für die Gesellschaft und für Institutionen eine ethische Verantwortung gibt, *gerade* den sozial benachteiligten Menschen die Möglichkeiten zu schaffen, sich gesund und frei entfalten zu können (Powers und Faden 2008).

Behandlung ohne Ansehen des sozialen Status

Wie bereits erwähnt ist eines der wichtigsten ethischen Leitprinzipien für Ärzte, sich in ihren ärztlichen Pflichten einem Patienten gegenüber

> „nicht beeinflussen [zu] lassen durch Alter, Krankheit oder Behinderung, Konfession, ethnische Herkunft, Geschlecht, Staatsangehörigkeit, politische Zugehörigkeit, Rasse, sexuelle Orientierung oder soziale Stellung“ (Genfer Ärztegelöbnis).

In der ärztlichen Praxis bedeutet das, sich einem grundsätzlich geltenden, also einem *deontologischen* Prinzip der Gleichbehandlung von Patienten zu verpflichten. Deontologische Ethik betont die verbindliche Pflichtgemäßheit einer Handlung unabhängig von ihren Auswirkungen. Die Einhaltung des Gleichheitsgebots wäre demnach auch dann noch gültig, wenn dadurch andere moralische oder eventuell sogar rechtliche Pflichten in den Hintergrund treten müssen.

Auch aus *Care-ethischer* Sicht ist dieses Prinzip einzuhalten. Die Care-Ethik betont den fürsorglichen Aspekt in Beziehungen zu anderen Menschen. Sie liefert damit eine plausible Grundlage für ärztliches Handeln. Die Care-Ethik würde die Behandlung einer schmerzleidenden Patientin, die um Hilfe bittet, in den Vordergrund stellen.

Das Wohl der Allgemeinheit

Nach einem *utilitaristischen* Prinzip, also dem Nützlichkeitsprinzip, ist die Behandlung von Jamila infrage zu stellen. Die Gesundheitsversorgung für die anderen Patienten könnte dadurch gefährdet werden, dass Zeit und Ressourcen für einen Fall aufgewandt würden, der nicht vergütet werden kann und der durch Übersetzung, Klärung der Sachlage und andere Unabwägbarkeiten mehr Zeit in Anspruch nimmt. Wenn es durch die Behandlung von Jamila dazu kommt, dass der Arzt in Zukunft von der Flüchtlingshilfe überbeansprucht wird, kann er – einem sog. *Dammbruchargument* gemäß – möglicherweise seine Praxiskosten nicht mehr decken, sein Personal nicht bezahlen und seinen anderen Patienten nicht mehr gerecht werden. Die Behandlung von Jamila wäre damit dem Allgemeinwohl, der allgemeinen Nützlichkeit nicht zuträglich.

Jedoch ist bei diesem Fall nicht davon auszugehen, dass die Behandlung unverhältnismäßig lange dauern würde und dadurch die anderen Patienten nicht mehr behandelt werden könnten. Zudem besteht das (potenzielle) Problem, dass der Arzt übermäßig beansprucht würde, derzeit nicht. In diesem Fall ist also das Nützlichkeitsprinzip in Abwägung mit der konkreten Pflicht zu helfen zu vernachlässigen.

Fazit

Nach Abwägung der ethischen Aspekte stellt sich folgendes Problem: Aus ethischer Sicht ist klar, dass Ärzte ihre Patienten ohne Ansehen ihres Status behandeln sollen. Angesichts der Wirtschaftlichkeitsanforderungen an Ärzte kann es jedoch zu Umsetzungsproblemen kommen, sei es, weil eine Versicherung eine Behandlung nicht bezahlt, oder sei es, weil keine Versicherung und auch kein privates Vermögen vorhanden sind. Dem Umsetzungsproblem wiederum liegen in vielen Fällen strukturelle Probleme wie Armut und globale und soziale Ungleichheit zugrunde. Solche strukturellen Probleme sind aber von einzelnen Ärzten im konkreten Fall nicht zu lösen. Dennoch bleiben Ärzte dem Grundprinzip der Medizin verpflichtet, Menschen ohne Ansehen ihres Status zu behandeln. So auch in diesem Fall. Es gibt aus ethischer Sicht für den behandelnden Arzt keine Möglichkeit, die Behandlung zu verweigern.

Doch gibt es für den Arzt noch eine weitere moralische Dimension zu beachten. Dabei geht es um eine für ihn relevante Beziehung zwischen der „Mikroebene", also der Ebene der individuellen Handlung zwischen Arzt und Patient, und der „Makroebene", einem Gesamtbild, das auch strukturelle, politische und soziale Rahmenbedingungen berücksichtigt.

Angesichts der Erkenntnisse, dass gesellschaftliche Bedingungen für die Gesundheit von zentraler Bedeutung sind, und dass unsere Welt zunehmend globalisiert und vernetzt ist, was wiederum Auswirkungen auf individuelles Handeln hat (Young 2006), ist es nicht möglich, klinische Ethik und ärztliches Ethos auf einer scheinbar abgrenzbaren Mikroebene zu verorten. Ein stärker vernetzender Blick ist nötig, der anerkennt, dass individuelles ärztliches Handeln immer im Kontext von größeren Zusammenhängen gesellschaftlicher Bedingungen, wie zum Beispiel struktureller Ungleichheit, und globaler Entwicklungen steht (Krones et al. 2012; Wild 2012).

Es ist also auch für den Einzelnen notwendig, die strukturelle Dimension des ärztlichen Handelns mit zu bedenken und den eigenen Handlungsspielraum im Falle von erkannter Ungerechtigkeit auszuloten. Im konkreten Fall hieße das, sensibel für das strukturelle Problem zu sein und es z. B. an geeignete Stellen mitzuteilen, also Aufmerksamkeit für das Problem zu generieren. Es könnte den Arzt auch dazu veranlassen, sich im Kollegenkreis abzusprechen, die Versorgung der Sans-Papiers untereinander fair aufzuteilen oder karitative Gelder einzuwerben, um die Versorgung zu gewährleisten. Des Weiteren könnte er sich in ärztlichen Fachgesellschaften mit dem Thema befassen und öffentliche Stellungnahmen verfassen, wie sie beispielsweise durch die „Europäische Erklärung zum freien Zugang zur medizinischen Versorgung für Menschen ohne Papiere vorliegt" (unterzeichnet etwa von der deutschen Bundesärztekammer). Darin wird die Ermöglichung medizinischer Behandlung von Sans-Papiers gefordert, für die der Staat finanziell aufkommen müsse, zudem wird die Notwendigkeit der Information von Gesundheitspersonal über die Rechte und Möglichkeiten von Sans-Papiers gefordert.

Literatur und Materialien

Björngren Cuadra C (2011) "Right of Access to Health Care for Undocumented Migrants in EU: A Comparative Study of National Policies". The European Journal of Public Health Juni 9; doi: 10.1093/eurpub/ckr049

Bundesrat (CH) Krankenversicherung und Zugang zur Gesundheitsversorgung von Sans-Papiers, Bericht vom 23.5.2012

Derose KP, Escarce JJ, Lurie N (2007) Immigrants and Health Care: Sources of Vulnerability. Health Aff 26:1258–1268

Haase M, Jugl JC (2007) Irreguläre Migration. Bundeszentrale für Politische Aufklärung, Bonn. http://www.bpb.de/gesellschaft/migration/dossier-migration/56565/irregulaere-migration?p=all. Zugegriffen: 5. Sept. 2013

HUMA. Health for Undocumented Migrants and Asylum seekers network (2011) Europäische Erklärung zum freien Zugang zur medizinischen Versorgung für Menschen ohne Papiere. http://www.huma-network.org/averroes_de/Petitions/Europaeische-Erklaerung-zum-freien-Zugang-zur-medizinischen-Versorgung-fuer-Menschen-ohne-Papiere.

IOM. International Organization for Migration. World Migration Report. Executive Summary. http://publications.iom.int/bookstore/free/WMR2010_summary.pdf. Zugegriffen: 5. Sept. 2013

Krones T, Rüegg C, Günthard HF, Rid A, Wild V (2012) Kommentar zum Fall „Heimlicher Transfer von HIV-Medikamenten nach Afrika". Eth Med 24: 59–61

Longchamp C, Aebersold M, Rousselot B, Ratelband-Pally S (2005) Sans Papiers in der Schweiz: Arbeitsmarkt, nicht Asylpolitik ist entscheidend. Schlussbericht im Auftrag des Bundesamtes für Migration. Gfs, Bern http://www.ejpd.admin.ch/content/dam/data/migration/laenderinformationen/forschung/studie-sans-papiers-d.pdf. Zugegriffen: 5. Sept. 2013

OHCHR. Office of the United Nations High Commissioner for Human Rights. International Covenant on Economic, Social and Cultural Rights. http://www.ohchr.org/EN/ProfessionalInterest/Pages/CESCR.aspx. Zugegriffen: 5. Sept. 2013, Deutsche Übersetzung der Schweizerischen Eidgenossenschaft: http://www.admin.ch/opc/de/classified-compilation/19660259/index.html

Powers M, Faden R (2008) Social Justice: The Moral Foundations of Public Health and Health Policy, 2. Aufl. Oxford University Press, USA

UN (2009) United Nations, International Migrant Stock: The 2008 Revision. http://esa.un.org/migration/

Wild V (2012) Zum Umgang mit „kulturellen Fragen" in der klinischen Ethik am Beispiel der Hymenrekonstruktion. Eth Med 24(4): 275–286

WMA. World Medical Association. Declaration of Geneva. http://www.wma.net/en/30publications/10policies/g1/ Zugegriffen: 5. Sept. 2013 Deutsche Übersetzung von der Bundesärztekammer: http://www.bundesaerztekammer.de/downloads/Genf.pdf. 2006

Young IM (2006) Responsibility and Global Justice: A Social Connection Model. Soc Philos Policy 23: 102–130

Agnes Leu, Bernice Elger

6 Ärztliche Schweigepflicht

Fallbeispiel

Frau A. ist 36 Jahre alt. Die Hausärztin Dr. B. betreut Frau A. seit mehreren Jahren in einem Methadonprogramm. Frau A. hat schon mehrere Entzüge, Aufenthalte in Entzugskliniken und auch Rückfälle durch den Konsum von harten Drogen hinter sich. Auch geht sie gelegentlich der Prostitution nach. Wenn es ihr gut geht, gelingt es ihr oft, eine Arbeitsstelle zu finden. Sie ist HIV infiziert sowie Hepatitis C positiv und erhält eine antiretrovirale Therapie. Nachdem sie sich von ihrem Freund getrennt hat, befindet sie sich derzeit in einer Rückfallphase. Sie spritzt sich Kokain. Die ihr verabreichte Methadondosis konsumiert sie in unregelmäßigen Zeitabständen.

Eines Nachts ruft Frau A. ihre Hausärztin Dr. B. an und erklärt ihr, dass sie fast 40 ° C Fieber und einen großen Abszess am Arm hat. Auch erzählt sie ihr etwas euphorisch, sie denke sie sei schwanger. Darauf rät ihr Dr. B., sich umgehend in die Notfallstation des Kantonsspitals zu begeben. Dr. B. informiert dort auch die Stationsärzte über den Fall.

Am nächsten Morgen besucht Dr. B. Frau A. auf der Notfallstation. Sie trifft kurz vor der operativen Behandlung des Abszesses im Spital ein. Frau A. bekommt eine Antibiotikainfusion. Dr. B. fragt die Patientin, ob ein Schwangerschaftstest gemacht wurde. Frau A. antwortet Folgendes: „Ich möchte nicht, dass Sie dem medizinischen Personal im Spital davon erzählen, ich bin mir sicher, dass die Ärzte dann während der Narkose eine Abtreibung vornehmen werden. Ich habe ihnen gesagt, dass ich soeben meine Monatsblutung gehabt hätte“.

6.1 Problemfelder

In dem dargestellten Fall stehen für die behandelnde Ärztin von Frau A. folgende ethischen und rechtlichen Themen bzw. Problemfelder im Mittelpunkt: die ärztliche Schweigepflicht, das Gesundheitsrisiko für den Fötus wegen der Antibiotikabehandlung und der Anästhesie sowie der Vertrauensverlust der Patientin bei einer Verletzung der ärztlichen Schweigepflicht.

Inhalt der ärztlichen Schweigepflicht

Die Grundlage für das Vertrauen des Patienten in die Ärztin ist die Garantie des Arztgeheimnisses (Bourke und Wessley 2008). Die ärztliche Schweigepflicht beruht auf einer langen historischen Entwicklung. Sie wurde bereits ca. 800 vor Christi in einem der ältesten Sanskritwerke erwähnt (Ayur-Veda des Châraka, vgl. Placzek 1909) und fand im 5. Jahrhundert vor Christus Eingang in den griechischen Ärzteeid des

Hippokrates („Über alles, was ich während oder außerhalb der Behandlung im Leben der Menschen sehe oder höre und das man nicht nach draußen tragen darf, werde ich schweigen und es geheim halten.“, Übersetzung nach Bauer, 1995).

Die Vertraulichkeit als eines der ältesten Prinzipien ärztlicher Ethik beruht aus medizinethischer Sicht auf zwei Begründungen: Einerseits geht es um die Respektierung der Autonomie des Patienten, der kompetent ist, selber über die Weitergabe persönlicher Informationen an Dritte zu entscheiden. Anderseits wird mit dem Arztgeheimnis das Vertrauensverhältnis zwischen Ärztin und Patient gewahrt, was wiederum Voraussetzung einer erfolgreichen Therapie darstellt. Der Patient muss insbesondere darauf vertrauen können, dass Informationen über stigmatisierende Krankheiten (psychische Störungen, Infektionskrankheiten usw.) nicht der Öffentlichkeit zugänglich gemacht werden (Elger 2011; Leu , Gächter, Elger 2014).

Entbindung von der ärztlichen Schweigepflicht

Die Erwartung der Patienten an die Ärzteschaft, die Vertraulichkeit zu wahren, kann im Spannungsfeld mit Interessen von Dritten oder der Öffentlichkeit (z. B. an der Entdeckung einer Straftat) stehen, was eine Abwägung zwischen Individual- und Kollektivinteressen erfordert. Im Einzelfall obliegt es dem behandelnden Arzt, eine Abwägung zwischen der Wahrung der ärztlichen Schweigepflicht und dem Schutz von berechtigten Interessen Dritter oder der Öffentlichkeit vorzunehmen.

Diese Güterabwägung wird in verschiedenen Ländern unterschiedlich beurteilt. In Großbritannien beispielsweise weist die Ärztekammer die Ärzte in den Kliniken an, jeden Patienten, der mit einer Schusswunde hospitalisiert wird, auch gegen seinen Willen der Polizei zu melden (Hurley 2008). Verschiedentlich wird für eine Ausweitung dieser Meldepflicht auf Messerattacken plädiert, soweit die Enthüllung durch ein öffentliches Interesse gerechtfertigt ist (Keegan 2009). Der US-Staat Kalifornien hat 1994 eine Meldepflicht für sämtliche Fälle häuslicher Gewalt eingeführt. Demnach müssen die Ärzte alle Patienten, die möglicherweise Opfer häuslicher Gewalt wurden, der Polizei melden. Dass solche Meldepflichten auch negative Konsequenzen nach sich ziehen können, zeigen die Ergebnisse einer US-Studie, welche vier Jahre nach Einführung der Meldepflicht für Fälle häuslicher Gewalt durchgeführt wurde: Es wurde festgestellt, dass ein Teil der missbrauchten Patientinnen aus Angst, ihre eigene Sicherheit zu gefährden, davon abgehalten wurde, medizinische Hilfe in Anspruch zu nehmen. Ihre Abneigung, die Polizei zu involvieren, war vor allem auf ihre Furcht vor steigender Gewalt und Angst vor einer Trennung von der Familie, aber auch auf ein Misstrauen gegenüber der Polizei (Rodriguez et al. 1998) zurückzuführen.

Im dargestellten Fall steht der Geheimhaltungspflicht der Ärztin ihr Wissen gegenüber, dass Frau A. HIV infiziert sowie Hepatitis C positiv ist und eine antiretrovirale Therapie erhält. Zudem spritzt sie sich Kokain und konsumiert die ihr seit Jahren verabreichte Methadondosis lediglich in unregelmäßigen Zeitabständen. Damit gefährdet die Patientin das Wohl des ungeborenen Kindes, womit sich für die behandelnde Ärztin ein Konflikt zwischen dem Individualinteresse der Patientin und den

Interessen Dritter bzw. der Öffentlichkeit ergibt. Die behandelnde Ärztin muss entsprechend eine Güterabwägung zwischen der Wahrung ihrer ärztlichen Schweigepflicht zum Schutz der Privatsphäre der Patientin einerseits und dem Schutz des Fötus vor einem Gesundheitsschaden infolge der Antibiotika und der bei der Anästhesie zu verabreichenden Medikamente andererseits vornehmen.

6.2 Ethische Beurteilung

Inhalt der ärztlichen Schweigepflicht

Zwischen Frau A. und ihrer behandelnden Hausärztin besteht seit mehreren Jahren ein Arzt-Patienten-Verhältnis, wodurch die Ärztin Einblick in die persönlichen Verhältnisse ihrer Patientin erhalten hat, was unter anderem Voraussetzung für eine adäquate Behandlung ist. Frau A. hat ihrer langjährigen Ärztin deshalb von der möglichen Schwangerschaft erzählt, weil sie von deren Vertrauenswürdigkeit überzeugt ist. Die Geheimhaltungspflicht der Ärztin dient insbesondere dem Zweck, dass Frau A. sich offen und ohne Angst, die Ärztin könnte ihre Kenntnisse zu ihrem Nachteil verwenden, aussprechen kann. Kurz vor dem operativen Eingriff besteht Frau A. gegenüber ihrer Ärztin explizit darauf, das medizinische Personal des Kantonsspitals nicht über eine mögliche Schwangerschaft zu informieren, weil sie Angst hat, dass die Spitalärzte während der Narkose eine Abtreibung vornehmen. Die Ärztin ist prinzipiell verpflichtet, das ihr von Frau A. anvertraute Geheimnis zu wahren, und zwar auch gegenüber anderen Ärzten. Andernfalls würde sie in die Autonomie von Frau A., selber über die Weitergabe persönlicher Daten zu entscheiden, eingreifen, und es bestünde die Gefahr, dass das Vertrauensverhältnis mit ihrer Patientin beeinträchtigt oder gar zerstört wird.

Entbindung von der ärztlichen Schweigepflicht

Für die Weitergabe des ihr von Frau A. anvertrauten Geheimnisses an den verantwortlichen Arzt im Kantonsspital muss die Ärztin grundsätzlich über eine *Einwilligung* der Patientin verfügen. Die Tatsache, dass der Arzt, der die Information erhält, seinerseits an das Patientengeheimnis gebunden ist, ändert nichts daran. Zwar kann davon ausgegangen werden, dass Patienten, die sich zur Behandlung in ein Spital begeben, auch damit einverstanden sind, dass ihre Patienteninformationen *innerhalb des behandelnden Teams* weitergegeben werden, soweit dies für die Durchführung der Behandlung notwendig ist. Im vorliegenden Fall allerdings ist Frau B. als Hausärztin nicht Teil des Teams im Spital, weshalb es einer expliziten Einwilligung der Patientin zur Weitergabe von Informationen an die operierenden Ärzte bedürfte. Nicht nur fehlt es an einer solchen Einwilligung, sondern die Patientin hat es ihrer Hausärztin sogar *explizit untersagt*, den Spezialärzten die mögliche Schwangerschaft mitzuteilen.

Mangels Einwilligung der Patientin kommt die Hausärztin nicht darum herum, zwischen der ihr obliegenden Schweigepflicht und dem möglichen Schaden für das ungeborene Kind eine *Abwägung* vorzunehmen. Die Ärztin weiss nicht, ob die Patientin tatsächlich schwanger ist, muss sich aber aufgrund der kurz bevorstehenden Operation des Abszesses umgehend entscheiden. Falls Frau A. schwanger ist, bleibt der Schaden relativ, weil die Patientin als Drogenabhängige ohnehin schon verschiedene Medikamente und Drogen eingenommen hat. Für das Kind ist es möglicherweise bedeutend schädlicher, wenn die bei Drogenabhängigen sehr fragile Arztbeziehung abbricht und in der Folge überhaupt keine Schwangerschaftsbetreuung mehr stattfindet. Ein Abbruch der Arzt-Patienten-Beziehung würde möglicherweise auch bedeuten, dass Frau A. vollständig auf medizinische Betreuung verzichtet und damit auch die antiretrovirale Therapie nicht weitergeführt wird mit dem Ergebnis, dass die Wahrscheinlichkeit der Übertragung des HI-Virus von der Mutter auf ihr neugeborenes Kind (sog. vertikale Transmission) erhöht wird.

Für eine Gewichtung zugunsten der Vertraulichkeit spricht, dass die Ärztin die bei Drogenabhängigen ohnehin sehr fragile Arztbeziehung aufrechterhalten kann und damit auch gewährleistet ist, dass in der Folge weiterhin eine Schwangerschaftsbetreuung stattfindet. Dies dient auch dem Wohl des ungeborenen Kindes. Ebenfalls für eine Gewichtung zugunsten der Vertraulichkeit spricht, dass der Schaden für den Fötus grundsätzlich nicht voraussehbar und gewissermaßen relativ ist, weil die Patientin als Drogenabhängige und durch die antiretrovirale Therapie ohnehin bereits verschiedene schädigende Stoffe eingenommen hat. Darüber hinaus muss die Ärztin berücksichtigen, dass sie nicht mit Sicherheit weiss, ob die Patientin tatsächlich schwanger ist. Entscheidet sie sich gegen die Wahrung der Vertraulichkeit gegenüber der Patientin und wird später festgestellt, dass die Patientin nicht schwanger war, wird Frau A. wahrscheinlich aufgrund des Vertrauensbruchs eine weitere Behandlung durch die behandelnde Ärztin und gegebenenfalls auch durch jeden anderen Arzt zukünftig ablehnen. Dies ist vor allem mit Blick auf die bestehende HIV- und Hepatitis C-Infektion problematisch und kann zu einer Gefährdung von Dritten führen.

Die Ärztin sollte nach Möglichkeit versuchen, Frau A. von einer vernünftigen Vorgehensweise zu überzeugen: Vorliegend wäre es angezeigt, zunächst einen Schwangerschaftstest vornehmen zu lassen. Ist der Test positiv, sollte die Ärztin der Patientin klarmachen, dass die operierenden Ärzte im Kantonsspital ohne ihre Einwilligung keine Unterbrechung einer Schwangerschaft vornehmen dürfen und es deshalb sinnvoll ist, die Ärzte zu informieren. Falls sich die Patientin trotzdem gegen einen Schwangerschaftstest bzw. gegen die Informierung der Spezialärzte entscheidet, sind aus ethischer Sicht grundsätzlich beide in Frage kommenden Standpunkte vertretbar:

1. Wahrung der ärztlichen Schweigepflicht gemäß dem Willen der Patientin oder
2. Übergehung des Patientenwunsches nach Vertraulichkeit und Benachrichtigung des verantwortlichen Arztkollegen im Kantonsspital, um damit dem Risiko eines Gesundheitsschadens für das ungeborene Kind infolge der Antibiotikabehandlung und der Anästhesie vorzubeugen.

6.3 Rechtliche Beurteilung

6.3.1 Schweizerisches Recht

Bernhard Rütsche, Nadja D'Amico

Im schweizerischen Recht ergibt sich die ärztliche Schweigepflicht aus verschiedenen Rechtsgrundlagen. Auf Verfassungsebene folgt aus dem Grundrecht auf Privatsphäre, dass Patientinnen und Patienten selber über die Verwendung persönlicher Daten entscheiden (Art. 13 BV, Art. 8 EMRK). Auf gesetzlicher Ebene steht der *strafrechtliche Tatbestand* der Verletzung des Berufsgeheimnisses gemäß Art. 321 StGB im Vordergrund. Danach werden unter anderem „Ärzte, Zahnärzte, Apotheker, Hebammen sowie ihre Hilfspersonen, die ein Geheimnis offenbaren, das ihnen infolge ihres Berufes anvertraut worden ist oder das sie in dessen Ausübung wahrgenommen haben", auf Antrag mit Freiheitsstrafe bis zu drei Jahren oder Geldstrafe bestraft (Ziff. 1). Nicht strafbar ist der Täter, „wenn er das Geheimnis aufgrund einer Einwilligung des Berechtigten oder einer auf Gesuch des Täters erteilten schriftlichen Bewilligung der vorgesetzten Behörde oder Aufsichtsbehörde offenbart hat" (Ziff. 2) oder wenn eine besondere Gesetzesbestimmung den Täter zur Auskunft gegenüber einer Behörde verpflichtet bzw. berechtigt (Ziff. 3). Daneben kann eine Verletzung des Berufsgeheimnisses *zivilrechtliche Folgen* haben (insbesondere Klagen auf Unterlassung und Schadenersatz, vgl. Art. 28*a* ZGB, Art. 15 DSG), und der fehlbare Arzt muss auch mit *disziplinarischen Sanktionen* durch die kantonale Aufsichtsbehörde rechnen. Hierfür steht der Behörde nach Art. 43 MedBG ein Disziplinarmaßnahmenkatalog zur Verfügung, der von einer Verwarnung, einem Verweis und einer Busse bis zu einem befristeten oder definitiven Berufsverbot reicht.

Inhalt der ärztlichen Schweigepflicht

Im Vordergrund steht vorliegend die strafrechtlich geschützte Geheimhaltungspflicht des Arztes. Wie erwähnt verpflichtet Art. 321 Ziff. 1 StGB den Arzt und seine Hilfspersonen zur Geheimhaltung all dessen, was „ihnen infolge ihres Berufes anvertraut worden ist oder das sie in dessen Ausübung wahrgenommen haben". Demnach fällt unter die ärztliche Geheimhaltungspflicht alles, was Patienten oder Dritte dem Arzt anvertrauen, aber auch alles, was der Arzt selber im Rahmen seiner Tätigkeit wahrnimmt und tut, etwa die Untersuchungsergebnisse, die resultierende Diagnose und die Art der Behandlungen. Jedoch werden Geheimnisse, die der Arzt als Privatperson erfährt, nicht erfasst (BGE 101 Ia 10 E. 5c S. 11). Durch Art. 321 StGB wird das „Offenbaren" des Berufsgeheimnisses sanktioniert, d.h. jedes vorsätzliche Zugänglichmachen geschützter Informationen gegenüber Dritten. Auch die Weitergabe von Informationen an Berufskollegen, die mit der Patientin nichts zu tun haben, ist untersagt. Dass die Kollegen selber der Schweigepflicht unterstehen, ändert nichts daran (BGE 114 IV 44 E. 3b S. 48). Weil der Berufsalltag von Ärzten oft mit starken psychischen Belastungen verbunden ist, kann daraus das Bedürfnis entstehen, über das Erlebte zu sprechen. Dem Arzt ist es aber grundsätzlich erlaubt, über das Erlebte zu sprechen, soweit das Erzählte anonymisiert und ein Rückschluss auf die betroffenen Patienten nicht möglich ist.

Entbindung von der ärztlichen Schweigepflicht

In der Schweiz ist der Arzt in wenigen Ausnahmefällen von der ärztlichen Schweigepflicht entbunden. Diese Ausnahmefälle sind in erster Linie in Art. 321 Ziff. 2 und 3 StGB festgelegt. Vorrangig ist die Entbindung durch den Patienten selbst. Die Einwilligung kann sowohl ausdrücklich als auch stillschweigend bzw. konkludent erfolgen. Im Fall von Unklarheiten hat der Arzt nachzufragen, wen er und worüber orientieren darf. Sodann kann der Arzt aufgrund einer bundesrechtlichen oder kantonalrechtlichen Gesetzesbestimmung von der Schweigepflicht entbunden sein (Art. 321 Ziff. 3 StGB). Dabei steht dem Arzt je nach gesetzlicher Regelung entweder ein Melderecht zu (fakultativ), oder er untersteht gar einer Meldepflicht (obligatorisch). Zu einer *Meldung ermächtigt* ist der Arzt beispielsweise dann, wenn sich ein Patient von ihm als fahruntauglich erweist (Art. 15*d* Abs. 3 SVG) oder wenn er den Verdacht hat, dass gegen einen Unmündigen eine strafbare Handlung begangen worden ist (Art. 364 StGB). Eine *Meldepflicht* des Arztes sieht namentlich Art. 27 Abs. 1 Bst. a EpG bei gewissen übertragbaren Krankheiten und entsprechenden Verdachtsfällen vor. Soweit weder der Patient noch eine Gesetzesbestimmung den Arzt von der ärztlichen Schweigepflicht entbindet, kann er sich schließlich gemäß Art. 321 Ziff. 2 StGB mit einem begründeten Gesuch an die jeweils zuständige kantonale Aufsichtsbehörde für Ärzte wenden, um von der Schweigepflicht entbunden zu werden. Schließlich kommen zusätzlich zu Art. 321 Ziff. 2 und 3 StGB die allgemeinen Rechtfertigungsgründe der mutmaßlichen Einwilligung, Notwehrhilfe, Notstandshilfe, Wahrung berechtigter Interessen oder Pflichtenkollision in Frage.

Im vorliegenden Fall informierte Dr. B. die Stationsärzte über den Fall A., bevor die Patientin A. eintraf. Wie erwähnt gilt die ärztliche Schweigepflicht auch gegenüber den Berufskollegen und bedarf zur Offenbarung eines Rechtfertigungsgrundes. Die Patientin A. erteilte ihrer Hausärztin *keine ausdrückliche Einwilligung* zur Informationsweitergabe an die Spitalärzte. Allerdings folgte die Patientin von sich aus dem Rat der Ärztin, sich umgehend in die Notfallstation des Kantonsspitals zu begeben. Wenn die Ärztin davon ausgehen kann, dass sich die Patientin zur Behandlung in die Notfallstation begibt, dann kann sie auch davon ausgehen, dass die Patientin implizit damit einverstanden ist, dass ihre Ärztin die Kollegen der Notfallstation über die für die Behandlung notwendigen medizinischen Fakten orientiert. Insoweit liegt eine konkludente Einwilligung der Patientin in die Offenbarung des Berufsgeheimnisses vor.

Anders beurteilt sich die Frage, ob Dr. B. die Stationsärzte über die vermutliche Schwangerschaft der Patientin A. informieren darf, nachdem sich die Patientin explizit gegen eine Offenbarung ausgesprochen hat. Diesbezüglich liegt allenfalls eine *Notstandssituation* nach Art. 17 StGB vor, indem Dr. B. durch die Verletzung des Berufsgeheimnisses ein anderes Rechtsgut (Leben und Integrität des ungeborenen Kindes) schützt. Dabei ist zu beachten, dass der Rechtfertigungsgrund des Notstands bzw. der Notstandshilfe nur subsidiär in Frage kommt, nämlich dann, wenn es dem Arzt *nicht mehr rechtzeitig möglich* ist, sich vom Patienten oder von der Aufsichtsbehörde von der ärztlichen Schweigepflicht entbinden zu lassen. Ein rechtfertigender Notstand macht eine an sich strafbare Handlung zu einer rechtmäßigen, wenn sie begangen wird, um ein eigenes oder das Rechtsgut einer anderen Person aus einer unmittelbaren, nicht anders abwendbaren Gefahr zu retten, soweit die Person dabei höherwertige Interessen wahrt. Es hat also eine Interessenabwägung stattzufinden. Im vorliegenden Fall besteht einerseits der ausdrückliche Patientenwunsch nach einer strikten Wahrung des Geheimnisses der Schwangerschaft und andererseits das Anliegen der Ärztin, die verantwortlichen Arztkollegen über die Schwangerschaft zu informieren, um das ungeborene Kind zu schützen. Da der Rechtfertigungsgrund des Notstands nur subsidiär zur Anwendung gelangt, ist Dr. B. zu empfehlen, die Patientin A. darüber aufzuklären, dass eine während der Narkose durchgeführte Abtreibung ohne Einwilligung der Schwangeren strafbar ist (Art. 118 Abs. 2 StGB) und ein Verschweigen der Schwangerschaft im Fall einer Operation das ungeborene Kind lebensbedrohlich gefährden könnte. Auf der Grundlage dieser Informationen wird die Patientin ihre Ärztin wahrscheinlich von ihrer Schweigepflicht entbinden; denn die Patientin befürchtet ja gerade, dass gegen ihren Willen eine Abtreibung durchgeführt wird, weshalb anzunehmen ist, dass sie eine Gefährdung des ungeborenen Kindes auf jeden Fall vermeiden will.

6.3.2 Deutsches Recht

Tade Matthias Spranger

Die Bezeichnung der Medizin als „ars muta" („stille Kunst") spiegelt den Beziehungscharakter zwischen Arzt und Patient wider. Die Schweigepflicht des Arztes ist aufgrund der höchstpersönlichen Informationen, die der Patient im Rahmen der Behandlung gegenüber seinem Arzt preisgibt, die Basis für ein offenes Vertrauensverhältnis und damit regelmäßig auch für eine erfolgreiche Behandlung. Aufgrund des berechtigten Interesses des Patienten an einem vertrauenswürdigen Umgang mit seinen Daten zieht ein Schweigepflichtverstoß seitens des Arztes grundsätzlich rechtliche Konsequenzen nach sich.

Inhalt der ärztlichen Schweigepflicht

Zentrale Anknüpfungsnorm im Strafrecht ist § 203 Abs. 1 Nr. 1 StGB, der einen Verstoß gegen die ärztliche Schweigepflicht sanktioniert, wobei der Schutz des Patienten gemäß § 203 Abs. 4 sogar über dessen Tod hinausgeht. Der Tatbestand des § 203 Abs. 1 StGB stellt die Offenbarung eines fremden Geheimnisses unter Strafe. Ein fremdes

Geheimnis umfasst dabei alle privaten Tatsachen, von denen nur ein bestimmter Personenkreis Kenntnis hat und die – im Sinne eines nachvollziehbaren Interesses des Geheimnisträgers – niemandem sonst bekannt werden sollen (Kühl 2011: § 203 StGB Rn. 14). Erfasst sind dabei alle personen- und krankheitsbezogenen Daten, sofern sie die Rückführung auf einen konkreten Patienten ermöglichen (Deutsch und Spickhoff 2008: Rn. 636). Irrelevant ist dabei, ob die Erlangung der Kenntnis seitens des Arztes während oder außerhalb der Berufsarbeitszeit, bewusst oder zufällig erfolgt. Somit ist im folgenden Fall der nächtliche Anruf seitens der Patientin, der außerhalb der Arbeitszeit der behandelnden Ärztin erfolgt, für die Begründung eines fremden Geheimnisses nicht hinderlich (vgl. Lenckner und Eisele 2010: § 203 StGB Rn. 15).

Die Mitteilung hinsichtlich einer möglichen Schwangerschaft ist zweifellos eine höchstpersönliche Information. Die Offenbarung der Schwangerschaft seitens der behandelnden Ärztin gegenüber den Krankenhausärzten wäre daher, da sie gegen den ausdrücklichen Willen der Patientin erfolgen müsste, tatbestandlich eine unbefugte Offenbarung (Kühl 2011: § 203 StGB Rn. 17). Hierbei spielt es keine Rolle, dass der Informationsaustausch zwischen Kollegen (die ihrerseits schweigepflichtig sind) erfolgt, da § 203 Abs. 1 Nr. 1 StGB insoweit nicht zwischen unterschiedlichen Personengruppen differenziert. Von diesem Grundsatz wird nur in wenigen Konstellationen abgewichen: So ist die Preisgabe persönlicher Daten eines Patienten etwa innerhalb eines therapeutischen Teams aus einer beruflichen Notwendigkeit heraus zulässig, sofern es für eine adäquate Behandlung unerlässlich ist (Lenckner und Eisele 2010: § 203 StGB Rn. 19a, aber nur wenn zumindest eine konkludente Einwilligung des Patienten vorliegt, so Deutsch und Spickhoff, 2008, Rn. 636). Die Ärzte im Krankenhaus und die Hausärztin bilden aber kein solches therapeutisches Team, da sie unabhängig voneinander tätig werden. Des Weiteren bilden hierarchische Strukturen und ein arbeitsteiliges Zusammenwirken der Ärzte innerhalb eines Krankenhauses (etwa zwischen einem Assistenz- und einem Chefarzt) oder einer Gemeinschaftspraxis eine anerkannte Ausnahme, da der Patient mit der Weitergabe seiner Daten in einer solchen Situation naturgemäß rechnen muss (Kargl 2010: § 203 StGB Rn. 58). Schließlich ist auch die Weitergabe der Patientendaten seitens des Krankenhauses an den weiterbehandelnden Hausarzt (Kühl 2011: § 203 StGB Rn. 18), der auf die Kenntnis der Diagnose zur Weiterbehandlung angewiesen ist, zulässig. Erfasst ist aber gerade nicht der umgekehrte Fall der Weitergabe der Patientendaten seitens des Hausarztes an das Krankenhaus, es sei denn, dieses Prozedere ist für die Behandlung des Patienten im Krankenhaus notwendig. Im vorliegenden Fall ist die Mitteilung hinsichtlich der Schwangerschaft aber gerade nicht für die Behandlung der Patientin notwendig, da die Antibiotikainfusion zwar dem Fötus, nicht aber der Patientin selbst schaden könnte.

Im Falle einer Schweigepflichtverletzung würde sich die Ärztin zunächst nach § 203 Abs. 1 Nr. 1 StGB strafbar machen (Freiheitsstrafe bis zu einem Jahr oder Geldstrafe). Außerdem würde sich die Medizinerin gegebenenfalls einer zivilrechtlichen Schadensersatzhaftung aus § 823 Abs. 2 BGB i.V.m § 203 Abs. 1 Nr. 1 StGB ausgesetzt sehen. Schließlich wäre gemäß § 9 MBO-Ä 1997 ([Muster-]Berufsordnung für die in Deutschland tätigen Ärztinnen und Ärzte in der Fassung von 2011) eine Verletzung berufsrechtlicher Standards gegeben. In Bezug auf die strafrechtliche Facette gilt es freilich zu beachten, dass sich die Ärztin möglicherweise in einer Notstandssituation nach § 34 StGB befunden hat. In diesem (im Folgenden noch näher ausgeführten) Fall wäre ihr Handeln gerechtfertigt.

Entbindung von der ärztlichen Schweigepflicht

In der Rechtswissenschaft existieren vier Kategorien von Entlastungsmöglichkeiten, welche die Grenzen der ärztlichen Schweigepflicht aufzeigen. Ein Verstoß gegen die Schweigepflicht scheidet bereits von vornehinein aus, wenn der Patient dem Arzt eine Einwilligung zur Offenbarung der betreffenden Informationen erteilt und ihn damit von der ärztlichen Verschwiegenheitsverpflichtung entbindet. Für eine derartige Einwilligung sind seitens des Patienten in erster Linie die nötige Einsichtsfähigkeit und die Freiwilligkeit erforderlich. Im vorliegenden Fall hat die Patientin ihrer Ärztin keine ausdrückliche Einwilligung erteilt. Die Frage, ob in dem Einverständnis mit der Einweisung in die Klinik auf Anordnung der Hausärztin eine konkludente Einwilligung erblickt werden kann (OLG München, VersR 1993, 1357), erübrigt sich hier, da die Patientin ihrer Ärztin ausdrücklich verboten hat, die Klinikärzte über die Schwangerschaft in Kenntnis zu setzen. Abgesehen von der expliziten Einwilligung gibt es mit der Figur der mutmaßlichen Einwilligung, den gesetzlichen Offenbarungspflichten und dem rechtfertigenden Notstand nach § 34 StGB noch drei weitere Kategorien, die eine Rechtfertigung des Arztes zur Folge haben.

Eine mutmaßliche Einwilligung kommt vorliegend nicht Betracht, da diese nur dann einschlägig ist, wenn die ausdrückliche Einwilligung seitens der Patientin nicht rechtzeitig eingeholt werden kann oder ein mangelndes Interesse an der Offenbarung der Daten besteht.

Eine Begrenzung der Schweigepflicht kann sich ferner aus einer gesetzlichen Offenbarungspflicht ergeben (Deutsch und Spickhoff 2008: Rn. 641 ff.; Klein). Hierzu zählen etwa Obliegenheiten aus dem Infektionsschutzgesetz (§§ 6 ff. IfSG), der Röntgenverordnung (§ 17a RÖV, 28 Abs. 8 RÖV) oder dem Personenstandsgesetz (§§ 16, 17 PStG). Eine derartige Offenbarungspflicht liegt hier aber nicht vor.

Allerdings könnte die Ärztin, sofern sie sich der Weisung der Patientin widersetzen sollte, im Sinne eines Notstandes nach § 34 StGB gerechtfertigt sein. Aufgrund ihrer Kenntnis bezüglich einer möglichen Schwangerschaft der Patientin befindet sich die Ärztin in einer Konfliktsituation. Sie muss zwischen der Gefährdung des Lebens des ungeborenen Kindes und der Selbstbestimmung der Patientin, die durch die berufliche Schweigepflicht geschützt werden soll, abwägen. Insofern ist der unter 3.1 verfolgte Ansatz zu befürworten, die Patientin zunächst über die Konsequenzen ihres Handelns (Lebensbedrohung für das ungeborene Kind durch Antibiotikabehandlung und Narkose) aufzuklären. Denn nur dann ist im Falle einer weiteren Weigerung eine Unterrichtung der Klinikärzte gegen den Willen der Patientin im Sinne von § 34 StGB angezeigt.

6.3.3 Österreichisches Recht

Christian Kopetzki

Im österreichischen Recht ist die ärztliche *Schweigepflicht* durch eine vielschichtige Gemengelage unterschiedlicher Rechtsvorschriften geregelt: Im Verfassungsrecht ist der Schutz personenbezogener Daten von den Grundrechten des Art. 8 EMRK (Privat- und Familienleben) sowie § 1 DSG 2000 (Recht auf Datenschutz) erfasst. Im gerichtlichen Strafrecht besteht ein eigenständiger Straftatbestand der Verletzung von Berufsgeheimnissen (§ 121 StGB): Danach macht sich strafbar, wer ein Geheimnis offenbart oder verwertet, das den Gesundheitszustand einer Person betrifft und das ihm in berufsmäßiger Ausübung (unter anderem) der Heilkunde ausschließlich kraft seines Berufes anvertraut oder zugänglich geworden ist und dessen Offenbarung geeignet ist, ein berechtigtes Interesse der Person zu verletzen, die seine Tätigkeit in Anspruch genommen hat oder für die sie in Anspruch genommen worden ist. Nach § 121 Abs. 5 StGB ist der Täter allerdings nicht zu bestrafen, wenn die Offenbarung oder Verwertung durch ein öffentliches oder ein berechtigtes privates Interesse gerechtfertigt ist. Zusätzlich zu diesem strafrechtlichen Schutz enthält das ärztliche Berufsrecht eine Pflicht der Ärzte zur Verschwiegenheit über alle ihnen in Ausübung ihres Berufes anvertrauten oder bekannt gewordenen Geheimnisse (§ 54 ÄrzteG). Im Gegensatz zum unbestimmt formulierten Rechtfertigungsgrund des § 121 Abs. 5 StGB sieht das Ärztegesetz einen expliziten Katalog von *Ausnahmebestimmungen* vor, die einerseits erlaubte Durchbrechungen der Schweigepflicht (§ 54 Abs. 2–3 ÄrzteG), andererseits weitergehende *Melde- und Anzeigepflichten* (§ 54 Abs. 4–6 ÄrzteG) zum Gegenstand haben. Verstöße gegen das Ärztegesetz können verwaltungsstrafrechtliche und/oder disziplinarrechtliche Sanktionen nach sich ziehen und gegebenenfalls auch eine zivilrechtliche Haftung nach den allgemeinen Regeln des Schadenersatzrechts auslösen. Auch das Krankenanstaltenrecht kennt eine ausdrückliche Verschwiegenheitspflicht für den stationären Bereich, doch ist diese nur subsidiär gegenüber den berufsrechtlichen Regelungen (§ 9 KAKuG sowie die Ausführungsgesetze der Länder). Darüber hinaus existiert eine kaum überschaubare Vielzahl von speziellen „bereichsspezifischen" Sondergesetzen, die teilweise weitergehende Verschwiegenheitspflichten, teilweise aber auch gegenläufigen Melde- und Anzeigepflichten statuieren (z. B. im EpidemieG oder im PStG 2013); deren Reichweite bleibt allerdings auf die jeweils geregelten Sonderfälle und Interessenkollisionen begrenzt.

Inhalt der ärztlichen Schweigepflicht

Obwohl der Schutzbereich der strafrechtlichen und berufsrechtlichen Verschwiegenheitspflichten nicht deckungsgleich formuliert ist, besteht für den Inhalt der ärztlichen Schweigepflicht im konkreten Fall weitgehende Übereinstimmung: Sowohl das Strafrecht als auch das ärztliche Berufsrecht schützen „*Geheimnisse*", also Tatsachen, die nur dem Geheimnisträger (oder einem kleinen Personenkreis) bekannt sind und bei denen ein Interesse besteht, sie Außenstehenden nicht bekannt zu machen. Da dieses Geheimhaltungsinteresse bei gesundheitsbezogenen Daten (seien es z. B. krankheitsbezogene Befunde oder auch die Information über eine mögliche Schwangerschaft) in der Regel unterstellt wird, unterliegen sämtliche Informationen, die die Patientin der Ärztin B. gegeben hat oder die dieser anlässlich der ärztlichen Betreuung sonst bekannt geworden sind, der Schweigepflicht. Diese Schweigepflicht gilt auch zwischen Angehörigen der Gesundheitsberufe. Für den Eintritt der Verschwiegenheitsverpflichtung kommt es auch nicht darauf an, dass die Patientin ausdrücklich darauf hinweist; allerdings kann dieser Umstand für die Beurteilung eine Rolle spielen, ob im Einzelfall möglicherweise eine konkludente Einwilligung in die Informationspreisgabe vorliegt (bzw. – was auf dasselbe hinausläuft – ein individuelles Geheimhaltungsinteresse ausnahmsweise zu verneinen ist). Im vorliegenden Sachverhalt könnte man daher die vorherige Information des Spitals durch B. über „den Fall" gerade noch als zulässig (weil von der mutmaßlichen Einwilligung der an das Krankenhaus überwiesenen und durchaus behandlungswilligen Patientin A. gedeckt) ansehen. Spätestens durch den expliziten Wunsch von A., die Ärztin solle gegenüber dem Personal des Spitals über die mögliche Schwangerschaft schweigen, wird dieser Rückgriff auf eine mutmaßliche Einwilligung aber jedenfalls unzulässig.

Entbindung von der ärztlichen Schweigepflicht

In welchen Ausnahmefällen der Arzt von seiner Verschwiegenheitspflicht befreit ist, regelt zunächst das Berufsrecht (§ 54 Abs. 2–3 ÄrzteG). Demnach besteht die Verschwiegenheitspflicht nicht, wenn nach gesetzlichen Bestimmungen eine Meldung über den Gesundheitszustand einer bestimmten Person vorgeschrieben ist (§ 54 Abs. 2 Ziff. 1 ÄrzteG); in dieser Konstellation ist der Arzt zur Informationsübermittlung nicht nur berechtigt, sondern auch verpflichtet. Solche *Melde- und Anzeigepflichten* bestehen in mannigfachen Zusammenhängen, etwa beim Verdacht, dass durch eine gerichtlich strafbare Handlung der Tod oder eine schwere Körperverletzung herbeigeführt wurde (§ 54 Abs. 4 ÄrzteG), beim Verdacht des Quälens, Misshandelns oder des sexuellen Missbrauchs von Minderjährigen (§ 54 Abs. 5 ÄrzteG), bei sondergesetzlichen Anzeigepflichten im Epidemierecht, im Personenstandsrecht und anderes mehr. Keine dieser Anzeigepflichten ist jedoch im vorliegenden Fall gegeben. Weitere Ausnahme gelten für ärztliche Informationen an Sozialversicherungsträger und sonstige *Kostenträger* (z. B. zur Honorar- und Medikamentenabrechnung), soweit diese für die Wahrnehmung deren Aufgaben erforderlich sind (§ 54 Abs. 2 Ziff. 2 und Abs. 3 ÄrzteG); für die (ausdrücklich oder konkludente) *Entbindung* von der Schweigepflicht durch die durch die Offenbarung des Geheimnisses bedrohte Person selbst (§ 54 Abs. 2 Ziff. 3 ÄrzteG), und schließlich immer dann, wenn die Offenbarung zum *Schutz höherwertiger Interessen* der öffentlichen Gesundheitspflege oder der Rechtspflege unbedingt erforderlich ist (§ 54 Abs. 2 Ziff. 4 ÄrzteG). Der zuletzt genannte Ausnahmetatbestand bzw. die darin aufgezählten Schutzgüter („öffentliche Gesundheitspflege", „Rechtspflege") werden von der Rechtsprechung freilich nicht taxativ verstanden: Auch der

Schutz anderer höherwertiger Interessen kann aufgrund einer umfassenden Interessenabwägung legitim sein, allerdings nur unter der streng beurteilten Zusatzvoraussetzung, dass das Interesse dritter Personen den von § 54 Abs. 2 Ziff. 4 genannten Bereichen gleichgesetzt werden kann. In diesem Sinn wird etwa die Mitteilung des Blutalkoholgehalts an die Führerscheinbehörde bei einem berufsmäßigen Rettungsfahrer, der bereits mehrfach Alkoholdelikte begangen hat, wegen des besonderen Gefahrenpotenzials ausnahmsweise für zulässig gewertet, nicht jedoch bei einem bisher unauffälligen (wenngleich alkoholisierten) Verkehrsteilnehmer. Jenseits der im Ärztegesetz erwähnten Durchbrechungstatbestände kommt grundsätzlich auch eine Rechtfertigung durch *„rechtfertigende Pflichtenkollision“* oder *rechtfertigenden Notstand* in Betracht (z.B. zum Schutz konkret gefährdeter Sexualpartner gegenüber uneinsichtigen Infektionsträgern).

Im gerichtlichen Strafrecht gehen die Rechtfertigungsgründe etwas weiter, da nach § 121 Abs. 5 StGB neben „öffentlichen Interessen“ auch andere „berechtigte private Interessen“ eine Geheimnisoffenbarung straffrei machen können. Zwar bedarf es auch hier einer Interessenabwägung, doch ist diese strafrechtliche Hürde weniger hoch als im ärztlichen Berufsrecht.

Im vorliegenden Fall kann man zwar die Vorabinformation des Spitals durch die Ärztin möglicherweise als (durch konkludente Einwilligung der Patientin) gerechtfertigt ansehen; nicht zu rechtfertigen wäre hingegen die Information über die Möglichkeit der Schwangerschaft. Hier scheidet die Annahme einer konkludenten oder mutmaßlichen Einwilligung schon wegen des explizit gegenteiligen Willens der Betroffenen aus. Auch die übrigen Durchbrechungstatbestände des § 54 Abs. 2 ÄrzteG sind nicht anwendbar, ebenso wenig sondergesetzliche Ausnahmen (auch hinsichtlich der HIV-Infektion gibt es keine entsprechende Regelung oder gar Anzeigepflicht). Zwar besteht in Bezug auf die Frage, ob auch der Schutz des ungeborenen Kindes hinreichend schutzwürdige Interessen „Dritter“ begründen könnte, kein einheitlicher Meinungsstand (dies wird etwa zu § 121 Abs. 5 StGB oder zur Argumentationsfigur des rechtfertigenden Notstandes von manchen Autoren bejaht, ist aber wegen des notorisch strittigen „status“ des nasciturus kontroversiell). Doch selbst wenn man dies annehmen wollte, müsste eine solche Rechtfertigung spätestens an der fehlenden Verhältnismäßigkeit der Geheimnisoffenbarung scheitern: Denn die Befürchtung von A., die Ärzte würden „während der Narkose eine Abtreibung vornehmen“, könnte sich bei rechtskonformem Verhalten der Krankenanstalt nicht realisieren, da ein Schwangerschaftsabbruch ohne Einwilligung der Schwangeren ohnehin verboten (und nur bei Lebensgefahr Einwilligungsunfähiger zulässig) ist (§ 98 StGB). Die Informationspreisgabe wäre daher zum Schutz des Ungeborenen gar nicht „erforderlich“. Soweit die Information über die mögliche Schwangerschaft für die weitere Behandlung von A. notwendig sein könnte, ist eine „konsenslose“ Geheimnisoffenbarung wohl ebenfalls nicht notwendig; hierfür würde eine intensive Aufklärung gegenüber A. über die Bedeutung dieses Faktors für die Therapieplanung ausreichen.

Literatur und Materialien

Bauer AW (1995) Der Hippokratische Eid, Medizinhistorische Neuinterpretation eines (un)bekannten Textes im Kontext der Professionalisierung des griechischen Arztes, Z Med Ethik 41:141–148

Bourke J, Wessely S (2008) Confidentiality. BMJ 336(7649): 888–891

Davies P (2009) Confidentiality: a contested value. Br J Gen Pract 59 (567): 718–719. doi:10.3399/bjgp09X472566

Deutsch E, Spickhoff A (2008) Medizinrecht, 6. Aufl. Springer, Berlin

Elger BS (2009) Violations of medical confidentiality: opinions of Swiss physicians. Br J Gen Pract 59(567): 344–352 (IF: 2.3)

Elger BS (2011) Das Arztgeheimnis. Le secret médical: Schweiz Med Forum 11: 1–4

Gächter T, Rütsche B (2013) Gesundheitsrecht, 3. Aufl. Helbing Lichtenhahn, Basel

Hurley R (2008) Doctors should report knife wounds even if it breaches patient confidentiality, say police. BMJ 336(7656):1270

Kargl (2010) In: Kindhäuser U, Neumann U, Paeffgen HU (Hrsg.) Strafgesetzbuch, 3. Auflage. Nomos Verlagsgesellschaft

Keegan M (2009) Duty in reporting stab wounds. BMJ 338:a3139. Doi: 10.1136/bmj.a3139

Klaus A (1991) Ärztliche Schweigepflicht. Österreichische Staatsdruckerei, Wien

Klein H (2010) Schweigepflicht versus Offenbarungspflicht. RDG: 172–178

Kletecka-Pulker M (2012) Schweige-, Anzeige- und Meldepflichten. In: Aigner G, Kletecka A, Kletecka-Pulker M, Memmer M (Hrsg.) Handbuch Medizinrecht, Loseblattausgabe. Manz, Wien, I.6

Kopetzki C (2008) Geheimnisschutz – Datenschutz – Informationsschutz im Gesundheitsrecht. In: Studiengesellschaft für Wirtschaft und Recht (Hrsg.) Geheimnisschutz – Datenschutz – Informationsschutz. Linde, Wien: 69–85

Krauskopf B (2010) Die ärztliche Anzeige- und Meldepflicht. Sramek, Wien

Kühl K (2011). In: Lackner K, Kühl K (Hrsg.) Strafgesetzbuch, 27. Aufl. C.H.Beck, München

Lenckner T, Eisele J (2010). In: Schönke A, Schröder H, Lenckner T (Hrsg.) Strafgesetzbuch, 28. Aufl. C.H.Beck, München

Leu A, Gächter T, Elger B (2014) SwissDRG: Missbrauchsgefahr bei der Datenweitergabe an Krankenversicherer? Erwartungen und Entwicklungen in: Jusletter Februar 2014

Martin J, Guillod O (2000) Arztgeheimnis, Verhalten des Arztes gegenüber aussenstehenden Instanzen oder Personen, die Auskünfte über einen Patienten verlangen. SaeZ 37: 2053–2059

Placzek S (1909) Das Berufsgeheimnis des Arztes, 3. Aufl. Thieme, Leipzig

Riesz T (2013) Ärztliche Verschwiegenheitspflicht. Manz, Wien

Rodriguez MA, Craig AM, Mooney DR, Bauer HM (1998) Patient attitudes about mandatory reporting of domestic violence. Implications for health care professionals. West J Med. 169 (6):337–341

Tag B (2007) Strafrecht im Arztalltag. In: Kuhn MW, Poledna T (Hrsg.) Arztrecht in der Praxis, 2. Aufl. Schulthess, Zürich, Basel, Genf, S. 669–765

Trechsel S, Pieth M (Hrsg.) (2012) Schweizerisches Strafgesetzbuch, Praxiskommentar, 2. Aufl. Dike, Zürich, St. Gallen

Sohaila Bastami, Nikola Biller-Andorno

7 Hirntod und Organtransplantation

Fallbeispiel

Ein 28-jähriger Mann kommt nach einem schweren Fahrradunfall auf die Notaufnahme. Da er keinen Helm trug, erlitt er ein schweres Schädel-Hirn-Trauma. In der Computertomografie (CT) ist ein ausgedehnt zerstörtes Hirngewebe sichtbar. Bei der klinischen Untersuchung stellt die zuständige Ärztin fest, dass der Patient neben der tiefen Bewusstlosigkeit auch einen Ausfall der Reflexe des Hirnstamms aufweist. Der Patient hat keine Spontanatmung und zeigt keine Reaktion auf Schmerzreize. Er trägt keinen Organspenderausweis bei sich. Die Angehörigen drängen auf eine Organspende, denn der Bruder des Patienten hat ein terminales Nierenversagen und benötigt eine neue Niere. Die Familie will eine Niere an den Bruder spenden und die restlichen Organe für andere Empfänger freigeben. Leitet die Ärztin die Schritte für eine Spende ein? Wem werden die Organe zugeteilt?

7.1 Problemfelder

Das Fallbeispiel spricht die drei zentralen ethischen und rechtlichen Fragen im Bereich der Transplantationsmedizin an: Die Frage, wann ein Mensch tot ist, unter welchen Voraussetzungen einem toten Menschen Organe entnommen werden dürfen und wer die Organe nach welchen Kriterien zuteilt.

Wann ist ein Mensch tot?

Die sicheren Todeszeichen – Totenstarre, Leichenflecken und Leichenfäulnis – sind seit jeher bekannt. Die traditionelle Definition des Todes entspricht dem permanenten Stillstand des Funktionierens aller körperlicher Organsysteme (Bernat 1992). Dabei kommt dem Herzschlag, der Blutzirkulation, der Atmung und dem Funktionieren des Gehirns eine besondere Rolle zu: Fällt eine dieser vitalen Körperfunktionen aus, hat dies alsbald auch den Ausfall aller anderen Funktionen zur Folge (Bernat 1992). Die Innovationen der Intensivmedizin veränderten diese Zwangsläufigkeit. Mit dem Aufkommen der maschinellen Beatmung, der Dialyse, des Herzschrittmachers und anderer Methoden der modernen Intensivmedizin konnten nun Menschen überleben, deren körperliche Funktionen ausgefallen waren. Damit stellte sich die Frage, wie der Tod des Menschen zu definieren sei, wenn seine lebenserhaltenden Eigenkräfte, die sog. Vitalfunktionen, durch Maschinen ersetzbar sind. Ab welchem Punkt ist der Mensch unter diesen Umständen „wirklich tot“?

Wartet man, bis die traditionellen Todeszeichen als Folge des Versagens der Vitalfunktionen eintreten, so sind die Organe des Verstorbenen schon zu lange ohne

Sauerstoffzufuhr gewesen und können nicht mehr zur Transplantation verwendet werden. In der Transplantationsmedizin gilt zugleich die Regel, dass die Organspende nicht zum Tode des Spenders führen darf (Robertson 1999), denn damit würde ein Mensch zur reinen Ressource für das Weiterleben eines anderen degradiert. Die Herausforderung besteht also darin, den frühestmöglichen Zeitpunkt zu erfassen, an welchem der Tod eingetreten ist, um dann die Organe in möglichst gutem Zustand entnehmen zu können.

Wer entscheidet über eine Organspende?

Im vorliegenden Fall fehlt es an einem Organspendeausweis oder sonstigen Erklärung des Patienten zur Frage der Organspende. Stattdessen wünschen die Eltern des Patienten, dass dessen Organe zur Spende freigegeben werden und dass eine der Nieren an den Bruder des Patienten gespendet wird, welcher an einem Nierenversagen im Endstadium leidet. Es stellt sich die Frage, ob die Eltern entscheiden dürfen, ob eine Spende stattfinden soll oder nicht, und nach welchen Maßstäben sich die Entscheidung der Eltern gegebenenfalls richten soll.

Wie sind Organe zuzuteilen?

Dürfen einem toten Patienten Organe entnommen werden, ist alsdann zu bestimmen, welchen Patienten die Organe zugeteilt werden (sog. *Organallokation*). Organe sind ein knappes Gut, und nicht jedem Patient, der zu seinem Überleben bzw. seiner Heilung ein Organ benötigt, kann ein solches auch zugeteilt werden. Organzuteilungsentscheide haben damit schwerwiegende Konsequenzen für jene Patienten, die nicht berücksichtigt werden. Aus ethischer und rechtlicher Sicht stellt sich zum einen die Frage, wer über die Zuteilung von Organen entscheiden darf: Soll es im Ermessen des Spenders bzw. seiner Angehörigen stehen, hierzu Vorgaben zu machen, oder soll die Organallokation einer unabhängigen Stelle delegiert werden? Zum anderen sind die Kriterien zu bestimmen, an denen sich die Zuteilungsentscheide zu richten haben.

7.2 Ethische Beurteilung

Wann ist ein Mensch tot?

Innovationen auf dem Gebiet der Intensivmedizin machten in den 1960er Jahren ein Überleben von immer zahlreicher werdender Patienten möglich, vor allem dank dem Einsatz von Beatmungsgeräten. Allerdings kam es zu ethischen Konflikten, wenn Verwandte angaben, dass Patienten es abgelehnt hätten, in Situationen weiter am Leben erhalten zu werden, in denen die Prognose sehr schlecht ist und sie keine Aussicht mehr auf ein bewusstes Leben haben. In den Vereinigten Staaten galt das Abstellen des Beatmungsgeräts – auch wenn dies dem Patientenwunsch entsprochen hätte – damals als Tötungsdelikt (Truog 2007). 1968 setzte sich unter dem Eindruck der stetig zunehmenden Möglichkeiten der Intensivmedizin und der Transplantationsmedizin ein *Ad Hoc Komitee der Harvard Medical School* zusammen, um neue Kriterien für die Todesfeststellung vorzuschlagen. Das Komitee selbst gab zwei Gründe für seine Arbeit an. Zum einen sollten die Kriterien ermöglichen, den Therapieabbruch von irreversibel komatösen Patienten zu legitimieren, und zum anderen sollte vermieden werden dass „veraltete Kriterien für die Definition des Todes zu Kontroversen in der Beschaffung von Organen für die Transplantation führen können“ (Ad Hoc Committee 1968). Die Harvard-Kriterien sollten also einerseits klarstellen, unter welchen Bedingungen bei aussichtsloser Prognose die Therapie beendet werden darf, und andererseits eine Todesdefinition schaffen, die mit der Transplantation von Organen kompatibel ist. Die Einführung des Hirntodkriteriums, welches inzwischen in vielen Ländern etabliert ist, wurde jedoch – gerade angesichts seiner Verbindung zur Organtransplantation – von erheblichen Kontroversen begleitet.

Unter Wissenschaftlern wird rege debattiert, was den Tod des Menschen konstituiert. Manche Autoren betrachten den Tod nicht als naturwissenschaftliches Faktum, sondern als soziokulturelles Phänomen. Wann der Tod eintrete, sei nicht durch die Biologie bestimmt, sondern durch unseren praktischen Umgang mit dem Sterben anderer Menschen – wann wir den anderen nicht mehr als Gegenüber, sondern als totes Objekt erachten (Hoff und In der Schmitten 1995). Andere hingegen betrachten den Tod des Menschen als biologisches Geschehen, das gekennzeichnet ist durch den irreversiblen Verlust der Integrationsfunktion des Organismus. Dieser Zeitpunkt lässt sich jedoch mit heutigen Möglichkeiten nicht fassen, sondern wird immer im Nachhinein festgestellt, beispielsweise indem durch die Hirntoddiagnostik der bereits eingetretene Tod bestätigt wird (Kalitzkus 2009).

Im Folgenden werden drei Konzeptionen des Todes dargestellt: Der Tod als Ende der durch das Gehirn bewirkten Integrationsleistung des gesamten Organismus (Gesamthirntod), der Hirnstammtod bzw. der kortikale Tod (Teilhirntodkonzeptionen) sowie der Tod als irreversibler Herzkreislaufstillstand. Darüber hinaus existieren weitere Varianten von Todeskonzeptionen, welche jedoch an dieser Stelle nicht weiter berücksichtigt werden können.

1. Gesamthirntod

Beim Gesamthirntod ist die Gesamtfunktion des Großhirns, Kleinhirns und Hirnstamms irreversibel erloschen, wobei durch kontrollierte Beatmung die Herz- und Kreislauffunktion aufrechterhalten wird (Wissenschaftlicher Beirat der Bundesärztekammer 1998). Der Funktionsausfall wird durch die Triade *Koma, Hirnstamm-Areflexie und Verlust der Spontanatmung* klinisch diagnostiziert; apparative Zusatzdiagnostiken weisen den Ausfall des Gesamthirns nach. Wenn das Gesamthirn ausfällt, kann der Organismus als ganzer nicht mehr funktionieren, auch wenn lebenserhaltende Maßnahmen wie z. B. die Beatmung durchgeführt werden würden. Mit dem „gesamten Organismus“ sind dabei nicht alle Organe des Organismus als funktionierende Einzelteile gemeint, sondern die übergeordneten vitalen Integrations- und Kontrollfunktionen wie Atmung, vegetative Kontrolle der Durchblutung und Bewusstsein, welche auf Anforderungen des internen und externen Milieus des Organismus reagieren und damit dessen Weiterleben ermöglichen (Bernat 1998). Es ist in den meisten Fällen schwierig, die Vitalfunktionen hirntoter Patienten maschinell zu ersetzen. In einigen Fällen haben jedoch hirntote Patienten jahrelang mithilfe maschineller Beatmung „überlebt“ (Shewmon 2001) und dabei eine rückkoppelnde Integrationsleistung im Sinne der Kreislaufregulierung, der Wundheilung, des Durchlaufens der körperlichen Pubertät und sogar der Austragung einer Schwangerschaft (Shewmon 1998) erbracht.

2. Teilhirntod

Der Hirnstamm ist verantwortlich für die Kontrolle vegetativer Funktionen (Funktionen des autonomen Nervensystems) des Körpers wie die Atmung, den Herzschlag und den Blutdruck. Der Hirnstamm übermittelt zudem alle Informationen vom Gehirn zum restlichen Körper und spielt somit eine zentrale Rolle beim Bewusstsein und bei Bewegungen (National Health Services 2012). In Großbritannien gilt diese Hirnstamm-Todeskonzeption – ein Mensch ist dann tot, wenn sein Hirnstamm unwiederbringlich abgestorben ist (sog. *Hirnstammtod*). Doch auch diese Position kann kritisiert werden, denn es wurden, wie oben dargestellt, schon Fälle beschrieben, in welchen der Hirnstamm zerstört war und der Organismus des Patienten – lediglich mit künstlicher Beatmung – trotzdem in der Lage war, Teile der übrigen integrativen Funktionen des Hirnstamms aufrechtzuerhalten.

Anstelle des Gesamthirntods ist sodann vorgeschlagen worden, den permanenten Verlust der Bewusstseinsfähigkeit, die im Kortex lokalisiert ist, als hinreichendes Kriterium für den eingetretenen Tod zu betrachten (sog. *kortikaler Tod*; Veatch 1975). Das Bewusstsein des Menschen, so meinen die Befürworter des kortikalen Todes, sei essenziell für ein Leben als Person. Demnach würden jedoch auch Patienten mit Wachkoma, Patienten mit Anenzephalie (fehlendem Verschluss der Schädeldecke mit Fehlen von Teilen des Schädels, der Hirnhäute, des Gehirns und der Kopfhaut) und vielleicht auch schwer demente Patienten als tot gelten. Diese Patienten können jedoch üblicherweise selbst atmen und sind in der Lage, jahre- bis jahrzehntelang mithilfe künstlicher Ernährung zu überleben. Würden solche Patienten als tot definiert, dürfte man sie begraben oder auch kremieren (Miller und Truog 2008); eine Vorstellung, die viele als kontraintuitiv empfinden dürften. Dass ein „Toter“ selbst atmet, ist für die meisten Menschen kontraintuitiv; einen „Toten“ ersticken oder verhungern zu lassen, damit er nicht mehr selbst atmet, erscheint paradox.

3. Der Tod als irreversibler Herzkreislaufstillstand

Ein anderes, viel diskutiertes Kriterium für den eingetretenen Tod des Menschen ist der irreversible Ausfall des Herz-Kreislauf-Systems. Dies war lange Zeit die übliche Todesvorstellung – fiel das Herz-Kreislauf-System irreversibel aus, so folgten das Gehirn und alle anderen vitalen Organsysteme alsbald. Das Herz-Kreislauf-Kriterium erwies sich für die Transplantationsmedizin als problematisch: Stand das Herz still, so wurden die Organe rasch infolge fehlender Durchblutung mit konsekutivem Sauerstoffmangel (warme Ischämie) geschädigt. Für Transplantationsmediziner öffneten sich daher mit dem Hirntod als Todeskriterium verbesserte Möglichkeiten. Stetig besser werdende neurointensive Maßnahmen ließen jedoch die Anzahl der Hirntoten im 21. Jahrhundert wieder sinken (Snell 2004). Dies hat die Diskussion um die Todesfeststellung nach kardialen Kriterien wieder aufleben lassen. Nach dem Herzstillstand wird das Gehirn durch den Sauerstoffmangel irreversibel geschädigt. Es wurde eine bestimmte Zeit definiert, nach der Patienten nach Herzstillstand sehr wahrscheinlich eine irreversible Schädigung des Gehirns haben, damit nach dieser Zeit ebenfalls Organe entnommen werden können. Die Zeitspanne zwischen dem Herzstillstand und der Todesfeststellung variiert dabei in verschiedenen Ländern von 75 Sekunden bis hin zu zwanzig Minuten. Dabei besteht ein Wettlauf mit der Zeit, da die Organe, wenn sie nicht mehr durchblutet werden, rasch unbrauchbar für die Transplantation werden. Wenn die Zeit zwischen Herzstillstand und Organentnahme minimiert wird, stellt sich jedoch die Frage, ob der Herzstillstand wirklich irreversibel war.

In vielen Ländern, darunter in Deutschland und der Schweiz, wird der Tod des Menschen gesetzlich als Gesamthirntod definiert. Deswegen wartet man z. B. in der Schweiz zehn Minuten nach dem Herzstillstand, um dann den eingetretenen „sekundären" (da nicht auf eine primäre Hirnschädigung zurückführbar) Hirntod zu diagnostizieren. Herztodkriterien sind in Ländern mit der Gesamthirntod-Konzeption also nur eine indirekte Art, den sekundären Hirntod festzustellen.

Wer entscheidet über eine Organspende?

Wenn die Kriterien für den Gesamthirntod bei einem Patienten erfüllt sind, wer darf dann die Organe zur Spende freigeben? – Ein zentrales Prinzip der Medizin lautet „Nichtschaden". Zudem gebietet die Achtung vor der Menschenwürde, dass nicht ein Mensch unbeachtlich seiner eigenen Interessen zum bloßen Mittel für die Zwecke anderer gemacht werden darf (Kant 1961). Auf die Transplantationsmedizin bezogen heißt dies, dass dem Spender nicht geschadet werden darf (beispielsweise, indem der Sterbeprozess beschleunigt oder in anderer Weise beeinträchtigt wird), um einen besseren Ausgang der Transplantation für den Empfänger zu erwirken. Der Philosoph Hans Jonas sagt zur Todesfeststellung für Transplantationszwecke: „Da wir die genaue Grenzlinie zwischen Leben und Tod nicht kennen, genügt nichts Geringeres als die maximale „Definition" (besser: Merkmalsbestimmung) des Todes – Hirntod plus Herztod plus jeder sonstigen Indikation, die von Belang sein mag –, bevor endgültige Gewalt stattfinden darf." (Jonas 1987) Auf diese Weise soll sichergestellt werden, dass der Sterbende nicht instrumentalisiert wird. Die Konsequenz wäre jedoch, dass kaum Organe postmortaler Spender zur Verfügung stünden. Doch diesem Vorbehalt kann Rechnung getragen werden, wenn sichergestellt wird, dass die Spende und die dafür nötigen Maßnahmen auf dem Willen des Patienten beruhen.

Aus Respekt vor der Selbstbestimmung sollte somit der Patientenwille die oberste Priorität haben. Der Patient kann seinen Willen bezüglich einer Spende mündlich oder schriftlich äußern, beispielsweise auf einem Spenderausweis oder in einer Patientenverfügung. Wenn keine solchen Äußerungen vorhanden sind, so ist es naheliegend, die nächsten Angehörigen des Patienten zu befragen oder Personen, welche der Patient selbst bestimmt hat, z. B. durch eine Vorsorgevollmacht. Diese sollten angehalten werden, in Übereinstimmung mit dem mutmaßlichen Willens des Patienten zu entscheiden, d. h. sie sollten bei ihrer Entscheidung für oder gegen die Spende nach bestem Wissen und Gewissen darauf zielen, so zu entscheiden, wie der Patient entschieden hätte. Anhaltspunkte für den mutmaßlichen Willen des Patienten können generelle Äußerungen des Patienten, typische Charakterzüge und sein vergangenes Verhalten sein. Lässt sich kein mutmaßlicher Wille feststellen, stellt sich die Frage, ob die Angehörigen aus eigenem Recht über eine Organentnahme entscheiden dürfen. Ist dies der Fall, spricht man von *erweiterter Zustimmungslösung*. Ist dagegen ausschließlich der Patientenwille maßgebend, ist von *enger Zustimmungslösung* die Rede.

In gewissen Ländern Europas, namentlich in Spanien, Belgien und Österreich, gilt dagegen die Widerspruchslösung. Demnach wird der Spendewille gesetzlich vermutet, und es ist am Patienten, einer Organspende zu widersprechen, wenn diese verhindern möchte. Bei der *engen Widerspruchslösung* muss der Patient selbst Nein zur Organspende sagen, bei der *erweiterten Widerspruchslösung* haben überdies die Angehörigen des Patienten ein Vetorecht. Die Widerspruchslösung basiert auf der Vorstellung, dass Menschen grundsätzlich soziale und altruistische Wesen sind, die einander helfen wollen. Im Sinne der sozialen Fairness wird davon ausgegangen, dass eine Bevölkerung, die im Bedarfsfall ein Organ erhalten möchte, auch grundsätzlich bereit wäre, nach dem Tode Organe zu spenden.

Im eingangs geschilderten Fall taucht die besondere Schwierigkeit auf, dass die Eltern des Patienten, welche seine gesetzlichen Vertreter sind, wünschen, dass eine der Nieren dem Bruder des Patienten transplantiert wird. Würde sich der Fall in einem Land mit enger Zustimmungs- oder mit Widerspruchslösung zutragen, wäre der Wunsch der Eltern unbeachtlich. Im Rahmen einer erweiterten Zustimmungslösung wäre zu fragen, ob die Eltern wirklich den mutmaßlichen Willen des Patienten berücksichtigen, oder ob sie sich in ihrem Votum für eine Organspende ausschließlich von der Not des nierenkranken Bruders leiten lassen. Hätte der Verstorbene gar nicht spenden wollen, würden die Eltern die Hilfe für den Bruder schwerer gewichten als das Selbstbestimmungsrecht des Patienten. Während man durchaus kritisch diskutieren kann, welches dieser beiden Güter in dieser Situation mehr Gewicht haben sollte, so räumen doch sowohl Zustimmungs- als auch Widerspruchslösung dem Respekt vor der Entscheidung des Verstorbenen Priorität ein, wohl auch, da eine „Zwangsspende“ mit dem notwendigen Vertrauen der Bevölkerung in die Transplantationsmedizin und gängigen Vorstellungen von Persönlichkeitsrechten nicht vereinbar wäre.

Der Wunsch der Eltern wirft noch eine weitere Frage auf, nämlich ob eine gerichtete Postmortalspende, d. h. eine Spende zugunsten eines bestimmten Empfängers, zulässig sein soll. Während Lebendspenden in der Regel gerichtet sind und nur in manchen Ländern ungerichtete Spenden akzeptiert werden, sind Postmortalspenden üblicherweise ungerichtet, d. h. die Organe gehen in einen „Pool“ und werden dann über eine zentrale Vergabestelle verteilt. Auf diese Weise sollen Diskriminierungsgeffekte vermieden werden, die beispielsweise entstehen könnten, wenn sich Postmortalspender auf eine bestimmte Gruppe als Empfänger (z. B. Angehörige einer bestimmten Religion oder eines Geschlechts) beschränken wollen. Eine an eine bestimmte Person gerichtete Spende ist jedoch nicht mit solchen Diskriminierungsgefahren verbunden. Aus ethischer Sicht erscheinen daher auch gerichtete Postmortalspenden als unbedenklich.

Wie sind Organe zuzuteilen?

Mit Blick auf die Zuteilung von Organen an einen Empfänger oder eine Empfängerin unterscheidet sich die Lebendspende insofern von der Totspende, als erstere üblicherweise gerichtet, letztere hingegen ungerichtet ist. Die Allokation von ungerichtet gespendeten Organen stellt Ärzte und Gesellschaft vor schwierige Fragen. Wie kann man Organe gerecht zuteilen? Wem soll dabei der Vorzug gegeben werden? Das Problem hierbei ist, dass es weniger Organe als potenzielle Empfänger gibt, sodass man einen gerechten Modus der Verteilung finden muss.

Aus *konsequentialistischer Perspektive* wäre es sinnvoll, die Organe so zuzuteilen, dass mit jedem gespendeten Organ ein maximaler Nutzen erzielt werden kann. Das würde bedeuten, dass im Einzelfall diejenige Person das Organ erhalten sollte, welche von der Transplantation gesundheitlich am meisten profitieren würde. Das wären normalerweise Personen, die noch nicht sehr krank sind und bei denen die Erfolgsaussichten hoch sind. Dieser nutzenorientierten Sicht steht eine *deontologische Betrachtungsweise* gegenüber, deren primärer Zweck es ist, akut bedrohte Menschenleben zu retten. Danach wären die Organe nach dem Kriterium der Dringlichkeit zuzuteilen, sodass die kränksten Patienten Priorität hätten. Dabei besteht jedoch die Gefahr, dass Organe an Personen vergeben werden, die dann an ihrer Grunderkrankung versterben. Damit wäre das Organ dann „verloren".

Man kann sich auch Zuteilungsmodelle überlegen, die sich am Kriterium der Reziprozität orientieren, sog. *Club-Modelle*). Danach würden registrierte Spender bei der Allokation Vorrang genießen gegenüber nicht-registrierten, oder geografische Regionen mit einem besonders hohen Spendenaufkommen hätten bei der Allokation Vorzug vor Regionen mit geringen Spenderzahlen. Damit soll Trittbrettfahrern vorgebeugt werden, welche nicht selber spenden, jedoch gerne ein Organ empfangen wollen. Problematisch bei den Club-Modellen ist, dass beispielsweise geistig Behinderte benachteiligt werden, weil diese nicht oder nur eingeschränkt einer Organspende zustimmen können. Bei sozialen Randgruppen besteht sodann die Gefahr, dass sie nur erschwert an Informationen zur Thematik der Transplantation gelangen und sich somit weniger mit der Frage der Spende auseinandersetzen können. Zudem kann es auch kulturelle oder historische Gründe geben, warum in einer Region bzw. einem Bevölkerungssegment weniger Spender registriert sind.

Ein weiteres, allerdings in den Diskussionen kaum vertretenes Allokationskriterium ist der *soziale Wert* des potenziellen Empfängers. Demnach hätte beispielsweise ein erfolgreicher Unternehmer, welcher Teile seines Geldes an soziale Einrichtungen spendet und Vater mehrerer Kinder ist, Vorzug vor einer arbeitslosen Person. Ein solches Allokationskriterium würde jedoch die Gesellschaft vor kaum lösbare Fragen stellen: Was bedeutet sozialer Wert, und wie wird er bemessen? Abgesehen davon widerspricht es der unbedingten Würde der Menschen, wenn sie nach wie immer gearteten sozialen Werten klassifiziert werden. Aus diesen Gründen werden soziale Kriterien in der ethischen Diskussion zumeist sehr kritisch gesehen.

7.3 Rechtliche Beurteilung

7.3.1 Schweizerisches Recht

Bernhard Rütsche, Nadja D'Amico

Im schweizerischen Recht regelt das am 1. Juli 2007 in Kraft getretene Transplantationsgesetz die Voraussetzungen für die Entnahme und Zuteilung von Organen, Geweben oder Zellen zum Zwecke der Transplantation auf den Menschen abschließend. Das Transplantationsgesetz hat primär zum Zweck, den missbräuchlichen Umgang mit Organen, Geweben oder Zellen bei der Anwendung der Transplantationsmedizin auf den Menschen, insbesondere den Handel mit Organen, zu verhindern und die Menschenwürde sowie die Persönlichkeit und Gesundheit des Menschen zu schützen. Gleichzeitig soll das Gesetz dazu beitragen, dass menschliche Organe, Gewebe oder Zellen für Transplantationszwecke zur Verfügung stehen (Art. 1 Abs. 3 Transplantationsgesetz).

Wann ist ein Mensch tot?

Gemäß Art. 9 Abs. 1 Transplantationsgesetz ist der Mensch tot, wenn die Funktionen seines Hirns einschließlich des Hirnstamms irreversibel ausgefallen sind (*Gesamthirntod*). Anhang I Ziff. 1 der Transplantationsverordnung verweist für die Todesfeststellung auf die medizinisch-ethischen Richtlinien der Schweizerischen Akademie der Medizinischen Wissenschaften (SAMW) zur Feststellung des Todes mit Bezug auf Organtransplantationen (in der Fassung vom 24. Mai 2011). Das Vorgehen nach diesen Richtlinien soll es den Ärzten erlauben, anhand von klinischen Zeichen und technischen Zusatzuntersuchungen den vermuteten Tod mit Sicherheit festzustellen.

Zur *Verhinderung von Interessenskollisionen* wird ausdrücklich vorgeschrieben, dass die Ärzte, welche den Tod eines Menschen feststellen, weder an der Entnahme noch an der Transplantation der Organe mitwirken und nicht den Weisungen einer ärztlichen Fachperson unterstehen, die an solchen Maßnahmen beteiligt ist (Art. 11 Abs. 1 Transplantationsgesetz).

Um die Organe bis zur Entnahme in möglichst gutem und funktionstüchtigem Zustand zu erhalten, werden vor jeder Organentnahme an der spendenden Person *vorbereitende medizinische Maßnahmen* durchgeführt. Dazu gehören namentlich folgende Maßnahmen: künstliche Beatmung des Patienten, Verabreichung von Medikamenten, die den Kreislauf und den Hormonhaushalt regulieren sowie Entnahme von Proben für Laboruntersuchungen, um den Körperzustand zu überwachen, die Spendetauglichkeit abzuklären und eine empfangende Person zu finden, zu der die Blut- und Gewebemerkmale möglichst gut passen. Patienten, bei denen ein Herz-Kreislaufstillstand (und in der Folge ein sekundärer Hirntod) zu erwarten ist, wird unter Umständen mittels eines chirurgischen Eingriffs eine Perfusionssonde in der Nähe des Organs eingesetzt, das entnommen werden soll. Die Organe können so nach der Todesfeststellung sofort mit einer Flüssigkeit gekühlt werden. Zusätzlich verhindern Medikamente, dass das Blut gerinnt.

Derartige medizinische Maßnahmen sind invasiv und dürfen gemäß geltendem Recht *vor dem Tod* des Spenders nur dann durchgeführt werden, wenn dieser umfassend informiert worden ist und frei zugestimmt hat (Art 10 Abs. 1 Transplantationsgesetz). Diese Regelung führt in der Praxis zu Problemen, da Spender im Zeitpunkt, in dem eine Organentnahme in Betracht gezogen wird, häufig urteilsunfähig sind und deshalb eine freie Zustimmung nicht möglich ist. Mit einer zurzeit laufenden Revision des Transplantationsgesetzes soll diesem Problem Rechnung getragen werden. Demnach soll die zur Vertretung im medizinischen Bereich berechtigte Person vorbereitenden Maßnahmen zustimmen können, wenn dies dem mutmaßlichen Willen des Spenders entspricht oder wenn die Maßnahmen für eine spätere Organentnahme unerlässlich und für die spendende Person nur mit minimalen Risiken und Belastungen verbunden sind. Die Zustimmung durch die vertretungsberechtigte Person darf in jedem Fall erst erfolgen, nachdem entschieden worden ist, die lebenserhaltenden Maßnahmen abzubrechen. In allen Fällen verboten sind vorbereitende Maßnahmen, wenn sie den Tod des Patienten beschleunigen oder dazu führen können, dass dieser in einen dauernden vegetativen Zustand gerät.

Nach dem Tod des Patienten dürfen vorbereitende Maßnahmen durchgeführt werden, wenn eine Spende-Erklärung vorliegt oder, wenn keine Erklärung vorliegt, bis zur Entscheidung der nächsten Angehörigen. Zur Wahrung der Menschenwürde sind vorbereitende Maßnahmen nach dem Tod in jedem Fall längstens während 72 Stunden zulässig (Art. 10 Abs. 3 Transplantationsgesetz i.V.m. Art. 8 Transplantationsverordnung).

Wer entscheidet über eine Organspende?

Einer verstorbenen Person dürfen Organe grundsätzlich nur entnommen werden, wenn sie vor ihrem Tod einer Entnahme zugestimmt hat (*Spende-Erklärung*) und der Tod festgestellt worden ist (Art. 8 Abs. 1 Transplantationsgesetz). Eine Spende-Erklärung abgeben kann, wer das 16. Altersjahr vollendet hat (Art. 8 Abs. 7 Transplantationsgesetz) und urteilsfähig ist. Sofern keine dokumentierte Zustimmung oder Ablehnung zur Organspende der verstorbenen Person vorliegt, sind die nächsten Angehörigen anzufragen, ob ihnen der Wille der verstorbenen Person bekannt sei. Ist ihnen eine solche Erklärung nicht bekannt, so ist eine Organentnahme zulässig, sofern sie unter Beachtung des *mutmaßlichen Willens* des Verstorbenen stellvertretend für diesen zustimmen (Art. 8 Abs. 2 und 3 Transplantationsgesetz).

Als *nächste Angehörige* gelten Ehegatten, eingetragene Partner, Lebenspartner, Kinder, Eltern, Geschwister, Großeltern und Enkel sowie andere Personen, die der verstorbenen Person nahe stehen – wobei zum Entscheid diejenige Person befugt ist, die mit dem Verstorbenen tatsächlich am engsten verbunden war und das 16. Altersjahr zurückgelegt hat (Art. 3 und Art. 5 Abs. 1 Transplantationsverordnung). Primär sind die nächsten Angehörigen also gehalten, einen geäußerten, aber nicht dokumentierten Willen des Verstorbenen mitzuteilen. Erst sekundär haben sie die Möglichkeit, stellvertretend für den Verstorbenen einer Entnahme zuzustimmen oder diese abzulehnen. Sind keine Angehörigen vorhanden oder erreichbar, so ist die Organentnahme unzulässig (Art. 8 Abs. 4 Transplantationsgesetz). Der schweizerische Gesetzgeber hat sich also für das Konzept der *erweiterten Zustimmungslösung* entschieden, welche für die Organentnahme mindestens eine Zustimmung der Angehörigen voraussetzt. Diesen kommt jedoch ein bloß subsidiäres Entscheidungsrecht zu, denn der Wille des Verstorbenen hat in jedem Fall Vorrang gegenüber demjenigen der nächsten Angehörigen (Art. 8 Abs. 5 Transplantationsgesetz).

Die verstorbene Person hat zu Lebzeiten anstelle einer Spende-Erklärung die Möglichkeit, die Entscheidung über die Organentnahme einer Person ihres Vertrauens zu übertragen. Diese Person tritt an die Stelle der nächsten Angehörigen (Art. 8 Abs. 6 Transplantationsgesetz).

Im vorliegenden Fallbeispiel hat der verunfallte Mann zu Lebzeiten keine dokumentierte Erklärung abgegeben, ob er einer Organentnahme zustimmt oder diese ablehnt. In einem ersten Schritt wären die nächsten Angehörigen zu befragen, ob ihnen ein diesbezüglicher Wille bekannt ist. Sofern dies nicht der Fall ist, können die nächsten Angehörigen den tatsächlichen Entscheid über die Organentnahme stellvertretend treffen. Es liegen keine Anhaltspunkte vor, die darauf schließen lassen, dass eine Organspende dem mutmaßlichen Willen des Verstorbenen entgegenstehen würde. Demzufolge ist die betroffene Familie ermächtigt, sich für eine Organspende des verunfallten Familienangehörigen zu entscheiden. Auf jeden Fall zulässig ist damit der Entscheid der Angehörigen zugunsten einer Organspende für unbekannte Empfängerinnen und Empfänger (nicht gerichtete Spende). Fraglich ist dagegen, ob sich die Familie auch für die Spende einer Niere zugunsten des kranken Familienangehörigen entscheiden darf (dazu sogleich).

Wie sind Organe zuzuteilen?

Der potenzielle Spender kann im Voraus eine bestimmte Person bezeichnen, der das zu spendende Organ zukommen soll (*gerichtete Postmortalspende*; Art. 16 Abs. 1 Transplantationsgesetz e contrario). Zwischen Spender und Empfänger bedarf es dabei keiner engen persönlichen Beziehung. Unbeachtlich sind dagegen Willenserklärungen, mit denen der Spender den Kreis der Empfängerinnen und Empfänger *generell* einschränkt, z. B. auf Angehörige einer bestimmten Religion oder auf Personen, die ihrerseits spendewillig sind. Vom Gesetz nicht klar geregelt ist die Frage, ob sich auch die nächsten Angehörigen aus eigenem Recht, d. h. ohne sich auf einen mutmaßlichen Willen der verstorbenen Person berufen zu können, für eine gerichtete Postmortalspende entscheiden können. Der Wortlaut von Art. 16 Abs. 1 Transplantationsgesetz, der nur den Willen der Spenderin oder des Spenders erwähnt, spricht dagegen. Ebenso dagegen spricht das dem Transplantationsrecht zugrunde liegende Prinzip, dass Spenderentscheide altruistisch und nicht von eigennützigen Motiven begleitet sein sollen (vgl. das Prinzip der Unentgeltlichkeit der Spende gemäß Art 119*a* Abs. 3 BV sowie Art. 6 Transplantationsgesetz). Insofern ist davon auszugehen, dass im Fallbeispiel der Entscheid der Familie, dass eine Niere dem kranken Bruder des Verunfallten gespendet werden soll, nach schweizerischem Recht unzulässig ist. Allerdings verbleiben diesbezüglich gewisse Unsicherheiten, eine Klärung durch einen Gerichtsentscheid oder den Gesetzgeber selber wäre zu begrüßen.

Für nicht gerichtete Organspenden enthalten das Transplantationsgesetz (Art. 16 ff.) sowie zwei dazugehörige Verordnungen detaillierte Zuteilungsregelungen. Die Zuteilung erfolgt in zwei Schritten: Zuerst entscheiden die Transplantationszentren (d. h. die für Transplantationen zuständigen Spitäler), ob eine Patientin auf die *Warteliste* aufgenommen wird (Art. 21 Transplantationsgesetz). Patientinnen werden in die Warteliste aufgenommen, wenn eine Transplantation medizinisch indiziert ist, keine dauernde medizinische Kontraindikation für eine Transplantation vorliegt und keine anderen medizinischen Gründe vorliegen, die den Transplantationserfolg gefährden (Art. 3 Abs. 1 Organzuteilungsverordnung). Keine Rolle spielen darf dabei insbesondere die sog. Compliance, d. h. die Frage, ob sich die Patientin künftig so verhalten wird, dass der Transplantationserfolg sichergestellt ist (Schott 2001: 355 f.).

Die Entscheide über die Aufnahme in die Warteliste werden von den Transplantationszentren der Nationalen Zuteilungsstelle Swisstransplant mitgeteilt. Swisstransplant ist eine privatrechtliche Stiftung, welche vom Bund mit der Aufgabe betraut worden ist, über die *Zuteilung von Organen* an bestimmte Empfänger auf der Warteliste zu entscheiden (vgl. Art. 19 Transplantationsgesetz). Für die Zuteilungsentscheide gilt der Grundsatz der Nichtdiskriminierung (Art. 17 Abs. 1 Transplantationsgesetz). Im Einzelnen sind für die Zuteilung primär die Kriterien der medizinischen Dringlichkeit und des medizinischen Nutzens einer Transplantation maßgebend. Weisen mehrere Patientinnen dieselbe medizinische Dringlichkeit auf, werden jene privilegiert behandelt, die eine kombinierte Transplantation bzw. eine Mehrfachtransplantation benötigen oder eine seltene Blutgruppe haben. Machen all diese Parameter keinen Unterschied, entscheidet am Ende die Wartezeit (vgl. Art. 18 Abs. 1 Transplantationsgesetz sowie die Organzuteilungsverordnungen des Bundesrats und des EDI).

7.3.2 Deutsches Recht

Tade Matthias Spranger

Wann ist ein Mensch tot?

Das deutsche *Transplantationsgesetz* widmet sich der postmortalen Organspende in den §§ 3 ff. des Transplantationsgesetzes (TPG). Das TPG versteht unter dem Tod des Betroffenen (§ 3 Abs. 1 Nr. 2 TPG) den *Hirntod*. § 3 Abs. 2 Nr. 2 TPG fordert insoweit, dass der endgültige, nicht behebbare Ausfall der Gesamtfunktion des Großhirns, des Kleinhirns und des Hirnstamms nach Verfahrensregeln festgestellt worden sein muss, die dem Stand der Erkenntnisse der medizinischen Wissenschaft entsprechen. In § 5 TPG finden sich weitere Anforderungen an das Nachweisverfahren, die etwa die Zahl der zu beteiligenden Ärzte sowie deren Unabhängigkeit betreffen. En Detail erfolgt die Feststellung auf Basis der von der Bundesärztekammer ausgearbeiteten „Richtlinien zur Feststellung des Hirntodes“, aktuell in der dritten Fortschreibung von 1997. Nicht zuletzt aufgrund neurowissenschaftlicher Erkenntnisse und korrespondierender Publikationen, die auf eine mögliche Überbewertung des Hirntodkriteriums bzw. auf mögliche Defizite der aktuellen Fokussierung hinweisen, ist die Auseinandersetzung um die Tragfähigkeit dieses Differenzierungsmerkmals jüngst erneut aufgeflammt.

Wer entscheidet über eine Organspende?

Die fundamentalen Bedingungen, unter denen hier eine Organentnahme erfolgen darf, finden sich in § 3 TPG, der teils positive Voraussetzungen formuliert, teils aber auch negative Eingrenzungskriterien verwendet. Danach gilt als zentrale Zulässigkeitsvoraussetzung, dass der Organ- oder Gewebespender in die Entnahme eingewilligt hat (§ 3 Abs. 1 Nr. 1 TPG). Umgekehrt ist die Entnahme ausnahmslos unzulässig, wenn die Person, deren Tod festgestellt ist, der Organ- oder Gewebeentnahme widersprochen hatte (§ 3 Abs. 2 Nr. 1 TPG). Damit stellt sich zwangsläufig die Frage, wie zu verfahren ist, wenn weder eine Spendeerklärung des Betroffenen noch ein Widerspruch vorliegt. Diese Konstellation ist in § 4 TPG speziell geregelt.

Zunächst hat der Arzt, der die *Organ- oder Gewebeentnahme* vornehmen oder unter dessen Verantwortung die Gewebeentnahme nach § 3 Abs. 1 Satz 2 TPG vorgenommen werden soll, den nächsten Angehörigen zu befragen, ob ihm von diesem eine Erklärung zur Organ- oder Gewebespende bekannt ist. Ist auch dem nächsten Angehörigen eine solche Erklärung nicht bekannt, so ist die Entnahme unter den sonstigen allgemeinen Voraussetzungen nur zulässig, wenn ein Arzt den nächsten Angehörigen über eine in Frage kommende Organ- oder Gewebeentnahme unterrichtet und dieser ihr zugestimmt hat. Kommt eine Entnahme mehrerer Organe oder Gewebe in Betracht, soll die Einholung der Zustimmung zusammen erfolgen. Der nächste Angehörige hat bei seiner Entscheidung einen mutmaßlichen Willen des möglichen Organ- oder Gewebespenders zu beachten, worauf der Arzt den nächsten Angehörigen auch hinzuweisen hat. Der nächste Angehörige kann mit dem Arzt vereinbaren, dass er seine

Erklärung innerhalb einer bestimmten, vereinbarten Frist widerrufen kann. Diese Vereinbarung bedarf jedoch der Schriftform (§ 4 Abs. 1 TPG).

Um sicherzustellen, dass der betreffende Angehörige überhaupt über die für die Entscheidung erforderlichen Kenntnisse von den Lebensumständen des Spenders verfügt, statuiert § 4 Abs. 2 TPG weitere Anforderungen. Demnach ist der nächste Angehörige nur dann zu einer Entscheidung befugt, wenn er in den letzten zwei Jahren vor dem Tod des möglichen Organ- oder Gewebespenders zu diesem persönlichen Kontakt hatte. Der Arzt hat dies durch Befragung des nächsten Angehörigen festzustellen. Bei mehreren gleichrangigen nächsten Angehörigen genügt es, wenn einer von ihnen nach Absatz 1 beteiligt wird und eine Entscheidung trifft. Jedoch ist insoweit der Widerspruch eines jeden gleichrangigen Angehörigen beachtlich. Ist ein vorrangiger nächster Angehöriger innerhalb angemessener Zeit nicht erreichbar, genügt die Beteiligung und Entscheidung des zuerst erreichbaren nächsten Angehörigen. Dem nächsten Angehörigen steht eine volljährige Person gleich, die dem möglichen Organ- oder Gewebespender bis zu seinem Tode in besonderer persönlicher Verbundenheit offenkundig nahegestanden hat; sie tritt dann neben den nächsten Angehörigen.

In Anerkennung des Umstandes, dass familiäre Strukturen zwar ein Indiz für die Existenz eines persönlichen Näheverhältnisses darstellen, dieses jedoch nicht zwangsläufig begründen müssen, eröffnet § 4 Abs. 3 TPG schließlich auch die Möglichkeit für den potenziellen Organ- oder Gewebespender, die Entscheidung über eine Organ- oder Gewebeentnahme einer bestimmten Person zu übertragen. Diese bevollmächtigte Person tritt kraft Bevollmächtigung an die Stelle des nächsten Angehörigen.

Wie sind Organe zuzuteilen?

Die 1984 vom Kuratorium für Dialyse und Nierentransplantation e.V. (KfH) in Neu Isenburg gegründete *Deutsche Stiftung Organtransplantation* (DSO) fungiert als bundesweite Koordinierungsstelle für die postmortale Organspende und organisiert alle Schritte des Organspendeprozesses von der Meldung eines möglichen Spenders bis zur Übergabe der Organe an die Transplantationszentren. Die rechtliche Natur der DSO ist die einer gemeinnützigen Stiftung bürgerlichen Rechts. Ihre Aufgaben wurden in einem Vertrag mit der Bundesärztekammer (BÄK), dem Spitzenverband Bund der Krankenkassen und der Deutschen Krankenhausgesellschaft konkretisiert. Als Vermittler zwischen Spender und Empfänger fungiert hingegen *Eurotransplant* als Stiftung nach niederländischem Recht. Eurotransplant agiert insoweit auf der Basis der eigenen Zuteilungskriterien.

Diese Gesamtkonstruktion sieht sich regelmäßig umfassender Kritik ausgesetzt. Unabhängig davon, dass Organisation und Arbeitsweise der DSO aufgrund anonymer Hinweise im Herbst 2011 zum Gegenstand einer ministeriellen Untersuchung gemacht wurden, gibt es vor allem mit Blick auf die Rechtspersönlichkeit von DSO und Eurotransplant nach wie vor Klärungsbedarf. So mutet es insbesondere fragwürdig an, dass der Staat in einem derart grundrechtsrelevanten Bereich nicht selbst tätig wird, sondern auf private Organisationen zurückgreift, deren Kontrolle zudem nur lückenhaft erfolgen kann. Nach der maßgeblich vom Bundesverfassungsgericht entwickelten Wesentlichkeitstheorie sollte der Staat hier selbst und unmittelbar in der Pflicht stehen (Höfling 2007).

7.3.3 Österreichisches Recht

Christian Kopetzki

Mit dem Organtransplantationsgesetz (OTPG), das im Wesentlichen der Umsetzung der europäischen Richtlinie 2010/53/EU über Qualitäts- und Sicherheitsstandards für zur Transplantation bestimmte menschliche Organe dient, erhielt Österreich erstmals eine systematische Regelung des Transplantationswesens in einem eigenen Gesetz. Bis zum OTPG bestand seit 1982 lediglich ein spezieller Abschnitt im Krankenanstalten- und Kuranstaltengesetz (§§ 62a ff. KAKuG), der sich auf die Organentnahme von Verstorbenen beschränkte. Nicht anders als die Vorläuferbestimmungen war auch das OTPG von einer breiten (und einstimmigen) Beschlussfassung im Nationalrat getragen; bioethische Fundamentaldiskussionen über das Transplantationsrecht im Allgemeinen und manch seiner (international strittigen) Detailaspekte im Besonderen (Hirntod, Regelungsmodelle im Spannungsfeld von Einwilligungs- oder Widerspruchslösungen etc.) fanden weder im Parlament noch in den Medien statt.

Inhaltlich wurden die bisherigen Bestimmungen des Krankenanstaltenrechts nahezu unverändert ins neue OTPG übernommen und durch zusätzliche Regelungen über die Lebendorganspende, die Qualität und Sicherheit von Organen, die Organvigilanz sowie über den internationalen Organaustausch erweitert. Das OTPG ergänzt das (nur für Zellen und Gewebe) geltende Gewebesicherheitsgesetz (GSG) und stellt ihm korrespondierende Regelungen für die Transplantation von Organen zur Seite. Insofern ist der sachliche Anwendungsbereich des OTPG enger als jener des früheren § 62a KAKuG, da sich das neue Gesetz nur auf „Organe" im engeren Sinn, nicht hingegen auf Zellen und Gewebe bezieht.

Im internationalen Vergleich zeichnet sich die österreichische Regelung auch nach Inkrafttreten des OTPG immer noch durch eine *geringe Determinierungsdichte* aus; manche strittige Fragen werden nicht oder recht unbestimmt normiert und der Konkretisierung durch den „Stand der Wissenschaft" überlassen. Da Österreich weder die Biomedizinkonvention des Europarates noch das Zusatzprotokoll über die Transplantation von Organen und Geweben menschlichen Ursprungs unterzeichnet hat, ergibt sich für das nationale Transplantationsrecht auch kein erhöhter völkerrechtlicher Präzisierungsbedarf. Bemerkenswert ist außerdem, dass das OTPG (wie schon bisher das KAKuG) systematisch zum Verwaltungsrecht gehört; Zuwiderhandlungen stellen für sich genommen nur eine Verwaltungsübertretung dar, sind aber nicht gerichtlich strafbar. In bestimmten Konstellationen kann darüber hinaus allerdings der strafrechtliche Schutz des Lebens und der körperlichen Integrität (§§ 75 ff. StGB) oder der Totenruhe (§ 190 StGB) zum Tragen kommen.

Wann ist ein Mensch tot?

Nach der lapidaren Aussage des § 5 Abs. 2 OTPG darf eine Organentnahme vom Verstorbenen erst durchgeführt werden, wenn ein zur selbstständigen Berufsausübung berechtigter Arzt „den eingetretenen Tod festgestellt hat". Dieser Arzt darf weder die Entnahme noch die Transplantation durchführen. Er darf an diesen Eingriffen auch sonst nicht beteiligt oder durch sie betroffen sein.

Abgesehen von der – auf die strikte *Vermeidung von Interessenkollisionen* abzielenden – Kompetenzregel, wonach die den Tod feststellenden Ärzte in keiner Weise mit der Organentnahme oder Organtransplantation verflochten sein dürfen, enthält das OTPG also weder eine Aussage über den im Transplantationsrecht geltenden Todesbegriff und seine Kriterien noch über die Methoden der Todesfeststellung. Beides wird vom Gesetzgeber als empirische Frage eingestuft, die nach dem „Stand der medizinischen Wissenschaft" zu beurteilen ist. Dennoch – oder vielleicht gerade deshalb – besteht in Österreich weitgehend Konsens darüber, dass der Todesbegriff des Transplantationsrechts aus sachimmanenten Gründen mit dem *Hirntod* gleichzusetzen ist. Darunter wird – auch insofern in breitem Konsens seit 1982 – der irreversible Ausfall des gesamten zentralen Nervensystems verstanden. Konzepte eines (wie auch immer definierten) „Teilhirntodes" konnten sich nicht durchsetzen. Auf einer untergesetzlichen Ebene werden die obligaten (klinischen und apparativen) Methoden der Hirntoddiagnostik in einer umfassenden Richtlinie des Obersten Sanitätsrats festgelegt. Dabei handelt es sich zwar aus rechtlicher Sicht nur um Empfehlungen eines sachverständigen Beirats der Gesundheitsverwaltung ohne unmittelbare rechtliche Verbindlichkeit; da diese „Empfehlungen" aber als autoritativer Ausdruck des aktuellen Erkenntnisstandes (im Sinne eines „antizipierten Sachverständigengutachtens") gedeutet werden, haben sie eine gewisse Richtigkeitsvermutung für sich und entfalten daher (da die Ärzte berufsrechtlich an die leges artis gebunden sind) insofern zumindest mittelbar rechtliche Erheblichkeit für die Praxis.

Im Lichte dieser Empfehlungen und des darauf basierenden Todesverständnisses wäre nach den medizinischen Informationen des Beispielfalls noch nicht von einer verlässlichen Feststellung des (Hirn-)Todes auszugehen. Tiefe Bewusstlosigkeit sowie das Fehlen von Reflexen, Spontanatmung und Schmerzreaktion könnten allenfalls als klinische Hinweise betrachtet werden und weitere Zusatzuntersuchungen (insbesondere EEG) nahe legen.

Wer entscheidet über eine Organspende?

In Österreich gilt seit 1982 eine *„enge Widerspruchslösung"*, an der auch das OTPG unverändert festhält: Gemäß § 5 Abs. 1 OTPG ist es zulässig, Verstorbenen „einzelne Organe zu entnehmen, um durch deren Transplantation das Leben eines anderen

Menschen zu retten oder dessen Gesundheit wiederherzustellen. Die Beurteilung und Auswahl der Organe haben entsprechend dem Stand der medizinischen Wissenschaft zu erfolgen". Die Entnahme ist unzulässig, wenn den Ärzten „eine Erklärung vorliegt", mit der der Verstorbene oder, vor dessen Tod, sein gesetzlicher Vertreter „eine Organspende ausdrücklich abgelehnt hat." Eine Erklärung liegt jedenfalls auch vor, wenn sie in dem bei der Gesundheit Österreich GmbH geführten *Widerspruchsregister* eingetragen ist. Die Entnahme darf nicht zu einer die Pietät verletzenden Verunstaltung der Leiche führen. Die Wendung „einzelne" wird nicht als zahlenmäßige Begrenzung gedeutet; auch Multiorganentnahmen sind erlaubt.

Nach österreichischem Recht ist eine dem OTPG entsprechende Organentnahme daher (auch bei ausländischen Spendern) durch eine gesetzliche Erlaubnis gedeckt, wenn und solange kein ausdrücklicher Widerspruch vorliegt. Ob das Unterlassen des Widerspruchs Ausdruck einer konkludenten Zustimmung zur Entnahme ist (oder auf Desinteresse oder Unwissenheit beruht), spielt keine Rolle. Die gesetzliche Entnahmeerlaubnis bildet einen eigenständigen gesetzlichen Rechtfertigungsgrund im Hinblick auf das strafrechtliche Tatbild der „Entziehung von Leichenteilen" (§ 190 StGB). *Widerspruchsberechtigt* ist – vom einzigen Sonderfall der Widerspruchsberechtigung gesetzlicher Vertreter abgesehen – ausschließlich der Verstorbene selbst; der Widerspruch muss folglich noch zu Lebzeiten erklärt werden. Angehörige, die nicht zugleich gesetzliche Vertreter sind, haben kein Widerspruchsrecht; den Ärzten steht es aber rechtlich frei, die Weigerung von Angehörigen (oder von gesetzlichen Vertretern nach dem Tod) dennoch zu beachten; eine Pflicht zur Inanspruchnahme der gesetzlichen Entnahmeerlaubnis bei fehlendem Widerspruch besteht nicht. Für die Erklärung des Widerspruchs seitens des Verstorbenen bestehen keine Formvorschriften; mündliche Erklärungen reichen aus (sofern sie „ausdrücklich" sind). Das Mittel der Wahl ist die Aufnahme des Widerspruchs in ein zentrales elektronisches Widerspruchsregister (näher § 6 OTPG), zu deren Abfrage die Krankenanstalten gesetzlich verpflichtet sind (§ 7 OTPG). Ist ein Widerspruch im Widerspruchsregister eingetragen, dann ist er jedenfalls beachtlich und macht die Organentnahme unzulässig. Widersprüche außerhalb des Widerspruchsregister sind ebenfalls bindend, aber nur dann, wenn sie den Ärzten „vorliegen" (z. B. weil der Widerspruch gemäß § 10 Abs. 1 Ziff. 8 KAKuG in der Krankengeschichte dokumentiert wurde); die Ärzte sind aber nicht verpflichtet, nach sonstigen Widersprüchen außerhalb der Krankenanstalt zu suchen oder den „wahren Willen" des Verstorbenen zu ermitteln. Insofern ist die Widerspruchserklärung eine „Bringschuld" des potenziellen Organspenders.

Ob der Widerspruch an zusätzliche *Bedingungen oder Auflagen* (z. B. Beschränkung der Entnahme auf bestimmte Organe oder Verknüpfung der Entnahmezulässigkeit mit konkreten potenziellen Organempfängern) gebunden werden kann, regelt das Gesetz nicht. Eine Unterlassung des Widerspruchs zugunsten eines bestimmten Empfängers ist nach einhelliger Auffassung jedenfalls nicht möglich.

Im vorliegenden Fallbeispiel hätten die Angehörigen des Unfallopfers weder ein Widerspruchsrecht gegen die Organentnahme noch sonst eine rechtlich abgesicherte Einflussmöglichkeit auf die Organentnahme als solche oder auf die Organzuteilung entnommener Organe an den Bruder des Patienten. Den Ärzten wäre es aber im Rahmen der Gesetze nicht verwehrt, dem Willen der Angehörigen nach Möglichkeit entgegenzukommen.

Wie sind Organe zuzuteilen?

Auch für die Zuteilung der Organe an die Empfänger finden sich im OTPG keine näheren (materiellen oder prozeduralen) Vorgaben. § 10 Ziff. 4 OTPG sieht lediglich eine (geplante) Veröffentlichung von „wissenschaftlichen Empfehlungen für alle Phasen von der Spende bis zur Transplantation" durch die „Gesundheit Österreich GmbH" vor, die unter anderem *Verfahrensanweisungen* hinsichtlich „der Regeln für die Zuteilung von Organen" zu enthalten haben. Diese Regeln müssen „dem Stand der medizinischen Wissenschaft, insbesondere nach Erfolgsaussicht und Dringlichkeit für geeignete Patientinnen/Patienten" entsprechen und sind „unter Berücksichtigung der Kriterien der Stiftung Eurotransplant International" zu formulieren. Eine normative Bindungswirkung kommt diesen „Verfahrensanweisungen" – einschließlich der darin zu „berücksichtigenden" Kriterien von Eurotransplant – nicht zu, und soweit ihr Inhalt über empirisch-wissenschaftlich begründbare Aussagen hinausgeht, wird ihnen auch keine mittelbare normative Kraft (im Umweg über die Bindung an den „Stand der Wissenschaft") zukommen. Vor dem Hintergrund allgemeiner verfassungsrechtlicher und berufsrechtlicher Verbürgungen muss aber davon ausgegangen werden, dass die Zuteilungsentscheidung zumindest willkür- und diskriminierungsfrei sowie unter Anwendung sachlicher Kriterien zu erfolgen hat. Innerhalb dieses weitmaschigen Rahmens besteht ein breites ärztliches *Auswahlermessen*, das in letzter Konsequenz von den leitenden Organen der befassten Krankenanstalten auszuüben ist.

Literatur und Materialien

Ad Hoc Committee (1968) A definition of irreversible coma. Report of the Ad Hoc Committee of the Harvard Medical School to Examine the Definition of Brain Death. JAMA 205(6):337 – 340

Aigner G (2008) Organersatz – Ökonomie und Allokation. RdM15:100 – 105

Bernat JL (1992) How much of the brain must die in brain death? J Clin Ethics3(1):21 – 26

Bernat JL (1998) A defense of the whole-brain concept of death. Hastings Cent Rep. 28(2):14 – 23

Bernat JL (2002) Refinements in the definition and criterion of death. In: Youngner SJ, Arnold RM, Schapiro R (Hrsg.) The definition of death – contemporary controversies. Johns Hopkins University Press, Baltimore, S. 83 – 92

Botschaft des Bundesrates vom 12. September 2001 zum Bundesgesetz über die Transplantation von Organen, Geweben und Zellen (Transplantationsgesetz). BBl 2002, 29

Dujmovits E (2013) Organtransplantation. In: Aigner G, Kletecka A, Kletecka-Pulker M, Memmer M (Hrsg.) Handbuch Medizinrecht, Loseblattausgabe. Manz, Wien, I.21

Gächter T, Rütsche B (2013) Gesundheitsrecht, 3. Aufl. Helbing Lichtenhahn, Basel

Guillod O, Dumoulin JF (1999) Définition de la mort et prélèvement d'organes – aspects constitutionnels, Rechtsgutachten zuhanden des Bundesamtes für Gesundheit. Neuenburg

Guillod O, Steffen G (2006) Attribution d'organes en médecine de transplantation: Le choix préalable de la personne d'être donneur d'organes est-il un critère juridiquement admissible?, Rechtsgutachten zuhanden des Bundesamtes für Gesundheit. Neuenburg

Guillod O, Mader M (2010) Vorbereitende medizinische Massnahmen im Hinblick auf eine Organentnahme, Rechtsgutachten zuhanden des Bundesamtes für Gesundheit. Neuenburg

Hoff J, In der Schmitten J (1995) Kritik der „Hirntod"-Konzeption. In: Hoff J, In der Schmitten J (Hrsg.) Wann ist der Mensch tot? Organverpflanzung und „Hirntod"-Kriterium. Rowohlt, Reinbek bei Hamburg, S. 153–252

Höfling W (2007) Verteilungsgerechtigkeit in der Transplantationsmedizin? Juristenzeitung:481–486

Jonas H (1987) Gehirntod und menschliche Organbank: Zur pragmatischen Umdefinierung des Todes. In: Jonas H (Hrsg.) Technik, Medizin und Ethik. Zur Praxis des Prinzips Verantwortung. Suhrkamp, Frankfurt am Main, S. 219–241

Kalitzkus V (2009) Dein Tod, mein Leben. Suhrkamp, Frankfurt am Main

Kant I (1961) Grundlegung zur Metaphysik der Sitten. In: Valentiner T (Hrsg.) Reclam, Stuttgart

Kopetzki C (1995) Rechtliche Voraussetzungen der Hirntodbestimmung. In: Schwarz G, Kröll W, List WF (Hrsg.) Schädel-Hirn-Trauma/Hirntod. Maudrich, Wien, München, Bern, S. 231–238

Kopetzki C (1998) Organgewinnung zu Zwecken der Transplantation. Eine systematische Analyse des geltenden Rechts. Springer, Wien

Laureys S, Owen AM, Schiff ND (2004) Brain function in coma, vegetative state, and related disorders. Lancet Neurology 3(9):537–546

Mader M (2010) Le don d'organes entre gratuité et modèles de récompense: quels instruments étatiques face à la pénurie d'organes? Helbing Lichtenhahn, Basel

Miller FG, Truog RD (2008) Rethinking the ethics of vital organ donation. Hastings Cent Rep. 38 (6):38–46

National Health Services (2012) Brain death. National Health Services, London. http://www.nhs.uk/conditions/Brain-death/Pages/Introduction.aspx. Zugegriffen: 4. Sept. 2013

Oberster Sanitätsrat (2006) Empfehlungen zur Durchführung der Hirntoddiagnostik vom 17.12.2005. In: Mitteilungen der österreichischen Sanitätsverwaltung 3:3–17

Robertson JA (1999) The dead donor rule. Hastings Cent Rep 29(6):6–14

SAMW (2011) Feststellung des Todes mit Bezug auf Organtransplantationen. Medizin-ethische Richtlinien. SAMW

Schott M (2001) Patientenauswahl und Organallokation. Helbing Lichtenhahn, Basel

Shewmon AD (1998) Chronic "brain death": Meta-analysis and conceptual consequences. Neurology 51(6):1538–1545

Shewmon AD (2001) The brain and somatic integration: insights into the standard biological rationale for equating "brain death" with death. J Med Philos 26(5):457–478

Snell GI, Levvey BJ, Williams TJ (2004) Non-heart beating organ donation. Intern Med J 34 (8):501–503

Spranger TM (2012) Transplantationsgesetz, Entscheidungslösung neu etabliert. Sozialrecht und Praxis 22(7):411–415

Truog RD (2007) Brain death – too flawed to endure, too ingrained to abandon. J Law Med Ethics 35(2):273–281

Veatch RM (1975) The whole-brain-oriented concept of death: an outmoded philosophical formulation. J Thanatol 3(1):13–30

Wissenschaftlicher Beirat der Bundesärztekammer (1998) Richtlinien zur Feststellung des Hirntodes, 3. Fortschreibung 1997 mit Ergänzungen gemäß Transplantationsgesetz (TPG). Berlin. http://www.baek.de/page.asp?his=0.7.45.3252#Def. Zugegriffen: 4. Sept. 2013

Paul Hoff

8 Zwangsmaßnahmen in der Psychiatrie

Fallbeispiel

Frau P., 21 Jahre verheiratet, litt seit ihrer Jugendzeit an einer bipolaren Erkrankung und befand sich jahrelang in psychiatrisch-psychotherapeutischer Behandlung. Im Herbst 2008 kam es zu einer schweren depressiven Episode. Die Psychiaterin machte sich vor allem wegen der in dieser Ausprägung noch nie aufgetretenen Suizidalität große Sorgen. Die Suizidgedanken wurden derart drängend, dass die Psychiaterin Frau P. – gegen ihren Willen – in eine Klinik einweisen ließ. Die zuständige Ärztin in der Klinik bestätigte das akute Suizidrisiko und befürwortete aufgrund dessen eine 1:1-Betreuung, wonach die Patientin eine ausschließlich für sie zuständige Pflegeperson zugewiesen erhält, die ihr nicht von der Seite weicht. Frau P. und ihr Ehemann hingegen befürchteten durch die aufgezwungene ständige Beobachtung und Nähe eine Verschärfung der psychischen Erkrankung. Die depressive Symptomatik klang nach einigen Wochen Klinikaufenthalt weitgehend ab, weshalb Frau P. aus der Klinik entlassen werden konnte. In den folgenden Jahren kam es zu keinen weiteren Rückfällen.

Nun erfährt Frau P. von einer Freundin, dass ihr Mann seit mindestens einem Jahr eine außereheliche Beziehung pflegt. Diese Hiobsbotschaft trifft sie hart. Nach einigen Tagen bricht sie zusammen und macht zunehmend konkrete Suizidäußerungen. Es folgt ein freiwilliger Klinikeintritt. Auf der Station wird die Patientin als akut suizidal eingeschätzt. Noch bevor eine detaillierte Besprechung über die Behandlung stattfinden kann, wünscht Frau P. völlig unerwartet den sofortigen und bedingungslosen Klinikaustritt. Sie sei freiwillig eingetreten, dies müsse schließlich auch für den Austritt gelten.

8.1 Problemfelder

Das Fallbeispiel berührt die Problematik von Zwangsmaßnahmen zum Schutz von Personen mit psychischen Erkrankungen. Zunächst stellt sich die Frage, ob und unter welchen Voraussetzungen es überhaupt gerechtfertigt sein kann, Personen gegen ihren Willen zu Behandlungszwecken in eine Klinik einzuweisen. Weiter fragt sich, ob es zulässig und zweckmäßig ist, medizinische und psychotherapeutische Maßnahmen auch ohne Zustimmung der betroffenen Personen durchzuführen. Schließlich wirft das Fallbeispiel die Frage auf, ob Personen, die freiwillig in eine Klinik eintreten, dort unter Umständen gegen ihren Willen zurückbehalten werden dürfen.

Zwangseinweisung in eine psychiatrische Klinik

Nur schon ein Blick auf die wenige Jahrzehnte zurückliegende Geschichte missbräuchlicher Unterbringungen und Verwahrungen (vermeintlich) psychischer kranker Personen macht deutlich, dass bei Zwangsmaßnahmen gegenüber solchen Personen größte Vorsicht geboten ist. Nimmt man die Prinzipien der Autonomie und Selbstverantwortung zum Maßstab, ist es an sich nicht angebracht, urteilsfähige Personen ohne deren Zustimmung zum Schutz vor sich selber zwecks Behandlung in eine Klinik einzuweisen. Man könnte sich auf den Standpunkt stellen, dass solche paternalistischen Akte nicht zu rechtfertigen sind.

Allerdings ist zu bedenken, dass trotz grundsätzlich vorhandener Urteilsfähigkeit Menschen aufgrund einer psychischen Störung oder Erkrankung unter Umständen nicht erkennen können, dass sie sich selber ernsthaft gefährden, oder gegenüber dieser Tatsache indifferent sind. Psychische Krankheiten können dergestalt sein, dass sie die Einsichtsfähigkeit in die eigene Schutzbedürftigkeit beeinträchtigen, das Urteilsvermögen aber prinzipiell intakt lassen. So kann eine Person durchaus eine therapeutisch gut stabilisierte schizophrene Psychose haben und keine oder nur unwesentliche Einschränkungen ihrer Handlungsfähigkeit aufweisen. Nach einer erfolgreichen stationären Therapie sind die betroffenen Personen nicht selten dankbar, dass eine Einweisung in die Klinik erfolgte, auch wenn sie ohne Zustimmung angeordnet wurde.

Zwangseinweisungen psychisch kranker Personen in Institutionen spielen sich damit in einem komplexen Spannungsfeld zwischen Selbstbestimmung, zweifelhafter Urteils- und Einsichtsfähigkeit, unsicherer Diagnose sowie dem Schutz von Leben und Integrität ab. Hinzu kommen allfällige Belastungen von Angehörigen und anderen Drittpersonen, welche beim Entscheid über eine Klinikeinweisung eine Rolle spielen.

Behandlung ohne Zustimmung des Patienten

Für medizinische Eingriffe gilt der Grundsatz des *informed consent*, d. h. die betroffene Person oder ihr Stellvertreter muss über alle wesentlichen Punkte des bevorstehenden Eingriffs aufgeklärt werden und in diesen vorgängig einwilligen (vgl. Fallbeispiel 2). Wenn eine hinreichend aufgeklärte, urteilsfähige Person einen Eingriff ablehnt, muss dieser Eingriff unterbleiben, selbst wenn er dringend ist und allenfalls sogar lebensrettend wäre. Medizinische Zwangsbehandlungen, d. h. Behandlungen ohne oder gegen den Willen der betroffenen Person, können ausnahmsweise zulässig sein, um unmittelbar bedrohte Integritätsinteressen von Dritten zu schützen. Ein Beispiel ist die Anordnung von Zwangsimpfungen als ultima ratio im Fall einer sich rasch ausbreitenden Epidemie mit schweren Folgen.

Ist es auch legitim, Personen zum Schutz vor Selbstgefährdung, etwa akut suizidgefährdete Personen, zwangsweise zu behandeln? Falls dies grundsätzlich bejaht wird: Bedarf es für eine Zwangsbehandlung des Vorliegens einer klar psychotischen Erkrankung, etwa eines Deliriums oder einer akuten Psychose? Oder kann ein zwangsweiser Eingriff auch im Fall einer schweren, aber reaktiven und verstehbaren psychischen Reaktion auf ein massiv belastendes Ereignis ethisch vertretbar sein? Falls für eine Zwangsmaßnahme eine psychiatrische Diagnose vorausgesetzt wird: Genügt diese, oder ist darüber hinaus erforderlich, dass Autonomie und Urteilsfähigkeit der betroffenen Person beeinträchtigt sind? Und lässt sich überhaupt zuverlässig abzuschätzen, wann eine so markante krankheitsbedingte Einschränkung der Autonomie vorliegt, dass Zwangsmaßnahmen vertretbar oder sogar geboten sind?

Zurückbehaltung einer freiwillig eingetretenen Person

Die Zurückbehaltung freiwillig in eine Klinik eingetretener Personen wirft ähnliche Fragen auf wie die Zwangseinweisung in eine Klinik. In beiden Fällen geht es um den Entzug der Bewegungsfreiheit zum Schutz von Leben und Integrität der betroffenen Person. Bei der zwangsweisen Zurückbehaltung kommen aber noch zusätzliche Aspekte ins Spiel: Zum einen muss die Frage gestellt werden, was der ärztlich erzwungene Rückbehalt eines freiwillig in die Klinik eingetretenen Patienten für die zukünftige therapeutische Beziehung bedeutet. Während im Fall einer Zwangseinweisung die Therapie von Anfang an unter schwierigen Voraussetzungen stand, wird im Fall einer zwangsweisen Zurückbehaltung riskiert, dass eine Arzt-Patienten-Beziehung zerstört wird, die anfänglich vielleicht mehr oder weniger funktionierte oder gar auf einem Vertrauensverhältnis beruhte. Zum anderen ist nicht gänzlich von der Hand zu weisen, dass die Gefahr, in einer Klinik gegen den eigenen Willen zurückbehalten zu werden, Patienten vermehrt von freiwilligen Klinikeintritten abhalten könnte.

8.2 Ethische Beurteilung

Die Anwendung von Druck und Zwang im Rahmen einer psychiatrischen Behandlung ist nicht nur ein heikles, sondern auch ein sehr facettenreiches Thema (Rössler und Hoff 2005). Das gesamte Feld reicht von der mit Nachdruck erfolgten Überredung zum Klinikeintritt über die Behandlung auf einer geschlossenen Station auf freiwilliger Basis, die 1:1-Betreuung auf der Station, die Zwangseinweisung in eine psychiatrische Klinik bzw. den Rückbehalt nach zunächst freiwilligem Eintritt bis hin zu Zwangsmedikation, Isolierung und Fixierung. Im vorliegenden Fall kommen drei dieser Maßnahmen zur Anwendung: Zwangseinweisung, stationäre 1:1-Betreuung sowie Zurückbehaltung einer freiwillig eingetretenen Person.

Zwangseinweisung in eine psychiatrische Klinik

Unter welchen Voraussetzungen eine schutzbedürftige Person gegen oder ohne ihren Willen in eine psychiatrische Klinik eingewiesen werden darf, ist im geltenden Recht abschließend geregelt (vgl. unten die Rechtslage in der Schweiz, in Deutschland und in Österreich). Vom Recht zumindest nicht explizit erfasst sind hingegen jene Situationen, in denen psychisch kranke Personen von Angehörigen oder betreuenden Ärzte bzw. Psychotherapeuten zu einem Klinikeintritt *überredet* bzw. *gedrängt* werden und in der Folge dem Eintritt „freiwillig“ zustimmen.

Der Übergang vom inhaltlich überzeugenden Argument über die bloße Überredung bis hin zur offenen oder versteckten Manipulation ist fließend. Diese Facetten menschlicher Kommunikation sind allgegenwärtig und haben primär nichts mit der psychiatrischen Behandlungssituation zu tun. Sie werden aber dann zum ethischen Problem, wenn eine psychisch kranke Person *im Kontext ihrer Erkrankung* leichter beeinflussbar ist (Szmukler 1999; Vollmann 1997). Sollte ein Angehöriger oder Therapeut, ohne es zu thematisieren, diese besondere Vulnerabilität gezielt ausnutzen, um bei der betroffenen Person ein von Dritten gewünschtes Verhalten (z. B. eine Medikamenteneinnahme) herbeizuführen, so läge ein manipulatives, missbräuchliches Verhalten vor. Doch darf man hier mit Blick auf die Komplexität und individuelle Ausgestaltung jeder einzelnen psychiatrischen Entscheidsituation das Kind nicht mit dem Bade ausschütten: So ist es in zugespitzten Situationen einer psychotischen Erkrankung mit einem absehbar notwendig werdenden Klinikeintritt für Angehörige wie für Fachpersonen möglich und ethisch vertretbar, dem Patienten die Lage und die empfohlenen Maßnahmen deutlich aufzuzeigen und insoweit Druck auszuüben. Dies ist aber auf die jeweilige psychische Befindlichkeit des Patienten auszurichten und mit ihm ausführlich zu besprechen. Im Falle eines erforderlichen Klinikeintritts muss das Behandlungsteam der aufnehmenden Station über die Art der Kommunikation im Vorfeld möglichst präzise informiert werden.

1:1-Betreuung

Von den drei hier diskutierten Maßnahmen ist die *stationäre 1:1-Betreuung* eine besonders heikle. Zwar sind das potenzielle Missbrauchsrisiko im Falle der manipulativ getönten Überredung sowie die eklatante Einschränkung von Freiheitsrechten beim erzwungenen Verbleiben in einer Klinik ebenfalls evident. Doch sind gerade bei der 1:1-Betreuung die Grenzen zwischen intensiver Fürsorge und Nähe einerseits und massiv einschränkender Kontrolle und Überwachung andererseits fließend und oft kaum erkennbar. Dieser Aspekt spielt in den angespannten klinischen Entscheidsituationen, die hier vorliegen, selten eine wesentliche Rolle.

Bei Frau P. erschien der Entscheid zur Etablierung einer 1:1-Betreuung wegen des markant suizidalen Zustandsbildes und damit zur Verhinderung gravierender Schäden geboten. Sie stimmte trotz einiger Bedenken schliesslich zu. Ebenso klar ist aber der Anspruch der betroffenen Person, spätestens im Rahmen einer Besprechung nach dem Ende der Maßnahme detailliert über die Gründe für die Anordnung *informiert* zu werden. Dabei sind die verschiedenen Alternativen, also der Ermessensspielraum, den das Behandlungsteam immer hat, sowie die Pro- und Contra-Argumente zu der letztlich getroffenen Entscheidung explizit zu benennen. Selbstverständlich muss die Patientenperspektive ein wesentlicher Bestandteil einer solchen Besprechung sein, und zwar sowohl retrospektiv (wie erlebte die Person die Maßnahme?) als auch aktuell (wie sieht die Person die Maßnahme im Nachhinein?).

Zurückbehaltung einer freiwillig eingetretenen Person

Es gibt Patienten, die den Rückbehalt in der Klinik nach einem freiwilligen Eintritt als belastender und kränkender erleben als eine zwangsweise Einlieferung im Rahmen einer fürsorgerischen Unterbringung. Dies hat damit zu tun, dass im Falle der Zwangseinweisung eine *externe Person* den Entscheid trifft, wohingegen der aufnehmende Klinikarzt diesen zwar zunächst umsetzen muss, aber eben nicht direkt an ihm beteiligt war. Das gibt beiden Beteiligten – dem eingewiesenen Patienten und dem Arzt – die Möglichkeit, die Situation trotz des objektiv bestehenden Machtgefälles in kooperativer Weise zu besprechen. Im günstigsten Fall, der erfreulicherweise nicht selten ist, wird es zu einem für beide Seiten akzeptablen Kompromiss kommen, etwa im Sinne des freiwilligen Verbleibs des Patienten in der Klinik mindestens bis zum Abklingen der akuten Krise, die zur Einweisung geführt hatte. Es ist zweifellos eine besonders anspruchsvolle und nicht immer lösbare Aufgabe, zu Patienten, die sich unfreiwillig in der Klinik befinden, eine tragfähige therapeutische Beziehung aufzubauen.

Im Fall der Frau P. mit ihrem dezidierten Austrittswunsch bei bestehender Suizidalität gab es zwei denkbare Szenarien:

1. Der Austrittswunsch wird unter Hinweis auf das depressiv-suizidale Syndrom abgewiesen, es wird also ein Rückbehalt ausgesprochen. Das „Übel", das dabei in Kauf genommen wird, ist der Freiheitsentzug. Für diese Option hat sich, wie beschrieben, die Klinik entschieden.

2. Der Arzt lässt sich von der klar formulierten Auffassung der Patientin überzeugen. Im Kern besagt diese Position, der verzweifelte und suizidale Zustand der Patientin sei gerade *kein* Rückfall in die Langem bekannte bipolare, in diesem Fall depressive Erkrankung. Vielmehr handele es sich um eine verständliche, wenn nicht sogar angemessene Antwort auf eine extrem belastende, enttäuschende und die gesamte Lebensperspektive infrage stellende Situation. Wie eine Person mit derartigen Dingen umgehe, sei ihr überlassen. Es habe nichts mit Krankheit zu tun, sondern mit persönlicher Lebensführung. Das „Übel", welches der Arzt bei der Übernahme dieser Position in Kauf nimmt, ist ein Suizidversuch oder gar der Suizid der Patientin kurz nach dem von ihr erzwungenen Klinikaustritt.

Nun ist die Abgrenzung von untypischem oder auffälligem Verhalten einerseits und Krankheitssymptomen mit Behandlungsbedürftigkeit andererseits ein heikles Thema in der Psychiatrie – und gleichwohl ein alltägliches. Suizidalität ist in unserem heutigen (westlichen) Menschenbild *keineswegs automatisch* ein Zeichen von Krankheit (Hoff und Venzlaff 2009). Auch ist nicht jede traurige Verstimmung eine behandlungsbedürftige Depression, nicht jeder heftige Erregungszustand ein hinreichender Grund für eine Klinikeinweisung. Es braucht zur Beurteilung die sorgfältige psychopathologische Untersuchung durch eine fachkundige Person, die – allenfalls gemeinsam mit einem Behandlungsteam – abstrakte medizinische und ethische

Maximen in verantwortlicher Weise auf den Einzelfall anwendet, Argumente abwägt – und entscheidet.

Aus psychiatriekritischer Perspektive ist einzuwenden, im Zweifel werde der Patientenwunsch eben doch regelhaft geringer gewichtet als die ärztliche Position. Oder, ein weiterer Kritikpunkt, die Ärzte handelten in derartigen Entscheidsituationen so restriktiv wie möglich, aber nicht so sehr, um der betroffenen Person zu helfen, sondern um sich selbst vor Vorwürfen zu schützen, sollte es etwa nach einer vom Patienten durchgesetzten Entlassung doch zu einer suizidalen Handlung kommen. Eine solche Skepsis ist gut nachvollziehbar. Gleichwohl sollte man sich vergegenwärtigen, dass in Situationen, wie sie auch in der Behandlung von Frau P. auftraten, nicht „einfach so" entschieden wird. Vielmehr liegen stets komplexe und für die betroffene Person wie für die an der Behandlung beteiligten Fachpersonen belastende Spannungsfelder vor. Selbstverständlich geht es dabei auch um die Frage, was denn passiere, wenn die Person sich nach einem Austritt etwas antue, ob dann mit Vorwürfen und rechtlichen Schritten seitens der Angehörigen zu rechnen sei. Aber es geht noch um viel mehr: Um die Autonomiefrage, um die Definition und Bewertung von Suizidalität, um die Frage, ob nicht – so paradox es klingen mag – eine suizidale Person gar einen *Anspruch* darauf habe, entgegen ihrer Willensbekundung zurückgehalten zu werden, *sofern* ihre Bewertungs- und Handlungsspielräume aufgrund des vorliegenden psychischen Zustandes markant eingeschränkt seien.

In diesem Fall fiel der Entscheid, die Patientin zurückzubehalten, aufgrund des aktuellen psychopathologischen Befundes, der ein agitiert-depressives und suizidales Zustandsbild beschrieb, das von der erlebten Kränkung durch den Ehemann ausgelöst war. Der Ausprägungsgrad des depressiven Syndroms, die gedankliche Einengung auf wenige Themen, die wieder aufflackernden Selbstvorwürfe, letztlich doch alles selbst herbeigeführt und verschuldet zu haben, führten zu folgender Schlussfolgerung: Der zum Zeitpunkt des Austrittswunsches vorliegende Zustand war zwar weniger als erneute depressive Phase der bekannten bipolaren Erkrankung, sondern als Reaktion auf das massiv belastende Lebensereignis zu verstehen. Gleichwohl imponierte ein derart gravierendes depressives Zustandsbild, dass Selbstwahrnehmung, Werthaltungen und Entscheidkompetenz der Patientin vergleichbar, wenn nicht sogar stärker beeinträchtigt waren als in der erst kurz zurückliegenden psychotisch-depressiven Episode, der keine äußere Belastung vorangegangen war.

Nicht die Frage, ob das depressive Syndrom als reaktiv oder als psychotisch (früher: endogen) einzuordnen ist, gibt den Ausschlag. Entscheidend sind vielmehr zum einen der klinische Schweregrad (quantitative Ebene) und zum anderen qualitative Beeinträchtigungen komplexer psychischer Funktionen wie etwa die Handlungsplanung unter Anwendung der für das Individuum charakteristischen Werthaltungen.

8.3 Rechtliche Beurteilung

8.3.1 Schweizerisches Recht

Bernhard Rütsche, Nadja D'Amico

Nach altem Recht war die Unterbringung psychisch kranker Personen gegen oder ohne ihren Willen zur Behandlung und Betreuung in einer Einrichtung durch das Institut der fürsorgerischen Freiheitsentziehung (FFE) geregelt. Am 1. Januar 2013 ist das neue Erwachsenschutzrecht in Kraft getreten, welches die Zwangseinweisung neu als *fürsorgerische Unterbringung (FU)* bezeichnet. Der Bedarf an persönlicher Fürsorge unterscheidet die FU von anderen Zwangsunterbringungen, wie etwa stationäre therapeutische Maßnahmen gegenüber psychisch schwer gestörten Straftätern, welche der Verhinderung künftiger Straftaten dienen (vgl. Art. 59 ff. StGB sowie Guillod 2013: Art. 426, Rn. 57).

Zwangseinweisung in eine psychiatrische Klinik

Die fürsorgerische Unterbringung ist eine freiheitsbeschränkende Maßnahme und kommt deshalb nur als *ultima ratio* in Frage. Sie untersteht strengen Voraussetzungen, welche in Art. 426 Abs. 1 ZGB geregelt sind. Danach darf eine Person, die an einer psychischen Störung oder geistigen Behinderung leidet oder schwer verwahrlost ist, in einer geeigneten Einrichtung untergebracht werden, wenn die nötige Behandlung oder Betreuung nicht anders erfolgen kann. Die fürsorgerische Unterbringung darf nur solange dauern, als diese Voraussetzungen erfüllt sind, andernfalls ist die betroffene Person aus der Einrichtung zu entlassen (Art. 426 Abs. 3 ZGB). Die Anordnung der Unterbringung erfolgt durch die Erwachsenenschutzbehörde (vgl. Art. 428 Abs. 1 ZGB) oder durch einen Arzt bzw. eine Ärztin, welche das kantonale Recht für zuständig erklärt (vgl. Art. 429 Abs. 1 ZGB).

Ein Schwächezustand allein rechtfertigt die Anordnung einer fürsorgerischen Unterbringung noch nicht. Vielmehr ist eine *psychische Störung, geistige Behinderung oder schwere Verwahrlosung* vorausgesetzt. Als *psychische Störungen* im Sinne des Gesetzes gelten die anerkannten Krankheitsbilder der Psychiatrie, Demenz sowie Suchtkrankheiten (siehe BBl 2006 7043).

Dem *Verhältnismäßigkeitsgrundsatz* kommt beim Unterbringungsentscheid große Bedeutung zu. Die FU muss zur Zielerreichung geeignet sein, und es darf kein milderes Mittel zur Verfügung stehen. Dies schließt die Behandlungs- oder Betreuungsbedürftigkeit der betroffenen Person und das Vorhandensein einer geeigneten Einrichtung mit ein. Das Gesetz sieht vor, dass die Belastung und der Schutz von Angehörigen und Dritten in die Interessenabwägung miteinzubeziehen ist (vgl. Art. 426 Abs. 2 ZGB) – jedoch dürfen solche Drittinteressen allein für den Unterbringungsentscheid nicht ausschlaggebend sein (BBl 2006 7062 f.; vgl. aber neuerdings BGE 138 III 593, wo das

Bundesgericht die Anordnung der altrechtlichen fürsorgerischen Freiheitsentziehung wegen Fremdgefährdung schützte).

Die Einweisung von Frau P. in die psychiatrische Klinik im Jahr 2008 erfolgte gegen ihren Willen, aber zu ihrem eigenen Schutz. Frau P. litt zu diesem Zeitpunkt an einer schweren Depression, welche einen starken Suizidwunsch auslöste. Die regelmäßige Psychotherapie versprach keine Besserung und die behandelnde Psychiaterin sah keine mildere Maßnahme als die Einweisung in eine psychiatrische Klinik. Insoweit ist die Anordnung der FU – unter Vorbehalt der Einhaltung von Art. 429 f. ZGB – rechtmäßig erfolgt.

Behandlung ohne Zustimmung des Patienten

Ist eine Person zur Behandlung einer psychischen Störung in eine Klinik eingewiesen worden, erstellt der behandelnde Arzt unter Beizug der betroffenen Person und gegebenenfalls ihrer Vertrauensperson einen schriftlichen Behandlungsplan. Die Behandlung wird gemäß Plan durchgeführt, sofern der Patient diesem nach gehöriger Aufklärung zugestimmt hat (vgl. Art. 433 ZGB). Das schweizerische Zivilgesetzbuch lässt aber ohne Zustimmung der betroffenen Person die Anordnung gewisser Maßnahmen unter strengen Voraussetzungen zu (siehe betreffend medizinische Maßnahmen Art. 434 ZGB, betreffend Maßnahmen zur Einschränkung der Bewegungsfreiheit Art. 438 i.V.m. Art. 383 ff. ZGB). Als Grundbedingung für solche „Zwangsmaßnahmen" verlangt indessen der Gesetzgeber, dass die betroffene Person *hinsichtlich der Frage der Notwendigkeit der Maßnahme urteilsunfähig* ist (vgl. Art. 434 Abs. 1 Ziff. 2 und Art. 438 i.V.m. Art. 383 Abs. 1 ZGB). Der Person muss es also an der Fähigkeit fehlen, die Notwendigkeit einer Behandlung einzusehen. Nicht zu verkennen ist dabei die Gefahr, dass Ärztinnen und Ärzte von der Notwendigkeit der Maßnahme auf die Urteilsunfähigkeit schließen, wenn ein Patient die Einwilligung in die Behandlung verweigert.

Die im Sachverhalt beschriebene 1:1-Betreuung (ständige Begleitung und Überwachung) ist derart intensiv, dass die persönlichen Freiheit (Art. 10 Abs. 2 BV), insbesondere die Bewegungsfreiheit von Frau P., beschnitten wird. Sofern die betroffene Person einer *Maßnahme zur Beschränkung der Bewegungsfreiheit* nicht freiwillig zustimmt, darf diese nur unter den Voraussetzungen von Art. 438 i.V.m. Art. 383 ff. ZGB angeordnet werden. Demnach ist vorausgesetzt, dass weniger einschneidende Maßnahmen nicht ausreichen oder von vornherein als ungenügend erscheinen und die Maßnahme dazu dient, eine ernsthafte Gefahr für das Leben oder die körperliche Integrität der betroffenen Person oder Dritter abzuwenden oder eine schwerwiegende Störung des Gemeinschaftslebens zu beseitigen (Art. 383 Abs. 1 ZGB). Vor Durchführung der Maßnahme ist der betroffenen Person zu erklären, was geschieht, weshalb die Maßnahme angeordnet wurde, wie lange sie voraussichtlich dauern wird und wer sich während dieser Zeit um sie kümmert (Art. 383 Abs. 2 ZGB). Die Einschränkung der Bewegungsfreiheit wird so bald wie möglich wieder aufgehoben und regelmäßig auf ihre Berechtigung hin überprüft (Art. 383 Abs. 3 ZGB). Wie die fürsorgerische Unterbringung selber ist die Maßnahme somit immer ultima ratio und hat verhältnismäßig zu sein.

Vorliegend wurde die 1:1-Betreuung eingesetzt, weil Frau P. als akut suizidal eingeschätzt wurde. Die Maßnahme soll einen allfälligen *Suizidversuch verhindern*, d. h. „eine ernsthafte Gefahr für das Leben" abwenden. Insofern wären die gesetzlichen Voraussetzungen für eine Anordnung der Maßnahme ohne Zustimmung von Frau P. erfüllt gewesen. Zusätzlich hätte die verantwortliche Ärztin mit Blick auf eine Anordnung der Maßnahme überprüfen müssen, ob alternative Maßnahmen, die gleichermaßen ihren Zweck erfüllen, jedoch weniger einschneidend sind, in Frage kommen und ob Frau P. hinsichtlich der zur Diskussion stehenden Maßnahme urteilsunfähig ist. Während der Dauer einer – bei Urteilsunfähigkeit – allfällig angeordneten Maßnahme hätte Frau P. jederzeit schriftlich das Gericht anrufen können, um sich dagegen zur Wehr zu setzen (siehe Art. 439 Abs. 1 Ziff. 5 und Abs. 2 ZGB).

Zurückbehaltung einer freiwillig eingetretenen Person

Als Grundsatz gilt, dass ein freiwillig eintretender Patient die Einrichtung jederzeit verlassen kann (BBl 2006 7064). Eine Zurückbehaltung ohne oder gegen den Willen solcher Personen ist nach neuem Erwachsenenschutzrecht nur ausnahmsweise unter den restriktiven Voraussetzungen nach Art. 427 ZGB möglich. Danach kann eine Person, die an einer psychischen Störung leidet und freiwillig in eine Einrichtung eingetreten ist, von der ärztlichen Leitung der Einrichtung nur zurückbehalten werden, sofern die Person sich selbst oder Dritte an Leib und Leben (ernsthaft) gefährdet (Art. 427 Abs. 1 ZGB). Vorausgesetzt wird also zweierlei: Die Person leidet an einer *psychischen Störung*, und es besteht eine *ernste Selbst- oder Fremdgefährdung*. Liegen diese Voraussetzungen nicht vor, scheint aber eine fürsorgerische Unterbringung angebracht, kann dies der Erwachsenenschutzbehörde oder einem zuständigen Arzt angezeigt werden.

Eine Zurückbehaltung durch die ärztliche Leitung der Einrichtung ist laut Gesetz maximal für *drei Tage* möglich. Nach Ablauf dieser Dreitagefrist muss ein vollstreckbarer Unterbringungsentscheid vorliegen (vgl. Art. 427 Abs. 2 ZGB), andernfalls kann die betroffene Person die Einrichtung freiwillig verlassen.

Die Voraussetzung der Selbstgefährdung ist bei Frau P. offensichtlich gegeben. Jedoch ist die Ursache der aktuellen Suizidabsicht prima vista eine Ehekrise. Ist diese tatsächlich unabhängig von der bipolaren Erkrankung bzw. einer psychischen Störung, sind die Voraussetzungen für eine Zurückbehaltung in der Klinik nicht erfüllt. Entlasst die Klinikleitung Frau P. trotzdem nicht aus der Klinik, kann sie diesen Entscheid und gleichzeitig einen allfälligen Unterbringungsentscheid beim Gericht anfechten (vgl. Art. 439 und 450 ZGB).

8.3.2 Deutsches Recht

Tade Matthias Spranger

Die Behandlung psychisch Kranker stellt in Deutschland Landesrecht dar. Mittlerweile haben alle Bundesländer entsprechende Gesetze zum Umgang mit psychisch Kranken erlassen (vgl. etwa Gesetz über Hilfen und Schutzmaßnahmen bei psychischen Krankheiten (PsychKG) des Landes NW vom 17. Dezember 1999; Gesetz über die Unterbringung psychisch Kranker und deren Betreuung (Unterbringungsgesetz – UnterbrG) des Landes Bayern vom 5. April 1992 sowie Psychischkrankengesetz (PsychKG) des Landes Berlin vom 1. Oktober 2011). In Nordrhein-Westfalen, dessen Rechtslage im Folgenden beispielhaft dargestellt werden soll, ist der Umgang mit psychisch Kranken in dem Gesetz über Hilfen und Schutzmaßnahmen bei psychischen Krankheiten (PsychKG NW) geregelt. Das Betreuungsrecht ist hingegen in §§ 1773–1895 des Bürgerlichen Gesetzbuches (BGB) geregelt. Hinsichtlich der Unterbringung eines Betreuten in einem psychiatrischen Krankenhaus ist insbesondere § 1906 BGB einschlägig. Regelungen zum Unterbringungsverfahren finden sich schließlich in §§ 312 ff. des Gesetzes über das Verfahren in Familiensachen und in den Angelegenheiten der freiwilligen Gerichtsbarkeit (FamFG).

Zwangseinweisung in eine psychiatrische Klinik

Eine *Zwangseinweisung* bzw. eine *Unterbringung* liegt vor, wenn Betroffene gegen ihren Willen oder den Willen des Aufenthaltsberechtigten oder im Zustand der Willenlosigkeit in ein psychiatrisches Fachkrankenhaus, eine psychiatrische Fachabteilung eines Allgemeinkrankenhauses oder einer Hochschulklinik (Krankenhaus) eingewiesen werden und dort verbleiben (§ 10 Abs. 2 PsychKG NW). Betroffene sind dabei Personen bei denen Anzeichen einer psychischen Krankheit bestehen, die psychisch erkrankt sind oder bei denen die Folgen einer psychischen Krankheit fortbestehen (§ 1 Abs. 1 Nr. 1 PsychKG NW). Dabei sind psychische Krankheiten behandlungsbedürftige Psychosen sowie andere behandlungsbedürftige psychische Störungen und Abhängigkeitserkrankungen von vergleichbarer Schwere (§ 1 Abs. 2 PsychKG NW). Weitere Voraussetzung für die Anwendung des Gesetzes ist, dass die Unterbringung gegen den Willen des Betroffenen bzw. im Zustand der Willenlosigkeit erfolgt. Dies bedeutet, dass im ersten Fall eine wirksame Einwilligung nicht vorliegt, während im zweiten Fall die Einholung der Willenserklärung aufgrund des Zustandes des Betroffenen unmöglich ist. Als Grundsatz bestimmt darüber hinaus § 2 PsychKG NW, dass bei allen Hilfen und Maßnahmen auf den Willen und die Bedürfnisse der Betroffenen besondere Rücksicht zu nehmen ist; dies gilt auch für Willensäußerungen der Betroffenen vor Beginn einer Maßnahme, insbesondere für Behandlungsvereinbarungen mit Ärztinnen und Ärzten ihres Vertrauens.

Primäres Ziel der Unterbringung ist die Gefahrenabwehr sowie die Behandlung der Betroffenen (§ 10 Abs. 1 PsychKG NW). Die Voraussetzungen der Unterbringung sind hingegen in § 11 PsychKG NW geregelt. Demnach ist die Unterbringung Betroffener nur zulässig, wenn und solange durch deren krankheitsbedingtes Verhalten gegenwärtig eine erhebliche Selbstgefährdung oder eine erhebliche Gefährdung bedeutender Rechtsgüter anderer besteht, die nicht anders abgewendet werden kann (§ 11 Abs. 1 Satz 1 PsychKG NW). Dabei liegt eine gegenwärtige Gefahr vor, wenn ein schadensstiftendes Ereignis unmittelbar bevorsteht oder sein Eintritt zwar unvorhersehbar, wegen besonderer Umstände jedoch jederzeit zu erwarten ist (§ 11 Abs. 2 PsychKG NW). Zu beachten ist jedoch, dass die fehlende Bereitschaft, sich behandeln zu lassen, für sich genommen keine Unterbringung rechtfertigt (§ 11 Abs. 1 Satz 2 PsychKG NW). Die Unterbringung wird vom zuständigen Amtsgericht (*Betreuungsgericht*) angeordnet. Notwendige Voraussetzung ist eine vorherige Antragstellung durch die zuständige örtliche Ordnungsbehörde (im Regelfall das Ordnungsamt bzw. die Polizei, sofern die Maßnahme außerhalb der Dienstzeiten des Ordnungsamtes stattfindet) in Zusammenarbeit mit dem Sozialpsychiatrischen Dienst. Dem Antrag ist zudem zwingend ein ärztliches Attest beizufügen (§ 12 Satz 1 und 2 PsychKG NW). Liegt jedoch Gefahr im Verzug vor und ist eine sofortige Unterbringung des Betroffenen notwendig, kann die örtliche Ordnungsbehörde auch ohne vorherigen Gerichtsbeschluss die sofortige Unterbringung des Betroffenen vornehmen, sofern ein ärztliches Attest, welches nicht älter als vom Vortrag sein darf, vorliegt (§ 14 Abs. 1 Satz 1 PsychKG NW). Dieses muss von einem Facharzt für Psychiatrie oder einem auf diesem Gebiet erfahrenen Arzt ausgestellt und die Notwendigkeit einer sofortigen Unterbringung schriftlich begründet worden sein (§ 14 Abs. 1 Satz 2 und 3 PsychKG NW). In einem solchen Fall muss nachträglich unverzüglich ein Antrag auf Unterbringung beim zuständigen Amtsgericht gestellt werden (§ 14 Abs. 2 Satz 1 PsychKG NW).

Das Unterbringungsverfahren, auf das in § 13 Abs. 1 PsychKG NW verwiesen wird, ist in den §§ 312 ff. FamFG geregelt. Diese finden Anwendung, sofern eine Unterbringungsmaßnahme nach § 312 FamFG vorliegt. Dies ist unter anderem bei einer freiheitsentziehenden Unterbringung sowie einer ärztlichen Zwangsmaßnahme eines Volljährigen nach den Landesgesetzen über die Unterbringung psychisch Kranker der Fall (§ 312 Nr. 3 FamFG).

Behandlung ohne Zustimmung des Patienten

Nach der Aufnahme in einer psychiatrischen Anstalt ist für die Betroffenen ein individueller Behandlungsplan zu erstellen (§ 18 Abs. 2 Satz 1 PsychKG NW). Grundsätzlich bedarf die Behandlung einer wirksamen Einwilligung der betroffenen Person. Sofern der Betroffene Bedeutung und Tragweite der Behandlung nicht einsehen oder sich nicht nach dieser Einsicht verhalten kann, muss eine entsprechende Einwilligung seitens des gesetzlich oder rechtsgeschäftlich bestellten Vertreters abgegeben werden (§ 18 Abs. 3 Satz 1 und 2 PsychKG NW). Besteht die Gefahr, dass der Betroffene bei der Behandlung einen ernstlichen gesundheitlichen Schaden erleiden oder gar sterben könnte, so bedarf die Einwilligung eines bestellten Betreuers zusätzlich der Genehmigung des Betreuungsgerichts. Ohne die Genehmigung darf die Maßnahme nur durchgeführt werden, wenn Gefahr im Verzug ist (§ 1904 Abs. 1 Satz 1 und 2 BGB). Gemäß § 18 Abs. 4 PsychKG NW ist eine Behandlung ohne oder gegen den Willen des Betroffenen oder seines Vertreters oder Bevollmächtigten nur in den Fällen zulässig, in denen Lebensgefahr oder eine erhebliche Gefahr für die eigene und für die Gesundheit anderer Personen besteht. Zu beachten ist, dass derartige Maßnahmen, die gegen den Willen des Betroffenen erfolgen, nur durch die ärztliche Leitung angeordnet werden dürfen (§ 18 Abs. 5 PsychKG NW).

In Konkretisierung des Verhältnismäßigkeitsgrundsatzes bestimmt § 16 Abs. 1 Satz 1 PsychKG NW, dass die Betroffenen denjenigen Beschränkungen ihrer Freiheit unterliegen, die sich zwingend aus dem Zweck der Unterbringung und aus den Anforderungen eines geordneten Zusammenlebens in einem Krankenhaus ergeben. Gemäß § 16 Abs. 1 Satz 2 PsychKG NW sind jedoch Maßnahmen, die die Freiheit der Betroffenen beschränken, im Verlauf der Behandlung ständig zu überprüfen und dem Behandlungsfortschritt anzupassen.

Zurückbehaltung einer freiwillig eingetretenen Person

Die Zurückbehaltung einer freiwillig eingetretenen Person fällt aus dem Anwendungsbereich des PsychKG NW heraus, da das Gesetz gemäß § 10 Abs. 2 Satz 1 PsychKG NW nur eine Unterbringung gegen bzw. ohne den Willen der betroffenen Person vorsieht. Liegt eine wirksame Einwilligung des Betroffenen hinsichtlich der Selbsteinweisung vor, so kann dieser sie jederzeit widerrufen und folglich die psychiatrische Anstalt auf seinen Wunsch hin verlassen. Stellt jedoch der Betroffene entweder für sich selbst oder für Rechtsgüter Dritter eine erhebliche akute Gefahr dar und liegen damit die Voraussetzungen des § 11 Abs. 1 Satz 1 PsychKG NW vor, so kann dies wiederum zur Anwendbarkeit des PsychKG NW führen. Stellen die zuständigen Ärzte im vorliegenden Fall also fest, dass Frau P. akut suizidgefährdet ist, so kann aus einem freiwilligen Aufenthalt eine Unterbringung im Sinne des PsychKG NW werden. In diesem Fall muss jedoch eine nachträgliche gerichtliche Genehmigung eingeholt werden.

8.3.3 Österreichisches Recht

Christian Kopetzki

Abgesehen von vorbeugenden Maßnahmen bei psychisch kranken Rechtsbrechern nach dem strafrechtlichen Maßnahmenrecht (§ 21 Abs. 1 StGB), die unter bestimmten Voraussetzungen ebenfalls in (öffentlichen) psychiatrischen Krankenanstalten vollzogen werden können und eine strafrechtswidrige Anlasstat zur Voraussetzung haben (vgl. näher § 158 Abs. 4, § 178a StVG; § 429 Abs. 4 StPO), ist eine präventive zwangsweise Unterbringung in psychiatrischen Abteilungen und Krankenanstalten ausschließlich nach den Regeln des *Unterbringungsgesetzes* (UbG) zulässig. Neben dem strafrechtlichen Maßnahmenrecht und dem öffentlich-rechtlichen Unterbringungsrecht gibt es in Österreich keine „dritte Spur" der psychiatrischen Anhaltung nach zivilrechtlichen Bestimmungen, wie sie das deutsche und schweizerische Recht in Gestalt der „fürsorgerischen Freiheitsentziehung" bzw. „fürsorgerischen Unterbringung" kennen.

Zwangseinweisung in eine psychiatrische Klinik

Die unfreiwillige Unterbringung („ohne oder gegen den Willen") in einer stationären psychiatrischen Einrichtung ist nach § 3 UbG nur zulässig, wenn der Betroffene a) an einer *psychischen Krankheit* leidet, b) im Zusammenhang damit sein Leben oder seine Gesundheit oder das Leben oder die Gesundheit anderer ernstlich und erheblich gefährdet („*Selbst- oder Fremdgefährdung*") und c) nicht in anderer Weise, insbesondere außerhalb einer psychiatrischen Abteilung, ausreichend ärztlich behandelt oder betreut werden kann (*Subsidiaritätsgrundsatz*; Verhältnismäßigkeit). Die Gefährdung anderer Rechtsgüter als des (eigenen oder fremden) Lebens bzw. der Gesundheit (z. B. Sachschäden) genügt ebenso wenig wie eine Verwahrlosungsgefahr, bloße Behandlungsbedürftigkeit oder sonstige Interessen Dritter. Der Begriff der „psychischen Krankheit" wird zwar tendenziell im Sinne medizinischer (psychiatrischer) Krankheitsbegriffe verstanden, allerdings unter Ausschluss von „geistigen Behinderungen" (im Sinne von angeborenen oder frühkindlich erworbenen kognitiven Störungen). Ob „Suchtkrankheiten" oder Suizidalität für sich genommen – ohne Hinzutreten einer anderen psychischen Störung – als „krankheitswertig" anzusehen sind, ist umstritten.

In *verfahrensrechtlicher* Hinsicht liegt die Entscheidung über die zwangsweise Unterbringung bei den zuständigen Ärzten der Krankenanstalt (§ 10 UbG); eine polizeiliche Einlieferung im Vorfeld ist möglich (§§ 8–9 UbG), doch haben die Sicherheitsbehörden lediglich eine „Zuweisungsbefugnis", sie können aber nicht über die Aufnahme in die Anstalt entscheiden. Die Unterbringung wird als Verwaltungsakt (wenngleich ohne förmliches Verwaltungsverfahren) gedeutet. Insofern sind die Anstaltsträger mit Hoheitsgewalt „beliehen". Die Unterbringung unterliegt einer (materiellen und formellen) nachträglichen *Zulässigkeitsprüfung durch die ordentlichen Zivilgerichte* im außerstreitigen Verfahren (von Amts wegen; bei bereits beendeten Unterbringungen nur auf Antrag). Die Gerichte ordnen die Unterbringung aber nicht an, sondern nehmen (ausnahmsweise) eine Aufgabe der aposteriorischen Verwaltungskontrolle wahr, die sich sowohl auf die Unterbringung als solche als auch auf einzelne Rechtsbeschränkungen während der Unterbringung bezieht. Die Effektivität des gerichtlichen Rechtsschutzsystems wird dadurch unterstützt, dass jeder untergebrachte Patient von einem „*Patientenanwalt*" (als gesetzlichem Vertreter zur Wahrnehmung seiner Rechte in der Unterbringung) vertreten wird. Diese Vertretungsfunktion wird von privatrechtlich organisierten, aber staatlich anerkannten und finanzierten Vereinen durchgeführt („Vereinsvertretung"; vgl. näher das VSPBG).

Behandlung ohne Zustimmung des Patienten
Die zwangsweise Unterbringung begründet einen Freiheitsentzug, eröffnet aber nicht zugleich die Möglichkeit einer zwangsweisen medizinischen Behandlung. Die §§ 35–36 UbG halten auch im Vollzug der Unterbringung weitgehend an den etablierten medizinrechtlichen Grundsätzen fest, die auch außerhalb der Unterbringung gelten: Demnach darf die medizinische Behandlung einer einsichts- und urteilsfähigen Person gemäß § 36 Abs. 1 UbG nicht „gegen ihren Willen“ (und das kann nur bedeuten: mit ihrer zumindest konkludenten Einwilligung) vorgenommen werden. Bei fehlender Einsichts- und Urteilsfähigkeit des Patienten liegt die Zustimmungsbefugnis bei einem allfälligen zivilrechtlichen Vertreter (Sorgeberechtigte, Sachwalter, Vorsorgebevollmächtigte, vgl. § 36 Abs. 2 UbG). Für *„besondere Heilbehandlungen“*, die „gewöhnlich mit einer schweren oder nachhaltigen Beeinträchtigung der körperlichen Unversehrtheit oder der Persönlichkeit verbunden“ sind, bestehen zusätzliche Kautelen (Schriftlichkeit der Zustimmung); bei nicht einwilligungsfähigen und nicht vertretenen Patienten bedürfen „besondere Heilbehandlungen“ einer vorhergehenden gerichtlichen Genehmigung (§ 36 Abs. 3 UbG). Für eine Behandlung einwilligungsfähiger Patienten gegen ihren Willen besteht somit keine rechtliche Grundlage.

Die im Fallbeispiel vorgenommene 1:1-Betreuung stellt keine medizinische Behandlung dar und wäre daher nicht nach den §§ 35–36 UbG zu beurteilen. Sie könnte jedoch als Beschränkung der Bewegungsfreiheit im Sinne des § 33 UbG gedeutet werden, sofern es der Patientin dadurch – was sich aus dem Sachverhalt nicht eindeutig beurteilen lässt – unmöglich gemacht wird, ihren räumlichen Aufenthaltsort nach ihrem freien Willen zu verändern. Eine Bewegungsbeschränkung läge auch dann vor, wenn die Patientin aus dem Gesamtbild des Geschehens den Eindruck gewinnen muss, dass sie den Aufenthaltsort nicht mehr ungehindert verlassen kann. Derartige Beschränkungen sind nach § 33 Abs. 1 UbG zulässig, wenn sie zur Gefahrenabwehr (Selbst- oder Fremdgefährdung) sowie zur ärztlichen Behandlung oder Betreuung unerlässlich und verhältnismäßig sind. Auf die Einsichts- und Urteilsfähigkeit des Betroffenen kommt es dabei nicht an. Normalerweise liegt der Rechtsgrund für solche Beschränkungen schon in der Unterbringung selbst. Nur dann, wenn sie zu einer „kleinräumigeren“ Bewegungsbeschränkung „auf einen Raum oder innerhalb eines Raumes“ führt (sog. *„weitergehende Beschränkung“*), treten weitergehende (prozedurale) Anforderungen nach § 33 Abs. 3 UbG hinzu (ärztliche Anordnung im Einzelfall; Dokumentation; Verständigung des Vertreters; gerichtliche Zulässigkeitsprüfung auf Antrag des Patienten oder seines Vertreters).

Die 1:1-Betreuung von Frau P. wäre vor dem Hintergrund des akuten Suizidrisikos grundsätzlich selbst dann durch § 33 Abs. 3 UbG gedeckt, wenn man sie als „weitergehende Bewegungsbeschränkung“ qualifiziert. Über den Aspekt der Verhältnismäßigkeit (Verfügbarkeit gelinderer Mittel?) kann gewiss immer gestritten werden; in der Regel werden persönliche Betreuungsstrategien aber eher als das „gelindere“ Mittel im Vergleich zu den sonst drohenden Alternativen (z. B. Fixierung) angesehen. Eine dadurch ausgelöste Verschärfung der Krankheitssituation und Selbstgefährdung könnte freilich die „Eignung“ und damit die Verhältnismäßigkeit dieses Mittels insgesamt in Frage stellen.

Zurückbehaltung einer freiwillig eingetretenen Person

Grundsätzlich kann ein Patient, der sich freiwillig in stationäre Behandlung einer Krankenanstalt begibt und mit deren Rechtsträger einen zivilrechtlichen *Behandlungsvertrag* abschließt, das Krankenhaus jederzeit wieder verlassen. Das gilt auch dann, wenn eine vorzeitige Entlassung nachteilige gesundheitliche Folgen nach sich ziehen würde; für diesen Fall besteht lediglich eine erhöhte Aufklärungs- und Dokumentationspflicht (§ 24 Abs. 4 KAKuG; sog. „Reversentlassung“). Diese Möglichkeit eines jederzeitigen freiwilligen Austritts besteht allerdings nicht, wenn „der Pflegling aufgrund besonderer Vorschriften von einer Behörde in Krankenanstaltspflege eingewiesen worden ist“ (§ 24 Abs. 4 KAKuG letzter Satz). Obwohl es nach dem Unterbringungsrecht keine „Einweisung“ durch eine „anstaltsexterne“ Behörde gibt, bietet das UbG für psychiatrische Krankenanstalten und Abteilungen dennoch eine hinreichende Rechtsgrundlage für ein zwangsweises „Zurückbehalten“ freiwillig eingetretener Patienten: Denn gemäß § 11 Ziff. 1 UbG sind die Bestimmungen über die zwangsweise Anstaltsaufnahme sinngemäß anzuwenden, „wenn bei einem sonst in die psychiatrische Abteilung aufgenommenen, in seiner Bewegungsfreiheit nicht beschränkten Kranken Grund für die Annahme besteht, dass die Voraussetzungen der Unterbringung vorliegen“. Liegen hinreichend konkrete Anhaltspunkte für eine Selbst- oder Fremdgefährdung eines psychisch kranken Patienten vor, kann die Krankenanstalt demnach den zunächst freiwillig begründeten Aufenthalt in einen „unfreiwilligen“ umwandeln. Dabei sind die gleichen Verfahrensschritte wie bei einer von Anfang an zwangsweisen Unterbringung einzuhalten (insb. Aufnahmeuntersuchung, Informations- und Verständigungspflichten, vor allem gegenüber dem Patientenanwalt und dem Gericht). Das Unterbringungsgericht hat in der Folge ein Verfahren zur Überprüfung der Zulässigkeit der (zwangsweisen) Unterbringung einzuleiten. Eine absolute Höchstfrist für die Unterbringung besteht nicht, doch erfolgt die gerichtliche Zulässigerklärung immer nur für bestimmte Zeiträume, sodass eine periodische Kontrolle gewährleistet ist.

Die „Umwandlung“ eines freiwilligen Aufenthalts in eine zwangsweise Unterbringung wäre unzulässig, wenn der Patient – trotz vorliegender psychischer Krankheit und Gefährdung – den Anstaltsaufenthalt ohnehin freiwillig fortzusetzen bereit ist; in dieser Konstellation müsste die Unterbringung am Verhältnismäßigkeitsgrundsatz scheitern, weil der freiwillige Weiterverbleib eine gelindere Alternative zur Zielerreichung darstellt.

Im Fallbeispiel liegen sowohl eine psychische Erkrankung als auch eine hinreichende Selbstgefährdung (akute Suizidalität) vor. Da Frau P. den sofortigen Klinikaustritt wünscht, scheidet auch das gelindere Mittel eines freiwilligen Verbleibs aus. Näher zu prüfen wäre, ob zwischen der psychischen Krankheit und der aktuellen Gefährdung ein (obligater) Kausalzusammenhang (§ 3: „im Zusammenhang damit“)

besteht, oder ob die neuerliche Suizidalität ausschließlich im Verhalten ihres Mannes wurzelt. Nach der gängigen Praxis käme dieser Differenzierung freilich kein großes Gewicht zu, da die Gerichte die Suizidgefahr – unabhängig von den sie auslösenden sozialen Faktoren – für sich genommen schon als Ausdruck einer psychischen Störung und Selbstgefährdung werten. Nach österreichischem Recht müsste Frau P. ihren Klinikaufenthalt also auch gegen ihren Willen fortsetzen, solange die Unterbringungsvoraussetzungen (Krankheit, Gefährdung, Subsidiarität) gegeben sind.

Literatur und Materialien

Botschaft des Bundesrates vom 28. Juni 2006 zur Änderung des Schweizerischen Zivilgesetzbuches (Erwachsenenschutz, Personenrecht und Kindesrecht), BBl 2006 7001

Christof B (2011) Handbuch der fürsorgerischen Unterbringung. Helbing Lichtenhahn, Basel

Gächter T, Rütsche B (2013) Gesundheitsrecht, 3. Aufl. Helbing Lichtenhahn, Basel

Geiser T, Etzensberger M (2012) Art. 426 und 427 ZGB. In: Geiser T, Reusser RE (Hrsg.) Basler Kommentar, Erwachsenenschutz, Art. 360–456 ZGB, Art. 14, 14a SchlT ZGB. Helbing Lichtenhahn, Basel, S. 452–472

Guillod O (2013) Art. 426, 427 und 438 ZGB. In: Büchler A, Häfeli C, Leuba A, Stettler M (Hrsg.) Kommentar Erwachsenenschutz. Stämpfli, Bern, S. 700–737, 813–817

Hausheer H, Geiser T, Aebi-Müller RE (2010) Das neue Erwachsenenschutzrecht. Stämpfli, Bern

Hoff P, Venzlaff U (2009) Psychiatrische Begutachtung von Suizidhandlungen. In: Foerster K, Dressing H (Hrsg.) Venzlaff Foerster Psychiatrische Begutachtung, 5. Aufl. Elsevier, Urban & Fischer, München, Jena, S. 851–869

Kopetzki C (1995) Freiheitsentzug im Sachwalterrecht. In: Griller S, Korinek K, Potacs M (Hrsg.) Grundfragen und aktuelle Probleme des öffentlichen Rechts. Festschrift für Heinz Peter Rill. Orac, Wien, S. 153–182

Kopetzki C (2012) Grundriss des Unterbringungsrechts, 3. Aufl. Springer, Wien

Rössler W, Hoff P (Hrsg.) (2005) Psychiatrie zwischen Autonomie und Zwang. Springer, Heidelberg

Szmukler G (1999) Ethics in community psychiatry. Aust NZ J Psychiatry 33:328–338

Vaerini M (2013) Art. 383 ZGB. In: Büchler A, Häfeli C, Leuba A, Stettler M (Hrsg.) Kommentar Erwachsenenschutz. Stämpfli, Bern:338–351

Vollmann J (1997) Die Selbstbestimmung von Patientinnen und Patienten in der sozialpsychiatrischen Praxis. Ein medizinethisches Modell und seine praktische Umsetzung. Psychiatr Prax 24:181–184

Nikola Biller-Andorno, Caroline Clarinval

9 Wirtschaftlichkeit in der Medizin

Fallbeispiel

Ein 80-jähriger Patient, Herr W., erleidet eine leichte Hirnblutung. Er wird in ein Spital eingewiesen, welches nach Fallpauschalen abrechnet. Nach 13 Tagen wird er entlassen, muss aber erneut eingeliefert werden, da eine weitere Hirnblutung auftritt. Im Zimmer des Patienten spricht der Assistenzarzt einige Tage später mit der Sozialarbeiterin über eine Heimplatzsuche. Die Partnerin von Herrn W. erklärt, dass der Patient seit 2 Jahren in einem Pflegeheim angemeldet ist und sie mit dem Heim nun erneut Kontakt aufgenommen hat, aber weiterhin kein freier Platz zur Verfügung steht. Die Partnerin wird von der Klinik informiert, dass zwar die „Kostengutsprache der Krankenkasse noch bestehe“, für den Patienten in diesem Spital der Aufenthalt jedoch begrenzt werden muss, weil es sich um ein Akutspital handelt. Bei der Visite einige Tage später bespricht das medizinische Personal erneut die Frage der Heimplatzierung. Die Partnerin bittet, man möge den Patienten doch, wenn kein Heimplatz gefunden werden kann, in Frieden im Spital sterben lassen. Der Oberarzt antwortet, das sei problematisch, denn man wisse ja nicht, wie lange ‚das‘ noch gehe. Heutzutage könne sich das Spital so etwas nicht leisten. Das Gespräch findet in Anwesenheit des Patienten statt. Am Abend desselben Tages fiebert Herr W. und verstirbt noch vor Tagesanbruch.

9.1 Problemfelder

Ökonomisierung in der Medizin

Das Konzept der Wirtschaftlichkeit hat auch vor der Medizin keinen Halt gemacht. Verständlicherweise soll der Zugang zu medizinischen Leistungen wohlüberlegt und effizient gestaltet werden, da die finanziellen Ressourcen auch in der Medizin knapp sind. Auch Ärzte müssen sich diesen Erwägungen stellen. Die Frage ist jedoch, ob klinische oder ökonomische Aspekte Vorrang haben sollen. Sollen, polemisch formuliert, die Patienten der Medizin dienen oder die Medizin den Patienten? Nun darf man der Ökonomie nicht unterstellen, es ginge um Profite um jeden Preis; vielmehr ist eine seriöse Auseinandersetzung mit der Finanzierbarkeit und der wirtschaftlichen Nachhaltigkeit unverzichtbar für ein öffentliches Gesundheitswesen. Dennoch stellt sich die Frage, ob Ärzte in ihrem klinischen Alltag primär in ökonomischen oder in patientenorientierten Kategorien denken (Hartzband und Groopman 2009).

Der eingangs dargestellte Fall illustriert, wie sich eine ökonomische bzw. betriebswirtschaftliche Perspektive in problematischer Weise auf die klinische Praxis auswirken kann.

Seit 2012 wurde mit den Fallpauschalen – auch Diagnosis-Related Groups (DRGs) genannt – in der gesamten Schweiz ein Abrechnungssystem eingeführt, welches gezielt eine betriebswirtschaftliche Orientierung in den Spitälern fördern möchte, um auf eine Kostendämpfung im Gesundheitswesen hinzuwirken. Auch in Deutschland und anderen Ländern kommen DRGs zum Einsatz. Fallpauschalen sollen für eine transparente und einheitliche Vergütung sorgen, indem Patienten anhand ihrer klinischen Diagnosen einer begrenzten Zahl an Codes zugeordnet werden, für welche eine Pauschale gezahlt wird (Braun et al. 2011). Auf diese Weise sollen Fehlanreize vermieden werden, wie sie zum Beispiel in einem System der Einzelleistungsvergütung bestehen, welches zur Mengenausweitung aus ökonomischen Gründen führen kann. Auch unnötig lange Krankenhausaufenthalte – ein Problem der Vergütung nach Tagespauschalen – können vermieden werden. Doch Fallpauschalen bergen, wie andere Vergütungssysteme auch, Risiken für eine qualitativ hochstehende stationäre Versorgung und fairen Zugang.

Qualität und Wirtschaftlichkeit

Ökonomische Anreize können sich auf die Versorgungsqualität auswirken. Dabei geht es nicht nur um die „technischen" Aspekte – wie gut ist das Nahtmaterial, wie erfahren der Operateur etc. Auch andere Aspekte sind für die von Patienten erlebte Qualität von großer Bedeutung: Wie erfolgt die Koordination von Schnittstellen? Werden Patienten zum Beispiel – wie im obigen Fall problematisiert – aus dem Spital entlassen, ohne dass eine entsprechende medizinische und pflegerische Betreuung zur Verfügung steht? Werden Behandlungen auf mehrere Spitalaufenthalte verteilt, weil das für das Spital lukrativer, wenngleich für den Patienten vielfach belastender ist? Können Patientenanliegen berücksichtigt werden, ist überhaupt die Zeit da, um zu eruieren, was Patienten in ihrer Versorgung wichtig wäre?

Kommunikation und Arbeitsmotivation des medizinischen Personals sind wesentliche Voraussetzungen für eine hochqualitative, patientenorientierte Versorgung. Doch beide Faktoren können unter einer Akzentuierung wirtschaftlicher Aspekte leiden. Arbeitsverdichtung und Einbußen an professioneller Autonomie durch ökonomische Vorgaben können zu einer zunehmenden Frustration und dem Verlust von intrinsischer Motivation und Idealismus führen. Auch die Kommunikation sowohl zwischen Ärzten und Patienten als auch zwischen Ärzten, Pflegenden und Angehörigen weiterer Gesundheitsberufe wird unter diesen Umständen leiden. Diese wichtigen Facetten einer guten Versorgung werden von der routinemäßigen Qualitätssicherung in aller Regel nicht erfasst. Eine Ergänzung des Monitoring und eine Evaluation der Effekte von Vergütungssystemen sind von daher dringend geboten (Biller-Andorno und Lee 2013).

Versorgungsgerechtigkeit

Manche Patientengruppen sind stärker von Qualitätseinbußen betroffen, die durch Anreize für ökonomisches Denken und Handeln in der Medizin verursacht werden. Multimorbide und ältere Patienten etwa, die u. a. einen höheren Pflegebedarf haben, werden in einem System, das mit dem Ziel der Effizienz Pflegezeiten minimiert, besonders deutliche Einbußen gewärtigen. Jüngere Patienten, die nur einer umschriebenen Intervention, z. B. einer Appendektomie, bedürfen, werden wesentlich weniger stark betroffen sein.

Doch nicht nur eine – gemessen an den medizinischen Bedürfnissen – unzureichende Behandlungsqualität kann manche Patienten schlechter stellen. Es kann für ökonomisch unattraktive Patientengruppen auch schwerer sein, überhaupt Zugang zu medizinischer Behandlung zu finden, sei es im ambulanten oder stationären Bereich. Gut gemeinte Anreize für Kosteneffizienz und/oder Qualität können dazu beitragen. Das pay-for-performance-Konzept beispielsweise zahlt Ärzten Boni, wenn bei Patienten, z. B. Diabetikern, bestimmte Laborparameter eingehalten werden. Nur kann dieses System dazu führen, dass sich Ärzte auf die Versorgung derjenigen Patienten konzentrieren, bei denen die Einhaltung der entsprechenden Parameter wahrscheinlich ist und gerade die problematischen Patienten, die besonders ärztlicher Beratung und Führung bedürften, außen vor bleiben (Biller-Andorno und Wild 2008). Ein weiteres Beispiel sind gesundheitsökonomische Evaluationen, welche den Nutzen einer Intervention – gemessen in qualitätsbereinigten Lebensjahren, den sog. QALYs – zu den Kosten in Beziehung setzen und damit als Basis für Entscheide für oder gegen eine Erstattung aus der gesetzlichen Krankenversicherung dienen. Auch sie können zur Diskriminierung bestimmter Patientengruppen führen, z. B. solcher, bei denen der mögliche Zugewinn an Lebensqualität durch eine Behinderung eingeschränkt ist (Gutzwiller et al. 2012).

9.2 Ethische Beurteilung

Ökonomisierung in der Medizin

Der klinische Alltag erlaubt es oft nicht, allen Wünschen von Patienten und Angehörigen gerecht zu werden. In jedem Falle müssen jedoch die Zeit und der Wille vorhanden sein, in einem gemeinsamen Gespräch Möglichkeiten, Präferenzen und Prioritäten auszutauschen und dann zu einer Entscheidung zu kommen.

Der Kontext im eingangs geschilderten Fall war geprägt von der Sorge seitens der Ärzte, der Patient könne sich zu einem „Langlieger“ entwickeln, mit negativen finanziellen Implikationen für das eigene Haus. Denn wenn der Patient nicht binnen eines durch seinen DRG-Code vorgegebenen Zeitraums entlassen werden kann, macht das Spital Verluste (Indra 2004). Von daher stehen die Ärzte unter einem Druck, den sie bisweilen an Patienten und Angehörige weitergeben. Auch mit der Ressource „Zeit“ muss in Zeiten knapper Personalschlüssel sparsam umgegangen werden. Sich auf ein

Gespräch einzulassen, birgt jedoch die Gefahr weiterer Zeitverluste, die an anderen Patienten oder der eigenen Frei- bzw. Familienzeit wieder aufgeholt werden müssen.

Von daher ist es verständlich, dass die Ärzte von Herrn W. versucht haben, ihn möglichst rasch aus dem Akutspital zu entlassen, das in der Tat wohl auf die Dauer kein geeigneter Ort für ihn gewesen wäre. Moralisch problematisch ist aber die Tatsache, dass dabei die Angehörige, welche durch die Situation des Partners sowieso schon schwer belastet ist, mit der Heimplatzsuche unter Druck gesetzt wird, bis zu dem Punkt, an dem ihr ein schnelles, friedliches Versterben des Partners die beste Lösung erscheint.

DRGs bringen einen Fokus auf – möglichst lukrative – Diagnosen, auf – ökonomisch – optimale Verweildauern und einen möglichst sparsamen Einsatz von Ressourcen mit sich. Je nach Betriebskultur wirken sich diese Rahmenbedingungen mehr oder weniger auf die Patientenversorgung aus. Das Problem liegt jedoch nicht bei den DRGs allein, denn jedes Vergütungssystem bringt spezifische Anreize und Interessenkonflikte mit sich. Dabei ist jedoch zu beachten, dass der derzeit gängige Fokus auf wettbewerblichen Elementen, ökonomischen Anreizen und ähnlichen Steuerungselementen keineswegs erwiesenermaßen zu einem billigeren, besseren oder gar gerechteren Gesundheitssystem führt (Callahan und Wasunna 2006).

Qualität und Wirtschaftlichkeit

Die Qualität der Versorgung von Herrn W. ist in mehrfacher Hinsicht kompromittiert worden, selbst wenn die medizinische Behandlung im engeren Sinne lege artis gewesen sein sollte. Ein signifikantes Problem war das Schnittstellenmanagement, bei dem offensichtlich zügige Entlassungen handlungsleitend waren. Es lässt sich darüber spekulieren, ob eventuell auch die zweite Hirnblutung bei besserem Management vermeidbar gewesen wäre. Sicher aber war die Austrittsplanung bei der zweiten Spitaleinweisung unbefriedigend. So hätte man sich für Patient und Angehörige eine gemeinsame Strategie für die Heimplatzsuche oder mögliche Alternativen gewünscht. Auch die Zusicherung, dass der Patient sicher nicht unter der unklaren Situation zu leiden habe und er in der Zwischenzeit gut versorgt werde, wäre am Platz gewesen. Schließlich war auch die Erörterung der Schwierigkeiten in Anwesenheit, aber offensichtlich ohne Beteiligung des Patienten – einschließlich des raschen Ablebens als mögliche „Lösung“ – nicht vertretbar. Es ist schwierig, solche Probleme zur Sprache zu bringen. Sie fallen durch das Raster von Qualitätsmanagement und Audits. Die ökonomischen Zahlen stimmen, vermutlich wurden auch Behandlungsstandards eingehalten. Dennoch wird das Lebensende von Herrn W. der Partnerin in traumatischer Erinnerung bleiben, und auch die Ärzte können mit ihrer Rolle nicht wirklich zufrieden gewesen sein. Dringend erforderlich wären Strukturen sowie das erforderliche Zeitbudget, um solche ungünstigen Verläufe sorgsam und wirksam aufarbeiten zu können. Patientenvertreter und klinische Ethik-Komitees können in diesem Sinne eine wichtige Ergänzung zu den verschiedenen Stations- und Klinikkonferenzen sein.

Versorgungsgerechtigkeit

Herr W. ist angesichts seines vorgerückten Alters in mehrfacher Hinsicht ein vulnerabler Patient. Als geriatrischer Patient ist er vermutlich – zumindest in gewissem Grade – multimorbid, d. h. er hat verschiedene Erkrankungen oder Einschränkungen. Nach der Hirnblutung hatte er wahrscheinlich auch neurologische, womöglich auch kognitive Ausfälle. Dafür spricht, dass er in die Austrittsplanung offensichtlich nicht weiter einbezogen war. Unter DRGs ist typischerweise nur eine Hauptdiagnose mit Nebendiagnosen möglich, was zu einer unsachgemäßen Fokussierung der diagnostischen und therapeutischen Anstrengungen auf eine klinische Problematik führen kann (Manzeschke 2011). Diese Perspektive ist für eine patientenorientierte Versorgung multimorbider, älterer Menschen jedoch nicht unbedingt angemessen.

Ethische Empfehlungen

Im vorliegenden Fall steht weniger die Frage im Vordergrund, was die Beteiligten hätten tun sollen. Es ist offensichtlich, dass in der geschilderten Situation eine aktive Unterstützung bei der Heimplatzsuche bzw. eine gemeinsame Entwicklung möglicher Alternativen oder zumindest einer geeigneten Übergangslösung angezeigt gewesen wäre, ebenso wie eine Rückversicherung von Patient und Angehörigen, dass man auch im Fall von Herrn W. alles tun werde, was im Rahmen des Möglichen liegt, um sein gesundheitliches Wohl zu befördern. Vielmehr dient der Fall dazu, sich vor Augen zu führen, wie sich eine verstärkte Zuwendung zu betriebswirtschaftlichem Denken in der Klinik auswirken kann. Daran lassen sich wichtige Fragen knüpfen: Wollen wir diese Art von Medizin? Was sind grundlegende Merkmale einer qualitativ hochstehenden Gesundheitsversorgung, die wir trotz Sparbemühungen erhalten wollen? Wie können wir vermeiden, dass Ärztinnen, Pflegende und andere Mitarbeiter des Gesundheitswesens in dem Spagat zwischen Kosteneffizienz bzw. Gewinnstreben und den Geboten des Patientenwohls und des fairen Zugangs aufgerieben werden?

In diesem Sinne sind folgende Maßnahmen zu empfehlen:

1. Eine Aufwertung von „soft skills“ wie Kommunikation und ethischer Reflexion in der medizinischen und pflegerischen Aus- und Weiterbildung;
2. Das Hinwirken auf einen adäquaten Umgang mit ökonomischen Zielen und Instrumenten in der Klinik – dabei geht es nicht um Ökonomie im Sinne von Gewinnmaximierung und Profitstreben, sondern im Dienste einer patientenorientierten, für alle zugänglichen, finanziell auch längerfristig leistbaren Gesundheitsversorgung;
3. Angesichts der anerkannten ethischen Dimension ökonomischer Konzepte (Breyer et al. 2004) ein konstruktiver interdisziplinärer Austausch von Ethik, Recht und Gesundheitsökonomie;
4. Eine Erweiterung des Monitoring der Gesundheitsversorgung hin zur Erfassung von Qualität in umfassendem Sinne (unter Einschluss z. B. kommunikativer Aspekte) sowie von Fairness-Indikatoren (Damm und von der Schulenburg 2011). Auf

diese Weise kann eine relevante Evidenzbasis sowohl für die *governance* einzelner medizinischer Einrichtungen als auch für eine fundierte Evaluation von Gesundheitsreformen bereitgestellt werden.

Literatur und Materialien

Biller-Andorno N, Lee TL (2013) Ethical Physician Incentives. From Carrots and Sticks to Shared Purpose. N Engl J Med 368:980-982

Biller-Andorno N, Wild V (2008) Ethische Fragen der Leistungsentlöhnung im Gesundheitswesen. Care Manag 06:17–20

Braun B, Klinke S, Müller R, Rosenbrock R (2011) Einfluss der DRGs auf Arbeitsbedingungen und Versorgungsqualität von Pflegekräften im Krankenhaus – Ergebnisse einer bundesweiten schriftlichen Befragung repräsentativer Stichproben von Pflegekräften an Akutkrankenhäusern in den Jahren 2003, 2006 und 2008. artec-paper Nr. 173. http://www.artec.uni-bremen.de/files/papers/paper_173a.pdf. Zugegriffen: 4. Sept. 2013

Breyer F, Zweifel P, Kifmann M (2004) Gesundheitsökonomik, 5. Aufl. Springer, Heidelberg

Callahan D, Wasunna AA (2006) Medicine and the Market: Equity v. Choice. Johns Hopkins University Press, Baltimore, MD

Damm K, von der Schulenburg JM (2011) Gesundheitsökonomische Evaluation und Verteilungsgerechtigkeit. In: Schöffski O, von der Schulenburg JM (Hrsg.) Gesundheitsökonomische Evaluationen. Springer, Heidelberg, S. 504–520

Deutscher Ethikrat (2011) Nutzen und Kosten im Gesundheitswesen: zur normativen Funktion ihrer Bewertung, (Stellungnahme). Berlin. http://www.ethikrat.org/publikationen/stellungnahmen. Zugegriffen: 4. Sept. 2013

Gutzwiller F, Biller-Andorno N, Harnacke C, Bollhalder L, Szucs TD, et al. (2012) Methoden zur Bestimmung von Nutzen bzw. Wert medizinischer Leistungen und ihre ethischen Implikationen. Akademien der Wissenschaften Schweiz, Bern

Hartzband P, Groopman J (2009) Money and the Changing Culture of Medicine. N Engl J Med 360:101–103

Indra P (2004) Die Einführung der SwissDRGs in Schweizer Spitälern und ihre Auswirkungen auf das schweizerische Gesundheitswesen. Schweizerische Gesellschaft für Gesundheitspolitik. Schriftenreihe der SGGP 80:106–107

Manzeschke A (2011) Dem Einzelnen und der Gesellschaft gerecht werden. Ethische Überlegungen zu den DRG und der Ökonomisierung im Krankenhaus. In: Wild V, Pfister E, Biller-Andorno N (Hrsg.) DRG und Ethik, Ethische Auswirkungen von ökonomischen Steuerungselementen im Gesundheitswesen. EMH Schweizerischer Ärzteverlag, Basel

Jürg C. Streuli

10 Verweigerung der Behandlung eines Kindes aus religiösen Gründen

Fallbeispiel

Bei Ben, einem 12-jährigen Knaben wurde ein bösartiger Tumor des Lymphsystems (Hodgkin-Lymphom) diagnostiziert. Die Krankheit befindet sich in einem fortgeschrittenen Stadium, besitzt jedoch gemäß medizinischen Experten eine Heilungschance von über 80 %. Voraussetzung dafür ist eine kombinierte Therapie mit mehreren Zyklen Chemotherapie und anschließender Bestrahlung.

Die Diagnose, die Behandlungsoptionen und die damit verbundenen Nebenwirkungen werden den Eltern und Ben von einem Spezialisten eines Zentrumspitals ausführlich erklärt. Die Eltern bitten den Arzt, nachdem sie ihm gefasst und aufmerksam zugehört hatten, um einen Tag Bedenkzeit. Zum großen Erstaunen des gesamten Behandlungsteams lehnt die Familie im nächsten Gespräch die medizinische Behandlung grundsätzlich ab. Sie seien sich, so die Eltern, der Ernsthaftigkeit der Situation bewusst, vertrauten aber nun auf Gotteshilfe und würden, falls notwendig, auch den Tod von Ben als Teil eines „größeren Plans" akzeptieren. In Anwesenheit der Eltern äußerte auch Ben die Überzeugung, dass dies der einzige und richtige Weg sei. Nachdem das Behandlungsteam den Eltern mitteilte, dass die Therapie nötigenfalls auch gegen ihren Willen durchgeführt werden müsse, verließ die Familie ohne weitere Gespräche das Spital (vgl. auch Worthington und Mercurio 2011).

10.1 Problemfelder

Das Fallbeispiel wirft grundlegende ethische und rechtliche Fragen auf zum Verhältnis zwischen Kindern und Eltern sowie Ärzten, wenn es um Entscheidungen über medizinische Maßnahmen bei Kindern geht. Dabei lassen sich hauptsächlich drei Problemfelder ausmachen, welche die Berücksichtigung von Religion und Weltanschauung der Familie, die Befugnisse der Eltern als Stellvertreter und den Einbezug von Kindern in die Entscheidungsfindung betreffen.

Religion und Weltanschauung der Familie

Die Zugehörigkeit zu einer bestimmten Religion oder eine spezifische Weltanschauung kann für Menschen und Familien untrennbar mit ihrer Existenz und ihrer Lebensweise verbunden sein. Es ist daher nur verständlich, dass auch Krankheiten mit ihren unmittelbaren Folgen auf die Existenz und Lebensweise eines Menschen mit einer Religion oder Weltanschauung in Einklang gebracht werden müssen. Während alternative Heilpraktiken zumeist einen Dialog zwischen der Weltanschauung einer Familie und der gesellschaftlichen Vorstellung von Gesundheit anstreben, bot die Medizin über viele Jahre kaum Freiheiten in der persönlichen Auslegung wissenschaftlicher Evidenz (Baverstock und Finlay 2012; Fadiman 1998).

Die dadurch entstehende Problematik erschöpft sich jedoch nicht in der Frage, ob eine Behandlung nötigenfalls gegen den Willen und ohne das Einverständnis der Eltern durchgeführt werden darf. Im klinischen Alltag stellt sich ebenso die Frage, ob Kompromisse erlaubt oder sogar geboten sind, auch wenn für das Kind Risiken durch unkonventionelle Behandlungsformen oder Wirkungsverluste durch angepasste Behandlungspläne in Kauf genommen werden.

Stellvertreterentscheidung der Eltern

Trotz der relativ deutlichen Faktenlage in Bezug auf die Überlebenschancen in Verbindung mit einer Therapie ist die Aussage, was richtig und gut ist, immer auch von individuellen Wertvorstellungen abhängig. Es gibt vier Gründe, weshalb Eltern in einer Entscheidung als Stellvertreter für ein Kind, das noch nicht entscheidungsfähig ist, eine vorrangige Rolle zukommen sollte: 1. Sie haben im Allgemeinen die beste Position, um die Wünsche und Bedürfnisse ihrer Kinder zu kennen. 2. Weiter sind Eltern emotional und materiell eng mit der Umsetzung einer Entscheidung bezüglich ihrer Kinder verbunden und 3. tragen für gewöhnlich die Konsequenzen für eine Entscheidung. 4. Falls Bedürfnisse innerhalb der Familie in Konflikt stehen, sind Eltern zudem durch ihr Wissen und ihre Position in einer bevorzugten Position, um die unterschiedlichen Wünsche gegeneinander abzuwägen (Salter 2012). Gleichzeitig gibt es Situationen, wie im Beispiel von Ben, in denen deutlich wird, dass auch Eltern nicht von einem absoluten Recht ausgehen dürfen, für ihr Kind eine Entscheidung zu fällen, sondern in ihrer Interpretation stets an das Wohl des Kindes und seine sich entwickelnde Entscheidungsfähigkeiten gebunden sind.

Entscheidungsfindung mit Kindern

Analog zur Entscheidungsfindung mit Erwachsenen ging man in der Pädiatrie-Ethik bisher zumeist von einem linearen Modell aus: An erster Stelle steht die autonome Willensäußerung des Patienten. Ist eine solche nicht zeitgerecht möglich, hält man sich an eine vom Patienten verfasste Verfügung und ermittelt, basierend auf Hinweisen aus dem Umfeld des Patienten, den mutmaßlichen Willen. Genügen die vorhandenen Angaben und Hinweise nicht, sind die objektiven besten Interessen des Patienten zu ermitteln (Beauchamp und Childress 2008). Die Anwendung dieses linearen Modells hängt eng mit den Anforderungen an die Einwilligungs- bzw. Entscheidungsfähigkeit einer Person zusammen: 1. Damit eine Entscheidung beachtlich ist, muss sie *aufgeklärt* bzw. mit dem nötigen Wissen, 2. *kompetent* bzw. im Besitz eines Mindestmaßes an kognitiven Fähigkeiten, 3. *intentional* bzw. zielgerichtet, 4. *authentisch*, insbesondere emotional stabil und 5. *freiwillig*, d. h. unabhängig von Präferenzen anderer Personen (beispielsweise den Eltern) gefällt werden.

Bis vor wenigen Jahren wurde Kindern bis ins spätere Jugendalter, basierend auf den erwähnten Anforderungen, eine Entscheidungsfähigkeit grundsätzlich abgesprochen und getreu dem linearen Modell direkt auf die besten Interessen und die Stellvertreterentscheidung der Eltern zurückgegriffen. Begleitet durch die 1989 verfasste UNO-Kinderrechtskonvention hat sich die Sicht auf das Kind, seine Rechte und Fähigkeiten jedoch grundlegend verändert (Streuli et al. 2011). Das Kind gilt heute nicht mehr als passives Objekt, sondern als Subjekt mit eigenen Rechten und sich entwickelnden Fähigkeiten (*evolving capacities*). So präsentierte beispielsweise Priscilla Alderson in ihren Studien zahlreiche Beispiele einwilligungsfähiger junger Patienten und leitete dabei vier Stufen der Beteiligung ab. Die ersten drei Stufen – 1. informiert werden, 2. seine Meinung äußern und 3. eine Entscheidung beeinflussen – können bereits ab Kleinkindalter (bzw. in Form von Zuwendung und Beobachtung sogar ab Geburt) angewendet werden. Aber auch die vierte Stufe, auf der Kinder als die wichtigsten Entscheidungsträger über eine vorgeschlagene pflegerische oder medizinische Maßnahme anerkennt werden, ist 4. in Abhängigkeit von Situation, Fragestellung und Reife des Kindes bereits im Kindesalter anwendbar (Alderson 2003). Selbstredend stellt dies an alle Beteiligten große Anforderungen und wirft neue ethische und rechtliche Fragen auf, die wiederum eng mit den Fähigkeiten, Rechten und Pflichten des Behandlungsteams verbunden sind: Ab wann darf und soll ein Kind unabhängig von seinen Eltern in eine Entscheidung miteinbezogen werden? Wie sollen Fachpersonen eine Entscheidung gewichten, die im Widerspruch zu den Präferenzen der Eltern steht?

10.2 Ethische Beurteilung

Praktische Umsetzung rechtlicher und ethischer Entscheidungen

Während die Rechtsprechung durch eine Auslegung des Gesetzestextes eine Aussage über die Legalität einer Handlung macht, kann die Ethik basierend auf moralischen Überlegungen und unter Einbezug aktueller gesellschaftlicher Werte die Legitimität einer Handlung unabhängig von der Rechtsprechung beurteilen und auf Konflikte und Unzulänglichkeiten in der Gesetzgebung hinweisen. Relevant wird dies insbesondere auch mit Blick auf die praktische Umsetzung einer rechtlich-bindenden Entscheidung. Gerade in komplexen Fällen ist nicht klar, ob die Kindesschutzbehörde die richtige Entscheidungsinstanz ist (Michel 2009). Auch wenn bei Ben ein Sorgerechtsentzug eingeleitet wird, so bleibt die Durchführung einer Chemotherapie über mehrere Zyklen mit nachfolgender Bestrahlung gegen den Willen des jungen Patienten faktisch unmöglich. Bereits die Erwähnung der Vormundschaftsbehörde und des Sorgerechtsentzuges kann zwar gewisse Familien zum kurzfristigen Einlenken bewegen. Jedoch sind weder eine Entscheidungsfindung noch deren Einfluss auf Pflege und Behandlung punktuelle Ereignisse, sondern meist längerfristige, vielschichtige und dynamische Prozesse.

Drei moralische Dimensionen

Die genannten Problemfelder und die Vielschichtigkeit der Entscheidungsfindung im Umfeld der Kinder- und Jugendmedizin werden im folgenden Abschnitt mithilfe von drei moralischen Dimensionen (Ideal-, Schwellenwert- und Handlungs-Dimension) dargelegt und beurteilt. Im Mittelpunkt stehen der kindliche bzw. jugendliche Patient und die drei zentralen Forderungen der UNO-Kinderrechtskonvention, nämlich Partizipation (*participation*), Förderung (*provision*) und Schutz (*protection*). Zusätzlich werden beziehungsethische und prospektive Überlegungen einbezogen. (Streuli et al. 2011)

10.2.1 Ideal-Dimension

Die Bedeutung eines übergeordneten Zieles in Form einer Weltanschauung bzw. Religion wurde bereits angesprochen. Loretta Kopelman spricht in diesem Zusammenhang von einem Leuchtturm, der einem Menschen oder einer Familie in einer schwierigen Situation zur Orientierung verhilft (Kopelman 1997). Sowohl der Respekt vor der Religion des Gegenübers als auch praktische Überlegungen machen Empathie, Interesse und Bejahung von Idealen zu einem grundlegenden Bestandteil der pflegerischen und therapeutischen Beziehung zwischen Team, Patient und Eltern. Um Näheres über diese tragenden Stützen zu erfahren, wäre bei Bens Familie ein aktives, wenn auch sensibles Erfragen der religiös-spirituellen Vorstellungen angezeigt. Dabei kann es sinnvoll sein, einen unabhängigen und von der Familie akzeptierten Vermittler (Priester, Ethiker, Fachperson für transkulturelle Fragen etc.) beizuziehen. Das Ziel besteht darin, die religiös-spirituellen Stützen der Familie bei der Unterbreitung einer schweren Diagnose und der zugehörigen Behandlungsstrategie professionell und konstruktiv miteinzubeziehen. Obwohl die Kollision unterschiedlicher Vorstellungen für alle Beteiligten ein verunsicherndes und auch verletzendes Ereignis sein kann, erfolgt der Aufprall doch selten oder nie frontal, sondern erlaubt in letzter Konsequenz eine gemeinsame Richtung (Fadiman 1998). Die Ideal-Dimension hilft, diese Richtung bereits im Vorfeld abzuschätzen und Helfer sowie Hilfesuchenden auf einen möglichen Aufprall vorzubereiten.

10.2.2 Schwellenwert-Dimension

In scharfem Kontrast zu den individuellen Wertvorstellungen eines Ideals steht die Schwellenwert-Dimension, denn hier steht primär nur ein Wert im Vordergrund: das *Nicht-Schadens-Prinzip* (Diekema 2011). Dieses setzt sorgeberechtigen Personen Schranken, sobald für das Kind mit einem gravierenden Schaden zu rechnen ist. Was als gravierender Schaden zu gelten hat, wird im Gegensatz zur Ideal-Dimension nicht durch eine individuelle Wertvorstellung, sondern rechtlich und ethisch möglichst breit abgestützt und objektiv nachvollziehbar begründet. Der Tod eines gesunden oder mit hoher Wahrscheinlichkeit heilbaren Kindes stellt dabei eine deutliche Überschreitung des Schwellenwertes dar und ist aus Achtung vor dem Kind als Subjekt schwerer zu gewichten als eine mögliche Verletzung religiöser Gebote. Mit abnehmender Heilungschance erhöht sich dagegen die Schwelle für eine Durchsetzung therapeutischer Maßnahmen gegen den Willen der Eltern und des Kindes. Relevant sind zudem die sich entwickelnden Entscheidungskompetenzen (*evolving capacities*) des Kindes. Hier steigt der Schwellenwert proportional zur Entscheidungskompetenz des Kindes, bis zu einem Punkt, an dem das Nicht-Schadens-Prinzip und die Dimension des Schwellenwertes zugunsten der Autonomie einer jungen Person gänzlich in den Hintergrund rücken.

Maßnahmen und Entscheidungen innerhalb der Schwellenwert-Dimension können für den Schutz eines Kindes sehr wichtig sein. Sie werden aber den vielschichtigen und längerfristigen Prozessen im klinischen und pflegerischen Alltag ohne eine weitere Dimension kaum gerecht.

10.2.3 Handlungs-Dimension

Die Handlungs-Dimension ist das Feld, in welchem die angesprochenen Prozesse stattfinden und wo pflegerische und therapeutische Maßnahmen im Vordergrund stehen. Die Beziehung zwischen Fachpersonen und der Familie unterliegt einer starken Dynamik. Dabei steht nicht die Frage nach der rechtlich wirksamen Urteilsfähigkeit eines Kindes im Mittelpunkt, sondern die Frage, wie ein Kind in Bezug auf Problemstellungen und die nötigen Entscheidungen bestmöglich miteinbezogen, unterstützt und begleitet werden kann. Wiederholte Gespräche mit vertrauten Bezugspersonen aus Pflege und Medizin, Erklärungen mit bildhaften Beispielen, Gespräche mit anderen betroffenen Kindern oder Wunschdokumente sind nur einige Beispiele, um die Kompetenzen eines Kindes zu prüfen und zu fördern.

Die Frage, ob ein Kind oder seine Eltern eine bestimmte Therapie ablehnen dürfen, sollte dabei nicht wie ein Damoklesschwert über der Beziehung zwischen der Familie und dem Behandlungsteam hängen und die Familie zwingen, sich für oder gegen die Medizin zu entscheiden. Vielmehr sollte diese Frage in einen Prozess eingebettet sein, in welchem das Kind als Subjekt mit seinen Ängsten, Bedürfnissen und Idealen sowie seiner gesundheitlichen Situation ernstgenommen wird.

Es kann gerechtfertigt sein, mit der Familie von Beginn an über die Schwellenwert-Dimension und die Pflicht, das Kind vor Schaden zu schützen, zu sprechen. Im Mittelpunkt sollte aber die Handlungs-Dimension stehen, die es Ben und seinen Eltern ermöglicht, innerhalb der vertretbaren Grenzen und unter Berücksichtigung der religiös-spirituellen Weltanschauung die nächsten Schritte zu erarbeiten. Dabei ist es unter Umständen sinnvoll, die Handlungsoptionen und die damit zusammenhängenden ethischen Fragen innerhalb des Teams mithilfe eines Ethikers oder eines Moderators zu besprechen, um im Behandlungsteam Unsicherheiten und mögliche Uneinigkeiten zu thematisieren und zu klären (Streuli et al. 2013). Es ist davon auszugehen, dass sich ein Konsens im Team in Verbindung mit einem aktiven Miteinbezug der Familie positiv auf das Vertrauen zwischen Eltern und Kind sowie Behandlungsteam auswirkt (Power und Franck 2008). Gleichzeitig bleibt aber auch eine Empfehlung basierend auf einer ethischen Fallbesprechung ein punktuelles Ereignis, das nur als einzelner Baustein eines umfassenden und kontinuierlichen Entscheidungsfindungsprozesses zu sehen ist. Die eigentliche Stütze einer erfolgreichen Behandlung und der zugrunde liegenden Beziehung zwischen dem Behandlungsteam und der Familie liegt aber primär in einer umfassenden kind- und familienorientierten Betreuung und Pflege (Committee on Hospital Care and Institute for Patient- and Family-centered Care 2012). Grundlegend dafür ist 1. der offene, objektive und vorbehaltlose Austausch von Informationen, 2. der Respekt für unterschiedliche kulturelle, spirituelle, pflegerische und therapeutische Wertvorstellungen, 3. eine partnerschaftliche Entscheidungsfindung und Zusammenarbeit unter Berücksichtigung individueller Stärken und Bedürfnisse, 4. die Offenheit und Flexibilität in der Gestaltung des Behandlungsplans und 5. die Betreuung der Familie unter Beachtung ihrer Lebenswelt außerhalb einer Institution des Gesundheitswesens (Kuo et al. 2012).

Anstelle einer ethischen Empfehlung

Eine kind- und familienorientierte ethische Entscheidungsfindung endet nicht mit dem Konsens bzw. Dissens zwischen der Familie und dem Team, sondern zeichnet sich durch eine kontinuierliche, professionelle und letztlich ergebnisoffene Begleitung durch Pflege und Medizin aus. Dementsprechend endet die vorliegende Besprechung nicht mit konkreten ethischen Empfehlungen, sondern mit einer der vielen möglichen „Erzählweisen“ von Bens Geschichte:

Bereits in der Pflegeanamnese am Tag der stationären Abklärung wurde der große Stellenwert der Religion deutlich. Die Pflegefachperson teilte die Ergebnisse dem zuständigen Arzt mit und dieser bat darauf den Kinderarzt der Familie telefonisch um seine Einschätzung. Bei der Übermittlung der schwierigen Nachricht am nächsten Tag gab das gut informierte Behandlungsteam Ben und den Eltern zu verstehen, dass es ihnen wichtig sei, die Bedürfnisse und die Vorstellungen der Familie in den Behandlungsplan miteinzubeziehen. Man einigte sich darauf, den Behandlungsplan mit den Eltern, Ben und einem Pfarrer gemeinsam auszuarbeiten. Während der Behandlungsplan in der Folge von den Eltern und Ben akzeptiert wurde, erwies sich die anschließende Behandlungsphase als sehr schwierig. Zahlreiche Sitzungen zwischen der Familie und dem Behandlungsteam sowie die vielfältigen Anpassungen am Behandlungsplan provozierten Spannungen im Team und erforderten ein ethisches Gespräch mit Betrachtung der verfügbaren Handlungsoptionen (vgl. Streuli et al. 2013). Man einigte sich auf bestimmte Indikatoren (u. a. Nichterscheinen zur nächsten Chemotherapie) im Sinne von Schwellenwerten, bei denen ein erneutes ethisches Gespräch und eine Kinderschutzsitzung der Spital-assoziierten Kinderschutzgruppe einberufen würde. Dies half den Fachpersonen geeint aufzutreten und gleichzeitig die respektvolle Haltung gegenüber den Eltern und Ben zu bewahren. Zudem entwickelte Ben dank dem kontinuierlichen Miteinbezug in die verschiedenen Gespräche zunehmend ein umfassendes Verständnis für die Symptome des Grundleidens, die Nebenwirkungen der Therapie und die Konsequenzen möglicher Handlungsentscheidungen.

10.3 Rechtliche Beurteilung

10.3.1 Schweizerisches Recht

Bernhard Rütsche, Nadja D'Amico

Das Erziehungsrecht der sorgeberechtigten Eltern und mithin deren Entscheidungsbefugnis in medizinischen Angelegenheiten findet im schweizerischen Recht seine Grenze einerseits an der Handlungsfähigkeit des Kindes und anderseits am Kindeswohl.

Stellvertreterentscheidungen der Eltern

Die Einwilligung in eine medizinische Behandlung bzw. die Ablehnung derselben stellt ein relativ höchstpersönliches Recht dar. Solche Rechte üben *urteilsfähige* Kinder und Jugendliche selbstständig aus – auch wenn sie noch nicht volljährig (18 Jahre) sind (Art. 11 Abs. 2 BV und Art. 19c Abs. 1 ZGB). Für *urteilsunfähige* Kinder hingegen handelt die gesetzliche Vertretung (Art. 19c Abs. 2 ZGB), welche bei Kindern im Normalfall durch die sorgeberechtigten Eltern ausgeübt wird (Art. 304 Abs. 1 ZGB). Entscheidendes Kriterium für die Frage der elterlichen Befugnis zur Stellvertreterentscheidung ist somit die Urteilsfähigkeit des Kindes.

Nach Art. 16 ZGB ist jeder urteilsfähig, „dem nicht wegen seines Kindesalters oder infolge von Geisteskrankheit, Geistesschwäche, Trunkenheit oder ähnlichen Zuständen die Fähigkeit mangelt, vernunftgemäß zu handeln". In medizinischen Angelegenheiten bedeutet Urteilsfähigkeit, dass der Patient intellektuell fähig ist, die Sachlage, d. h. seine Erkrankung, die vorgeschlagenen Behandlungsmöglichkeiten, deren Vor- und Nachteile sowie die Folgen einer Nichtbehandlung zu verstehen und in voller Kenntnis der Sachlage einen eigenen freien Willen zu bilden und gemäß diesem zu handeln. Dies beinhaltet auch die Fähigkeit, einem äußeren Druck – beispielsweise durch die Eltern – zu widerstehen.

Wie im deutschen, aber anders als im österreichischen Recht hat der Gesetzgeber auf eine starre Altersgrenze für die Annahme der Urteilsfähigkeit verzichtet. Diese muss in jedem konkreten Einzelfall individuell beurteilt werden (*Relativität der Urteilsfähigkeit*, vgl. BGE 118 Ia 236 E. 2b S. 238). Jedoch geht die bundesgerichtliche Rechtsprechung aufgrund der allgemeinen Lebenserfahrung von der Vermutung aus, dass ein Kleinkind bezüglich medizinischer Behandlungen urteilsunfähig und ein Jugendlicher nahe der Volljährigkeit urteilsfähig ist. Für die dazwischen liegende Altersstufe erlaubt es die allgemeine Lebenserfahrung hingegen nicht, Vermutungsregeln aufzustellen, da die Urteilsfähigkeit des Kindes stark von seiner individuellen Entwicklung abhängt (BGE 134 II 235 E. 4.3.3 S. 241). In der Praxis befindet der behandelnde Arzt darüber, ob ein Kind oder Jugendlicher für die geplante medizinische Maßnahme als urteilsfähig anzusehen ist.

Die Grenze der elterlichen Vertretungsmacht bildet in allen Fällen das *Kindeswohl* (vgl. Art. 301 Abs. 1 ZGB; Art. 11 Abs. 1 BV). Ob eine bestimmte medizinische Behandlung im Kindeswohl liegt, ist nach objektiven Kriterien (BGE 114 Ia 350 E. 7b/bb S. 363), d.h. in Abwägung der Vor- und Nachteile der in Frage stehenden medizinischen Behandlung, zu beurteilen. Gefährden die Eltern mit der Verweigerung ihrer Einwilligung zu einer medizinisch indizierten Behandlung die gesunde Entwicklung des Kindes, muss die Kindesschutzbehörde die notwendigen Maßnahmen ergreifen, um das Kindeswohl sicherzustellen.

Einbezug von Kindern in die Entscheidungsfindung

Wie erwähnt geben minderjährige, aber urteilsfähige Patienten ihre Einwilligung oder Ablehnung zu einer medizinischen Behandlung alleine ab, d. h. auch ohne und sogar gegen den Willen der Eltern. Sie nehmen demzufolge das Selbstbestimmungsrecht über ihren eigenen Körper selbstständig wahr. Die sorgeberechtigten Eltern sind nur befugt, an Stelle des minderjährigen Kindes oder Jugendlichen die Einwilligung resp. Ablehnung zu erteilen, wenn diese urteilsunfähig sind (BGE 134 II 235 E. 4.1 S. 237 f.). Für diesen Fall statuiert Art. 301 Abs. 2 ZGB ein altersunabhängiges Recht des Kindes gegenüber seinen Eltern, dass seine Meinung in wichtigen Angelegenheiten, unter welche physische Eingriffe zweifelsfrei fallen, „soweit tunlich" berücksichtigt wird. Dieser zivilrechtlichen Verankerung eines Mitspracherechts des Kindes stehen heute Art. 12 Abs. 1 KRK (Kinderrechtkonvention) und Art. 6 Abs. 2 BMK (Übereinkommen über Menschenrechte und Biomedizin) zur Seite. Nach beiden – von der Schweiz ratifizierten – internationalen Übereinkommen ist die Meinung des Kindes entsprechend seinem Alter und seiner Reife zu berücksichtigen. Somit muss auch bei urteilsunfähigen Kindern die Willensbildungs- und Willensausdrucksfähigkeit abgeklärt und in die Entscheidungsfindung miteinbezogen werden.

Vorgehen bei Konflikten

Im vorliegenden Fall lehnen die Eltern wie auch Ben selber eine Therapie ab, die medizinisch indiziert ist und deren Durchführung zweifellos im objektiven Interesse des Kindes liegt, d. h. zur Wahrung des Kindeswohls unerlässlich ist. Die Ärzte haben in dieser Situation die Aufgabe, die zum Schutz des Kindeswohls notwendigen Vorkehrungen zu treffen. Dazu gehört zunächst die *Abklärung der Urteilsfähigkeit* des Kindes, sofern diesbezüglich Zweifel bestehen. Ben befindet sich mit seinen 12 Jahren in einem Alter, in welchem die Urteilsfähigkeit stark von der individuellen Reifeentwicklung abhängt, weshalb in dieser Hinsicht grundsätzlich keine allgemeinen Vermutungen angestellt werden können. In Bezug auf den *medizinischen Eingriff* an sich (Indikationsstellung, Spontanverlauf der Krankheit, Risiken und Belastungen eines Eingriffs) könnte er, nach Erhalt der nötigen Informationen, sehr wohl urteilsfähig sein. Zu bedenken ist allerdings, dass die Entscheidung von Ben durch *religiöse Motive* beeinflusst ist. Art. 303 ZGB legt fest, dass die Eltern über die religiöse Erziehung des Kindes bestimmen und das Kind erst mit dem 16. Altersjahr selbstständig über sein religiöses Bekenntnis entscheidet. Der Gesetzgeber geht somit davon aus, dass sich Kinder erst ab dem 16. Altersjahr in der Lage sind, sich in religiösen Angelegenheiten ein eigenständiges Urteil zu bilden.

Angesichts des religiös geprägten Entscheidungsumfelds ist somit zumindest zweifelhaft, ob der zwölfjährige Ben als urteilsfähig anzusehen ist. Im Prinzip sind daher die Eltern befugt, als gesetzliche Vertreter über die Durchführung von medizinischen Maßnahmen zu entscheiden. Allerdings steht die elterliche Ablehnung einer mit hoher Wahrscheinlichkeit lebensrettenden Therapie in klarem Widerspruch zu den objektiven Interessen des Kindes. Das bedeutet, dass die Ablehnung der Therapie nicht mehr vom elterlichen Vertretungsrecht abgedeckt ist und das Entscheidungsrecht an die *Kindesschutzbehörde* übergeht (vgl. Art. 306 Abs. 3 ZGB). Eine Intervention der Kindesschutzbehörde greift jedoch unter Umständen empfindlich in das System der Familie und des Kindes ein. Um eine solche Intervention zu vermeiden, sollten daher die involvierten Ärzte und Pflegenden versuchen, im Rahmen einer nachhaltigen Betreuung von Familie und Kind deren Situation möglichst gut zu verstehen und einen akzeptablen Ausgleich der betroffenen Interessen zu finden (vgl. ethische Fallbeurteilung am Ende).

Wird die Kindesschutzbehörde dennoch angerufen, kann sie weitere Abklärungen vornehmen lassen. Zur Sicherstellung der Therapie kann die Behörde auch einen Beistand ernennen und den Eltern notfalls die Obhut entziehen. In dringlichen Fällen ist die Behörde befugt, die notwendigen Maßnahmen vorsorglich anzuordnen, bei besonderer Dringlichkeit auch ohne Anhörung der am Verfahren beteiligten Personen (sog. superprovisorische Anordnung). Gegen die Entscheide der Kindesschutzbehörde steht den Eltern die Beschwerde an das zuständige Gericht offen.

10.3.2 Deutsches Recht

Tade Matthias Spranger

Dreh- und Angelpunkt der Frage, ob die Eltern aus religiösen Gründen eine medizinisch notwendige Behandlung ihres minderjährigen Kindes verweigern können, ist das Verhältnis des öffentlichen Interesses am Kindeswohl zum Recht auf religiöse Erziehung seitens der Eltern (Art. 6 Abs. 2 GG).

Stellvertreterentscheidungen von Eltern

Gemäß §§ 1626 und 1629 BGB sind nach deutschem Recht die Eltern die gesetzlichen Vertreter des Kindes, womit sie als Sorgeberechtigte auch hinsichtlich der Frage eines ärztlichen Heileingriffs vertretungsbefugt sind. § 1666 BGB bestimmt, dass das Familiengericht die erforderlichen Maßnahmen zum Schutz des Kindes zu ergreifen hat, sofern das körperliche, geistige oder seelische Wohl des Kindes durch eine missbräuchliche Ausübung der elterlichen Sorge gefährdet ist. Hierzu gehört nicht zuletzt die (zumindest vorübergehende) Entziehung des Sorgerechts. In einem ähnlich gelagerten Fall, in dem es um die religiös motivierte Verweigerung einer notwendigen Bluttransfusion für das Kind durch die Eltern ging, hat das Oberlandesgericht Düsseldorf die vorübergehende Entziehung des elterlichen Sorgerechts für die Dauer der Operation angeordnet (OLG Düsseldorf, Beschluss vom 1. Juli 1992, Az. 3 Wx 217/92).

Einbezug von Kindern in die Entscheidungsfindung

Die Frage, inwieweit Kinder oder Jugendliche in die Entscheidungsfindung hinsichtlich der Durchführung eines medizinisch notwendigen Eingriffs einbezogen werden können bzw. müssen, bestimmt sich in erster Linie nach der Einwilligungsfähigkeit des Minderjährigen. Dabei ist die Einwilligungsfähigkeit des Minderjährigen zu verneinen, wenn er nicht die nötige Einsichtsfähigkeit besitzt, um nach einer erfolgten ärztlichen Aufklärung das Wesen, die Tragweite und die Bedeutung des Eingriffs zu erfassen. Feste Altersgrenzen haben sich hier bislang nicht etabliert. Unabhängig von ihrer Einwilligungsfähigkeit haben auch jüngere Minderjährige als Ausprägung ihres in Art. 2 Abs. 1 GG verbürgten Persönlichkeitsrechts jedenfalls das Recht auf eine umfassende Aufklärung hinsichtlich des Eingriffs.

Das Selbstbestimmungsrecht des Kindes kann aber nur dann berücksichtigt werden, wenn das Kind in der Lage ist, auch die *Konsequenzen* eines ärztlichen Eingriffs bzw. einer Nichtbehandlung richtig einzuschätzen. Nach allgemeiner Auffassung ist dies etwa mit 16 Jahren der Fall, wobei die Grenze im Bereich der sexualmedizinischen Maßnahmen dann deutlich unter dieser Altersschwelle liegen kann, wenn es beispielsweise um Fragen der Geschlechtsumwandlung oder der Durchführung einer Abtreibung geht, die bereits in deutlich früherem Alter relevant werden können.

Vorgehen bei Konflikten

Wie bereits angesprochen fordert § 1666 BGB bei Gefährdungen des Kindeswohls, dass das zuständige Gericht die erforderlichen Maßnahmen ergreift. Bei besonderer Eilbedürftigkeit kann eine solche Entscheidung auch als einstweilige Anordnung unter Verzicht auf die Gewährung rechtlichen Gehörs für die Eltern ergehen. Ist eine richterliche Entscheidung in Eilfällen nicht rechtzeitig zu erlangen, so stellt sich die Frage, welche Befugnisse den behandelnden Ärzten insoweit zustehen. Unter der Prämisse, dass es das vorrangige Ziel des § 1666 BGB ist, einen Missbrauch der elterlichen Sorge zu verhindern, wird den Ärzten bei Unerreichbarkeit des Familiengerichts und bei

Vorliegen akuter Lebensgefahr oder der Gefahr schwerer gesundheitlicher Folgeschäden die Befugnis eingeräumt, im Interesse des Kindeswohls den Eingriff auch gegen den Willen der Eltern durchzuführen. Rechtlich wird diese Vorgehensweise auf das Konstrukt der mutmaßlichen Einwilligung gestützt; eine Entscheidung des Familiengerichts ist jedoch nachträglich einzuholen.

10.3.3 Österreichisches Recht

Christian Kopetzki

Die rechtlichen Rahmenbedingungen sind, trotz mancher Abweichungen im Detail, ähnlich wie jene in Deutschland: Auf verfassungsrechtlicher Ebene stehen die elterlichen Rechte hinsichtlich der Pflege und Erziehung ihrer Kinder unter grundrechtlichem Schutz (Art. 8 EMRK), der grundsätzlich auch religiöse Motive bei der Ausübung des Sorgerechts einschließt (Art. 9 EMRK; Art. 2 1. ZP EMRK). Dieser Schutz der „*Familienautonomie*" gegenüber staatlicher Einmischung wird aber durch die Grundrechte des Kindes, insbesondere seine Rechte auf Leben (Art. 2 EMRK) und körperliche Integrität (Art. 8 EMRK) sowie die darauf abzielenden staatlichen *Schutzpflichten*, begrenzt. Bei der Ausgestaltung dieses Spannungsverhältnisses kommt dem einfachen Gesetzgeber zwar ein erheblicher Beurteilungsspielraum zu, der auch durch die (in Österreich teilweise im Verfassungsrang transformierte) UN-Kinderrechtskonvention (vgl. das Bundesverfassungsgesetz über die Rechte von Kindern, BGBl. I 2011/4) nicht wesentlich geschmälert wird. Nicht zuletzt als Folge langjähriger Diskussionen über religiös motivierte Behandlungsverweigerungen bei (minderjährigen) Zeugen Jehovas besteht jedoch Konsens darüber, dass weder die Religionsfreiheit noch das Sorgerecht der Eltern diesen ein Recht verleiht, ihren Kindern eine medizinisch dringend notwendige (und schon gar nicht eine vitale) Heilbehandlung zu verweigern. Staatliche Eingriffe in das elterliche Sorgerecht können daher zum Schutz des Kindeswohls zulässig und geboten sein; allerdings ist dabei der Grundsatz der Verhältnismäßigkeit zu wahren (dieser wäre etwa verletzt bei einem vorsorglichen Entzug des Sorgerechts bei einer Zeugin Jehovas ohne aktuell vorliegende gesundheitliche Bedrohung des Kindes; vgl. EGMR vom 22.6.1993, Hoffmann gegen Österreich).

Stellvertreterentscheidungen von Eltern

Der Themenkreis der Behandlungszustimmung bei Kindern ist in Österreich seit 2001 (erstmals) ausdrücklich gesetzlich geregelt: Nach § 146c Abs. 1 ABGB (seit 2013: § 173 Abs. 1 ABGB) können Einwilligungen in medizinische Behandlungen nur vom Kind selbst erteilt werden, sofern das Kind bereits einsichts- und urteilsfähig ist. Das Vorliegen dieser „*Einsichts- und Urteilsfähigkeit*" wird von Gesetzes wegen bei mündigen Minderjährigen ab vollendetem 14. Lebensjahr (widerleglich) vermutet. Fehlt dem Kind die Einsichts- und Urteilsfähigkeit (was bis zum 14. Lebensjahr gesetzlich vermutet wird), dann ist die Zustimmung einer sorgeberechtigten Person erforderlich (das sind typischerweise die Eltern). Handelt es sich um eine „schwerwiegende" Behandlung, die gewöhnlich mit einer schweren oder nachhaltigen Beeinträchtigung der körperlichen Unversehrtheit oder der Persönlichkeit verbunden ist, dann bedarf die höchstpersönliche Zustimmung des mündigen Kindes zusätzlich der Zustimmung eines Sorgeberechtigten (§ 173 Abs. 2 ABGB). Bei Gefahr im Verzug (Lebensgefahr oder Gefahr einer schweren Gesundheitsschädigung) ist die Behandlung auch ohne die ansonsten nötigen Einwilligungen (sei es des Kindes oder der Eltern) zulässig, wenn diese nicht rechtzeitig eingeholt werden können (§ 173 Abs. 3 ABGB). Weitergehende gerichtliche Genehmigungsvorbehalte bestehen nicht.

Zentrale Leitlinie für die Ausübung des elterlichen Sorgerechts ist das *„Wohl" des Kindes* (§ 137 Abs. 2, § 138 ABGB), einschließlich der „Wahrnehmung des körperlichen Wohles und der Gesundheit" (§ 160 Abs. 1 ABGB). Die Konkretisierung dieses recht unbestimmten Begriffs liegt zunächst wieder in der Autonomie der Eltern; bei „Gefährdung" des Wohls tritt jedoch die überwachende *Aufsicht des Staates* (in Gestalt des Pflegschaftsgerichtes) auf den Plan (§ 181 Abs. 1 ABGB).

Einbezug von Kindern in die Entscheidungsfindung

Auch nach österreichischem Recht ist das (unmündige und daher rechtlich nicht selbst entscheidungsbefugte) Kind in die Entscheidungsfindung betreffend die Durchführung einer medizinischen Behandlung einzubeziehen, wobei sich die Intensität dieser Einbindung nach dem Grad der Einsichtsfähigkeit richtet: Nach § 160 Abs. 3 ABGB haben die Eltern „auch auf den Willen des Kindes Bedacht zu nehmen, soweit dem nicht dessen Wohl oder ihre Lebensverhältnisse entgegenstehen. Der Wille des Kindes ist umso maßgeblicher, je mehr es den Grund und die Bedeutung einer Maßnahme einzusehen und seinen Willen nach dieser Einsicht zu bestimmen vermag". Da die „Bedachtnahme" auf den kindlichen Willen aber wiederum durch „dessen Wohl" begrenzt wird, liegt die Definitionsmacht über das Ausmaß der Einbeziehung letztlich (wenngleich unter gerichtlicher Aufsicht) in der Hand der Eltern.

Vorgehen bei Konflikten

Lehnt ein bereits einsichts- und urteilsfähiges mündiges Kind (über 14 Jahren) eine Behandlung ab, dann kann diese Weigerung weder durch die Eltern noch durch das Pflegschaftsgericht substituiert werden: Die elterliche Zustimmung allein könnte die nach § 173 Abs. 1 ABGB nötige höchstpersönliche Einwilligung des Kindes nicht ersetzen, auch nicht bei lebensnotwendigen Behandlungen. Dieses starke Gewicht des Selbstbestimmungsrechts bei mündigen Minderjährigen in Bezug auf Behandlungsverweigerungen wurde im Patientenverfügungsgesetz 2006 neuerlich bekräftigt, indem die Errichtung einer verbindlichen Patientenverfügung (mit dem Inhalt einer Behandlungsablehnung) ab Erreichen der Einsichts- und Urteilsfähigkeit (also grundsätzlich ab 14 Jahren) rechtlich möglich ist. Die Motive der (allenfalls religiös begründeten) Weigerung spielen dabei für sich genommen keine Rolle. Denkbar wäre allenfalls, in Grenzfällen das Vorliegen der Einsichtsfähigkeit oder die Freiwilligkeit der Willensäußerung des Kindes (z. B. bei massiven innerfamiliären Drucksituationen) in Zweifel zu ziehen.

Willigt hingegen ein bereits einsichtsfähiges Kind in eine schwerwiegende Behandlung ein und wird die (zusätzlich nötige) Zustimmung der Eltern nicht erteilt, so fällt die rechtliche „Konfliktlösungskompetenz“ dem *Pflegschaftsgericht* zu. Das gilt auch für den Fall (wie jenem des Eingangssachverhalts), dass die Eltern die Zustimmung zur Behandlung eines noch nicht einsichtsfähigen Kindes verweigern. Nach § 181 Abs. 1 ABGB hat das Gericht, „von wem immer es angerufen wird, die zur Sicherung des Wohles des Kindes nötigen Verfügungen zu treffen.“ Insbesondere kann es den Eltern die Obsorge ganz oder teilweise entziehen oder die Zustimmung ersetzen, wenn keine rechtfertigenden Gründe für die Weigerung vorliegen. Die „Anrufung“ des Gerichts ist eine Berufspflicht des Gesundheitspersonals, das – sofern keine rechtlich bindende Behandlungsverweigerung vorliegt – zur Wahrung des gesundheitlichen Wohls des Patienten verpflichtet ist (vgl. z. B. § 49 Abs. 1 ÄrzteG).

Richtschnur für die Ausübung dieses weitgespannten richterlichen Ermessensspielraums ist die Wahrung des „*Kindeswohls*“. So heikel diese Beurteilung in manchen Konstellationen auch sein mag: Die religiös begründete Verweigerung der elterlichen Einwilligung in eine dringend notwendige und prognostisch überaus positiv zu beurteilende (weil mit hoher Erfolgschance verbundene) Therapiemaßnahme wäre nach österreichischem Verständnis jedenfalls dann ein hinreichender Grund für eine richterliche Intervention, wenn dem Kind bei Unterbleiben der Behandlung schwere gesundheitliche Schäden drohen, die durch entsprechende ärztliche Maßnahmen abgewendet werden könnten.

Sofern kein besonderes Eilbedürfnis besteht, hätte das Pflegschaftsgericht in derartigen Konstellationen den Eltern insofern das Sorgerecht (teilweise) zu entziehen, als es zum Schutz des Kindes unbedingt erforderlich ist. An deren Stelle tritt dann die Zuständigkeit des *Jugendwohlfahrtsträgers* als „Amtsvormund“, der seine Entscheidungsbefugnisse erforderlichenfalls auch mit polizeilichem Zwang gegenüber den Eltern durchsetzen kann. In dringenden Fällen kann der Jugendwohlfahrtsträger auch von sich aus (ohne gerichtlichen Sorgerechtsentzug) die nötigen Sofortmaßnahmen bis zum Wirksamwerden der gerichtlichen Entscheidung treffen (§ 211 ABGB). Ist die Behandlungsnotwendigkeit so akut, dass auch die Einschaltung des Jugendwohlfahrtsträgers voraussichtlich zu spät käme (z. B. bei intraoperativem Blutbedarf), wären die behandelnden Ärzte dazu berechtigt und auch dazu verpflichtet, die (insofern missbräuchliche und daher rechtswidrige) Zustimmungsverweigerung der Eltern zu missachten und die nötigen Behandlungsschritte zu setzen.

Literatur und Materialien

Aebi-Müller RE, Tanner D (2006) Das behinderte Kind im Zivilrecht. In: Sprecher F, Sutter P (Hrsg.) Das behinderte Kind im schweizerischen Recht. Schulthess, Zürich, S. 81–113

Alderson P (2003) Die Autonomie des Kindes–\über die Selbstbestimmungsfähigkeit von Kindern in der Medizin. In: Wiesemann C, Dörries A, Wolfslast G, Simon A (Hrsg.) Das Kind als Patient: ethische Konflikte zwischen Kindeswohl und Kindeswille. Campus, Frankfurt am Main, 28–47

Barth P (2002) Minderjährige Patienten im Konflikt mit ihren Eltern. ÖJZ 57:596–606

Barth P (2008) Kommentar zu § 146c ABGB. In: Fenyves A, Kerschner F, Vonkilch A (Hrsg.) Kommentar zum Allgemeinen Bürgerlichen Gesetzbuch, 3. Aufl. Österreich, Wien

Baverstock A, Finlay F (2012) Faith healing in paediatrics: what do we know about its relevance to clinical practice? Child: Care, Health Dev 38(3):316–320

Beauchamp TL, Childress JF (2008) Principles of Biomedical Ethics, 6. Aufl. University Press, Oxford

Bernat E (2002) Die medizinische Behandlung Minderjähriger im österreichischen Recht – Selbst- und Fremdbestimmung nach dem Inkrafttreten des Kindschaftsrechts-Änderungsgesetzes 2001. VersR 53:1467–1478

Committee on Hospital Care and Institute for Patient- and Family-centered Care (2012) Patient- and Family-Centered Care and the Pediatrician's Role. Pediatrics 129(2):394–404

Diekema DS (2011) Revisiting the best interest standard: uses and misuses. The Journal of Clinical Ethics 22(2):128–133

Fadiman A (1998) The Spirit Catches You and You Fall Down: A Hmong Child, Her American Doctors, and the Collision of Two Cultures. Noonday Pr, New York

Gächter T, Rütsche B (2013) Gesundheitsrecht, 3. Aufl. Helbing Lichtenhahn, Basel

Haidenthaller P (2001) Die Einwilligung Minderjähriger in medizinische Behandlungen – Gedanken zum neuen § 146c ABGB. RdM 8:163–174

Jossen R (2009) Ausgewählte Fragen zum Selbstbestimmungsrecht des Patienten beim medizinischen Heileingriff. Stämpfli, Bern

Kopelman LM (1997) The Best-Interests Standard as Threshold, Ideal, and Standard of Reasonableness. J Med Philos 22(3):271–289

Kopetzki C (2000) Landesbericht Österreich. In: Taupitz J (Hrsg.) Zivilrechtliche Regelungen zur Absicherung der Patientenautonomie am Ende des Lebens. Springer, Berlin, 1–63

Kuo D, et al. (2012) Family-Centered Care: Current Applications and Future Directions in Pediatric Health Care. Mat Child Health J 16(2):297–305

Manaï D (2002) Le pouvoir parental et droit médical. FamPra:197–222

Michel M (2008) Zwischen Autonomie und fürsorglicher Fremdbestimmung: Partizipationsrechte von Kindern und Jugendlichen im Bereich medizinischer Heilbehandlungen. FamPra:243–275

Michel M (2009) Rechte von Kindern in medizinischen Heilbehandlungen. Helbing Lichtenhahn, Basel

Power N, Franck L (2008) Parent participation in the care of hospitalized children: a systematic review. Journal of Advanced Nursing 62(6):622–641

Resch R (2002) Die Fähigkeit zur Einwilligung – zivilrechtliche Fragen. In: Kopetzki C (Hrsg.) Einwilligung und Einwilligungsfähigkeit. Manz, Wien, S. 38–53

Salter EK (2012) Deciding for a child: a comprehensive analysis of the best interest standard. Theor Med Bioethics 33(3):179–198

Stabentheiner J (2003) Kommentar zu § 146c ABGB. In: Rummel P (Hrsg.) Kommentar zum Allgemeinen Bürgerlichen Gesetzbuch, 3. Aufl. Manz, Wien (online-Version, Stand 2003)

Streuli J, Michel M, Vayena E (2011) Children's Rights in Pediatrics. European Journal of Pediatrics 170(1):9–14

Streuli, J, Staubli G, Pfändler-Poletti M, Baumann-Hölzle R, and Ersch J. (2013) Five-Year Experience of Clinical Ethics Consultations in a Pediatric Teaching Hospital. European Journal of Pediatrics ahead of print

Thommen M (2004) Medizinische Eingriffe an Urteilsunfähigen und die Einwilligung der Vertreter. Helbing Lichtenhahn, Basel

Worthington R, Mercurio MR (2011) Family Beliefs and the Medical Care of Children. In: Diekema DS, Mercurio MR, Adam MB (Hrsg.) Clinical Ethics in Pediatrics: A case-based textbook, Cambridge University Press, S. 27–31

Wyttenbach J (2006) Grund- und Menschenrechtskonflikte zwischen Eltern, Kind und Staat, Schutzpflichten des Staates gegenüber Kindern und Jugendlichen aus dem internationalen Menschenrechtsschutz und der Bundesverfassung (Art. 11 BV). Helbing Lichtenhahn, Basel

B Biowissenschaften: Forschung und Entwicklung

Sohaila Bastami

11 Forschung am Menschen

Fallbeispiel

Margrit Meier ist eine Patientin an einer renommierten Universitätsklinik. Sie leidet unter einem Glioblastoma Multiforme (GBM), einer malignen Krebserkrankung des Gehirns mit einer sehr schlechten Überlebensprognose. Selbst mit Maximaltherapie (Resektion, Radio- und Chemotherapie) überleben die Patienten nur wenige Monate bis höchstens wenige Jahre.

Gegenwärtig wird an der Universitätsklinik ein neues Chemotherapeutikum für GBM im Rahmen einer Phase I Studie getestet (klinische Arzneimittelstudien werden in vier Phasen unterteilt. In der Phase I geht es darum, die Pharmakokinetik und Toxizität eines Medikaments in verschiedenen Dosen zu überprüfen. Dabei sind die Dosen nach einem fixen Schema vorgegeben – sie werden nicht an individuelle Patienten angepasst; vgl. Benkert et al. 2012). Das Medikament hat in Tierstudien gute Resultate gezeigt. So schrumpfte der Tumor merklich und die Ratten überlebten deutlich länger. Frau Meier möchte unbedingt an dieser Studie teilnehmen und setzt ihre Hoffnungen voll auf das neue Medikament. Sie meint, die Teilnahme an der Studie sei ihre letzte Chance, da sie dadurch die neue Therapie erhalten würde.

11.1 Problemfelder

Unterscheidung Forschung und Therapie

Frau Meier möchte als Versuchsperson an einem klinischen Forschungsprojekt teilnehmen. Das Arzt-Patienten-Verhältnis in der Forschung unterscheidet sich grundlegend von demjenigen in der Therapie, welche auf Heilung und Schmerzlinderung ausgerichtet ist. Ein Arzt, der seinen Patienten heilen möchte, betrachtet die Verbesserung des Gesundheitszustandes seines Patienten als oberstes Gebot. Es kann dabei im Einzelfall durchaus experimentelle Abweichungen von therapeutischen Standards geben, beispielsweise im Sinne eines *off label use* (Verabreichung von Arzneimitteln außerhalb der zugelassenen Indikationen) oder *compassionate use* (Verabreichung noch nicht zugelassener Arzneimittel im Rahmen eines individuellen Heilversuchs). Auch solche Abweichungen dienen aber dem oben genannten Zweck – dem einzelnen Patienten zu helfen. Forschung am Menschen hingegen ist definiert als jede „nach wissenschaftlichen Methoden durchgeführte, systematische Suche nach neuen, verallgemeinerbaren Erkenntnissen“ über Gesundheit und Krankheit beim Menschen (Schweizerische Akademie der Medizinischen Wissenschaften 2009). Der Forschungsleiter möchte funktionale Zusammenhänge aufdecken und damit verallgemeinerbares Wissen generieren. Die Versuchspersonen werden dabei nicht primär als Einzelpersonen betrachtet, sondern als Teil eines Kollektivs. Zugleich gilt aber der Grundsatz, dass der Schutz des Einzelnen Vorrang vor gesellschaftlichen oder wissenschaftlichen Interessen haben muss.

Schutz von Versuchspersonen

Früher legte man den Schutz der Versuchspersonen ganz in die Hände der Forschungsleiter. Ärzte, so dachte man, verfügten über die erforderliche moralische Substanz, um die richtigen Entscheide für die Versuchspersonen zu treffen. Die Erfahrung hat jedoch deutlich gezeigt, dass es sinnvoller ist, den Schutz von Versuchspersonen nicht alleine den Forschungsleitern zu überlassen, weil diese durch widerstreitende Interessen befangen sein können. Ein solcher Interessenkonflikt läge zum Beispiel vor, wenn ein Forschungsleiter die Sicherheit der Forschungsteilnehmer kompromittieren müsste, um valide Daten zu generieren. Das Forschungsprojekt kann zudem mit beträchtlichen finanziellen Anreizen verbunden sein, so etwa, wenn für die Forschungsgruppe Aussicht auf ein Patent besteht.

Beispiele für Forschung, welche heutzutage durch jeden moralischen Test durchfallen würden, sind die Menschen-Experimente, welche im nationalsozialistischen Deutschland durchgeführt wurden, oder die Tuskegee-Studie zu unbehandelter Syphilis, welche vierzig Jahre lang von 1932 bis 1972 in den USA geführt wurde. Die Tuskegee-Studie war unter anderem deswegen nicht mit moralischen Standards vereinbar, weil die Studienteilnehmer gar nicht wussten, dass sie an einer Studie über Syphilis teilnahmen (ihnen wurde gesagt, man studiere „schlechtes Blut“) und weil im Laufe der Studie ein wirksames Mittel gegen Syphilis gefunden wurde, die Patienten jedoch weder darüber aufgeklärt wurden noch dieses Mittel erhielten (Centers for Disease Control and Prevention 2011). Vor dem Hintergrund dieser Skandale entstanden forschungsethische Standards, deren Einhaltung von Ethikkommissionen geprüft wird. Eine solche Prüfung ist nicht nur vielerorts gesetzlich vorgeschrieben, sondern Geldgeber von Forschungsprojekten und biomedizinische Journals fordern häufig auch einen Nachweis, dass eine solche Prüfung erfolgt ist. Diese hat den Schutz der Forschungsteilnehmer zum Ziel, ist jedoch auch geeignet, die Forschungsleiter vor moralisch schwierigen Situationen zu bewahren.

Risiken und Nutzen der Forschung

Frau Meier steht vor einer schwierigen Entscheidung. Sie muss sich überlegen, ob der mögliche Nutzen, den sie sich aus einer Teilnahme an der klinischen Studie erhofft, potenzielle Risiken und Belastungen überwiegt. Angesichts der tödlichen Krankheit ist es durchaus möglich ist, dass sie bereit wäre, große Risiken in Kauf zu nehmen, um ihren Tod zumindest hinauszuzögern. Die Wahrscheinlichkeit, dass ihr Tod hinausgezögert wird, ist jedoch gering, da es sich um eine Phase-I-Studie handelt, in der es nicht darum geht, die Wirksamkeit des neuen Medikaments zu prüfen. Es stellt sich die Frage, ob es moralisch richtig ist, dass verzweifelte todkranke Patienten große Risiken für einen fraglichen Nutzen auf sich nehmen. Gleichzeitig sollte der Forschungsleiter darauf achten, dass er nicht paternalistisch agiert, d. h. sich mit Absicht über die Präferenzen eines Forschungsteilnehmers hinwegsetzt mit dem Ziel, diesem einen (vermeintlichen) Dienst zu erweisen (Beauchamp und Childress 2009a).

Selbstbestimmung der Forschungsteilnehmer

In der Forschung ist wie in der klinischen Medizin das Recht der Forschungsteilnehmer auf Selbstbestimmung von großer Bedeutung. Frau Meier hat jedoch eine organische Erkrankung des Gehirns, welche eventuell einen Einfluss auf ihre Fähigkeit hat, freie Entscheidungen zu treffen. Was bedeutet dies für die Teilnahme an der Forschung? Dürfen Personen mit eingeschränkter Fähigkeit zur Selbstbestimmung an Studien teilnehmen, welche nicht ihr Wohl als oberstes Ziel haben, sondern verallgemeinerbare Erkenntnisse gewinnen möchten? Oder müssen sie als vulnerable Gruppe geschützt werden, auch wenn dies bedeutet, dass ihr Zugang zur Teilnahme an der Forschung eingeschränkt wird?

11.2 Ethische Beurteilung

Unterscheidung Forschung und Therapie

Frau Meier möchte an einer Phase-I-Studie teilnehmen. Die Wirksamkeit des Medikaments wird erst in Phase II geprüft. Frau Meier scheint sich jedoch einen therapeutischen Vorteil aus der Teilnahme an der Studie zu erhoffen. Sie unterliegt anscheinend einem klassischen Missverständnis – sie verwechselt die Teilnahme an der Studie mit individualisierter ärztlicher Versorgung. Dieses Missverständnis nennt man im Fachjargon auch das „*therapeutische Missverständnis*". Es „existiert, wenn Individuen nicht verstehen, dass das definierende Ziel klinischer Forschung die Generierung verallgemeinerbaren Wissens ist, egal ob die Personen, welche in der Studie sind, möglicherweise einen Nutzen aus der studierten Intervention oder anderen Aspekten der Studie ziehen" (Henderson et al. 2007). Angesichts der Gefahr eines solchen therapeutischen Missverständnisses ist es von umso größerer Bedeutung, dass Versuchspersonen bzw. deren gesetzliche Stellvertreter hinreichend über den Forschungscharakter eines Projekts und die (fehlenden) therapeutischen Erfolgschancen aufgeklärt werden. Im Fallbeispiel ist somit entscheidend, dass Frau Meier klar versteht, was die Vor- und Nachteile der Teilnahme am Forschungsprojekt sind und welche Alternativen dazu bestehen.

Schutz von Versuchspersonen

Unter dem Eindruck der inhumanen Experimente, welche die Nationalsozialisten an Menschen durchgeführt hatten, stellte der erste US-amerikanische Militärgerichtshof auf deutschem Boden 1947 den *Nürnberger Kodex* auf (Mitscherlich und Mielke 1960). Dieser besteht aus zehn Geboten für die medizinische Forschung am Menschen. Das unbedingte freiwillige Einverständnis zur Teilnahme und somit der Ausschluss von vermindert Autonomiefähigen ist eines der zentralen Themen des Kodex. Es folgten nach Tuskegee und anderen forschungsethischen Skandalen weitere Dokumente, welche ethische Richtlinien für die Forschung am Menschen, seinem identifizierbaren biologischen Material und seinen Daten aufstellen. Die *Deklaration von Helsinki* ist ein solches Dokument. Sie wurde 1964 vom Weltärztebund erstmals erstellt und richtet sich an Ärzte, welche in der medizinischen Forschung tätig sind; auch andere Berufsgruppen sind jedoch dazu aufgefordert, sich an die Prinzipien zu halten (World Medical Association General Assembly 2008).

Ein weiteres wichtiges forschungsethisches Dokument ist der *Belmont Report* (The National Commission for the Protection of Human Subjects of Biomedical and Behavioral Research 1979). Er wurde 1979 von einer US-amerikanischen Kommission erstellt und hebt die grundlegenden ethischen Prinzipien hervor, auf welchen Forschung am Menschen basieren soll. Obwohl der Belmont-Report im US-amerikanischen Kontext erstellt wurde, haben die drei Prinzipien, die darin aufgestellt werden, auch im deutschsprachigen Raum große Bedeutung für die Forschung. Die Prinzipien liegen auch der Deklaration von Helsinki zugrunde. Es handelt sich um die Prinzipien des Respekts vor Personen, des Wohltuns und der Gerechtigkeit.

1. *Respekt vor Personen:* In der Forschung äußert sich der Respekt vor Personen auf verschiedene Art und Weise, je nach Grad der Autonomie der Person. Im Belmont Report wird eine autonomiefähige Person definiert als jemand, der sich persönliche Ziele setzen und gemäß diesen Zielen handeln kann. Das Prinzip des Respekts vor Personen beinhaltet neben dem Respekt vor der Selbstbestimmung des Einzelnen auch den Schutz von vermindert Autonomiefähigen. Beispiele dafür sind Kinder, welche ihre Autonomie noch nicht voll entwickelt haben, sowie Erwachsene, welche entweder nie Autonomie erlangt oder diese durch Erkrankung oder Unfall wieder verloren haben.

2. *Wohltun:* Aus dem Prinzip des Wohltuns („primum non nocere") folgen zwei verschiedene Verpflichtungen, nämlich einerseits das Prinzip des Nicht-Schadens und andererseits das Gebot, möglichen Nutzen der Forschung zu maximieren und möglichen Schaden zu minimieren. Das Prinzip ist auch in der klinischen Medizin von großer Bedeutung. Ob eine Teilnahme von Frau Meier an der klinischen Studie dem Prinzip „Wohltun" entspricht, hängt von objektiven und subjektiven Faktoren ab. Wenn Frau Meier unter falschen Hoffnungen an einer Studie teilnimmt, welche unter Umständen große Belastungen mit sich bringt, anstatt vielleicht während ihrer letzten Monate in einem Hospiz ein palliatives Therapieziel zu verfolgen, dann kann man argumentieren, dass sie durch Studienteilnahme einen Schaden davonträgt. Wenn Frau Meier hingegen versteht, dass sie mit großer Wahrscheinlichkeit keinen eigenen gesundheitlichen Vorteil aus der Studienteilnahme ziehen wird, und trotzdem an der

Studie teilnimmt, um gegebenenfalls künftigen Krebskranken zu helfen, dann zieht sie vielleicht einen – auch ideellen – Nutzen aus der Studienteilnahme, sodass das Prinzip des Wohltuns respektiert wird.

3. *Gerechtigkeit:* Dieses Prinzip befasst sich damit, wer die Risiken der Forschung tragen und wer die Früchte davon ernten soll. Die Frage wird besonders relevant, wenn Anreize zur Teilnahme an der Forschung geschaffen werden sollen. Wie kann man verhindern, dass die Risiken der Forschung überproportional in gewissen sozialen Schichten verteilt werden? Ist es gerecht, dass vorwiegend Erkrankungen erforscht werden, welche in entwickelten Ländern vorkommen, während gewisse Tropenkrankheiten, welche prozentual mehr Menschen betreffen, kaum Beachtung finden? Um zu beurteilen, ob Frau Meiers Studienteilnahme das Prinzip der Gerechtigkeit erfüllt, muss der Arzt darauf achten, dass der Nutzen und die Belastungen, welche die Teilnahme an der Forschung mit sich bringen kann, fair verteilt sind. Zudem muss er darauf achten, dass die Anreize für die Teilnahme an der Forschung nicht so groß sind, dass Frau Meier deswegen die Risiken der Forschungsteilnahme außer Acht lassen würde. Je nach Größe der Anreize wird es nämlich immer lohnenswerter, an einem Forschungsprojekt teilzunehmen. Die Anreize können ausschlaggebend dafür sein, dass jemand sich entscheidet, an der Forschung teilzunehmen. Dies kann, wie oben erwähnt, zum Problem werden, wenn potenzielle Forschungsteilnehmer substanzielle Risiken zugunsten von Anreizen in ihrer Entscheidung vernachlässigen. Es ist eine wichtige Frage, ob eine Person sich autonom für die Teilnahme an der Forschung entscheidet, wenn sie stark durch in Aussicht gestellte Belohnungen, welche vielleicht sonst für sie unerreichbar wären, beeinflusst werden. Ein Beispiel hierfür wäre die Schaffung von Hafterleichterungen für Gefangene, die an einem Forschungsprojekt teilnehmen, oder große finanzielle Anreize für die Studienteilnahme von Personen, welche finanziell sehr schwach dastehen.

Risiken und Nutzen der Forschung

Im obigen Abschnitt wurde ein weiterer wichtiger Aspekt der Forschungsethik angesprochen – die Risiko-Nutzen-Abwägung, welche immer getroffen werden muss, wenn man sich für oder gegen eine Teilnahme an einem Forschungsprojekt entscheidet. Unter einem Risiko versteht man den zu erwartenden Schaden, der durch die Teilnahme an der Forschung entstehen könnte, und die Wahrscheinlichkeit, mit der dieser auftritt (Schweizerische Akademie der Medizinischen Wissenschaften 2009). Der mögliche Nutzen hingegen meint mögliche Vorteile der Teilnahme an der Forschung und deren Wahrscheinlichkeit. Die Risiken der Teilnahme an der Forschung müssen immer mit dem Risiko der Nicht-Teilnahme verglichen werden. Das Gleiche gilt für den Nutzen, den man möglicherweise durch die Teilnahme erhält. Die Risiko-Nutzen-Verteilung sollte nicht nur individuell abgewogen werden, sondern sollte zudem gerecht über die verschiedenen sozialen Schichten erfolgen.

Selbstbestimmung der Forschungsteilnehmer

Der Respekt vor der Selbstbestimmung der Person spiegelt sich im wahrhaftig informierten Einverständnis der Forschungsteilnehmer wieder. Das informierte Einverständnis besteht aus fünf verschiedenen Komponenten (Beauchamp und Childress 2009b): Kompetenz, Offenlegung, Verstehen, Freiwilligkeit und Einverständnis. Wenn jemand vor die Entscheidung gestellt wird, an einem Forschungsprojekt teilzunehmen, braucht er gewisse kognitive und kommunikative Fähigkeiten, um eine fundierte Entscheidung zu fällen. Zudem braucht die Person Informationen über die Forschung, welche für sie subjektiv verständlich sind. Sie muss auch wissen, welche Alternativen es zur Teilnahme an der Forschung gibt und welches die Konsequenzen sind, wenn sie auf die Teilnahme verzichtet. Die Entscheidung zur Teilnahme (oder Nicht-Teilnahme) muss freiwillig gefällt werden, wenn sie moralische Gültigkeit haben soll.

Sehr schwierige ethische Fragen tauchen dann auf, wenn die Forschung mit vermindert autonomen Personen durchgeführt werden soll. Wer soll die Entscheidung treffen, wenn Frau Meier wegen des GBM nur eingeschränkt urteilsfähig wäre und in dem sie behandelnden Krankenhaus eine Phase-III-Studie eines neuen, vielversprechenden Medikaments für GBM durchgeführt würde? Wenn man Frau Meier aufgrund ihrer verminderten Autonomie von vornherein ausschließt, bedeutet dies einen Verstoß gegen das Prinzip der Gerechtigkeit, weil ihr eine möglicher Nutzen aufgrund ihrer verminderten Autonomie vorenthalten würde. Gemäß der Deklaration von Helsinki ist Forschung an vermindert autonomiefähigen Personen dann rechtfertigbar, wenn diese Forschung sich auf ein gesundheitliches Problem dieser Population fokussiert, und wenn zu erwarten ist, dass diese Population einen Nutzen aus den Resultaten der Forschung ziehen wird. Wenn diese Anforderungen erfüllt sind und Frau Meier nicht mehr selber in der Lage sein sollte, der Teilnahme an der Forschung zuzustimmen, würden andere an ihrer Stelle entscheiden müssen, z. B. ein gesetzlicher Vertreter oder eine bevollmächtigte Person. In erster Linie muss die bevollmächtigte Person, sofern sie entsprechende Anhaltspunkte besitzt, gemäß Frau Meiers mutmaßlichem Willen entscheiden, also so, wie Frau Meier entschieden hätte, wenn sie noch dazu in der Lage wäre. Besitzt sie keine solchen Anhaltspunkte, muss sie nach Abwägen von Risiken und möglichen Nutzen der Teilnahme an der Forschung versuchen, im besten Interesse von Frau Meier zu entscheiden.

11.3 Rechtliche Beurteilung

11.3.1 Schweizerisches Recht

Bernhard Rütsche, Nadja D'Amico

Die Schweiz hat im Jahr 2008 das Übereinkommen über Menschenrechte und Biomedizin (*Biomedizinkonvention*, BMK) ratifiziert, welches in Art. 15–18 direkt anwendbare Regeln zur wissenschaftlichen Forschung am Menschen im Bereich von

Biologie und Medizin enthält. Das Zusatzprotokoll zum Übereinkommen über Menschenrechte und Biomedizin betreffend biomedizinische Forschung hingegen hat die Schweiz bisher weder unterzeichnet noch ratifiziert.

Auf *nationaler Ebene* ist das nur lückenhaft in kantonalen Erlassen normierte Humanforschungsrecht mittlerweile einheitlich und umfassend geregelt worden. Grundlage bildet der am 7. März 2010 angenommene Verfassungsartikel 118*b*. Dessen Absatz 1 verleiht dem Bund die Kompetenz, Vorschriften über die Forschung am Menschen zu erlassen, soweit dies zum Schutz seiner Würde und seiner Persönlichkeit erforderlich ist. Absatz 2 statuiert die elementaren Grundsätze für die Forschung mit Personen in Biologie und Medizin. Dazu gehören der Grundsatz des Informed Consent (Bst. a), die Risiko-Nutzen-Abwägung (Bst. b), Schutzvorschriften in Bezug auf die Forschung mit urteilsunfähigen Personen (Bst. c) sowie das Erfordernis der vorgängigen Überprüfung von Forschungsprojekten durch eine unabhängige Stelle (Bst. d). Gestützt auf Art. 118*b* Abs. 1 BV hat der Bundesgesetzgeber das Humanforschungsgesetz (HFG) erlassen, welches jüngst (1. Januar 2014) in Kraft getreten ist. Das HFG wird weiter konkretisiert durch umfangreiches Verordnungsrecht.

Unterscheidung Forschung und Therapie

Das Humanforschungsgesetz ist grundsätzlich anwendbar auf Forschung zu Krankheiten des Menschen sowie zu Aufbau und Funktion des menschlichen Körpers, zu welcher auch die Grundlagenforschung zählt (Art. 2 Abs. 1 und Art. 3 Bst. c HFG). Als *Forschung* gilt gemäß Art. 3 Bst. a HFG die „methodengeleitete Suche nach verallgemeinerbaren Erkenntnissen". In Forschungsprojekten gehen die Versuchspersonen für fremde Interessen (Interessen der Wissenschaft und der Gesundheit künftiger Patienten) Risiken ein und nehmen Belastungen auf sich – dies selbst dann, wenn sie durch ihre Teilnahme *auch* einen eigenen gesundheitlichen Nutzen erwarten können. Diese Interessenlage rechtfertigt es, zum Schutz der Versuchspersonen besondere Rechtsnormen aufzustellen, was der eigentliche Zweck des Humanforschungsrechts darstellt.

Im Rahmen seiner Therapiefreiheit ist es dem Arzt grundsätzlich erlaubt, auf Behandlungsmethoden zurückzugreifen, die vom medizinischen Standard abweichen, d.h. die weder erprobt noch anerkannt sind. Solche sog. individuellen Heilversuche stehen der Standardbehandlung gegenüber und sind klarerweise von der Forschung am Menschen abzugrenzen: Beide, die Standardbehandlung und der individuelle Heilversuch, orientieren sich einzig am Wohl und Nutzen des Patienten und nicht am Gewinn wissenschaftlicher Erkenntnisse. Aufgrund dieser Zweckrichtung stehen die individuellen Heilversuche dem normalen ärztlichen Eingriff (Therapie) näher als der Forschung, weshalb nicht das Humanforschungsgesetz, sondern die allgemeinen arztrechtlichen Regeln Anwendung finden. Sobald ein individueller Heilversuch jedoch darauf abzielt, zwischen der Behandlung mehrerer Patienten Vergleiche anzustellen, um dadurch empirische Evidenz zu gewinnen, muss von einem Forschungsprojekt ausgegangen werden, welches dem Geltungsbereich des Humanforschungsgesetzes untersteht (siehe Art. 3 Bst. d HFG, Forschungsprojekt mit erwartetem direktem Nutzen).

Im vorliegenden Fall handelt es sich um eine Arzneimittelstudie und damit um ein Forschungsprojekt zu Krankheiten des Menschen. Das Humanforschungsgesetz ist somit anwendbar.

Schutz der Forschungsteilnehmer

Der Schutz der Forschungsteilnehmer wird in erster Linie dadurch gesichert, dass die Durchführung aller Forschungsprojekte der vorgängigen Überprüfung durch eine *unabhängige Ethikkommission* unterliegt (Art. 45 Abs. 1 Bst. a HFG). Ethikkommissionen sind interdisziplinär zusammengesetzte kantonale Behörden, die gerichtlich anfechtbare Entscheide treffen (vgl. Art. 51ff. HFG). Die Bewilligung für ein Forschungsprojekt wird nur erteilt, wenn die ethischen, rechtlichen und wissenschaftlichen Anforderungen des Gesetzes erfüllt sind (Art. 45 Abs. 2 HFG). Hierzu stellt das Humanforschungsgesetz Grundsätze (Art. 4ff. HFG) und weitere allgemeine Bestimmungen zum Schutz von Versuchspersonen (Art. 11ff. HFG) auf. In Art. 21ff. HFG hat der Gesetzgeber zusätzliche Anforderungen an die Forschung mit besonders verletzbaren Personen festgelegt. Dazu gehören Kinder, Jugendliche und urteilsunfähige Erwachsene sowie schwangere Frauen und Personen im Freiheitsentzug.

Art. 15 HFG verpflichtet die Forschenden sowohl bei der Projektplanung als auch während der Projektdurchführung zu *Sicherheits- und Schutzmaßnahmen*. Für voraussehbare mögliche Ereignisse müssen demnach bereits vor Beginn des Forschungsprojekts alle erforderlichen Maßnahmen zum Schutz der Versuchspersonen getroffen und im Forschungsplan festgehalten werden. Treten während des Forschungsprojekts Umstände auf, welche die Sicherheit der Forschungsteilnehmer beeinträchtigen können, müssen die Forschenden unverzüglich alle erforderlichen Schutzmaßnahmen treffen, wobei auch der sofortige Abbruch des Forschungsprojekts in Erwägung zu ziehen ist.

Risiken und Nutzen der Forschung

Art. 12 Abs. 2 HFG äußert sich zur Risiko-Nutzen-Abwägung, welche auch auf internationaler Ebene in Art. 16 Ziff. ii BMK festgehalten ist. Demgemäß dürfen „die voraussichtlichen Risiken und Belastungen für die teilnehmenden Personen (...) nicht in einem Missverhältnis zum erwarteten Nutzen des Forschungsprojekts stehen". Diese Überprüfung erfolgt durch die zuständige Ethikkommission für jedes einzelne Forschungsprojekt.

In die Risiko-Nutzen-Abwägung soll nicht nur der zu erwartende Nutzen des Forschungsprojektes selber, d. h. der gesellschaftliche Nutzen im Sinne von Art. 5 HFG, sondern auch der potenzielle Nutzen des Forschungsprojektes für die Versuchsperson miteinbezogen werden. Daher ist in einem ersten Schritt zu beurteilen, ob die Versuchspersonen von den Ergebnissen des konkreten Forschungsprojektes eine Verbesserung der Gesundheit erwarten können (sog. *Forschungsprojekt mit erwartetem direktem Nutzen*; vgl. Art. 3 Bst. d HFG) oder nicht. Kann ein solcher potenzieller direkter Nutzen bejaht werden, können größere Risiken und Belastungen eingegangen werden, als wenn die Person voraussichtlich nicht direkt von der Forschung profitiert. Dennoch muss auch in diesen Fällen ein Missverhältnis zwischen dem direkten Nutzen und der Risiken und Belastungen ausgeschlossen werden.

Die Risiko-Nutzen-Abwägung muss in jedem Fall auch bei Forschungsprojekten mit *besonders verletzbaren Personen* durchgeführt werden. Lassen solche Forschungsprojekte keinen direkten Nutzen für die Versuchspersonen erwarten, dürfen sie für diese nur mit minimalen Risiken und Belastungen verbunden sein. Zudem müssen solche rein fremdnützigen Forschungsprojekte mit Kindern, Jugendlichen und urteilsunfähigen Erwachsenen sowie schwangeren Frauen einen sog. Gruppennutzen aufweisen. D.h. das Forschungsprojekt muss wesentliche Erkenntnisse erwarten lassen, die Personen mit derselben Krankheit oder Störung oder in demselben Zustand längerfristig einen Nutzen bringen können. Generell gilt zudem das Prinzip der Subsidiarität für Forschungsprojekte mit besonders verletzbaren Personen: Solche Projekte dürfen nur durchgeführt werden, wenn gleichwertige Erkenntnisse anders nicht gewonnen werden können (Art. 11 Abs. 2 HFG).

Im *Fallbeispiel* leidet Frau Meier an einem Hirntumor mit sehr schlechten Überlebensprognosen. Die Teilnahme an der Forschungsstudie ist für Frau Meier mit einem gewissen potenziellen Nutzen verbunden, auch wenn es sich erst um eine Phase I Studie handelt, in welcher es nicht um die Überprüfung der Wirksamkeit des neuen Chemotherapeutikums am Menschen geht. Diesem ungewissen Nutzen müssen die möglichen Risiken und Belastungen gegenüber gestellt werden. In einer Phase I Studie sind die Risiken besonders hoch, weil das Arzneimittel erstmals am Menschen getestet wird. Zu bedenken ist jedoch, dass die Überlebensprognose bei einer Nichtteilnahme an der Studie sehr gering sind, weshalb auch schwerere Risiken eingegangen werden können, ohne dass dadurch ein Missverhältnis zum erwarteten Nutzen des Forschungsprojekt entsteht.

Selbstbestimmung der Forschungsteilnehmer

Art. 16 HFG statuiert den Grundsatz des *Informed Consent* (dazu auch Fallbeispiel 2). Demnach darf eine Person nur dann in ein Forschungsprojekt einbezogen werden, wenn sie nach hinreichender und verständlicher Aufklärung und Gewährung einer angemessenen Bedenkfrist *schriftlich* eingewilligt hat. Die Einwilligung kann jederzeit ohne Begründung verweigert oder widerrufen werden (Art. 7 Abs. 2 HFG). Für Forschungsprojekte mit Personen gilt das Einwilligungserfordernis im Anwendungsbereich des Humanforschungsgesetzes ohne Ausnahme. Demgegenüber erlaubt das Gesetz, dass Versuchspersonen ausnahmsweise über einzelne Punkte eines Forschungsprojekts vor dessen Beginn nur partiell aufgeklärt werden, soweit dies aus methodischen Gründen zwingend ist und mit dem Forschungsprojekt nur minimale

Risiken und Belastungen verbunden sind; in diesem Fall ist die Versuchsperson nachträglich so bald als möglich hinreichend aufzuklären (Art. 18 HFG).

Im vorliegenden Fall ist Frau Meier hinreichend und verständlich über das Forschungsprojekt aufzuklären, und es ist ihr eine angemessene Bedenkfrist einzuräumen. Sollte sich Frau Meier aufgrund ihrer Gehirnerkrankung in Bezug auf die Frage der Studienteilnahme als *urteilsunfähig* erweisen, gelten besondere Anforderungen zum Schutz des Selbstbestimmungsrechts. So dürfen Forschungsprojekte mit urteilsunfähigen Personen nur durchgeführt werden, wenn entweder eine von der betroffenen Person im Zustand der Urteilsfähigkeit erteilte und dokumentierte Einwilligung dies erlaubt (z. B. Patientenverfügung) oder – subsidiär – eine informierte schriftliche Einwilligung der gesetzlichen Vertretung, einer Vertrauensperson oder der nächsten Angehörigen vorliegt (Art. 24 Abs. 1 Bst. a und b HFG). Zudem sieht das Humanforschungsgesetz in Art. 24 Abs. 1 Bst. c explizit ein Vetorecht von urteilsunfähigen Personen vor. Demnach darf mit einer urteilsunfähigen Person nicht geforscht werden, wenn diese die Forschungshandlungen durch Äußerungen oder entsprechendes Verhalten erkennbar ablehnt.

11.3.2 Deutsches Recht

Tade Matthias Spranger

Je nach Forschungsgegenstand sind wissenschaftliche Arbeiten unter Einbeziehung von Probanden in §§ 40 ff. des *Arzneimittelgesetzes* (AMG) bzw. in der Verordnung über die gute klinische Praxis (GCP-Verordnung – nicht zu verwechseln mit der europäischen GCP-Richtlinie 2001/20/EG), im *Medizinproduktegesetz* (MPG), in der *Röntgenschutzverordnung* (RöV) sowie in der *Strahlenschutzverordnung* (StrSchV) geregelt. Das Europarats-Übereinkommen über Menschenrechte und Biomedizin nebst Zusatzprotokollen wurde durch Deutschland bislang weder unterzeichnet noch ratifiziert.

Unterscheidung Forschung und Therapie

Gemäß der Legaldefinition des § 4 Abs. 23 Satz 1 AMG ist eine *klinische Prüfung bei Menschen* jede am Menschen durchgeführte Untersuchung, die dazu bestimmt ist, klinische oder pharmakologische Wirkungen von Arzneimitteln zu erforschen oder nachzuweisen oder Nebenwirkungen festzustellen oder die Resorption, die Verteilung, den Stoffwechsel oder die Ausscheidung zu untersuchen, mit dem Ziel, sich von der Unbedenklichkeit oder Wirksamkeit der Arzneimittel zu überzeugen. Maßgeblich für die Beurteilung, ob es sich um eine klinische Prüfung handelt, ist also das Ziel der Maßnahme. Ob die *Arzneimittelprüfung* zugleich auch der Behandlung des Patienten dient, ist nach herrschender Auffassung irrelevant; maßgeblich für die Versuchsqualifikation ist allein, ob die Behandlung einen über die Therapie hinausgehenden Zweck verfolgt (Lipp 2009: Rn. 71). Die hier nahezu zwangsläufig auftretenden Abgrenzungsprobleme werden in der Konstellation des „*Heilversuchs*" („compassionate use") offenbar, bei der ein meist austherapierter Kranker versuchsweise behandelt wird. Der „Heilversuch" gilt als zulässig, wenn der Betroffene auf Basis einer besonders deutlichen Aufklärung (BGH, NJW 2007, 2771 ff.) eingewilligt hat und der Versuch aus medizinischer Sicht noch Sinn macht (Deutsch und Spickhoff 2008: Rn. 957).

Besondere Schwierigkeiten ergeben sich dann, wenn eine Vielzahl von mehr oder minder parallelen individuellen Heilversuchen zu verzeichnen ist. Bei diesem sog. „*Reihenheilversuch*" liegt mitunter der Verdacht nahe, dass die strengen Anforderungen an die klinische Erprobung von Arzneimitteln umgangen werden sollen. Bislang konnte kein Konsens darüber erzielt werden, ob es für die Qualifikation als Versuchsreihe auf eine objektive Warte, auf die subjektive Einschätzung des Projektleiters oder aber auf formale Kriterien (Vorliegen eines Prüfplans etc.) ankommen soll.

Schutz der Forschungsteilnehmer

Um einen hinreichenden Schutz der Forschungsteilnehmer zu gewährleisten, enthalten das AMG, das MPG, die RöV und die StrSchV überaus detaillierte Prüfungsanforderungen. Im Folgenden sollen mit Blick auf die vorliegende Fallkonstellation die Voraussetzungen des AMG behandelt werden. Die allgemeinen Voraussetzungen finden sich in § 40 AMG, während § 41 AMG die besonderen Voraussetzungen für eine Arzneimittelprüfung an kranken Probanden regelt, zu deren Behandlung das zu prüfende Arzneimittel angewendet werden soll.

Die wichtigsten Kriterien für die *klinische Arzneimittelprüfung* können wie folgt umrissen werden: Bei der im Rahmen der Arzneimittelprüfung erforderlichen *Risiko-Nutzen-Abwägung* muss der Nutzen überwiegen (§ 40 Abs. 1 Satz 3 Nr. 2 AMG). Weiterhin muss die informierte Einwilligung der betroffenen Person, die nicht in einer Anstalt untergebracht sein darf, vorliegen (§ 40 Abs. 1 Satz 3 Nr. 3 und 4, Abs. 2 AMG). Zudem müssen die beteiligten Forscher die notwendige Qualifikation besitzen, um die medizinische Versorgung des Probanden zu gewährleisten. Zudem muss eine dem Stand der wissenschaftlichen Erkenntnisse entsprechende pharmakologisch-toxikologische Prüfung des Arzneimittels bereits durchgeführt worden sein (§ 40 Abs. 1 Satz 3 Nr. 5, 6, 7 und 9 AMG). Darüber hinaus muss im Sinne der Probandensicherheit eine Versicherung abgeschlossen werden, die über die vertragliche und deliktische Haftung hinausgeht (Lipp 2009: Rn. 83) und immer dann eingreift, wenn ein Proband physisch Schaden nimmt (§ 40 Abs. 1 Satz 3 Nr. 8, Abs. 3 AMG). Handelt es sich um einen *kranken Probanden*, so müssen zusätzlich zu den Anforderungen des § 40 AMG die Voraussetzungen des § 41 AMG erfüllt werden. § 41 AMG lässt insoweit einen gruppenspezifischen Nutzen genügen (§ 41 Abs. 1 Satz 1 Nr. 2 AMG) und erklärt die Einwilligung in Notfallsituationen für vorübergehend verzichtbar (§ 41 Abs. 1 Satz 2 AMG). Ist der an einer Krankheit leidende Forschungsteilnehmer minderjährig oder nicht einwilligungsfähig, so verschärfen sich die Anforderungen gemäß § 41 Abs. 2 und 3 AMG.

Liegen die oben genannten Voraussetzungen vor, so darf die klinische Prüfung nur begonnen werden, wenn die zuständige *Ethik-Kommission* diese zustimmend bewertet und die zuständige *Bundesoberbehörde* ihre Genehmigung erteilt hat (§§ 40 Abs. 1 Satz 2, 42 Abs. 1 und 2 AMG). Beachtenswert ist dabei, dass eine ablehnende Entscheidung der Ethik-Kommission auch für die zuständige Bundesoberbehörde rechtsverbindlich ist, wodurch die Ethik-Kommission die Rolle einer „besonderen arzneimittelrechtlichen Prüfbehörde" einnimmt (Spranger 2006: 758). Bei der Durchführung der klinischen Prüfung müssen schließlich die Anforderungen der guten klinischen Praxis nach Maßgabe der GCP-Verordnung beachtet werden.

Risiken und Nutzen der Forschung

Im Rahmen jeder klinischen Prüfung muss eine *Risiko-Nutzen-Abwägung* stattfinden. Voraussetzung ist, dass die vorhersehbaren Risiken und Nachteile gegenüber dem Nutzen für die Person, bei der sie durchgeführt werden soll (betroffene Person), und der voraussichtlichen Bedeutung des Arzneimittels für die Heilkunde ärztlich vertretbar sind (§ 40 Abs. 1 Satz 3 Nr. 2 AMG). Vor allem in Bezug auf *Minderjährige* werden die für die Risiko-Nutzen-Abwägung relevanten Parameter weiter konkretisiert. Bei gesunden Minderjährigen gilt nach § 40 Abs. 4 Nr. 4 AMG, dass die klinische Prüfung nur durchgeführt werden darf, wenn sie für die betroffene Person mit möglichst wenig Belastungen und anderen vorhersehbaren Risiken verbunden ist; sowohl der Belastungsgrad als auch die Risikoschwelle müssen im Prüfplan eigens definiert und vom Prüfer ständig überprüft werden. Ist der an der Studie teilnehmende Minderjährige hingegen krank, so greift § 41 Abs. 2 Nr. 2d) AMG: Die Forschung darf für die betroffene Person nur mit einem minimalen Risiko und einer minimalen Belastung verbunden sein; die Forschung weist nur ein minimales Risiko auf, wenn nach Art und Umfang der Intervention zu erwarten ist, dass sie allenfalls zu einer sehr geringfügigen und vorübergehenden Beeinträchtigung der Gesundheit der betroffenen Person führen wird; sie weist eine minimale Belastung auf, wenn zu erwarten ist, dass die Unannehmlichkeiten für die betroffene Person allenfalls vorübergehend auftreten und sehr geringfügig sein werden.

Selbstbestimmung der Forschungsteilnehmer

Unabdingbare Voraussetzung jeder klinischen Prüfung ist die *informierte Einwilligung* des Probanden. Dabei ist die betroffene Person durch den zuständigen Forscher über Wesen, Bedeutung, Risiken und Tragweite der klinischen Prüfung sowie über ihr Recht aufzuklären, die Teilnahme an der klinischen Prüfung jederzeit beenden zu können, ohne dass hierdurch Nachteile entstehen dürfen (§ 40 Abs. 1 Satz 3 Nr. 3, Abs. 2 AMG). Handelt es sich um eine klinische Arzneimittelprüfung bei einem Minderjährigen, so muss die Einwilligung durch den gesetzlichen Vertreter abgegeben werden, wobei der Minderjährige – seiner physischen und geistigen Reife entsprechend – von Anfang an über die Prüfung, die Risiken und den Nutzen aufzuklären ist. Ein etwaiger Wille des Minderjährigen, an der klinischen Prüfung nicht teilnehmen zu wollen, muss dabei Beachtung finden. Sofern der Minderjährige Wesen, Lage, Bedeutung und Tragweite der klinischen Prüfung zu erkennen und seinen Willen hiernach auszurichten vermag, ist zusätzlich auch seine Einwilligung erforderlich.

Im vorliegenden Fall besteht für Frau Meier die Möglichkeit, an einer Phase I-Studie teilzunehmen, in der die Verträglichkeit eines Chemotherapeutikums getestet wird. Die Krankheit, unter der Frau Meier leidet, zeigt auch bei Maximaltherapie (Resektion, Radio- und Chemotherapie) eine überaus schlechte Überlebensprognose. Andererseits haben sich auf Tierversuchsebene Indizien dafür ergeben, dass das neue Chemotherapeutikum eine beachtliche Behandlungsalternative darstellen könnte. Vor diesem Hintergrund ergeben sich rechtlich zwei Alternativen: Frau Meier könnte zum einen als *Probandin für die Phase I-Studie* rekrutiert werden und würde dann den vorstehend umrissenen Detailanforderungen des AMG unterfallen. Zum anderen bietet sich gerade in Fällen wie dem vorliegenden eine Gabe des Präparats im Rahmen eines *individuellen Heilversuchs* an, der dann nur den deutlich reduzierten Anforderungen dieser Konstellation unterfallen würde.

11.3.3 Österreichisches Recht

Christian Kopetzki

In Österreich gibt es *keine umfassende systematische Regelung* der humanmedizinischen Forschung wie in der Schweiz. Da Österreich bisher der BMK des Europarates und dem Zusatzprotokoll zur biomedizinischen Forschung nicht beigetreten ist, kommen auch diese völkerrechtlichen Vorgaben nicht zum Tragen. Für bestimmte Forschungsmaßnahmen gelten aber bereichsspezifische Sonderbestimmungen, vor allem für *klinische Prüfungen* von Arzneimitteln und Medizinprodukten (AMG, MPG). Sie setzen die einschlägigen Richtlinien des Unionsrechts (insbesondere die GCP-Richtlinie 2001/20/EG) um, sind wegen ihres (auf klinische Prüfungen) begrenzten Anwendungsbereichs aber nicht für andere Forschungen analogiefähig. Sonstige Forschungsaktivitäten können – von wenigen Ausnahmen abgesehen (z. B. § 66 GTG, § 284 ABGB) – zumeist nur nach allgemeinen Grundsätzen des Zivilrechts, Strafrechts, Berufsrechts und Datenschutzrechts beurteilt werden. Die daraus folgende Rechtsunsicherheit und *Rechtszersplitterung* wird durch die Heranziehung von rechtlich unverbindlichen „Ethikdokumenten" (z. B. Helsinki-Deklaration) nur notdürftig und in rechtsstaatlich unbefriedigender Weise kompensiert. Lediglich für die Begutachtung durch Ethikkommissionen existieren Regelungen mit weitergehendem Geltungsanspruch, die auch sonstige angewandte medizinische Forschung jenseits von klinischen Arzneimittel- und Medizinprodukteprüfungen einschließen.

Im Beispielfall handelt es sich um eine klinische Arzneimittelprüfung i.S.d. § 2a AMG; die rechtliche Beurteilung richtet sich daher in erster Linie nach §§ 29 ff. AMG.

Unterscheidung Forschung und Therapie

Bei klinischen Arzneimittelprüfungen lässt das AMG sowohl therapeutisch indizierte als auch „fremdnützige“ Studien zu, bindet diese aber an unterschiedliche Voraussetzungen. Bei bestimmten Personengruppen ist die Einbeziehung in eine klinische Prüfung ohne zu erwartenden individuellen Nutzen generell verboten (z. B. bei Nicht-Einwilligungsfähigen oder bei Schwangeren: §§ 43, 43a, 44 AMG). Bei Kindern darf eine nicht indizierte klinische Prüfung (mit Zustimmung der Sorgeberechtigten) ausnahmsweise auch dann vorgenommen werden, wenn diese – neben zahlreichen anderen Kriterien – eine wesentliche Erweiterung des wissenschaftlichen Verständnisses der Krankheit zum Ziel hat, der Patientengruppe nützen kann (sog „gruppenspezifischer Nutzen“) und für das Kind nur ein minimales Risiko und eine minimale Belastung mit sich bringt (§ 42 Abs. 2 AMG). Weitgehend ähnliche Regelungen gelten für die klinische Prüfung von Medizinprodukten. Außerhalb von klinischen Prüfungen mit Arzneimitteln bzw. Medizinprodukten bestehen keine besonderen materiellrechtlichen Regelungen, und zwar weder für die nichttherapeutische Forschung noch für Heilversuche. Manches lässt sich aber anhand allgemeiner Grundsätze beantworten (z. B. verstärkte Aufklärungspflicht bei erhöhten und/oder noch unbekannten Risiken).

Schutz der Forschungsteilnehmer

Die genauesten prozeduralen Bestimmungen zum Schutz der Forschungsteilnehmer betreffen *klinische Arzneimittelprüfungen*. Diese bedürfen in der Regel einer behördlichen Genehmigung durch das BASG. Das *Genehmigungsverfahren* dient der Prüfung der Rechtfertigung und Relevanz des Vorhabens (§§ 40 ff. AMG); obligat ist unter anderem eine befürwortende Stellungnahme einer interdisziplinären und unabhängigen (insb. weisungsfreien) *Ethikkommission*. Zuständig sind im klinischen Bereich die (von den Krankenanstaltenträgern oder den Medizinischen Universitäten einzurichtenden) lokalen Ethikkommissionen (§ 8c KAKuG; § 30 UG); für multizentrische Prüfungen genügt die Stellungnahme einer einzigen österreichischen Ethikkommission („Leitethikkommission“); für deren Auswahl und das Verfahren bestehen komplizierte Vorschriften (vgl. § 41b AMG und die Leit-Ethikkommissions-Verordnung). Eine ähnliche Rechtslage gilt für die klinische Prüfung von Medizinprodukten (§§ 40 ff MPG).

Für *sonstige klinische Forschungen* ist ebenfalls eine Zuständigkeit der Ethikkommissionen vorgesehen (sowohl für „angewandte medizinische Forschung“ als auch für die „Anwendung neuer medizinischer Methoden“; § 8c KAKuG). Deren Befassung ist aber bloß fakultativ; eine behördliche Bewilligung ist ebenso wenig verankert wie eine rechtliche Bindungswirkung von Voten der Ethikkommissionen. De facto – und aufgrund universitätsinterner Satzungen teilweise auch de iure – ist jedoch die positive Stellungnahme der Ethikkommission unverzichtbar. Da die Ethikkommissionen dezentralisiert bei den Krankenanstalten angesiedelt sind, gibt es für

Forschungsvorhaben außerhalb von Krankenhäusern (etwa im industriellen Bereich) keine unabhängigen Ethikkommissionen.

Wie schon erwähnt kennt das österreichische Recht keine kodifizierten Regelungen über die inhaltliche Zulässigkeit von Forschungsprojekten. Für klinische Prüfungen schreiben AMG und MPG aber eine Vielzahl von *Schutzkriterien* vor (z. B. für die Planung der Prüfung, Verteilung von Zuständigkeiten und Verantwortungen, Dokumentation, Meldepflichten, informed consent, Risiko/Nutzen-Abwägung und *verschuldensunabhängiger Versicherungsschutz* für Schäden) (vgl. insb. §§ 28 ff. AMG, §§ 39 ff. MPG). Für sonstige Studien ergibt sich – sofern sie in Krankenanstalten durchgeführt werden – zwar aus § 8c Abs. 2 KAKuG eine umfassende Prüfungskompetenz der Ethikkommissionen (z. B. zu den strukturellen Rahmenbedingungen, die wissenschaftliche Aussagekraft und die Beurteilung des Nutzen/Risiko-Verhältnisses); die bei dieser Beurteilung anzuwendenden rechtlichen Kriterien sind aber oft unklar.

Risiken und Nutzen der Forschung

Während die Risiko/Nutzen-Abwägungen bei den nicht speziell geregelten Forschungsprojekten nur nach allgemeinen Sorgfaltsmaßstäben des Haftungsrechts und der berufsrechtlichen Bindung der Ärzte an das „Wohl" des Patienten (§ 49 ÄrzteG) getroffen werden können, gelten für klinische Prüfungen differenzierte Vorgaben nach AMG und MPG. Sie enthalten mannigfache Schutzbestimmungen, deren Ausgestaltung von mehreren Kriterien abhängt (gesunde/kranke Forschungsteilnehmer, Einwilligungsfähige/Einwilligungsunfähige etc.). Für bestimmte *vulnerable Personenkreise* (Kinder, psychisch Kranke, Schwangere) bestehen weitreichende Einschränkungen (z. B. Subsidiarität der Forschung mit diesen Personen); an manchen Personengruppen sind klinische Prüfungen generell unzulässig (z. B. Personen im Freiheitsentzug; Präsenzdiener beim Bundesheer; nicht indizierte klinische Prüfungen bei Einwilligungsunfähigen, ausgenommen Kinder).

Ein Aspekt des *Subsidiaritätsgedankens* kommt auch im Beispielfall zur Anwendung: Aus § 29 Abs. 3 AMG folgt für klinische Arzneimittelprüfungen der Phase I ein Vorrang des nichttherapeutischen Humanexperiments an gesunden Personen. Bevor das Präparat an Kranke verabreicht werden darf, müssen Erfahrungen und objektive Daten aus klinischen Prüfungen an Gesunden vorliegen. Davon darf nur dann abgewichen werden, wenn die Erprobung an gesunden Personen (insb. wegen eines erheblichen Risikos) rechtlich nicht möglich oder nicht aussagekräftig ist und die Anwendung am Kranken zur Heilung oder Linderung der Krankheit indiziert ist (näher § 29 Abs. 3 AMG). Diese Ausnahme könnte bei Frau Meier zutreffen, weil der Einsatz eines Chemotherapeutikums an Gesunden wegen der erheblichen Nebenwirkungen wohl nicht in Frage kommt. Ob die zusätzliche Voraussetzung eines zu erwartenden individuellen therapeutischen Nutzens für die Patientin erfüllt ist und ob die mit der Arzneimittelanwendung verbundenen Risiken von „den zu erwartenden Vorteilen" für ihre Gesundheit „überwogen" werden (§ 29 Abs. 2 Ziff. 2 AMG), muss durch eine umfassende Güterabwägung geklärt werden. Je schlechter die Krankheitsprognose von

Frau Meier im Fall der Nichtanwendung des Chemotherapeutikums und je größer die Chancen einer Lebensverlängerung und/oder Leidensminderung im Fall der Anwendung ist, desto eher dürfen auch erhebliche Risiken und Nebenwirkungen in Kauf genommen werden. Bei dieser schwierigen Abwägung kommt es freilich auf die objektiv zu erwartenden Vor- und Nachteile, nicht hingegen auf die subjektiven Hoffnungen von Frau Meier an.

Selbstbestimmung der Forschungsteilnehmer

Für jene Bereiche der *medizinischen Forschung*, die *nicht speziell gesetzlich geregelt* sind, existieren auch keine spezifischen Regeln über den informed consent des Forschungsteilnehmers. Für Studien, die mit körperlichen Eingriffen einhergehen (z. B. einer Blutabnahme oder der Injektion eines Arzneimittels), folgt jedoch schon aus dem strafrechtlichen Schutz der körperlichen Integrität die Notwendigkeit einer *Einwilligung* des Betroffenen (§ 90 StGB – Einwilligung in die Körperverletzung). Bei medizinisch nicht indizierten Maßnahmen muss diese Einwilligung grundsätzlich höchstpersönlich sein, da ein gesetzlicher Vertreter wegen der Bindung an das „Wohl" des Betroffenen keine Zustimmung in fremdnützige Eingriffe erteilen könnte. Bei *Heilversuchen* gelten hingegen die allgemeinen Regeln: Auch hier bedarf es der Einwilligung des Betroffenen (sonst liegt eine strafbare eigenmächtige Heilbehandlung i. S.d. § 110 StGB vor); allerdings kann diese Einwilligung im Fall der Einwilligungsunfähigkeit des Betroffenen auch durch einen gesetzlichen Vertreter (Sachwalter) erteilt werden; bei Gefahr im Verzug kann sie ganz entfallen (§ 110 Abs. 2 StGB). Im Allgemeinen werden für Heilversuche *erhöhte Aufklärungspflichten* angenommen. Ist eine nichttherapeutische Forschung nicht mit körperlichen Eingriffen verbunden, kommen als Beurteilungsmaßstab insb. der zivilrechtliche Persönlichkeitsschutz sowie das Datenschutzrecht in Betracht. Die Notwendigkeit eines informed consent lässt sich dann nur begründen, wenn personenbezogene Daten verarbeitet werden und/oder sonstige Eingriffe in persönlichkeitsrechtlich geschützte Sphären vorliegen. Das wird häufig, aber nicht immer der Fall sein (nicht z. B. bei einer retrospektiven und anonymisierten epidemiologischen Datenauswertung).

Im Fallbeispiel sind allerdings die *besonderen Bestimmungen des AMG* über klinische Prüfungen gemäß §§ 39 ff. AMG relevant: Sie verlangen ebenfalls eine (jederzeit widerrufbare) Einwilligung des Forschungsteilnehmers (§§ 38 f. AMG) und sehen dafür strengere inhaltliche und formale Voraussetzungen vor (erhöhte Aufklärungspflichten, Schriftlichkeitsgebote für Aufklärung und Einwilligung etc.). Detailliertere Schutzbestimmungen gelten für Minderjährige (§ 42 AMG) und erwachsene (einwilligungsunfähige) Personen, für die ein Sachwalter bestellt ist (§ 43 AMG). Spricht man – was aus dem Sachverhalt des Fallbeispiels nicht eindeutig hervorgeht – Frau Maier die Einwilligungsfähigkeit wegen ihres Gehirntumors ab, dann wäre die Einbeziehung in eine klinische Prüfung nur dann zulässig, wenn sie einen dafür zuständigen Sachwalter hat und dieser (schriftlich) einwilligt; bei „nicht unerheblichen Risiken" bedürfte es zusätzlich der Genehmigung des Pflegschaftsgerichts (§ 43 Abs. 1 Ziff. 3

AMG). Ausdrückliche (frühere oder aktuelle) Äußerungen des Prüfungsteilnehmers, nicht an der klinischen Prüfung teilnehmen zu wollen, wären zu berücksichtigen (§ 43 Abs. 1 Ziff. 4 AMG). Der Sachwalter dürfte seine Zustimmung nur erteilen, wenn die Forschung für Gesundheit oder Wohlbefinden der Betroffenen von „unmittelbarem Nutzen" ist (§ 284 ABGB). Zwingend erforderlich ist überdies, dass die Anwendung des Arzneimittels in Bezug auf die Behandlung der – für die Sachwalterbestellung maßgeblichen – psychischen Störung medizinisch indiziert ist (ihr also einen therapeutischen Vorteil verspricht) (§ 43 Abs. 1 Ziff. 2 AMG). Weiter gilt in Bezug auf nicht Einwilligungsfähige ein Subsidiaritätsgrundsatz: Sie dürfen nur dann an der Studie teilnehmen, wenn dies für die Bestätigung von Daten, die bei Einwilligungsfähigen gewonnen wurden, unbedingt erforderlich ist.

Im konkreten Fall steht und fällt die Zulässigkeit der Teilnahme an der klinischen Prüfung mit der *Einwilligungsfähigkeit* von Frau Maier: Liegt diese vor, dann wäre die Studie (unter Beachtung der sonstigen Bestimmungen) jedenfalls unter dem Aspekt des informed consent möglich. Ist sie nicht einwilligungsfähig, dann könnte selbst ein bestellter Sachwalter wegen § 43 Abs. 1 Ziff. 2 AMG nicht zustimmen, weil das Arzneimittel im Beispielfall der Behandlung der Krebserkrankung (und nicht der psychischen Erkrankung) dient. Auf den möglichen Nutzen für die Behandlung des Tumors kommt es dann nicht mehr an. Umso weniger wäre die Einbeziehung in die klinische Prüfung zulässig, wenn Frau Maier weder einwilligungsfähig ist noch einen Sachwalter hat: Denn die ausnahmsweise Zulässigkeit von klinischen Prüfungen bei nicht vertretenen einwilligungsunfähigen Personen ist auf unerwartete „Notfallsituationen" mit unmittelbarem Handlungsbedarf beschränkt (§ 43a AMG). Das liegt hier nicht vor.

Eine andere Frage ist, ob das Arzneimittel als *individueller Heilversuch* außerhalb einer (systematischen) klinischen Prüfung verabreicht werden darf: Dies wäre jedenfalls erlaubt (und auch geboten), wenn keine Standardtherapie zur Verfügung steht und die erhofften therapeutischen Vorteile die Risiken überwiegen. Die fehlende arzneimittelrechtliche Zulassung stünde der Verabreichung nicht entgegen, weil die Zulassung des Arzneimittels keine rechtliche Voraussetzung für dessen Anwendung (sondern nur für das Inverkehrbringen) ist; bei entsprechender Indikation kann auch ein *„off label"* bzw. *„compassionate use"* zulässig und erforderlich sein. In einem Fall des „compassionate use" dürfte das nicht zugelassene Arzneimittel unter bestimmten Voraussetzungen (z. B. schwere gesundheitliche Schädigung und fehlenden Verfügbarkeit eines zugelassenen Medikaments) auch von der Apotheke abgegeben werden (näher §§ 8, 8a AMG; Art 83 EG-VO 726/2004).

Literatur und Materialien

Beauchamp T, Childress J (2009a, 2009b) Principles of Biomedical Ethics, 6. Aufl. Oxford University Press, New York, S. 208 (2009a), S. 120 (2009b)

Benkert O, Hautzinger M, Graf-Morgenstern M, Heiser P, Schulz E, Hiemke C (2012) Psychopharmakologischer Leitfaden für Psychologen und Psychotherapeuten. 2. Aufl. Springer, Dordrecht

Bernat E (2005) Die „GCP-Richtlinie" und das „Zusatzprotokoll Forschung": Ist das österreichische Recht der klinischen Arzneimittelprüfung anpassungsbedürftig? In: Deutsch E, Schreiber HL, Spickhoff A, Taupitz J (Hrsg.) Die klinische Prüfung in der Medizin. Springer, Berlin, S. 175–200

Bernat E (2010) Das Recht der klinischen Arzneimittelprüfung nach Umsetzung der Richtlinie 2011/20/EG vom 4. April 2001 – ein österreichischer Landesbericht. In: Deutsch E, Duttge G, Schreiber HL, Spickhoff A, Taupitz J (Hrsg.) Die Implementierung der GCP-Richtlinie und ihre Ausstrahlungswirkungen. Springer, Berlin, S. 131–150

Centers for Disease Control and Prevention (2011) US Public Health Syphilis Study at Tuskegee. Centers for Disease Control and Prevention, Atlanta. http://www.cdc.gov/tuskegee/timeline.htm/. Zugegriffen: 5. Sept. 2013

Deutsch E, Spickhoff A (2008) Medizinrecht, 6. Aufl. Springer, Berlin

Eberhard H (2010) Forschungskontrolle durch Ethikkommissionen – von der kollegialen Beratung zur staatlichen Behörde? In: Körtner U, Kopetzki C, Druml C (Hrsg.) Ethik und Recht in der Humanforschung. Springer, Wien, S. 152–176

Gächter T, Rütsche B (2013) Gesundheitsrecht, 3. Aufl. Helbing Lichtenhahn, Basel

Goldenberger R (2013) Bemessung von Risiken in der Humanforschung. In: Zaugg H, Schläpfer L (Hrsg.) Recht und Gesundheit. Schulthess, Zürich, S. 87–108

Haas M, Plank ML (2008) Arzneimittelgesetz – Kommentar. Österreich, Wien

Henderson G, Churchill L, Davis A, Easter M, Grady C, Joffe S, et al. (2007) Clinical trials and medical care: defining the therapeutic misconception. PLoS Med 4(11):e324

Kopetzki C (2008) ."Off-Label-Use" von Arzneimitteln. In: Ennöckl D, Raschauer N, Schulev-Steindl E, Wessely W (Hrsg.) Über Struktur und Vielfalt im Öffentlichen Recht. Festgabe für Bernhard Raschauer, Springer, Wien 73–103

Kopetzki C (2010) Braucht Österreich eine Kodifikation des biomedizinischen Forschungsrechts? In: Körtner U, Kopetzki C, Druml C (Hrsg.) Ethik und Recht in der Humanforschung. Springer, Wien, S. 56–89

Leitfaden für Psychologen sowie Psychotherapeuten (2008) Springer, Berlin

Lipp A (2009). In: Laufs A, Katzenmeier Ch, Lipp V (Hrsg.). Arztrecht, 6. Aufl. C.H. Beck, München

Mitscherlich A, Mielke F (Hrsg.) (1960) Medizin ohne Menschlichkeit: Dokumente des Nürnberger Ärzteprozesses. Fischer, Frankfurt a.M., S. 272–273

Pöschl M (2010) Von der Forschungsethik zum Forschungsrecht: Wie viel Regulierung verträgt die Forschungsfreiheit? In: Körtner U, Kopetzki C, Druml C (Hrsg.) Ethik und Recht in der Humanforschung. Springer, Wien, S. 90–135

Rütsche B (2010) Die Neuordnung des Schweizerischen Humanforschungsrechts: Normgenese als kritische Rezeption internationaler Vorgaben. ZSR:391–411

SAMW (2009) Forschung mit Menschen. Ein Leitfaden für die Praxis. Basel

Spranger TM (2006) Menschenwürde zu Gunsten der Mehrheit verletzt? Rechtliche und ethische Aspekte der klinischen Prüfung nach AMG. Sozialrecht und Praxis:751–760

The National Commission for the Protection of Human Subjects of Biomedical and Behavioral Research (1979) The Belmont Report. Ethical Principles and Guidelines for the protection of human subjects of research. Department of Health, Education, and Welfare, Washington. http://www.hhs.gov/ohrp/humansubjects/guidance/belmont.html. Zugegriffen: 5. Sept. 2013

Valentin A, Luf G, Kopetzki C (2011) Epidemiologische Studien in der Intensivmedizin – Neuland und Graubereich für Ethikkommissionen. Juristische Stellungnahme. RdM 18:17–22

World Medical Association General Assembly (2008) Ethical Principles for Medical Research Involving Human Subjects. World Medical Association, Seoul. http://www.wma.net/en/30publications/10policies/b3/. Zugegriffen: 5. Sept. 2013

Zaugg H (2013) Die vertretungsberechtigten Personen im Humanforschungsrecht. In: Zaugg H, Schläpfer L (Hrsg.) Recht und Gesundheit. Schulthess, Zürich, S. 109–133

Anna Deplazes-Zemp

12 Ethik in der Biotechnologie

Fallbeispiel

Im Jahr 2005 publizierten Terrence Tumpey und Kollegen in der renommierten Zeitschrift *Science* die Rekonstruktion und Charakterisierung des H1N1-Virus, welches 1918 die Spanische Grippe verursacht hatte (Tumpey et al. 2005). Die Genomsequenz dieses Virus hatte man von Opfern aus dem Permafrost in Alaska gewonnen. Einer der Forschenden, die das Virus rekonstruierten, war an der Entschlüsselung des Virengenoms beteiligt. Deshalb konnte die Rekonstruktion durchgeführt werden, bevor die Virensequenz ebenfalls 2005 publiziert und damit öffentlich zugänglich gemacht wurde. Die Spanische Grippe, die 1918 gegen Ende des ersten Weltkriegs weltweit ausgebrochen war, gilt bisher als eine der schwersten Seuchen der Menschheit, sie kostete 20–50 Millionen Menschenleben. Das für diese Seuche verantwortliche H1N1-Virus ist ausgestorben.

Tumpey und Kollegen konnten zeigen, dass ihr rekonstruiertes Virus in Mäusen im Vergleich zu normalen Grippeviren eine wesentlich höhere Letalität aufweist. Dies deutet darauf hin, dass die verwendete Genomsequenz korrekt ist. Sie fanden heraus, dass eine Virusvariante ohne das Hämagglutinin (HA)-Protein, das für die Bindung an die Wirtszelle verantwortlich ist, verminderte Virulenz aufweist. Zudem entdeckten sie, dass der Erreger der Spanischen Grippe, im Gegensatz zu anderen Influenzaviren, nicht von der Protease Trypsin der Wirtszelle abhängig ist, um das HA-Protein zu spalten und zu aktivieren. Das bedeutet, dass dieses Virus alle Zellen, nicht nur solche, die reich an Trypsin sind, befallen kann (Kaiser 2005; Tumpey et al. 2005). Spätere Untersuchungen basierend auf dem rekonstruierten Virus lieferten noch weitere Informationen darüber, welche Proteine über welche Mechanismen für die starke Virulenz verantwortlich sind (zusammengefasst in: Tumpey und Belser 2009; Wimmer et al. 2009).

12.1 Problemfelder

Dual-Use-Dilemma

Mit dem englischen Begriff „Dual-Use“ verweist man auf einen doppelten Verwendungszweck: Etwas kann zum Wohl oder zum Schaden der Menschheit verwendet werden. Oft ist auch gemeint, dass etwas zivilen sowie militärischen Zwecken dienen kann. Das Beispiel des rekonstruierten Erregers der Spanischen Grippe zeigt, dass die DNA-Synthese als eine Dual-Use-Technologie gelten muss. Die Synthese dieses Virus kann zu medizinisch wertvollem Wissen führen, aber das neu synthetisierte Virus könnte auch von Bioterroristen missbraucht werden. Die Angst vor einem solchen

Szenario ist vor allem in den USA seit den Anthrax (Milzbrand)-Anschlägen von 2001 sehr hoch. Damals tauchten verseuchte Briefe auf, die Anthrax-Sporen enthielten, welche fünf Todesfälle verursachten.

Laborsicherheit

Neben dem Risiko, dass das Virus von Tätern mit bösen Absichten bewusst eingesetzt werden könnte, um Schaden anzurichten, gibt es die Gefahr eines unbeabsichtigten Unglücks. Beispielsweise könnte das Virus Menschen, die im Labor arbeiten, befallen, oder es könnte aus dem Labor entweichen. Der SARS-Fall (severe acute respiratory syndrome) von 2004, als das SARS-Virus aus einem chinesischen Labor entkommen konnte und der Ausbruch der Maul-und-Klauen-Seuche in Großbritannien 2007, die wahrscheinlich auch von entwichenen Labor-Viren verursacht wurde, zeigen, dass man sich mit solchen Szenarien auseinandersetzen muss (The Royal Society 2009).

Moralische Verantwortung

Im Zusammenhang mit diesen Risiken stellt sich die Frage, welche moralische Verantwortung daraus für die Forschenden entsteht, und wie sie diese Verantwortung wahrnehmen sollen. Können Forschende für den möglichen Missbrauch des Erregers der Spanischen Grippe verantwortlich gemacht werden? Außerdem kommt die Frage auf, welche Verantwortung aussenstehende Akteure wie Regierungen, DNA-Synthese Firmen, Redaktoren von Fachzeitschriften oder andere Medienschaffende übernehmen können und müssen.

Umgang mit Risiken

In der ethischen Auseinandersetzung um die Möglichkeiten der DNA-Synthese spielt der Umgang mit Risiken eine große Rolle. Moralische Fragen in diesem Zusammenhang sind neben Fragen zur Verantwortung auch Gerechtigkeitsfragen: Sind Risiken und Nutzen gerecht verteilt innerhalb der Gesellschaft, global und über Generationen? Damit verbunden sind Fragen nach unserem Umgang mit der Natur, die möglicherweise ungerechtfertigten Risiken ausgesetzt wird. Obwohl der Erreger der Spanischen Grippe auch Vögel und nicht-menschliche Säugetiere befallen könnte, steht dieser Punkt jedoch nicht im Vordergrund dieser Diskussion, vermutlich weil man keine langzeitige Schädigung von Natur und Umwelt befürchtet. Der Umgang mit Dual-Use-Technologien oder -Produkten ist immer geprägt von einem Abwägen zwischen Nutzen und Risiken und deren moralischer Bedeutung. Eine solche Abwägung gestaltet sich meistens äußerst schwierig und ist umstritten.

12.2 Ethische Beurteilung

Im Folgenden werden einige teilweise gegensätzliche Positionen und deren Argumente vorgestellt, die für diesen Fall relevant sind. Natürlich sind diese Punkte inhaltlich voneinander abhängig und werden in der Diskussion meist kombiniert.

Hohe Risiken kann man mit großem Nutzen rechtfertigen

Die Autoren dagegen betonen, dass man mit der Rekonstruktion dieses Virus entscheidende Informationen über den Krankheitserreger erlangen könne. Mithilfe des rekonstruierten Virus könne man herausfinden, was seine Pathogenizität ausmacht. Das würde beim Auftreten eines neuen Virus, das schon gewisse dieser Merkmale aufweist, ermöglichen, frühzeitig besondere Maßnahmen zu seiner Eindämmung zu ergreifen. Außerdem könnte man mithilfe des rekonstruierten Virus Impfstoffe und Therapien entwickeln (Tumpey et al. 2006). Gemäß eines utilitaristischen Kosten-Nutzen-Kalküls kann man argumentieren, dass der große Nutzen dieser Forschung, welcher Menschen auf der ganzen Welt zu gute kommen könnte, die Risiken überwiegt. Man könnte sogar sagen, dass gerade die Virulenz und die hohe Ansteckungsfähigkeit des Virus die Durchführung dieses Projekts ethisch rechtfertigen. Auch betonen Vertreter dieser Position, dass die Gefahren nicht so groß seien, wie sie gerne dargestellt werden. Es wird hinzugefügt, dass die Forschenden mit hohen Biosicherheitsstandards arbeiten und die Gefahr, dass das Virus entweichen könne, minimal sei (Tumpey et al. 2006). Der Erreger der Spanischen Grippe sei heute auch nicht mehr als so gefährlich einzustufen, da es wirksame antivirale Medikamente gibt (Kaiser 2005).

Basierend auf dem rekonstruierten Erreger der Spanischen Grippe entwickelte man unterdessen Impfungen, die in vorklinischen Studien in Mäusen gegen dieses Virus wirksam sind (Perrone et al. 2009). Außerdem konnte in Mäusen gezeigt werden, dass die Impfung gegen die Schweinegrippe von 2009 auch gegen den Spanische-Grippe-Erreger wirksam ist (Medina et al. 2010). Diese neuen Entwicklungen lassen einerseits die Bedrohung durch das rekonstruierte Virus kleiner erscheinen, andererseits zeigen sie, dass man gewisse nützliche Informationen, die man sich von diesem Projekt erhofft hatte, auch tatsächlich erhalten hat.

Die Forschungsfreiheit darf nicht angetastet werden

Es gehört zu den Errungenschaften einer aufgeklärten Gesellschaft, dass man Wissenschaft losgelöst von ideologischen oder religiösen Vorstellungen betreibt. Das heißt, dass Forschung nicht vom Staat gerichtet oder zensiert werden darf. Die Gewährleistung der Forschungsfreiheit ist in vielen staatlichen Verfassungen verankert. Es wird argumentiert, dass Wissenschaft nur in Unabhängigkeit von äußerer Lenkung existieren könne (Krönke 2003). Die meisten Autoren räumen jedoch ein, dass auch der Wissenschaftsfreiheit Grenzen gesetzt sein müssen. Dies ist beispielsweise dann der Fall, wenn die freie Ausübung der Wissenschaft mit anderen Grundwerten und

Grundrechten kollidiert (Max-Planck-Gesellschaft 2010). Auch hier stellt sich wieder die Frage, wann man von einer solchen „Kollision" sprechen kann und ob das im Fall der Rekonstruktion des Erregers der Spanischen Grippe zutrifft. Ist die Gefahr, der man Mensch und Natur hier aussetzt, so gross einzuschätzen, dass man sagen müsste, Grundwerte und Grundrechte werden verletzt?

Das Vorsorgeprinzip sollte angewandt werden

Die Anwendung des Vorsorgeprinzips (Englisch: Precautionary principle) kommt in der Diskussion zu neuen Technologien oft zur Sprache, wenn es darum geht, wie man mit unsicheren Konsequenzen für Umwelt und menschliche Gesundheit umgehen soll. Es gibt unterschiedliche und verschieden strenge Formulierungen dieses Prinzips. Gemein ist ihnen die Idee, dass fehlende naturwissenschaftliche Sicherheit über das zukünftige Eintreten eines Schadens kein Grund dafür ist, vorbeugende Maßnahmen gegen diesen potenziellen Schaden zu unterlassen (Arcuri 2007). Die Beweislast liege bei jenen, die behaupten, es bestehe *kein* Risiko, nicht bei denen, die auf mögliche Gefahren verweisen.

Im Fall des rekonstruierten Erregers der Spanischen Grippe wird nicht bestritten, dass es zu einem Schaden für die menschliche Gesundheit kommen könnte, falls dieses Virus Menschen befallen würde. Aber dennoch sind wir mit einer Situation konfrontiert, in der eine Technologie mit unbekannter Wahrscheinlichkeit zu negativen Folgen führen kann. Der Hauptunsicherheitsfaktor liegt in diesem Fall nicht in den Konsequenzen, die eine Verbreitung dieses Virus hätte, sondern in der Wahrscheinlichkeit, dass es zu einer Situation kommt, in der das Virus in Umlauf gerät. Frida Kuhlau und Kollegen schlagen eine Version des Vorsorgeprinzips für solche Dual-Use-Situationen vor:

> „Wenn/wo es ernsthafte und glaubwürdige Besorgnis gibt, dass zu legitimen Zwecken vorgesehenes biologisches Material, biologische Technologien oder Wissen aus den Lebenswissenschaften eine Bedrohung für die menschliche Gesundheit und Sicherheit darstellt, dann/da ist die wissenschaftliche Gemeinschaft verpflichtet, dieser Besorgnis Rechnung zu tragen, indem sie Vorsichtsmaßnahmen entwickelt, einführt und befolgt." (Kuhlau et al. 2011, aus dem Englischen).[1]

Um zu entscheiden, ob diese Form des Vorsorgeprinzips in unserem Fall angewandt werden kann, muss man der Frage nachgehen, ob die Besorgnis, dass es sich bei der Rekonstruktion dieses Virus um eine Bedrohung für die menschliche Gesundheit und Sicherheit handelt, als ernsthaft und glaubwürdig einzustufen ist. Wenn man diese Frage bejaht, folgt die Frage, welche Art von Vorsichtsmaßnahmen angemessen wäre.

---

1 Englisches Original: „When and where serious and credible concern exists that legitimately intended biological material, technology or knowledge in the life sciences pose threats of harm to human health and security, the scientific community is obliged to develop, implement and adhere to precautious measures to meet the concern."

Eine mögliche Vorsichtsmaßnahme wäre beispielsweise eine unvollständige Publikation des Virengenoms gewesen.

Dual-Use-Forschung ist mit moralischer Verantwortung und Pflichten verbunden

Inwieweit sind Grundlagenforschende für die Verwendung ihrer Resultate verantwortlich? Grundsätzlich ist die Meinung verbreitet, dass hier sehr wohl eine gewisse moralische Verantwortung besteht. Das heißt nicht, dass die Grundlagenforschenden alleine dafür verantwortlich sind, Bioterrorismus zu verhindern oder darauf zu reagieren. Aber es liegt in ihrer Verantwortung, Anstrengungen zu unternehmen, negative Entwicklungen soweit wie möglich zu verhindern. Aus dieser Verantwortung kann man gewisse moralische Pflichten ableiten. Frida Kuhlau und Kollegen sprechen von realisierbaren moralischen Pflichten, die dem Zweck dienen sollen, voraussehbaren Schaden, der mit einer hohen Wahrscheinlichkeit eintreten könnte, zu verhindern. Als Beispiele für solche Pflichten nennen sie: eine Pflicht, negative Auswirkungen zu berücksichtigen, eine Pflicht, heikles Material nicht an Individuen oder Organisationen weiterzugeben, bei denen man davon ausgehen muss, dass sie es missbrauchen würden, und eine Pflicht, bedenkliche Aktivitäten zu melden (Kuhlau et al. 2008).

Im Kontext zweier anderer Artikel mit einer ähnlichen Problematik sprechen Ruth Faden and Ruth Karron von einer besonderen moralischen Pflicht bei offiziell erlaubter Dual-Use-Forschung. In solchen Fällen hätten jene Instanzen, welche die aufkommenden Biosicherheitsrisiken beaufsichtigen, die moralische Pflicht, sicher zu stellen, dass die Forschungsresultate eingesetzt werden, um weltweit Gesundheitsrisiken zu reduzieren. Die Autorinnen begründen diese Pflicht unter anderem damit, dass ein solcher Nutzen für die weltweite Gesundheit meist das zentrale Argument für die ethische Rechtfertigung solcher Forschung sei (Faden und Karron 2012). Gerade im Fall des rekonstruierten Erregers der Spanischen Grippe wäre dies auch ein sinnvolles Argument, da eine allfällige zukünftige Pandemie im Stil der Spanischen Grippe tatsächlich ein weltweites Gesundheitsrisiko darstellen würde.

Die Forschungsgemeinschaft darf nicht alleine entscheiden, welche Risiken tragbar sind

Wie im letzten Punkt erläutert, wird oft betont, dass Forschende eine Verantwortung für die Folgen ihrer Entdeckungen tragen. Bedeutet das, dass auch die Regulation von Forschungsprojekten mit erhöhten Sicherheitsrisiken von den Forschenden selbst ausgehen soll? Das würde bedeuten, dass die Forschenden selbst Regeln und Standards für ihre Forschung festsetzen sollen.

Diese Frage wurde schon in der Vergangenheit heiß diskutiert. Bekannt ist die Konferenz, die 1975 im Asilomar-Konferenzzentrum in Kalifornien stattgefunden hat, wo Molekularbiologen der frühen Stunde über Gefahren und Risiken der rekombinanten Gentechnologie diskutiert und selbst entsprechende Richtlinien formuliert haben (Berg 2008). Nach dem Vorbild dieser Asilomar-Konferenz diskutierten Forschende der synthetischen Biologie 2006 an der University of California in Berkeley mit Bioethikern, Juristen, Wirtschaftlern, Politikern und anderen Akteuren, wie man mit potenziellen Gefahren der synthetischen Biologie umgehen soll (SB 2.0, 2006). Dabei war die Dual-Use-Problematik der DNA-Synthese ein zentrales Thema. Es wurde beschlossen, dass die Forschenden Firmen unterstützen sollen, welche alle bestellten DNA-Sequenzen auf Übereinstimmung mit potenziell gefährlichen Genen kontrollieren. Kurz darauf haben zwei Verbände von DNA-Synthese-Firmen solche „screening"-Verfahren aufgestellt, die von den Firmen in diesen Verbänden ausgeführt werden müssen (Bhattacharjee 2007; IASB 2008). Allerdings sind Firmen, die nur kleine Oligonukleotide produzieren, aus welchen der Erreger der Spanischen Grippe rekonstruiert wurde, nicht dabei.

Die Idee, dass Forschende in der synthetischen Biologie selbst entscheiden, wie ihre Arbeit reguliert werden sollte, ist auf heftige Kritik gestoßen (ETC Group 2006). Es wurde eine Regulierung durch externe Instanzen verlangt. Eine solche externe Instanz, welche Fälle von Dual-Use-Forschung untersucht, ist das „U.S. National Science Advisory Board for Bisecurity (NSABB)", ein beratendes Organ der Regierung und der Wissenschaftsgemeinschaft in den USA. Dieses Gremium untersucht unter anderem Artikel, deren Publikation ein Sicherheitsrisiko darstellen könnte. Auch die beiden Manuskripte zum Erreger der Spanischen Grippe – das, in dem die Rekonstruktion dieses Virus beschrieben wurde, sowie der Artikel, der die vollständige Sequenz dieses Virus enthielt – sind von diesem Gremium untersucht worden. Man ist zum Schluss gekommen, dass der potenzielle Nutzen die Gefahren so weit überwiegt, dass eine vollständige Publikation gerechtfertigt ist (Sharp 2005). Dieses Gremium hat aber nur beratende Funktion, und der Chefredakteur von *Science* hat in einem Editorial erwähnt, dass das paper auch ohne entsprechende Empfehlung der NSABB in *Science* publiziert worden wäre (Kennedy 2005).

Literatur und Materialien

Arcuri A (2007) Reconstructing Precaution, Deconstructing Misconceptions. Ethics Intern Aff 21:359–379

Berg P (2008) Meetings that changed the world: Asilomar 1975: DNA modification secured. Nat 455:290–291

Bhattacharjee Y (2007) DNA synthesis. Gene-synthesis companies join forces to self-regulate. Sci 316:1682

ETC Group (2006) Global Coalition Sounds the Alarm on Synthetic Biology, Demands Oversight and Societal Debate. http://www.etcgroup.org/node/8. Zugegriffen: 5. Sept. 2013

Faden RR, Karron RA (2012) Public health and biosecurity. The obligation to prevent the next dual-use controversy. Sci 335:802–804

IASB (2008) Technical solutions for biosecurity in synthetic biology. http://www.ia-sb.eu/tasks/sites/synthetic-biology/assets/File/pdf/iasb_report_biosecurity_syntheticbiology.pdf. Zugegriffen: 5. Sept. 2013

Kaiser J (2005) Virology. Resurrected influenza virus yields secrets of deadly 1918 pandemic. Sci 310:28–29

Kennedy D (2005) Better never than late. Sci 310:195

Krönke M (2003) Die Dialektik der Wissenschaftsfreiheit vor dem Hintergrund der Bioterrorismus-Bekämpfung. Bundesgesundheitsbl–Gesundheitsforsch–Gesundheitsschutz 11:1010 – 1013

Kuhlau F, Eriksson S, Evers K, Hoglund AT (2008) Taking due care: moral obligations in dual use research. Bioethics 22:477 – 487

Kuhlau F, Hoglund AT, Evers K, Eriksson S (2011) A precautionary principle for dual use research in the life sciences. Bioethics 25:1 – 8

Max-Planck-Gesellschaft (2010) Hinweise und Regeln der Max-Planck-Gesellschaft zum verantwortlichen Umgang mit Forschungsfreiheit und Forschungsrisiken. http://www.mpg.de/200127/Regeln_Forschungsfreiheit.pdf. Zugegriffen: 5. Sept. 2013

Medina RA, Manicassamy B, Stertz S, Seibert CW, Hai R, Belshe RB, et al. (2010) Pandemic 2009 H1N1 vaccine protects against 1918 Spanish influenza virus. Nat Commun 1(28)

Perrone LA, Ahmad A, Veguilla V, Lu X, Smith G, Katz JM., et al. (2009) Intranasal vaccination with 1918 influenza virus-like particles protects mice and ferrets from lethal 1918 and H5N1 influenza virus challenge. J Virol 83:5726 – 5734

Sharp PA (2005) 1918 flu and responsible science. Sci 310:17

The Royal Society (2009) New approaches to biological risk assessment. http://royalsociety.org/uploadedFiles/Royal_Society_Content/policy/publications/2009/7860.pdf. Zugegriffen: 5. Sept. 2013

Tumpey TM, Basler CF, Aguilar PV, Zeng H, Solorzano A, Swayne DE., et al. (2005) Characterization of the reconstructed 1918 Spanish influenza pandemic virus. Sci 310:77 – 80

Tumpey TM, Basler CF, Aguilar PV, Zeng H, Solorzano A, Swayne DE. et al. (2006) Vaccine against Spanish flu, Response to J. Jensenus. Sci 311:1552; author reply 1552

Tumpey TM, Belser JA (2009) Resurrected pandemic influenza viruses. Annu Rev Microbiol 63:79 – 98

Wimmer E, Mueller S, Tumpey TM, Taubenberger JK (2009) Synthetic viruses: a new opportunity to understand and prevent viral disease. Nat Biotechnol 27:1163 – 1172

Christoph Rehmann-Sutter

13 Embryonenforschung

Fallbeispiel

Im Jahr 2011 gelang es einem internationalen Forscherteam, unter der Leitung des Schweizers Dieter Egli an der New York Stem Cell Foundation, in eine menschliche Eizelle das Genom eines Patienten einzusetzen und daraus geklonte Embryonen herzustellen. Die embryonalen Zellen hatten die Eigenschaften der Pluripotenz, wie sie normalen embryonalen Stammzellen eigen ist. Das bedeutet, sie können in verschiedene Gewebetypen des menschlichen Körpers differenzieren und vielleicht einmal therapeutisch eingesetzt werden. Sie waren allerdings genetisch abnormal (triploid), weil der Zellkern der Eizelle vor der Kerntransplantation nicht entfernt worden ist. Frühere Versuche verschiedener Teams, aus entkernten Eizellen mit dem transplantierten Genom eines Patienten geklonte Embryonen zu erzeugen, waren weltweit fehlgeschlagen. Eglis Team ist damit dem Klonen eines menschlichen Wesens mit einer Technik, die zwar nicht identisch, aber doch ähnlich ist wie die Herstellung des Schafes Dolly, so nahe gekommen, wie noch kein Mensch zuvor.

Für das Experiment wurden 270 Eizellen verwendet, die im Verlauf von 19 Monaten von 16 Frauen gespendet wurden. Die Spenderinnen erhielten dafür eine Entschädigung von 8000 US Dollar, einen Betrag, der für die Eizellspende für reproduktive Zwecke lokal üblich ist. Um eine unzulässige Einflussnahme oder Ausbeutung von Frauen durch dieses Spendeschema zu vermeiden, hat die Gruppe nur Frauen zugelassen, die einen höheren Bildungsstand hatten, nicht arbeitslos und finanziell nicht unterprivilegiert waren. Die Frauen wurden aus dem Eispende-Programm für die Reproduktionsmedizin rekrutiert und hatten sich bereits für die Eizellenspende entschieden, bevor ihnen die Möglichkeit angeboten wurde, ihre Eizellen für die Stammzellforschung zu spenden. Die geklonten Embryonen wurden nicht *in uterum* transferiert, sondern im Verlauf der Entnahme der embryonalen Stammzellen *in vitro* zerstört. Eine Befruchtung der Eizellen hat nie stattgefunden (Noggle et al. 2011; Vogel 2011).

13.1 Problemfelder

Im Vordergrund der ethischen und rechtlichen Bewertung stehen 1. die Verwendung gespendeter Eizellen zu Forschungszwecken, 2. das Verfahren zur Erzeugung des Embryos und 3. der moralische und rechtliche Status des resultierenden Embryos.

Eizellspende

Die Frage, ob es ethisch und rechtlich vertretbar sei, Eizellen für Forschungszwecke zu spenden, stellt sich zunächst grundsätzlich, d. h. unabhängig von den konkreten Bedingungen einer Spende. In der Forschung werden aus den Eizellen Embryonen hergestellt, die z. B. als Quelle von Stammzellen dienen oder für andere Untersuchungen verwendet werden, die darauf hinauslaufen, dass aus den befruchteten Eizellen kein Kind entstehen soll. Die fortpflanzungsfremde Verwendung von Eizellen unterscheidet sich von der Eizellspende für unfruchtbare Paare zu Fortpflanzungszwecken durch ihren Sinnkontext: Während die Eizellspende zu Fortpflanzungszwecken für die Spenderin bedeuten kann, Menschen, die unter Unfruchtbarkeit leiden, zu helfen, befördert die Eizellspende zu Forschungszwecken das biomedizinische Wissen, oder, wie im Beispiel, die Entwicklung der regenerativen Medizin. Wenn die Forschung erfolgreich ist, wird sie möglicherweise später auch Patienten zugutekommen. Die Hilfs- oder Solidaritätsbeziehung ist in diesem Kontext abstrakter. Es ist wahrscheinlich, dass bei Frauen, die sich auch für die Spende für die Forschung bereit erklärten, das finanzielle Motiv doch eine wichtige Rolle spielt (die Autoren berichten, dass sie zuvor nur wenige Frauen finden konnten, die bereit waren, ohne Entschädigung zu spenden, Egli et al. 2011). Es stellt sich deshalb die Frage, ob und unter welchen Umständen man Frauen darum bitten darf, ihre Eizellen für die Forschung zu verkaufen.

Die Bedingungen unterscheiden sich je nach der Situation, in der sich die Spenderin befindet (Schulz und Braun, 2010). Wenn die Spenderin (1) nach einer eigenen, erfolgreichen reproduktionsmedizinischen Behandlung überzählige Eizellen hat, die sie selbst nicht mehr benötigt, entsteht für sie durch eine Spende kein Nachteil. Die hormonelle Behandlung und der operative Eingriff zum Zweck der Spende entfallen. Die Verfügbarkeit von Eizellen auf diesem Weg ist aber limitiert, weil erstens nicht so viele Eizellen übrig bleiben und zweitens das Tiefgefrieren von unbefruchteten Eizellen technisch schwierig ist, sich die Fruchtbarkeit der Eizellen reduziert und daher die meisten Frauen, die sich mit *In-vitro*-Fertilisation (IVF) behandeln lassen, befruchtete Eizellen im Vorkernstadium einfrieren. Wenn es sich, wie in casu, (2) um Nichtpatientinnen handelt, müssen sie sich einer hormonellen Stimulation ihrer Ovarien sowie einem chirurgischen Eingriff unterziehen. Diese Behandlung ist mit Risiken und Belastungen verbunden. Für die Frauen kann es bei der Bewertung dieses Risikos einen Unterschied machen, ob sie selbst schon Kinder haben oder nicht. Die finanzielle Entschädigung für die Spende wirft die Frage der Ausbeutbarkeit von Frauen auf, besonders von Frauen, die auf das Geld angewiesen sind.

Eine besondere Situation (3) zwischen den beiden Extremen 1 und 2 ergibt sich, wenn es sich um IVF-Patientinnen handelt, die zwar selbst Eizellen für die folgenden IVF-Zyklen benötigen, diese aber mit der Forschung *teilen* können, um damit eine ihnen angebotene Kostenreduktion für ihre IVF-Behandlung zu erwirken („egg sharing scheme“, vgl. Haimes et al. 2012). Es entsteht zwar durch die Spende eine Benachteiligung in der IVF-Behandlung, entweder in Bezug auf die jetzt geplante Schwangerschaft oder in Bezug auf ein weiteres Kind, aber gleichzeitig entsteht für Frauen, die es sich sonst nicht leisten könnten, die Möglichkeit, weitere IVF-Zyklen in Anspruch zu nehmen, die sie sonst selbst bezahlen müssten. Damit erhöht sich für sie die Wahrscheinlichkeit, ein Kind bekommen zu können.

Um die ethischen Fragen der Zumutbarkeit verschiedener Eizellspendeschemas für die Betroffenen beurteilen zu können, ist es wichtig, neben den biomedizinischen Informationen auch das Wissen der Frauen einzuholen, die über Erfahrungen als Eizellspenderinnen verfügen. Carroll und Waldby (Carroll und Waldby 2012) nennen dieses Betroffenenwissen „embodied knowledge" und betonen, dass es für eine wirklich informierte Entscheidung der Spenderinnen wichtig ist. Ihr Vorschlag ist, für Stammzellforschung nur Eizellspenderinnen zu fragen, die selbst mindestens schon einen IVF-Zyklus hinter sich haben und deshalb wissen, wozu sie einwilligen.

Eine Klärung dieser Fragen scheint wichtig, weil mit dem Erfolg der Stammzellforschung die Wahrscheinlichkeit steigt, dass eine Technik zur Herstellung von patientenspezifischen embryonalen Stammzellen, sobald sie zur klinischen Anwendung kommt, noch mehr gespendete Eizellen benötigt. Es könnte allerdings möglich werden, die gespendeten Eizellen durch *in vitro* aus embryonalen Stammzellen hergestellte künstliche Eizellen zu ersetzen (Hübner et al. 2003).

Das Verfahren zur Herstellung eines Embryos

Im besprochenen Experiment wird der Embryo nicht durch die Vereinigung einer Ei- und einer Samenzelle erzeugt, sondern durch die Transplantation des Zellkerns einer Körperzelle eines Erwachsenen in eine Eizelle *(somatic cell nuclear transfer)*. Dieser Vorgang kann von selbst, also „in der Natur" nicht stattfinden. Deshalb ist die Frage der moralischen Vertretbarkeit eines solches Verfahrens nicht damit zu beantworten, dass man im Labor bloß etwas tut, was in der Natur auch geschehen könnte. Es handelt sich um ein künstliches Verfahren ohne Präzedenz in der Natur.

Beim beschriebenen Verfahren handelt es sich um eine ähnliche Technik, wie sie auch zum reproduktiven Klonen verwendet werden könnte. Es gibt aber zwei wesentliche Unterschiede: Es unterscheidet sich erstens dadurch, dass der Embryo absichtlich nicht in die Gebärmutter einer Frau eingesetzt wird. Dadurch entfällt die Möglichkeit der Einnistung, ohne die sich der Embryo nicht weiter entwickelt. Zweitens unterscheidet es sich dadurch, dass der Kern der Eizelle nicht entfernt wird. Der Embryo ist triploid, was die Entwicklungsfähigkeit des Embryos über das Blastocystenstadium hinaus zumindest beeinträchtigt. Es handelt sich also um eine spezielle Form von „therapeutischem Klonen" (Gilbert et al. 2005: 149). Beide Unterschiede zum reproduktiven Klonen gilt es zu bewerten, um abzuklären, ob das Verfahren angesichts der globalen Ächtung des reproduktiven Klonens von Menschen (UNESCO 1997: Art. 11) vertretbar sei.

Moralischer und rechtlicher Status des Embryos

Bei der Gewinnung embryonaler Stammzellen aus dem Embryo muss dieser zerstört werden. Das Entwicklungspotenzial des Embryos wird aufgelöst; die den Zellen inhärenten Lebensprozesse werden benützt, um eine Kultur von Zellen zu gründen, aus der wissenschaftliche Erkenntnisse gewonnen werden können, die wiederum zur Entwicklung eines therapeutisch verwendbaren Verfahrens zur Herstellung von transplantierbaren Zellen benötigt werden. Falls das Verfahren in die klinische Anwendung gelangt, werden aus dem Embryo Zellkulturen gewonnen, die für einen Patienten überlebenswichtige Heilmittel sind, sich in seinen Körper einfügen und zu einem lebendigen Bestandteil des Körpers werden. In jedem Fall fügt man dem Embryo mit seiner Vernichtung den größten möglichen Schaden zu. Die Frage liegt auf der Hand, ob dies zulässig sei (und wird seit Beginn der Embryonenforschung in den 1970er Jahren heftig debattiert). Welche moralischen und rechtlichen Qualitäten kann der „Schaden“ überhaupt haben, den man einem Embryo im Blastocystenstadium zufügt?

Dass ein Embryo eigene Interessen hat und daher der Schaden in der Verletzung der embryonalen „Interessen“ besteht, ist wenig plausibel (Simmons 2012). Das Interessenargument wurde in der Debatte dementsprechend auch nur selten aufgegriffen. Es standen andere Argumente im Vordergrund, die sich um die Frage gruppieren, ob sich aus der Tatsache, dass es sich beim Embryo um menschliches Leben handelt, welches das Potenzial hat, sich zu einem Kind zu entwickeln, ein Grund ableitet, den Embryo als Träger der menschlichen Würde zu schützen. Dieses Entwicklungspotenzial ist im Allgemeinen unbestritten, wenn es auch in unserem konkreten Fall wegen der Tatsache der Triploidität wahrscheinlich abwesend ist. Das Potenzial wurde aber unterschiedlich ausgelegt, bewertet und mit dem Recht auf Leben und körperlicher Unversehrtheit verknüpft, die beide im Konzept der menschlichen Würde enthalten sind.

Die Frage, ob frühe menschliche Embryonen moralisch relevante Subjekte seien, wurde erst praktisch relevant, seit es möglich ist, sie *in vitro* zu entwickeln, also seit dem Beginn der *In-vitro*-Fertilisation 1978 (Gilbert et al. 2005: Kap. 3; kritisch zur Status-Diskussion Kaminsky, 1998). Es haben sich drei hauptsächliche Bewertungsmodelle herausgebildet (Rehmann-Sutter et al. 2009): Erstens das *Sachmodell*, das den frühen Embryo als eine für andere wertvolle Entität ansieht, aber nicht als Wesen, das in moralisch relevanter Hinsicht selbst geschädigt werden könnte. Diese Position ist eine verbreitete, wenn auch nicht akkurate Interpretation der wegweisenden Stellungnahme der Warnock-Kommission in Großbritannien. Ihr gemäß beginnt eine moralische Schutzwürdigkeit des Embryos um seiner selbst willen, die der Staat mit einem Verbot der verbrauchenden Forschung respektieren soll, am 15. Tag nach der Befruchtung. Aber auch bis zum 14. Tag wird ein Schutz verlangt, indem man für Embryonenforschung eine Lizenz braucht (Warnock 1985). Die zweite Position, das *Personmodell*, verhält sich diametral zum Sachmodell. Es nimmt an, dass sich durch die abgeschlossene Befruchtung bei der Verschmelzung der beiden Vorkerne eine Person bildet, die zwar nicht Trägerin von Pflichten aber doch aller relevanten Rechte ist, einschließlich des Rechts auf Leben und körperliche Unversehrtheit. Die Hauptvertreterin dieses Modells ist die römisch-katholische Kirche. Entsprechend ist Embryonenforschung, die mit einer Schädigung des Embryos einhergeht, verboten (Kongregation für die Glaubenslehre 2008). Das dritte Modell geht von einer graduellen Entwicklung der Schutzwürdigkeit des Embryos aus, einhergehend mit der physischen Differenzierung und Entwicklung des Embryos. Dieses *Entwicklungsmodell* nimmt an, dass der Embryo nie eine bloße Sache ist, mit der man nach Belieben verfahren kann. Aber die embryonale Würde (nicht gleichzusetzen mit der Menschenwürde Geborener, die verfassungsrechtlich geschützt ist), ist abwägbar mit dem Leben, das durch die Medizin gerettet werden kann. Embryonenforschung, wenn sie hochrangigen Zielen dient, kann in diesem Modell vertretbar sein.

Die Positionen, die sich in diesen drei Modellen gruppieren lassen, basieren auf rational keineswegs zwingenden Argumenten, sondern auf Annahmen, die für die Verfechter axiomatischen Charakter haben (Friele 2008). Entsprechend hat sich in der nun seit 40 Jahren geführten Debatte kein Konsens herauskristallisiert. Der säkulare und liberale Rechtsstaat steht vor der Aufgabe, eine Rechtsordnung zu schaffen, die der Tatsache dieser Pluralität Rechnung trägt.

Eine zweite Ebene von Fragen eröffnet sich, wenn geklärt werden soll, ob dieses Konstrukt (ein triploider Kerntransfer-Embryo) ein embryonales Wesen ist, das sich in normativer Hinsicht mit einem Embryo gleichstellen lässt, der aus der Vereinigung von männlichen und weiblichen Keimzellen entstanden ist.

Weitere Fragen

Wie kann man die Annahme, dass sich ein triploider Kerntransfer-Embryo nicht über das Blastocystenstadium hinaus entwickeln kann, empirisch überprüfen? Man müsste ihn dazu versuchsweise in die Gebärmutter einer Frau einpflanzen, was eine zeitliche Verlängerung des Embryonenversuchs darstellen würde und selbst von der liberalen britischen Regelung nicht mehr abdeckt wäre. Ist die Entwicklungsfähigkeit aber ein notwendiges Element der Definition dessen, was für Ethik und Recht in normativer Hinsicht ein „Embryo" ist?

Im Hinblick auf die klinische Translation der Embryoforschung stellt sich die forschungsstrategische Frage, ob es überhaupt erstrebenswert ist, Heilverfahren zu entwickeln, deren Herstellung den Verbrauch menschlicher Embryonen beinhalten. Ist es für Patienten zumutbar, solchen Transplantationen unterzogen zu werden? Falls diese Frage nicht uneingeschränkt bejaht werden kann, entsteht die weitere Frage, wer darüber entscheiden soll. Ist es so, dass dabei in erster Linie die eigenen Werte des Patienten zählen und er im Rahmen der informierten Zustimmung darüber Rechenschaft ablegt? Weiter ist es nicht trivial, wie die Sicherheit der Transplantate geprüft werden kann, ohne Versuchspersonen unvertretbar hohen Risiken auszusetzen. Welche speziellen Risiken entstehen z. B. daraus, dass es sich um vielfältig entwicklungsfähige embryonale Zellen handelt?

Moderne biomedizinische Forschung findet in internationalen Konsortien statt und ist nur bedingt an die Sitten und die Gesetzgebung eines Landes gebunden. Forschungsgruppen siedeln sich an Orten an, wo die Gesetze permissiv sind. Welche Probleme können daraus für Forscher entstehen, wenn sie z. B. aus einem Land kommen, in dem genau diese bestimmte Form der Embryonenforschung strafrechtlich verboten ist? Welche interkulturellen Verständigungsprobleme (Ethos, Rechtskultur) zeigen sich beim Thema des Schutzes menschlicher Embryonen?

13.2 Ethische Beurteilung

Eizellspende

In New York hat man offenbar keine andere Möglichkeit gefunden, als die Spende von gesunden Freiwilligen zu suchen und eine Entschädigung in der branchenüblichen Höhe von 8000 Dollar anzubieten. Gegen diese Form der Eizellspende könnte eingewendet werden, dass sie die Freiwilligkeit der Spende beeinträchtige oder dass sie weniger wohlhabende Frauen ausbeute, die auf Geld angewiesen sind (vgl. Carroll und Waldby 2012). Wenn man aber davon ausgeht, dass Frauen über ihren Körper autonom entscheiden können, sind dies nicht die zentralen Probleme. Eine Entschädigung für den im öffentlichen Interesse geleisteten Aufwand und die auf sich genommenen Belastungen in einer angemessenen Höhe ist bloß fair. Und welcher Preis angemessen ist, bemisst sich an der alternativen Möglichkeit, Eizellen für reproduktive Zwecke zu spenden. Sofern es an einem Ort üblich und akzeptiert ist, Eizellen gegen Geld zu tauschen, kann man bei der Eizellspende für die Stammzellforschung schwerlich eine Ausnahme verlangen.

Die „Lösung“, die die Forscher gefunden haben, um Ausbeutung der Eizellspenderinnen zu vermeiden (indem sie weniger wohlhabende Frauen ausschließen) hat den Mangel, dass sie nur Frauen zulässt, die das Geld nicht nötig haben. Diese Lösung hängt an einer überholten Idee der Legitimierung *allein* durch die freie Selbstbestimmung, die aber unrealistisch ist, weil man davon ausgehen muss, dass auch die besser gestellten Frauen, die sich als Spenderinnen melden, dies in erster Linie aus finanziellen Beweggründen tun, und nicht weil sie die Stammzellforschung für so wichtig halten, dass sie bereit sind, dafür ein Opfer zu bringen. Allerdings ist in ihrer Situation der Druck geringer und der Freiheitsgrad höher. Man könnte auch die andere Auffassung vertreten, dass die Spendemöglichkeit, wenn sie ethisch zumutbar ist, nicht den Wohlhabenden vorbehalten, sondern vor allem den Frauen zu Gute kommen soll, die aus dem Geld einen möglichst großen Nutzen haben können. Es würde dann um die Zumutbarkeit der Risiken *per se* gehen und um ihre medizinische Minimierung. In beiden Fällen müssen die Frauen wirklich wissen, wozu sie einwilligen. Dazu braucht es nicht nur biomedizinische Informationen, sondern auch Betroffenenwissen (Carroll und Waldby 2012). Es ist illusorisch, von der alleinigen Tatsache, dass Frauen auf das Geld nicht existenziell angewiesen sind, eine Stärkung des

Entscheidungsprozesses und eine moralische Legitimierung der Spende zu erwarten. Es ist zu fragen, ob der Handel mit Eizellen *grundsätzlich* zulässig sein soll. *Wenn* die Eizellspende für Forschung gegen Geld überhaupt als zulässig angesehen wird, sollte es keine Diskriminierung der weniger Bemittelten geben. Die Bedingung, vor der Spende bereits eine IVF erlebt zu haben, würde aber die Entscheidung der Frauen auf bessere Grundlagen stellen.

Das Verfahren zur Herstellung eines Embryos

Die Herstellung eines Embryos durch Kerntransfer ist zwar dieselbe Technik, wie sie für das reproduktive Klonen eingesetzt würde, das aus Gründen, die hier nicht diskutiert werden können, verboten ist. Aber die Tatsache, dass erstens der Embryo nicht in den Uterus einer Frau eingesetzt wird, also keine Schwangerschaft eingeleitet wird, und zweitens, dass der Embryo triploid ist und deshalb nicht als entwicklungsfähig gilt, unterscheidet das hier angewendete Verfahren deutlich vom reproduktiven Klonen. Deshalb reduziert sich die Frage der moralischen Zulässigkeit dieses Herstellungsverfahrens auf die Frage, ob es zulässig erachtet wird, Embryonen, die *de facto* nicht entwicklungsfähig sind, bei denen auch niemand wünscht, dass sie weiterentwickelt werden, für Forschungszwecke herzustellen. Diese Frage wird sich indes nicht entscheiden lassen, ohne einen Standpunkt zur Frage des moralischen Status des so hergestellten Embryos einzunehmen.

Der moralische Status des Embryos

Kann der triploide Kerntransfer-Embryo ethisch wie ein natürlich gezeugter, oder durch *In-vitro*-Befruchtung entstandener Embryo behandelt werden, oder ist er als ein konstruiertes Zwischenstadium zur Herstellung von embryonalen Stammzellen anzusehen? Wenn man die Gründe untersucht, weshalb Embryonen überhaupt als schützenswert angesehen werden, ergibt sich folgendes Bild. Es sind vor allem vier Argumente, die betrachtet werden müssen (vgl. Damschen und Schönecker 2002; Lenzen 2003): die Zugehörigkeit des Embryos zur menschlichen Spezies (S), die Kontinuität der Entwicklung zu einer Person (K), die Identität geborener Menschen mit dem Embryo, aus denen sie hervorgegangen sind (I), und die Potenzialität des Embryos, zu einem Menschen heranzuwachsen (P). Das Kontinuitätsargument entfällt, weil die Entwicklung zu einer Person biologisch und technisch ausgeschlossen ist. Das Identitätsargument entfällt ebenfalls, weil kein Kind mit diesem Embryo identisch sein könnte. Und das Potenzialitätsargument ist hier irrelevant, weil die Entwicklungsfähigkeit zu einem Kind aller Wahrscheinlichkeit nach fehlt und auch praktisch ausgeschlossen ist. Es bleibt nur das Speziesargument übrig, das aber für sich den moralischen Status des Embryos nicht zweifelsfrei begründen kann. Jede natürlich entstehende und sich nicht einnistende Blastocyste gehört zur menschlichen Spezies; deshalb muss sie aber noch nicht (wie alle geborenen Menschen) als Person mit Recht auf Leben und körperliche Unversehrtheit geschützt werden. Diejenigen, die ein solches Recht stipulieren, müssen es mit rational nicht zweifelsfreien Axiomen begründen. Die Rechtsordnung des Staates muss der Pluralität der Vorstellungen über die Metaphysik des Lebensbeginns Rechnung tragen. Das kann sie aber nur, wenn in diesem Fall kein Verbot ausgesprochen wird.

Unter den „SKIP"-Argumenten sticht das Potenzialitätsargument hervor. Es ist der normativ entscheidende Faktor für die Schutzpflichten gegenüber frühen menschlichen Embryonen, die selbst noch keine subjektiven Wahrnehmungen haben können (Simmons 2012). Es besagt, dass schon der Embryo geschützt werden soll. Aber worin kann das Potenzialitätsargument begründet sein (Rehmann-Sutter 2006)? Im säkularen Rechtsstaat kann man sich dabei nicht auf religiöse Gründe berufen. Häufig wird auf das genetische Programm Bezug genommen, das schon in der Zygote durch den vollständigen Chromosomensatz vorliege. Die Idee eines genetischen Programms als Vorschrift zur Entwicklung eines Menschen, die von Anfang an im Genom vorliegt, ist aber heute im Licht der molekularbiologischen Evidenzen unplausibel (Neumann-Held und Rehmann-Sutter 2006). Es verbleibt der Weg, die Fähigkeit des Embryos, auf dem einen Entwicklungsweg Schritt für Schritt voranzugehen, und dieselbe Fähigkeit, über sich selbst hinauszuwachsen, jeweils in den nächsten Schritt weiterzugeben, für den Schutzwert-stiftenden Faktor anzusehen. Diese Fähigkeit, die ich „Selbsttranszendenz" des Embryos nenne (Rehmann-Sutter 2008), reicht hier nur bis zum Blastocystenstadium und erlischt dann. Es handelt sich deshalb im normativen Sinn nicht um Embryonen, aus denen Kinder entstehen könnten, sondern um spezielle embryonale Entitäten, die nichts weiter sein *können* als Zwischenstadien zur Erzeugung von embryonalen Stammzellen. Wenn man ihre Erzeugung zulässt, instrumentalisiert man *diese* Wesen zu Zwecken des Wohls von Patienten (Louis Guenin 2008, hat verschiedene Gebrauchskonstellationen von Embryos im Rahmen von „nonreprocloning" normativ analysiert; vgl. auch Green 2001; Holland et al. 2001 und Rehmann-Sutter et al. 2009).

Die Hauptfrage ist, ob es einen normativen Anspruch dem Embryo gegenüber gibt, ihn entweder 1. nicht zu erzeugen oder ihn 2. einer Frau einzupflanzen. Wie sollte sich die Pflicht begründen lassen, ihn einer Frau einzupflanzen? Denn man erkennt auch keine Pflicht an, Embryonen einzupflanzen, die sich nach einer morphologischen Kontrolle nach IVF oder Präimplantationsdiagnostik (PID) als wahrscheinlich nicht entwicklungsfähig herausstellen. Dies würde den kaum entwicklungsfähigen Embryo über die Interessen einer Frau an einem gesunden Kind stellen. Es wäre zudem inkonsistent, morphologische Kontrolle oder PID zuzulassen, die ebenfalls zu einem Verzicht auf Einpflanzung führen, und gleichzeitig zu verlangen, dass ein Kerntransfer-Embryo eingepflanzt wird.

Es bleibt die erste Pflicht zu dikutieren, auf die Erzeugung von Kerntransfer-Embryos überhaupt zu verzichten. Es ist schwierig, einen Grund für eine solche Pflicht zu sehen, ohne dem nicht entwicklungsfähigen Kerntransfer-Embryo doch einen personalen Status zuzuschreiben. Es ist jedenfalls nicht dieselbe Handlung, wie eine *In-vitro*-Zeugung zu Forschungszwecken. Denn dort entstünde ein entwicklungsfähiger Embryo, der dann willkürlich von der Entwicklung abgehalten wird. Eine Pflicht, keine *entwicklungsfähigen* Embryonen als Zwischenstadien für die Stammzellherstellung herzustellen, lässt sich mit dem fürsorglichen Respekt begründen, den man einem entwicklungsfähigen menschlichen Embryo schuldet, selbst wenn er *in vitro* gezeugt wurde und noch keine Person ist. Derselbe Grund entfällt aber bei Kerntransfer-Embryos. Sie sind nicht entwicklungsfähig und dürften in Experimenten auch nicht zur forcierten Entwicklung gebracht werden.

13.3 Rechtliche Beurteilung

13.3.1 Schweizerisches Recht

Bernhard Rütsche

Das schweizerische Recht weist die Besonderheit auf, dass Fragen der Fortpflanzungsmedizin und Gentechnologie bereits auf *Verfassungsstufe* substanziell geregelt sind. Der entsprechende Art. 119 BV (in Kraft seit 1992) enthält eine Reihe von Verboten. Unzulässig sind namentlich alle Arten des Klonens, Eingriffe in das Erbgut menschlicher Keimzellen und Embryonen, die Herstellung menschlich-tierischer Mischwesen (Hybriden) sowie die Embryonenspende und Leihmutterschaft. Ferner begrenzt Art. 119 BV die Zwecksetzung der Fortpflanzungsmedizin; diese darf nur angewendet werden, „wenn die Unfruchtbarkeit oder die Gefahr der Übertragung einer schweren Krankheit nicht anders behoben werden kann, nicht aber um beim Kind bestimmte Eigenschaften herbeizuführen oder um Forschung zu betreiben".

Für den vorliegenden Fall sind neben Art. 119 BV das *Fortpflanzungsmedizingesetz* (FMedG, in Kraft seit 2001) und das *Stammzellenforschungsgesetz* (StFG, in Kraft seit 2005) von Relevanz. Mit Blick auf die Statusfrage sind sodann die Menschen- und Grundrechte der Bundesverfassung sowie der Europäischen Menschenrechtskonvention und des UNO-Paktes II zu beachten. Dazu zählen in erster Linie die *Menschenwürde* (Art. 7 BV) sowie das *Recht auf Leben* (Art. 10 Abs. 1 BV, Art. 2 EMRK und Art. 6 UNO-Pakt II). Was diese allgemein formulierten Rechte konkret bedeuten und wen sie schützen, ergibt sich zumindest teilweise aus der Judikatur des Bundesgerichts und des Europäischen Gerichtshofs für Menschenrechte.

Eizellenspende

Auf Verfassungsebene ist die Eizellenspende nicht geregelt. Hingegen statuiert das Fortpflanzungsmedizingesetz ein *Verbot der Eizellenspende* (Art. 4 FMedG). Der Gesetzgeber rechtfertigte dieses Verbot – wie auch die Verbote der Embryonenspende und Leihmutterschaft, die bereits auf Verfassungsstufe und gestützt darauf ebenfalls in Art. 4 FMedG verankert sind – mit dem Schutz des Kindeswohls im psychisch-sozialen Sinn: Diese Verbote sollen verhindern, dass die soziale, genetische und biologische Elternschaft auseinanderfallen (BBl 1996 III 253 f.).

Außer Zweifel steht, dass die Eizellenspende *zu fortpflanzungsmedizinischen Zwecken* generell verboten ist. Demgegenüber steht das schweizerische Recht einer Eizellenspende für die Forschung an sich nicht entgegen. Das geltende Recht lässt es im Übrigen auch zu, überzählige Embryonen für ein Forschungsprojekt zu spenden (d. h. Embryonen, die im Rahmen einer In-vitro-Fertilisation erzeugt worden sind und nicht zur Herbeiführung einer Schwangerschaft verwendet werden, vgl. Art. 2 Bst. b StFG). Auf jeden Fall sind aber auf die Spende sowie die Weitergabe von Eizellen zu Forschungszwecken die Bestimmungen des Gesetzes über die Forschung am Menschen (Humanforschungsgesetz, HFG) anwendbar. Danach bedürfen Forschungsprojekte mit Personen einer Bewilligung durch die zuständige Ethikkommission (Art. 45 HFG), und für die Weiterverwendung von (bereits entnommenem) humanbiologischem Material zu Forschungszwecken ist grundsätzlich die Einwilligung der betroffenen Person erforderlich (Art. 32 und Art. 34 HFG).

Im vorliegenden Fall sind den Eizellenspenderinnen 8000 US Dollar bezahlt worden. Das schweizerische Recht kennt eine Reihe von Regelungen, welche die *Kommerzialisierung von humanbiologischem Material* (Organe, Gewebe, Zellen, Leichen, Embryonen) verbieten. So untersagt Art. 119 Abs. 2 Bst. e BV den Handel mit menschlichem Keimgut und Erzeugnissen aus Embryonen. Weiter ergeben sich aus Art. 119*a* Abs. 3 BV Kommerzialisierungsverbote im Bereich der Transplantationsmedizin. Danach ist die Spende von menschlichen Organen, Geweben und Zellen unentgeltlich und der Handel mit menschlichen Organen verboten. Zusätzliche Kommerzialisierungsverbote sind auf Gesetzesstufe verankert, insbesondere im Fortpflanzungsmedizingesetz (Unentgeltlichkeit der Samenspende gemäß Art. 21 FMedG) und im Stammzellenforschungsgesetz (Unentgeltlichkeit der Spende überzähliger Embryonen und embryonaler Stammzellen gemäß Art. 4 StFG). Darüber hinaus statuiert das neue Humanforschungsgesetz ein allgemeines Kommerzialisierungsverbot im Bereich der Forschung. Nach Art. 9 HFG dürfen der menschliche Körper oder dessen Teile als solche zu Forschungszwecken nicht gegen Entgelt oder einen andern geldwerten Vorteil veräußert oder erworben werden. Schließlich kennt auch die Biomedizinkonvention des Europarates, welche von der Schweiz ratifiziert worden ist und seit 1. November 2008 in Kraft steht, ein allgemeines Kommerzialisierungsverbot (Art. 21 BMK: „Der menschliche Körper und Teile davon dürfen als solche nicht zur Erzielung eines finanziellen Gewinns verwendet werden.") Daraus ergibt sich unmissverständlich, dass für gespendete Eizellen als solche nichts bezahlt werden darf. Allerdings lässt es das Humanforschungsgesetz zu, Eizellenspenderinnen für ihre Teilnahme – und nicht für die Weitergabe ihrer Eizellen – an einem Forschungsprojekt angemessen zu entgelten, soweit das Projekt für die Spenderinnen keinen direkten Nutzen erwarten lässt, d. h. fremdnützig ist (Art. 14 Abs. 1 HFG).

Die erwähnten Kommerzialisierungsverbote dienen teilweise dem *Schutz bestimmter Grundrechte*, namentlich dem Schutz von Leben und Gesundheit von Spendern und Empfängern sowie dem Schutz vor Ausbeutung und Diskriminierung. Damit allein lassen sich aber die Kommerzialisierungsverbote nicht erklären. Wenn beispielsweise Frauen nach einer erfolgreichen reproduktionsmedizinischen Behandlung überzählige Eizellen gegen Entgelt für die Forschung spenden, steht keines der genannten Grundrechte auf dem Spiel. Das macht deutlich, dass die Kommerzialisierungsverbote (auch) auf die *Menschenwürde* im Sinne eines allgemeinen Verdinglichungsverbots zurückzuführen sind: Nicht nur der Mensch als Person, sondern auch der menschliche Körper und dessen Teile dürfen nicht verdinglicht, d. h. nicht total instrumentalisiert und zu einer bloßen Sache degradiert werden.

Das Verfahren zur Herstellung eines Embryos

Wie bereits angesprochen ist zwar die Spende von Eizellen für die Forschung an sich zulässig, nicht aber jede beliebige *Verwendung der gespendeten Eizellen* im Rahmen der Forschung. Vielmehr verbietet das Stammzellenforschungsgesetz, Embryonen, Klone, Chimären, Hybriden oder Parthenoten zu Forschungszwecken herzustellen bzw. aus solchen Lebewesen embryonale Stammzellen zu gewinnen oder solche zu verwenden (vgl. Art. 3 Abs. 1 StFG). Ebenso verboten ist die Verwendung überzähliger Embryonen zu einem anderen Zweck als der Gewinnung embryonaler Stammzellen, d. h. die Forschung an Embryonen als solchen (Art. 3 Abs. 2 Bst. a StFG).

Als *Embryo* im Rechtssinne gilt die „Frucht von der Kernverschmelzung bis zum Abschluss der Organentwicklung" (Art. 2 Bst. a StFG; vgl. auch Art. 2 Bst. i FMedG). *Klone* sind „genetisch identische" menschliche Lebewesen, wobei es genügt, dass die Lebewesen „dasselbe Kerngenom gemeinsam" haben (Art. 1 Klonprotokoll; vgl. auch Art. 2 Bst. l FMedG). Chimären entstehen durch „Vereinigung totipotenter Zellen aus zwei oder mehreren genetisch unterschiedlichen Embryonen zu einem Zellverband"; als totipotent werden dabei embryonale Zellen bezeichnet, welche „die Fähigkeit haben, sich zu jeder spezialisierten Zelle zu entwickeln" (Art. 2 Bst. m FMedG). *Hybriden* resultieren aus der Verschmelzung menschlicher und nichtmenschlicher Keimzellen (Art. 2 Bst. n FMedG). Eine *Parthenote* ist ein „Organismus, der aus einer unbefruchteten Eizelle hervorgegangen ist" (Art. 2 Bst. d StFG). Schließlich gilt als *embryonale Stammzelle* im Sinne des Gesetzes die „Zelle aus einem Embryo in vitro, die sich in die verschiedenen Zelltypen zu differenzieren, aber nicht zu einem Menschen zu entwickeln vermag, und die daraus hervorgegangene Zelllinie" (Art. 2 Bst. c StFG).

Die *triploiden Kerntransferembryonen*, welche das Forscherteam unter der Leitung von Dieter Egli gebildet hat, sind nach dem Gesetzeswortlaut weder Embryonen noch Klone, Chimären, Hybriden oder Parthenoten. Daraus kann jedoch nicht gefolgert werden, dass die Bildung solcher Kerntransferembryonen zulässig wäre. Triploide Kerntransferembryonen sind sozusagen eine Zwischenform bzw. Kombination von Klonen, Chimären und Parthenoten. Wenn letztere nicht zu Forschungszwecken hergestellt werden dürfen, dann muss dies folglich nach dem Zweck des Gesetzes auch für erstere gelten. Insofern liegt eine *Gesetzeslücke* vor, die durch einen *Analogieschluss* zu füllen ist. Dies zeigt im Übrigen, dass vor allem in hochtechnischen Bereichen Gesetze rasch veraltet sein können und im Rahmen der Auslegung durch den Rechtsanwender an neue Entwicklungen angepasst werden müssen.

Der rechtliche Status des Embryos

Das im Fallbeispiel dargestellte Forschungsprojekt dürfte demzufolge nach aktueller Rechtslage in der Schweiz nicht durchgeführt werden. Damit erübrigt sich vorliegend die Frage, welchen rechtlichen Status menschlichen Embryonen zukommt und ob ihnen die Grundrechte auf Leben und Integrität zustehen. Dennoch bieten sich an dieser Stelle, über den vorliegenden Fall hinaus, einige Hinweise zur Statusfrage an.

Zunächst ist festzuhalten, dass weder die schweizerische Bundesverfassung noch die internationalen Menschenrechtsübereinkommen (namentlich EMRK und UNO-Pakt II) *ausdrücklich* bestimmen, ab welchem Zeitpunkt die Rechte auf Leben und Integrität die menschliche Existenz schützen. Auch aus der Auslegung der maßgebenden Grundrechtsnormen, insbesondere aus ihrer Entstehungsgeschichte, ergibt sich *kein klares Bild.* Ebenso wenig hat die Rechtsprechung bisher eine Grundrechtsträgerschaft von menschlichen Embryonen und Föten anerkannt. Der Europäische Gerichtshof für Menschenrechte kam in einem grundlegenden Urteil von 2004 zum Schluss, dass es hinsichtlich der Frage, ob das Lebensrecht Ungeborenen zustehe, in Europa an einem Konsens fehle und es deshalb Sache der einzelnen Staaten sei, den rechtlichen Status von Ungeborenen zu bestimmen (EGMR, Vo/Frankreich vom 8.7. 2004, Rep. 2004-VIII, Ziff. 82). Das Völker- und Verfassungsrecht definiert somit keinen bestimmten Zeitpunkt, ab dem der persönliche Schutzbereich der Rechte auf Leben und Integrität beginnt. Nach geltendem Recht steht einzig fest, dass der persönliche Schutzbereich dieser Rechte mindestens ab der Geburt einsetzt (Rütsche 2009).

Die oben erwähnten Technikverbote (namentlich die Verbote, Embryonen, Klone, Chimären, Hybriden oder Parthenoten zu Forschungszwecken herzustellen) stehen demnach nicht im Dienste des Grundrechtsschutzes. Der Gesetzgeber leitet diese Verbote – wie die Kommerzialisierungsverbote – vielmehr aus einem allgemeinen *Prinzip der Menschenwürde* her. Dieses Würdeprinzip ist von der grundrechtlich geschützten Würde der Person (Menschenwürde gemäß Art. 7 BV) zu unterscheiden. Es geht nicht um die Achtung bewusster Lebewesen, sondern um den intrinsischen Wert des beginnenden menschlichen Lebens sowie die Bewahrung der biologischen Grenzen der menschlichen Spezies („Gattungswürde“). Die Menschenwürde manifestiert sich in Bezug auf die frühesten Formen menschlicher bzw. menschenähnlicher Existenz somit nicht als Grundrecht, sondern als objektives Verfassungsprinzip, welches bestimmte moralische Werthaltungen in der Gesellschaft rechtlich anerkennt (vgl. Rütsche 2010). Solche moralischen Werte können jedoch in einem freiheitlichen, weltanschaulich neutralen Staat nicht dasselbe Gewicht beanspruchen wie die Grundrechte, welche elementare Bedürfnisse des Menschen wie den Lebenswunsch oder das Bedürfnis nach Schmerzvermeidung schützen. Entsprechend ist zweifelhaft, ob die fraglichen – absolut geltenden – Technikverbote legitim sind, zumal sie die in Art. 20 BV als Grundrecht verankerte Forschungsfreiheit einschränken und zur Folge haben können, dass die Entwicklung wirksamer Therapien gegen schwere Krankheiten verhindert oder verzögert wird.

13.3.2 Deutsches Recht

Tade Matthias Spranger

In Deutschland sind im Bereich der *Stammzellforschung* und der Reproduktionsmedizin in erster Linie das *Embryonenschutzgesetz* (EschG, in Kraft seit 1990) und das Stammzellgesetz (StZG, in Kraft seit 2002) als rechtliche Grundlagen einschlägig. Nach dem Embryonenschutzgesetz sind die Entnahme und die Verwendung von menschlichen Embryonen, die nicht ausschließlich ihrer Erhaltung dienen, verboten (§ 1 Abs. 1 Nr. 6 EschG). Zudem wird die Erzeugung eines menschlichen Embryos mittels Klonierung unter Strafe gestellt (§ 6 Abs. 1 EschG). Den verfassungsrechtlichen Hintergrund dieser einfachrechtlichen Festlegungen bildet vor allem die in Art. 1 Abs. 1 GG verankerte Menschenwürde, aber auch das Recht auf Leben und körperliche Unversehrtheit nach Art. 2 Abs. 2 GG.

Eizellspende

Die Eizellspende für reproduktive Zwecke ist nach dem Embryonenschutzgesetz verboten. Gemäß § 1 Abs. 1 Nr. 1 EschG macht sich strafbar, wer auf eine Frau eine fremde unbefruchtete Eizelle überträgt. Ebenso begeht derjenige eine Straftat, der es unternimmt, eine Eizelle zu einem anderen Zweck künstlich zu befruchten, als eine Schwangerschaft der Frau herbeizuführen, von der die Eizelle stammt (§ 1 Abs. 1 Nr. 2 EschG). Die Strafbarkeit bezieht sich dabei jedoch weder auf die Eizellspenderin noch auf die Empfängerin, sondern ausschließlich auf den behandelnden Arzt (§ 1 Abs. 3 Nr. 1 EschG).

Hinsichtlich der Eizellspende für nichtreproduktive Zwecke sind nach verbreiteter Auffassung die allgemeinen straf-, zivil-, und medizinrechtlichen Vorschriften zu Grunde zu legen. Demnach ist die Eizellspende zu Forschungszwecken in Deutschland einerseits ethisch umstritten, da die Befürchtung der Ausbeutung von sozial schwachen Frauengruppen im Raum steht, andererseits aber rechtlich zulässig, sofern die gesetzlichen Voraussetzungen für einen derartigen invasiven und fremdnützigen Eingriff eingehalten werden.

Das Verfahren zur Herstellung eines Embryos

Entsprechend der Begriffsbestimmung des § 8 EschG gilt als *Embryo* eine befruchtete, entwicklungsfähige menschliche Eizelle vom Zeitpunkt der Kernverschmelzung an, ferner jede einem Embryo entnommene totipotente Zelle, die sich bei Vorliegen der dafür erforderlichen Voraussetzungen zu teilen und zu einem Individuum zu entwickeln vermag. In Deutschland ist seit jeher umstritten, ob das therapeutische Klonen, welches die Erzeugung einer totipotenten Entität zum Ziel hat, die wiederum für die Gewinnung pluripotenter Stammzellen verwendet werden soll, vom Regelungsbereich des EschG erfasst ist.

Die wohl „herrschende Meinung“ stellt darauf ab, dass bei diesem Verfahren eine totipotente Entität entsteht, die sich unter Schaffung geeigneter Rahmenbedingungen zu einem menschlichen Wesen entwickeln kann. Bei Zugrundelegung dieser Sichtweise wäre von der Unzulässigkeit therapeutischen *Klonens* auszugehen. Die Gegenmeinung stützt sich vor allem auf das über Art. 103 Abs. 2 GG auch verfassungsrechtlich verankerte Analogieverbot (siehe auch § 1 StGB). An die Bestimmtheit strafrechtlicher Normen sind daher besonders strenge Maßstäbe anzulegen. Die Befürworter therapeutischen Klonens weisen vor diesem Hintergrund darauf hin, dass die Regelung des § 8 EschG nicht aufgrund einer möglicherweise planwidrigen Regelungslücke seitens des Gesetzgebers auf den dort nicht explizit geregelten somatischen Zellkerntransfer angewendet werden dürfe.

Ein möglicher Verstoß gegen das in § 6 Abs. 1 EschG manifestierte Klonverbot scheitert daran, dass es bei der Zellkerntransfermethode gerade nicht zu der für die Entstehung eines menschlichen Embryos erforderlichen Kernverschmelzung kommt. Auch im Hinblick auf einen Verstoß gegen § 2 Abs. 1 EschG, der u. a. die Verwendung eines Embryos zu einem nicht seiner Erhaltung dienenden Zweck verbietet, hängt das Ergebnis davon ab, welcher Ansicht man bei der Auslegung des Begriffs „Embryo“ folgt. Aus § 5 Abs. 1 EschG, der die künstliche Veränderung der Erbinformation einer menschlichen Keimbahnzelle unter Strafe stellt, lässt sich ebenfalls kein entsprechendes Verbot der Zellkernstransfermethode ableiten, sofern die Zelle, deren Zellkern in die Eizelle eingesetzt wird, keine Keimbahnzelle ist. Zudem ist Ziel des Verfahrens gerade nicht die Befruchtung der Eizelle – wie es § 5 Abs. 4 Nr. 1 EschG fordert –, sondern die Ersetzung der Befruchtung. Diese insgesamt eher vage Rechtslage führt ebenso wie die Verunsicherung über den Willen des historischen Gesetzgebers dazu, dass entsprechende Verfahren in Deutschland derzeit keine Anwendung finden.

Der rechtliche Status des Embryos

In der Bundesrepublik harrt die Frage, ab welchem Zeitpunkt der menschliche Embryo welchen verfassungsrechtlichen Schutz genießt, immer noch der abschließenden Klärung. Diskutiert werden verschiedene Zäsuren (Nidation, Konjugation u. a.) ebenso wie Modelle eines gestuften Menschenrechtsschutzes. Darüber hinaus ist umstritten, ob pränatale Grundrechte den *Nasciturus* subjektiv berechtigen, oder ob die Grundrechte „nur“ in ihrer objektiv-rechtlichen Dimension (als staatliche Schutzpflicht) Anwendung finden (vgl. die beiden Urteile des Bundesverfassungsgerichts den Schwangerschaftsabbruch betreffend, BverfGE 39, 1 ff. vom 25.02.1975, BverfGE 88, 203 ff. vom 28.05.1993).

13.3.3 Österreichisches Recht

Christian Kopetzki

In Österreich gibt es weder ein „Embryonenschutzgesetz" noch ein „Stammzellgesetz". Speziell geregelt ist im Fortpflanzungsmedizingesetz (FMedG) aus dem Jahr 1992 lediglich die medizinisch unterstützte Fortpflanzung. Sein Schwerpunkt liegt in der *Reproduktionsmedizin*, doch ergeben sich daraus mitunter Ausstrahlungswirkungen auch für andere Zusammenhänge. Eine programmatische Schutzbestimmung zugunsten des Nasciturus findet sich überdies in § 22 ABGB aus dem Jahr 1811, dessen Lösungskapazität für modern biomedizinische Problemstellungen allerdings sehr begrenzt ist. Unter den verfassungsrechtlichen Rahmenbedingungen für die Embryonenforschung werden insbesondere das Recht auf Leben (Art. 2 EMRK), das Verbot unmenschlicher und erniedrigender Behandlung (Art. 3 EMRK), die (ungeschriebene und daher schon hinsichtlich ihrer Existenz strittige) Menschenwürdeklausel sowie die Forschungsfreiheit (Art. 17 StGG) diskutiert.

Eizellenspende

Nach § 3 Abs. 3 FMedG dürfen Eizellen und „entwicklungsfähige Zellen" nur bei der Frau verwendet werden, von der sie stammen. Eine *Eizellspende* ist daher explizit verboten. Allerdings bezieht sich dieses Verbot wegen des eingeschränkten Regelungsziels des FMedG nur auf die Verwendung für Fortpflanzungszwecke, nicht jedoch für Zwecke der Forschung. Eine Eizellspende für *Forschungszwecke* wäre daher im Rahmen der allgemeinen Regeln für körperliche Eingriffe (insbesondere aufgeklärte Einwilligung in die Körperverletzung gemäß § 90 StGB) grundsätzlich zulässig. Lediglich dann, wenn es sich um Eizellen handelt, die zunächst für Zwecke der Fortpflanzung gewonnen worden sind, dann aber nicht zu diesem Zweck verwendet wurden, greift zusätzlich das Verbot des § 17 Abs. 2 FMedG: Darin wird festgelegt, dass (unter anderem) Eizellen, „die für eine medizinisch unterstützte Fortpflanzung verwendet werden sollen oder verwendet werden sollten" nur an bestimmte (nach FMedG zugelassene) Krankenanstalten überlassen werden dürfen. Eine Überlassung an eine sonstige Forschungseinrichtung wäre demnach nicht erlaubt, sobald die Eizellen einmal mit dem „Fortpflanzungszweck" in Berührung gekommen sind. Eine rechtlich zulässige Eizellgewinnung für Forschungszwecke würde somit voraussetzen, dass die Eizelle eigens (nur) zu diesem Zweck entnommen wird und es sich nicht um „überzählige" Eizellen aus der Reproduktionsmedizin handelt (was im konkreten Fallbeispiel nicht auszuschließen ist). Da der Vorgang der Zellgewinnung aber nur dann nach österreichischem Recht zu beurteilen ist, wenn er auf dem (österreichischen) Bundesgebiet stattfindet, wäre es freilich denkbar, dass darüber hinaus Eizellen importiert werden, die im *Ausland* in zulässiger Weise in Reproduktionskliniken übrig bleiben. In dieser Konstellation würde dann nur die weitere Verwendung, nicht jedoch die Gewinnung dem österreichischen Recht unterliegen.

Spezifisch zivilrechtliche oder strafrechtliche Schranken für die Eizellgewinnung sind nicht ersichtlich, solange die spendende Frau eine gültige *Einwilligung* in den Eingriff erteilt (und zugleich das Eigentumsrecht an den ihr gehörenden Zellen überträgt). Dass es sich bei der damit verbundenen körperlichen Entnahme um einen „sittenwidrigen“ (und daher auch durch Einwilligung nicht zu rechtfertigenden, vgl. § 90 Abs. 1 StGB) Eingriff handeln könnte, wird vom überwiegenden Schrifttum verneint.

Auch ein gesetzliches „*Kommerzialisierungsverbot*“ besteht nicht, da sich die (spärlichen) Gewinnverbote des österreichischen Medizinrechts nicht auf die Überlassung isolierter Eizellen für Forschungszwecke beziehen. Weitergehende supra- und internationale Gewinnverbote in Bezug auf menschliche Körperteile (z. B. Art. 21 Biomedizinkonvention; Art. 3 Abs. 2 Bst. c Grundrechte-Charta der Europäischen Union, GRC) ändern daran wohl nichts: Die Biomedizinkonvention des Europarates wurde von Österreich bisher nicht ratifiziert, und die Grundsätze der GRC gelten für die Mitgliedstaaten ausschließlich bei Durchführung des Unionsrechts (vgl. Art. 51 Abs. 1 GRC), was hier (mangels einschlägiger unionsrechtlicher Normen) nicht zutreffen dürfte. Eine eigens für Forschungszwecke erfolgte freiwillige Eizellspende wäre in Österreich daher selbst dann nicht verboten, wenn sie gegen Bezahlung erfolgen würde.

Das Verfahren zur Herstellung eines Embryos

Da die Schutzbestimmungen des FMedG einerseits auf den Fortpflanzungszusammenhang fokussiert sind und andererseits am eigentümlichen Legalbegriff der „*entwicklungsfähigen Zelle*“ anknüpfen, ist dieses Gesetz nach ganz herrschender Auffassung auf Techniken des *Kerntransfers* und andere Verfahren der ungeschlechtlichen Herstellung von Embryonen nicht anwendbar. Das ergibt sich aus der Legaldefinition des § 1 Abs. 3 FMedG, wonach „als entwicklungsfähige Zellen“ (nur) „befruchtete Eizellen und daraus entwickelte Zellen“ gelten. Eine nicht mit Befruchtung einhergehende Herstellung eines Embryos liegt daher außerhalb des Anwendungsbereiches des FMedG. Manche Autoren treten zwar für eine analoge Anwendung ein oder qualifizieren den Austausch des Kerngenoms als (gemäß § 9 Abs. 2 FMedG unzulässigen) *Eingriff in die Keimbahn*; die überwiegende Ansicht hält das „therapeutische Klonen“ mittels Kerntransfers in Österreich jedoch für gesetzlich erlaubt. Mangels Anwendbarkeit des FMedG stehen dann auch der Zellgewinnung aus solchen Embryonen und deren Verwendung für Forschungszwecke keine gesetzlichen Verbote entgegen. Da es nach herrschender Ansicht auch keinen spezifisch verfassungsrechtlichen Embryonenschutz gibt (siehe unten), wird dieses „forschungsfreundliche“ Ergebnis auch durch das Grundrecht der Forschungsfreiheit (Art. 17 StGG) gestützt.

Der rechtliche Status des Embryos

Über den Umfang, den zeitlichen Beginn und allfällige zeitliche Zäsuren eines verfassungsrechtlichen Schutzes des Embryos besteht auch in Österreich ein sehr heterogener Meinungsstand. Im Hinblick auf den Lebensschutz geht die überwiegende Auffassung jedoch dahin, dass die grundrechtlichen Garantien des Rechts auf Leben (insbesondere Art. 2 EMRK) auf die vorgeburtliche Phase entweder gar nicht oder jedenfalls nicht im frühen Stadium anwendbar sind. Dies wird durch die Judikatur des Verfassungsgerichtshofs bestärkt, der im Zusammenhang der strafrechtlichen „*Fristenlösung*" beim Schwangerschaftsabbruch die personale Geltung des Lebensgrundrechts für den Nasciturus explizit verneint hat (VfSlg. 7400/1974). Die von der deutschen Grundrechtsdogmatik entwickelte Vorstellung von objektiven gesetzlichen Schutzpflichten trotz fehlender Grundrechtsfähigkeit konnte sich in Österreich nie durchsetzen. Da die österreichische Bundesverfassung keine allgemeine Garantie der „*Menschenwürde*" enthält und das Verbot „unmenschlicher Behandlung" nach Art. 3 EMRK aus ähnlichen Gründen wie beim Recht auf Leben nicht auf frühe Embryonen bezogen wird, ergibt sich auch daraus keine konsensfähige verfassungsrechtliche Schranke für den Umgang mit Embryonen.

Literatur und Materialien

Bernat E (2008) Wer oder was sind „entwicklungsfähige Zellen"? In: Körtner U, Kopetzki C (Hrsg.) Stammzellforschung. Ethische und rechtliche Aspekte. Springer, Wien, S. 350–371

Botschaft des Bundesrates vom 26. Juni 1996 über die Volksinitiative „zum Schutz des Menschen vor Manipulationen in der Fortpflanzungstechnologie (Initiative für menschenwürdige Fortpflanzung, FMF)" und zu einem Bundesgesetz über die medizinisch unterstützte Fortpflanzung (Fortpflanzungsmedizingesetz, FMedG), BBl 1996 III 205

Bürgin MT (2011) Wen oder was schützt der Embryonenschutz? Helbing Lichtenhahn, Basel

Carroll K, Waldby C (2012) Informed Consent and Fresh Egg Donation for Stem Cell Research. Incorporating Embodied Knowledge Into Ethical Decision Making. Bioethical Inquiry 9:29–39

Damschen G, Schönecker D (Hrsg.) (2003) Der moralische Status menschlicher Embryonen. Pro und contra Spezies-, Kontinuums-, Identitäts- und Potenzialitätsargument. De Gruyter, Berlin

Egli D. et al. Impracticality of egg donor recruitment in the absence of compensation. Cell Stem Cell; doi: 10.1016/j.stem.2011.08.002

Friele M (2008) Rechtsethik der Embryonenforschung. Mentis, Paderborn

Gächter T, Rütsche B (2013) Gesundheitsrecht, 3. Aufl. Helbing Lichtenhahn, Basel

Gilbert S, Tyler AL, Zackin, EJ (2001) Bioethics and the New Embryology. Sinauer, Sunderland

Green RM (2001) The Human Embryo Research Debates. OUP, Oxford

Guenin LM (2008) The Morality of Embryo Use. CUP, Cambridge

Haimes E, Taylor K, Turkmendag I (2012) Eggs, ethics and exploitation? Investigating women's experiences of an 'egg sharing' scheme. Sociol Health Illness 34(8). In Press

Holland S, Lebacqz K, Zoloth L (Hrsg.) (2001) The Human Embryonic Stem Cell Debate. MIT Press, Cambridge, Mass

Hübner K et al. (2003) Derivation of Oocytes From Mouse Embryonic Stem Cells. Sci 300: 1251–1256

Kaminsky C (1998) Embryonen, Ethik und Verantwortung. Mohr, Tübingen

Kersten J (2004) Das Klonen von Menschen. Mohr Siebeck, Tübingen
Kongregation für die Glaubenslehre (2008) Instruktion Dignitas Personae. Über einige Fragen der Bioethik. Rom. www.vatican.va
Kopetzki C (2002) Grundrechtliche Aspekte der Biotechnologie am Beispiel des „therapeutischen Klonens". In: Kopetzki C, Mayer H (Hrsg.) Biotechnologie und Recht. Manz, Wien: 15–66
Kopetzki C (2008) Stammzellforschung in Österreich – eine Bestandsaufnahme des geltenden Rechts. In: Körtner U, Kopetzki C (Hrsg.) Stammzellforschung. Ethische und rechtliche Aspekte. Springer, Wien, S. 269–296
Kopetzki C (2010) Ware Körper. In: Kopetzki C, Pöschl M, Reiter M, Wittmann-Tiwald M (Hrsg.) Körper-Codes. Moderne Medizin, individuelle Handlungsfreiheiten und die Grundrechte. Grundrechtstag 2009. Linde, Wien, S. 61–78
Lenzen W (Hrsg.) (2003) Wie bestimmt man den „moralischen Status" von Embryonen? Mentis, Paderborn
Mayrhofer M (2003) Reproduktionsmedizinrecht. Neuer Wissenschaftlicher Verlag, Wien, Graz
Miklos A (2002) Einige rechtliche Überlegungen zum Klonen menschlicher Zellen unter besonderer Berücksichtigung embryonaler Stammzellen. In: Kopetzki C, Mayer H (Hrsg) Biotechnologie und Recht. Manz, Wien, S. 119–158
Müller-Terpitz R (2007) Der Schutz des pränatalen Lebens. Mohr Siebeck, Tübingen
Nationaler Ethikrat (Hrsg.) (2004) Klonen zu Fortpflanzungszwecken und Klonen zu biomedizinischen Forschungszwecken. Berlin
Neumann-Held E, Rehmann-Sutter C (Hrsg.) (2006) Genes in Development. Re-Reading the Molecular Paradigm. Duke UP, Durham, NC.
Noggle S, Egli D et al. (2011) Human oocytes reprogram somatic cells to a pluripotent state. Nat 478:70–75
Rehmann-Sutter C (2006) Altered nuclear transfer, Genom-Metaphysik und das Argument der Potenzialität. Die ethische Schutzwürdigkeit menschlicher Embryonen in vitro. Jahrbuch für Wissenschaft und Ethik 11:351–374
Rehmann-Sutter C (2008) Würde am Lebensbeginn. Der Embryo als Grenzwesen. Bundesgesundheitsbl – Gesundheitsforschung – Gesundheitsschutz 51: 835–841
Rehmann-Sutter C, Porz R, Scully JL (2009) Sourcing Human Embryonic Tissue: The Ethical Isues. In: Ulrich Meyer et al. (Hrsg.) Fundamentals of Tissue Engineering and Regenerative Medicine. Springer, Berlin, S. 37–46
Rütsche B (2009) Rechte von Ungeborenen auf Leben und Integrität. Die Verfassung zwischen Ethik und Rechtspraxis. Dike, Nomos, Zürich, Baden-Baden
Rütsche B (2010) The Role of Human Dignity in the Swiss Legal System. Arguing for a dualistic notion of human dignity. J Intern Bioéthique 4:83–91
Schulz S, Braun K (2010) Spendende Verkäuferinnen – Eizellen für die Klonforschung. In: Berliner Debatte Initial 21 (4), S. 28–40
Simmons A (2012) Do Embryos Have Interests? Why Embryos Are Identical to Future Persons but Not Harmed by Death. Bioethical Inquiry 9:57–66
Spranger TM (2010) Recht und Bioethik. Mohr Siebeck, Tübingen
Stelzer M (2008) Völker und gemeinschaftsrechtliche Aspekte embryonaler Stammzellforschung. In: Körtner U, Kopetzki C (Hrsg.) Stammzellforschung. Ethische und rechtliche Aspekte. Springer, Wien, S. 250–268
UNESCO (1997) Universal Declaration on the Human Genome and Human Rights. www.unesco.org.
Vogel G (2011) Human Cells Cloned – Almost. Sci 334:26 f.
Warnock M (1985) A Question of Life. The Warnock Report on Fertilisation and Embryology. Blackwell, Oxford

Ina C. Otte, Flora Colledge

14 Forschung mit Tieren

Fallbeispiel

In einem Neuroinformatikzentrum wird an der Frage geforscht, wie Patienten nach einem Hirnschlag verlorene Funktionen zurückgewinnen können. Dazu möchten die Forscher zwei Menschenaffen (Makaken) Messelektroden ins Gehirn implantieren und anschließend mit den Affen systematische Lerntrainings durchführen. So wollen sie zeigen, wie sich Nervenzellen beim Lernen verändern. Die Leitfragen lauten: Wie arbeiten die verschiedenen Regionen des Gehirns, und wie sind sie vernetzt? Und wie kommt es zur Übermittlung von Befehlen? Das für eine Dauer von vier Jahren geplante Forschungsprojekt ist zudem mit der Hoffnung verbunden, langfristig Therapien nach Schlaganfällen zu verbessern sowie einen Beitrag zur Behandlung von unfallbedingten Hirnschädigungen sowie Krankheiten wie Schizophrenie oder Depression zu leisten.

Der Versuchsablauf beginnt damit, dass den Affen die Schädeldecke geöffnet wird und Messelektroden ins Hirn eingesetzt werden. Während der Versuchssitzungen, welche jeweils drei bis vier Stunden dauern, werden die im Primatenstuhl sitzenden Affen am Kopf so fixiert, dass sie diesen nicht mehr bewegen können. Dabei haben sie auf einem Bildschirm Aufgaben zu lösen. Auf dem Bildschirm sind zwei Linien dargestellt. Verschiebt sich die untere nach links oder rechts, muss der Affe an einem Hebel ziehen. Liegt er richtig, erhält er verdünnten Apfelsaft. Um die Motivation der Tiere hoch zu halten, wird ihnen in den Stunden vor dem Experiment kein Wasser mehr gegeben. Bis zum Ende des vierjährigen Experiments leben die beiden Versuchsaffen in Gruppen in Gehegen mit Freigang. Am Ende des Experiments werden sie eingeschläfert und obduziert. Dabei sollen mittels mikroskopischer Untersuchung des Gehirns mit Hilfe von Kontrastmitteln zentrale Informationen über die Signalwege der Nervenbahnen gewonnen werden.

14.1 Problemfelder

Das Fallbeispiel wirft zunächst die grundsätzliche Frage auf, welcher *moralische und rechtliche Status* Tieren, insbesondere hoch entwickelten Säugetieren wie Menschenaffen, zukommt. Sind Menschenaffen in gleicher oder ähnlicher Weise schutzwürdig wie Menschen, oder stehen sie dem Menschen für dessen Zwecke wie namentlich für Forschung mehr oder weniger zur Disposition? Nach welchen Kriterien ist die Frage der Schutzwürdigkeit von Tieren überhaupt zu beurteilen? Hängt die Schutzwürdigkeit von Tieren insbesondere davon ab, ob sie fähig sind, Schmerzen zu empfinden und Leid zu erfahren? Oder ist Tieren unabhängig von subjektiven Erfahrungsmöglichkeiten ein zu schützender Eigenwert zuzusprechen?

Auf einer konkreteren Ebene stellt sich die Frage, unter welchen Voraussetzungen *Forschungsprojekte an Tieren* durchgeführt werden dürfen. Ein Großteil der Forschung im Bereich der Biologie und Medizin ist auf die Verwendung lebender Versuchsobjekte angewiesen, da bis dato hochgradig komplexe Systeme (wie ein lebender Organismus) nicht vollständig mit allen Funktionen durch einen Computer simuliert werden können. Zugleich ist es in vielen Fällen nicht vertretbar, ein Forschungsprojekt mit Menschen durchzuführen, ohne dass die mit dem Projekt verbundenen Risiken und Belastungen vorgängig an anderen lebenden Organismen – das bedeutet an Tieren – erprobt worden sind. Insofern besteht aus Sicht der Forschung die Notwendigkeit, in Experimenten Versuchstiere einzusetzen. Wird Tieren indessen moralische und rechtliche Schutzwürdigkeit attestiert, ist deren Einsatz als Versuchsobjekte rechtfertigungsbedürftig.

14.2 Ethische Beurteilung

Moralischer Status von Tieren

Im Jahr 1975 veröffentlichte der australische Ethiker Peter Singer sein Werk „*Animal Liberation*", in welchem er das Hauptargument vorstellt, dass die unterschiedliche Behandlung von empfindungs- und leidensfähigen „nicht menschlichen Wirbeltieren", verglichen mit der Behandlung von bestimmten Gruppen von Menschen, nicht konsistent begründet werden kann. Die Nutzung von Tieren für Experimente, für welche die Einbeziehung von Menschen nicht zulässig ist, stellt laut seiner Argumentation eine nicht rechtfertigbare Diskriminierung dar, für welche er den Begriff „*Speziesismus*" in Analogie zu Rassismus und Sexismus prägte (Singer 1975).

Im bis dahin vorherrschenden ethischen Diskurs wurde die gegensätzliche Meinung vertreten, nämlich, dass nur Menschen moralisch relevant seien. So wurden moralische Verpflichtungen nur Wesen gegenüber anerkannt, denen Vernunft zugeschrieben werden kann. Tiere jedoch sind nach dieser Ansicht keine moralisch bewussten Wesen und dürften daher bei moralischen Betrachtungen als ungleichwertig angesehen werden (vgl. De Cock Buning 1995).

Diese Argumentation wirft jedoch laut Singer Probleme auf, denn nach den vorherrschenden moralischen Überzeugungen erhalten auch Lebewesen, die selbst nicht moralisch handeln oder keine Verantwortung für ihre Taten übernehmen können, moralische Berücksichtigung. Solche Gruppen sind etwa Menschen mit schwerer geistiger Behinderung oder sehr junge Kinder, welche, so Singer, diese Bedingungen nicht erfüllen. Es ist daher laut Singer nicht möglich eine klare Unterscheidung zwischen Menschen und Tieren zu ziehen: manche Menschen sind durch bestimmte Umstände nicht mehr zu oben genanntem Verhalten fähig (trotz dessen, dass sie das Potenzial dafür haben), werden jedoch weiter moralisch berücksichtigt. Aus diesem Grund, so Singer weiter, gebührt auch Tieren der gleiche moralische Respekt (vgl. Singer 1979).

1. Eigenwert und Selbstbestimmung von Tieren

Das Konzept des Eigenwerts steht in starkem Kontrast zum zweckdienlichen (instrumentellen) Wert, der sich vorwiegend aus den Interessen und Zielen von Menschen ableitet. Eigenwert beschreibt dabei den Wert, welcher unabhängig von externen Faktoren ist und dem Lebenwesen (oder Gegenstand) nur ihrer selbst wegen zugeordnet wird. Folgt man einem *biozentrischen* Ansatz, so wird man argumentieren, dass allen Lebensformen inklusive Pflanzen ein Eigenwert zusteht, während im *zoozentrischen* Denken diesen Wert nur Tiere erhalten. Begründet werden kann der letztere Ansatz dadurch, dass Tiere ein hohes Maß an Selbstbestimmung besitzen. Die Tatsache, dass Tiere empfindungsfähig sind (siehe unten), schließt im sentientistischen Sinne (*Sentientismus* von lat. sentire = fühlen, empfinden) hinsichtlich des moralischen Status eine grundsätzliche Verschiedenheit zwischen Mensch und Tier aus.

Neben Peter Singer, vertritt auch Tom Regan in seinem Buch „*The Case for Animal Rights*“ (Regan 1984) die Annahme, dass Tiere einen Eigenwert besitzen und ihr Wohlbefinden daher nicht durch den Menschen beeinträchtigt werden darf. Er bezieht sich in seinen Ausführungen ebenfalls darauf, dass Tiere, ähnlich wie Personen, die nicht in der Position sind, Entscheidungen mitzuteilen oder ihre eigenen Ziele zu verfolgen, einen Anspruch auf Schutz haben. Alle „empfindungsfähigen Subjekte eines Lebens“ haben laut Regan einen Eigenwert, der das wichtigste Argument für die Gleichbehandlung von Menschen und (höheren) nichtmenschlichen Wirbeltieren ist (Regan 1984).

2. Höherstellung des Menschen und daraus resultierende Verpflichtungen

Oft wird der Mensch aufgrund seiner kognitiven Fähigkeiten und seiner kulturellen Evolution als überlegene Spezies beschrieben. Aus dieser Beschreibung können sich zwei gegensätzliche Ansätze ergeben, wovon zumindest einer Experimente mit Tieren ethisch problematisch erscheinen lässt.

Ansatz 1: Der Mensch ist die überlegene Gattung auf der Erde und hat daher nicht nur das Recht, sondern auch die Aufgabe, *sich selbst zu schützen* und so gut wie möglich weiterzuentwickeln. Dafür ist es nötig, Forschung zu betreiben, die aus Mangel an Alternativen in einigen Fällen an Tieren stattfinden muss. So kann ein Computer beziehungsweise eine Maschine zwar in einigen Fällen Versuche mit Tieren ersetzen, jedoch besonders in der Neuroforschung ist der Stand der heutigen Technik noch zu unzureichend, um einen adäquaten Ersatz bieten zu können. Als „überlegene Spezies“ hat der Mensch daher das „Recht“, auf Tiere zurückzugreifen, um sein eigenes Überleben für die Zukunft zu sichern und Schmerz sowie Krankheiten zu verringern. Das dadurch verursachte Leid der Tiere wird für diesen Zweck in Kauf genommen, um die Zukunft des Menschen wie beispielsweise durch Krebsforschung positiv zu verändern, die Heilungschancen zu verbessern und so die Lebenserwartung zu erhöhen. Dies geschieht dann zwar teilweise im Einklang mit der ethischen Verantwortung des Menschen, Leid und Schmerz zu verringern, diese Verantwortung bezieht sich jedoch in diesem Zusammenhang nur auf die eigene Art.

Ansatz 2: Da der Mensch durch seine – auf höherer Intelligenz beruhende – Überlegenheit als vorrangige Art gilt, hat er nicht nur die Aufgabe, sich selbst zu schützen, sondern vor allem auch ihm unterlegenen Lebewesen Schutz zu gewähren. Daraus ergibt sich eine *Fürsorgepflicht des Menschen nicht nur gegenüber seinen Artgenossen, sondern auch gegenüber Tieren*, die Gewalt an diesen argumentativ unhaltbar macht. Da sich Tiere aufgrund fehlender sprachlicher Gemeinsamkeiten mit dem Menschen nicht verständlich machen können, sich also auch nicht selbst für einen Versuch entscheiden können, sind die unfreiwillige Teilnahme an Forschungsprojekten sowie die Tötung am Ende Gewaltakte, die dieser Fürsorgepflicht widersprechen. Zudem kommen die Ergebnisse dieser Tests der Menschheit zu Gute, bergen jedoch keinen Erkenntnisgewinn oder Profit für die Tierwelt, die für diese gelitten hat. Die Durchführung von Tierversuchen verletzt in der Betrachtungsperspektive dieses Ansatzes daher den ethischen Grundsatz, so wenig Schaden wie möglich anzurichten, da dem Menschen gegenüber Menschen und Tieren dieselbe Fürsorgepflicht zugesprochen wird.

3. Schmerzempfinden und Leid

Tiere sind in der Lage, Schmerz und Angst zu empfinden. Diese Empfindungen können nach heutiger Erkenntnis menschlichen Gefühlen als ähnlich beschrieben werden (vgl. Pinel 2001). Auch Stress belastet den tierischen Organismus. In einigen Studien wurde nachgewiesen, dass insbesondere die dem Menschen sehr ähnlichen Primaten bei nicht artgerechter Haltung, beispielsweise in Einzelkäfigen ohne Auslauf und ohne Kontakt zu anderen Affen, Anzeichen seelischer Erkrankung wie etwa Depressionen zeigen können. Es gibt zudem nur beschränkte Möglichkeiten für Tiere, sich gegenüber Menschen verständlich zu machen. Zwar können Gefühle wie Freude (Beispiel: Hund wedelt mit dem Schwanz) oder Leid (Hund jault) zum Ausdruck gebracht werden, jedoch sind die Grenzen der Kommunikation deutlich gesetzt, sobald es um das Feinverständnis geht (warum freut sich der Hund oder wie kam es zu der Verletzung?). So steigert sich das Leid der Tiere unter Umständen zusätzlich, da durch mangelnde Verständigungsmöglichkeiten diesen weder der Sinn der Experimente erklärt werden kann noch die Tiere so etwas wie eine Zustimmung zu den Versuchen geben können. Auch in oben genannter Studie könnte dies zu zusätzlichem Leid führen, da den Affen der Sinn des Versuchs, die erhofften Resultate und deren Bedeutung nicht erklärt und die Zustimmung zur Teilnahme seitens der Makaken nicht eingeholt werden kann.

4. Personenstatus

Tierversuche werden manchmal mit der Begründung eines Personenstatus der Tiere abgelehnt. Dieses Konzept definiert, was es bedeutet, eine Person und nicht bloß ein Mensch zu sein, und besagt, dass bestimmte Tiere die notwendigen Kriterien des Personseins erfüllen. Kriterien, die für die Zuschreibung des Personenstatus relevant sind, sind Autonomie, Rationalität und (Selbst)-Bewusstsein (vgl. Singer 1979). Ein Lebewesen muss eine gewisse Fähigkeit zu logischem Denken haben, sich seiner Existenz und Umwelt bewusst sein und für sich selbst Entscheidungen treffen können, um als „Person" zu gelten. Folglich würden bestimmte Tiere, vornehmlich Primaten, in diese Kategorie fallen, und bestimmte Menschen, namentlich Babys oder Schwerbehinderte, nicht. Es gilt als moralisch verwerflich, Personen zu schädigen, weil diese Interessen haben, die ein wichtiger Bestandteil ihres Wohlergehens sind. Folglich verdienen Tiere – als Personen – moralischen Schutz, und keine Versuche sollten durchgeführt werden, die Menschen nicht auch selbst über sich ergehen lassen würden.

Dieses Argument wirft jedoch eine Reihe von Problemen auf. Zunächst würde es bedeuten, dass Babys und in ihrer Urteilsfähigkeit beeinträchtigte Erwachsene, beides Gruppen, denen im Allgemeinen besonderer moralischer Schutz zuerkannt wird, diesen nicht um ihrer selbst willen verdienen. Zweitens scheint es unplausibel, dass ein Lebewesen am Ausleben seiner Interessen gehindert wird, allein dadurch bedingt, dass es ein bestimmtes Stadium der Entwicklung noch nicht erreicht hat. Babys haben ein Interesse daran, gefüttert und versorgt zu werden, selbst wenn sie sich dieser Tatsache noch nicht völlig bewusst sind. Es ist folglich eine moralische Verpflichtung, die anderen Menschen auferlegt wird, dieses Interesse zu schützen. Schließlich wird argumentiert, dass, obgleich einige Tiere höchstwahrscheinlich in der Lage sind zu denken, sich ihrer selbst bewusst sind und nach ihren eigenen Interessen handeln, sie nicht in einer moralischen Welt in Beziehung zueinander leben, wie Menschen dies tun. Verfechter dieses Arguments behaupten, dass Tiere kein Konzept von Moral kennen, nicht aus moralischen Beweggründen handeln und nicht in einer moralischen Welt leben. Dies bedeutet nicht, dass sie keinen Schutz vor dem Menschen verdienen. Jedoch sind sie, laut Kant (vgl. Kant 1785), keine moralischen Subjekte.

Zulässigkeit von Tierversuchen

Für die Genehmigung von Tierversuchen ist es entscheidend, welches Forschungsziel verfolgt werden soll. In einigen Ländern ist es nicht mehr erlaubt, Tierversuche im Bereich der Grundlagenforschung zu betreiben, sondern Tiere nur zu Forschungszwecken einzusetzen, die einen direkten Nutzen wie eine Medikamentenherstellung aufweisen. Forscher und Experten streiten jedoch, inwieweit sich konkrete Resultate von Forschungsprojekten voraussagen lassen. Zudem liefert Grundlagenforschung in ihren Augen ein wichtiges Fundament für weitere Forschung und hat somit auch Anteil an späteren, anwendungsorientierten Entwicklungen.

Im Einklang mit den Argumenten der oben zitierten Tierethiker wird häufig weiter ausgeführt, dass – ungeachtet der Art der Forschung, die durchgeführt werden soll, ihrem Nutzen für den Menschen und den verwendeten Tierarten – unter keinen Umständen Tierversuche durchgeführt werden dürfen. Die auf verschiedene Weise entwickelte Kernaussage dabei ist, dass Tiere leidensfähig sind, und Menschen ihnen deswegen kein Leid zufügen sollen, weil dies moralisch verwerflich ist (siehe obigen Abschnitt zum „moralischen Status von Tieren"). Dieser Grundsatz basiert auf der Tatsache, dass Leiden zu verursachen immer moralisch verwerflich ist – ein *prinzipalistischer* ethischer Ansatz. Ebenso kann argumentiert werden, dass Leiden zu verursachen nicht unter allen Umständen absolut verwerflich ist, aber dass in allen Fällen von Tierversuchen die Schäden, die an den Tieren entstehen, schwerer wiegen als der Nutzen für den Menschen (und möglicherweise das Tier) – eine Form von *Konsequentialismus*.

Es gibt zwei mögliche Gegenpositionen zu diesen Argumentationsansätzen. Die erste Gegenposition könnte lauten, dass die Leidensfähigkeit der Tiere allein nicht ausreicht um Menschen zu verbieten, ihnen Leid zuzufügen. Die zweite Gegenposition könnte zudem noch hinzufügen, dass die Leidensfähigkeit der Tiere kein Grund ist, den Nutzen des Menschen an zweiter Stelle kommen zu lassen, da das menschliche Wohlergehen dem Leid der Tiere übergeordnet werden kann. Beide Argumente haben zum Inhalt, dass Leiden kein hinreichendes Kriterium ist, um eine Handlung moralisch verwerflich zu machen. Leid ist zwar ein wichtiges Kriterium, aber es ist nicht der einzige Faktor, der entscheidet, ob eine Handlung richtig oder falsch ist. Das erste Argument beinhaltet die Überlegung, dass eine Handlung auf mehreren Ebenen, nicht nur einer, moralisch inakzeptabel sein muss. Zum Beispiel ist nicht nur Leid ein Kriterium, sondern die Handlung muss aus mehreren moralisch nicht akzeptierten Komponenten bestehen, um falsch zu sein. Das könnte beispielsweise das zusätzliche Abhalten eines Lebewesens vom Verfolgen von Lebenszielen sein. Das zweite Argument unterstreicht, dass Leiden zu verursachen zwar unrecht ist, wenn alle anderen Umstände neutral sind es hingegen sein kann, dass andere Faktoren, in diesem Fall menschliche Interessen, überwiegen. Dies ist eine Umkehrung der *konsequentialistischen* Argumentation, da mehr auf eine Abwägung der möglichen Ergebnisse und Umstände denn auf feststehende Prinzipien aufgebaut wird. Es ist auch ein Beispiel für *prima-facie* Gültigkeit von ethischen Verpflichtungen oder dafür, dass man diese gegeneinander abwägen kann, um herauszufinden, was richtig ist.

Im Jahr 1959 wurden von William Russell und Rex Burch *die drei Rs* eingeführt. Vorangegangen war eine Diskussion, in welcher eingeräumt wurde, dass Forschung nicht völlig ohne Tierversuche betrieben werden können. So sind einige Forschungen, wie oben genannter Fall, nicht durch andere Methoden durchführbar als mit einem lebenden Organismus. Dennoch gilt es nach Russell und Burch, schädliche Auswirkungen und unnötigen Einsatz von Tieren zu vermeiden.

Die drei Rs stehen für *Replacement (Vermeidung), Refinement (Verfeinerung) und Reduction (Verminderung)*. Forscher sollten bemüht sein, wann immer möglich, einen anderen Weg für ihre Forschung zu finden, anstatt systematisch auf Tierversuche zurückzugreifen. Sie sollten auch versuchen, ihren Umgang mit den Tieren zu verbessern (verfeinern), indem sie sicherstellen, dass diese gut versorgt werden, unter angenehmen Umständen gehalten werden und nicht leiden, es sei denn, dies sei absolut notwendig für die Forschung. In oben beschriebenem Fallbeispiel war der Wasserentzug vor dem Experiment nicht zwingend nötig, die Belohnung durch Apfelsaft unnatürlich. Weiterhin sollten Forscher versuchen, die Zahl der Tiere, die sie benutzen, zu verringern, indem sie einerseits die Anzahl der Tests so klein wie möglich halten und zweitens Tests nicht unnötigerweise wiederholen, die vielleicht in einem anderen Labor bereits durchgeführt wurden. Dazu bedarf es einer gründlichen Recherche über bereits vorangegangene Tests. In oben beschriebenen Fall fand zwar keine Wiederholung eines Tests statt, jedoch sollten gleich zwei Makaken teilnehmen, ohne dass dafür eine gesonderte Begründung (wie die einer Kontrollgruppe) geliefert wurde. Daher stellt die Verwendung nur eines Makaken für das Experiment eine denkbare Verringerung (Reduction) dar.

Mit dem Ansatz der drei Rs wird eine Brücke geschlagen zwischen der Notwendigkeit, Tiere zum Nutzen von Menschen zu verwenden, und der Bedeutsamkeit, Tiere um ihrer selbst willen zu berücksichtigen. Es wird anerkannt, dass Tiere mehr sind als bloße Gegenstände für den menschlichen Gebrauch, dass sie Empfindungen haben und ein Leben führen und sie daher einen Anspruch auf unsere Rücksichtnahme haben. Dennoch wird im Einzelfall bestimmten menschlichen Interessen ein höherer Wert eingeräumt. Insofern werden Tierversuche, die zu Verbesserungen der Gesundheit von Menschen führen können, und die sowohl medizinische Grundlagenforschung als auch zielgerichtete Forschung einschließen, als gerechtfertigt betrachtet. Bei Tierversuchen im Bereich der Kosmetik ist dies jedoch nicht der Fall, da das Leid von Tieren in diesem Fall nicht gerechtfertigt werden kann.

In oben genannten Fall wäre daher nach einer Verringerung der Anzahl der Tiere (Reduction) und einer Verfeinerung der Methodik (Refinement) eine Durchführung der Forschung möglicherweise ethisch rechtfertigbar gewesen.

14.3 Rechtliche Beurteilung

14.3.1 Schweizerisches Recht

Bernhard Rütsche, Nadja D'Amico

Art. 80 Abs. 1 und Art. 120 Abs. 2 der schweizerischen Bundesverfassung verpflichten den Bund, zum Schutz der Tiere Vorschriften zu erlassen. Gestützt auf diese Verfassungsartikel ist in der Schweiz eine der umfassendsten Tierschutzgesetzgebungen weltweit entstanden. Der Bereich der Tierversuche ist hierbei besonders strikt geregelt.

Rechtlicher Status von Tieren

Die Bundesverfassung anerkennt in Art. 120 Abs. 2 eine sog. „*Würde der Kreatur*", worunter auch die Würde des Tieres fällt. Art. 120 BV bezieht sich zwar spezifisch auf die Gentechnologie im Außerhumanbereich, dennoch wird davon ausgegangen, dass die Beachtung der Würde der Kreatur ein allgemeines und umfassendes Verfassungsprinzip darstellt und in der gesamten Rechtsordnung Geltung beansprucht (vgl. BGE 135 II 384 E. 3.1 S. 391; vgl. auch den zivilrechtlichen Grundsatz gemäß Art. 641*a* ZGB, wonach Tiere keine Sachen sind; allerdings gelten für Tiere die auf Sachen anwendbaren Vorschriften, soweit für Tiere keine besonderen Regelungen bestehen). Im Tierschutzgesetz (TSchG) wird die Würde des Tieres als „Eigenwert des Tieres, der im

Umgang mit ihm geachtet werden muss“ umschrieben (Art. 3 Bst. a TSchG). Die Tierwürde wird missachtet, wenn eine Belastung des Tieres – wie das Zufügen von Schmerzen, Leiden oder Schäden – nicht durch überwiegende Interessen gerechtfertigt werden kann (Art. 3 Bst. a TSchG).

Bei Tierversuchen steht dem Interesse des Tierschutzes (Art. 80 BV) bzw. der Tierwürde (Art. 120 BV) die in Art. 20 BV gewährleistete *Forschungsfreiheit* gegenüber. Keinem der genannten Verfassungsbestimmungen kommt *a priori* Vorrang zu. Vielmehr sind die geschützten Güter bzw. Freiheiten als solche gleichrangig, und es ist im Einzelfall eine Güterabwägung zwischen dem Forschungsinteresse des Menschen und den Schutzinteressen der Tiere vorzunehmen (BGE 135 II 405 E. 4.3.1 S. 410; 135 II 384 E. 4.3 S. 398). Die Tierwürde stellt somit keinen absoluten Wert dar und genießt nicht denselben umfassenden Schutz wie die Menschenwürde (Art. 7 BV).

Bemerkenswert ist des Weiteren, dass der schweizerische Gesetzgeber für den Schutz der Tiere eine *Hierarchisierung* vornimmt. Bereits Art. 2 TSchG beschränkt den Geltungsbereich des Tierschutzgesetzes hauptsächlich auf *Wirbeltiere*, d.h. Säugetiere, Vögel, Reptilien, Amphibien und Fische. Der Gesetzgeber geht nämlich davon aus, dass nach dem Stand der Wissenschaft Schmerzempfinden und Leidensfähigkeit nur bei Wirbeltieren zweifelsfrei nachgewiesen sind (vgl. BBl 1977 I 1085). Eine weitere Abstufung findet sich im Subsidiaritätsprinzip gemäß Art. 20 Abs. 2 TSchG. Demnach dürfen Versuche an *evolutiv höher stehenden* Tieren nur durchgeführt werden, wenn der Zweck nicht mit *evolutiv niedriger stehenden* Tierarten erreicht werden kann und keine geeigneten Alternativmethoden vorhanden sind. Als evolutiv höher stehende Tiere gelten jene, die dem Menschen genetisch und sinnesphysiologisch näher stehen. Diese Differenzierung kommt insbesondere im Rahmen der Güterabwägung (siehe nachfolgend) zum Tragen, wobei das Bundesgericht von folgender Prämisse ausgeht: „Je höher ein Tier in der Hierarchiestufe ist, d. h. je näher es dem Menschen genetisch und sinnesphysiologisch steht, desto mehr Gewicht kommt der Belastung der Tiere zu und desto wahrscheinlicher ist die Unverhältnismäßigkeit des Versuchs“ (BGE 135 II 405 E. 4.3.4 S. 414 und 135 II 384 E. 4.6.1 S. 402f.). Die Tierwürde findet somit je nach Tierart eine andere Gewichtung, und die Tierarten sind nicht alle rechtlich gleichgestellt.

Zulässigkeit von Tierversuchen

Jede einzelne Durchführung von Tierversuchen unterliegt der Bewilligungspflicht der zuständigen kantonalen Behörde (Art. 18 Abs. 1 TSchG). *Belastende Tierversuche* müssen höheren Anforderungen genügen. Es handelt sich dabei um Tierversuche, „die dem Tier Schmerzen, Leiden oder Schäden zufügen, es in Angst versetzen, sein Allgemeinbefinden erheblich beeinträchtigen oder seine Würde in anderer Weise missachten können“ (Art. 17 TSchG). Die kantonale Behörde hat Bewilligungsgesuche für belastende Tierversuche der kantonalen Tierversuchskommission, einer unabhängigen und aus Fachleuten zusammengesetzten Spezialbehörde (vgl. Art. 34 Abs. 1 TSchG), zu unterbreiten (Art. 18 Abs. 3 TSchG). Diese beurteilt derartige Gesuche und stellt anschließend der Bewilligungsbehörde Antrag auf Bewilligung bzw. Nichtbewilligung (Art. 34 Abs. 2 TSchG). Trifft die Bewilligungsbehörde in der Folge einen anderen Entscheid, bedarf sie hierfür guter Gründe (BGE 135 II 384 E. 3.4.1 S. 395) und hat die Abweichung gegenüber der Tierversuchskommission zu begründen (Art. 139 Abs. 4 TSchV).

Zur Beurteilung, ob ein belastender Versuch vorliegt und demnach die Tierversuchskommission in das Bewilligungsverfahren einbezogen wird, hat das Bundesamt für Veterinärwesen (BVET) *vier Belastungskategorien* nach der Schwere der Belastung festgelegt (vgl. Art. 136 Abs. 2 TSchV i.V.m. Art. 24 der Tierversuchsverordnung). Dabei stehen der Schweregrad 0 für keine Belastung und die Schweregrade 1–3 für leichte, mittlere bzw. schwere Belastungen für die Tiere. Die Schweregrade dienen letztlich der Beurteilung der Verhältnismäßigkeit eines Versuchs.

Bestimmte *Versuchszwecke* sind per se unzulässig, z. B. belastende Tierversuche zu militärischen Zwecken (vgl. Art. 19 Abs. 3 TSchG i.V.m. Art. 138 TSchV). Alle anderen unterliegen der konkreten und umfassenden *Güterabwägung* nach Art. 19 Abs. 4 TSchG. Ein Tierversuch darf danach nicht bewilligt werden, wenn er gemessen am erwarteten Erkenntnisgewinn dem Tier unverhältnismäßige Schmerzen, Leiden oder Schäden zufügt oder es in unverhältnismäßige Angst versetzt. Dies würde die Tierwürde verletzen (vgl. Art. 3 Bst. a TSchG). Bei dieser Güterabwägung sind somit der erwartete Erkenntnisgewinn und die Belastungen, welche den Tieren (gemessen an den Schweregraden) zugefügt werden, je zu gewichten und gegeneinander abzuwägen. Nach Art. 17 TSchG sind belastende Tierversuche nicht nur auf das vernünftige oder notwendige, sondern auf das *„unerlässliche Mass"* zu beschränken. Daher dürfen belastende Tierversuche nicht leichthin zugelassen werden und sollen ultima ratio bleiben (BGE 135 II 384 E. 3.2.3 S. 394). Beispielsweise muss belegt werden, dass keine Alternativverfahren ohne Tierversuche bestehen, und die Planung muss darauf gerichtet sein, die kleinste notwendige Anzahl Tiere einzusetzen und die Belastung für die Tiere so gering wie möglich zu halten (vgl. Art. 137 TSchV).

Somit wird für belastende Tierversuche die *Bewilligung* nur erteilt, wenn kein unzulässiger Versuchszweck angestrebt wird, die Güterabwägung zugunsten des Versuchs ausfällt und mit dem Versuch das unerlässliche Maß nicht überschritten wird (vgl. die Übersicht in Art. 140 Abs. 1 TSchV mit weiteren Bewilligungskriterien).

Mit dem im Fallbeispiel beschriebenen Projekt wird ein doppeltes *Forschungsziel* verfolgt: Zum einen sollen grundlagenwissenschaftliche Erkenntnisse, die nicht unmittelbar Anwendungsmöglichkeiten für den Menschen eröffnen, gewonnen werden, zum anderen sollen die Erkenntnisse in einer späteren Phase „allenfalls" als Wissensgrundlage für Behandlungen von unfallbedingten Hirnschädigungen und Krankheiten dienen. Die Grundlagenforschung steht also im Vordergrund, wohingegen der klinische Nutzen des Versuchs äußerst ungewiss ist. Gemäß Bundesgericht hat ein „Tierversuch, der ‚nur' Erkenntnisse über grundlegende Lebensvorgänge ohne Bezug zur menschlichen Gesundheit vorsieht, (...) weniger Gewicht als ein solcher, der rudimentäre Erkenntnisse über die menschliche Gesundheit oder über Verringerungen menschlichen Leidens anstrebt“ (BGE 135 II 405 E. 4.3.2 S. 412 und 135 II 384 E. 4.4.2 S. 400).

Dem Erkenntnisgewinn sind die *Belastungen für das Tier* gegenüberzustellen. Der Wasserentzug, das Stress- und Leidensverhalten sowie die lange Fixierung des Kopfes und das Sitzen auf dem Stuhl kommen mindestens dem Schweregrad 2 (mittlere Belastung), wenn nicht 3 (schwere Belastung) gleich (vgl. BGE 135 II 405 E. 4.1.1 S. 408 und E. 4.3.3 S. 412 f.; siehe Art. 24 Bst. c und d Tierversuchsverordnung). Die Belastungen sind mit Blick auf die genetische und sinnesphysiologische Nähe der Makaken zu den Menschen im Rahmen der Interessenabwägung besonders zu gewichten. Folglich erscheint unter Berücksichtigung des relativ gering einzuschätzenden Erkenntnisgewinns, der hohen Belastung für die Tiere sowie ihrer besonderen Nähe zum Menschen der vorliegende Tierversuch als unverhältnismäßig und nicht bewilligungsfähig (so im Ergebnis das Bundesgericht in BGE 135 II 405 E. 4.3.4 S. 413 ff.).

14.3.2 Deutsches Recht

Tade Matthias Spranger

Rechtlicher Status von Tieren

Verfassungsrechtlich relevante Normen, die den *Tierschutz* betreffen, sind insbesondere der Art. 20a GG, wonach dem Staat explizit eine Schutzpflicht in Bezug auf Tiere auferlegt wird, sowie Art. 5 Abs. 3 Satz 1 GG, der die Freiheit der Wissenschaft, Forschung und Lehre garantiert. Als bloße Staatszielbestimmung statuiert Art. 20a GG keine konkreten Handlungsaufträge; vielmehr wird dem Staat allgemein aufgetragen, sich im Rahmen seiner Tätigkeit mit den Belangen des Tierschutzes auseinanderzusetzen.

Auf unterverfassungsrechtlicher Ebene finden sich ausdifferenzierte Regelungen im *Tierschutzgesetz*. Gemäß § 1 TierSchG ist Zweck des Gesetzes, aus der Verantwortung des Menschen für das Tier als Mitgeschöpf dessen Leben und Wohlbefinden zu schützen. Niemand darf einem Tier ohne vernünftigen Grund Schmerzen, Leiden oder Schäden zufügen.

Im Mittelpunkt der Betrachtung steht vorliegend das Spannungsverhältnis zwischen Art. 5 Abs. 3 Satz 1 und Art. 20a GG. Hierbei stehen die Wissenschaftsfreiheit und der Tierschutz nicht auf gleicher Stufe. Bei der Abwägung ist vielmehr zu berücksichtigen, dass es sich bei Art. 20a GG im Gegensatz zu Art. 5 Abs. 3 Satz 1 GG nicht um ein Grundrecht, sondern um eine Staatszielbestimmung handelt, die den Gesetzgeber dazu verpflichtet, einen ethischen Mindeststandard an Tierschutz zu gewährleisten. Daher genießt die Wissenschaftsfreiheit als Grundrecht im Falle einer Konfliktsituation tendenziell verfassungsrechtlich ein höheres Gewicht (Spranger 2000: 285 ff.; Spranger 2002: 596 ff.). Im Ergebnis entsteht so die Verpflichtung des Gesetzgebers, eine interessengerechte Lösung zu entwickeln, die beide Verfassungsbelange in einer angemessenen Art und Weise berücksichtigt (Lindner 2009). Dieser Anforderung ist der Gesetzgeber mit dem Tierschutzgesetz, das ein abgestuftes Schutzkonzept beinhaltet, gerecht geworden (Lindner 2009). Dieses gewährt unter anderem sinnesphysiologisch höher entwickelten Tieren einen höheren Schutz als weniger entwickelten Tieren. Weiterhin finden sich insbesondere in den §§ 7 ff. TierSchG strikte Vorgaben hinsichtlich der Zulässigkeit von Tierversuchen sowie der entsprechenden Genehmigungsverfahren.

Zulässigkeit von Tierversuchen

Tierversuche sind gemäß § 7 Abs. 1 TierSchG Eingriffe oder Behandlungen zu Versuchszwecken an Tieren oder an ihrem Erbgut, wenn sie mit Schmerzen, Leiden oder Schäden für diese Tiere verbunden sind. In § 7 Abs. 2 TierSchG findet sich eine Auflistung der zulässigen Versuchszwecke, die 1. das Vorbeugen, Erkennen oder Behandeln von Krankheiten bei Mensch oder Tier, 2. das Erkennen von Umweltgefährdungen, 3. die Prüfung von Stoffen oder Produkten im Hinblick auf die Gesundheit von Mensch oder Tier sowie 4. die Grundlagenforschung beinhalten. Dabei wird in § 7 Abs. 2 Satz 2 TierSchG ausdrücklich bestimmt, dass Tierversuche nur als *ultima ratio* Anwendung finden dürfen. Versuche an Wirbeltieren (wie im vorliegenden Fall) dürfen entsprechend § 7 Abs. 3 nur durchgeführt werden, wenn die zu erwartenden Schmerzen, Leiden oder Schäden der Versuchstiere im Hinblick auf den Versuchszweck ethisch vertretbar sind. Weitere Genehmigungsvoraussetzungen für die Durchführung von Versuchen an Wirbeltieren regelt § 8 Abs. 3 TierSchG.

Vor kurzem war in Bremen ein Fall zu entscheiden, der starke Parallelen zu dem zugrunde liegenden Sachverhalt aufweist und der in Deutschland kontrovers diskutiert und von einem starken Medienecho begleitet wurde. Die zuständige Behörde hatte den Antrag eines Hirnforschers der Universität Bremen auf Verlängerung früher genehmigter Versuche mit Makaken zum Zwecke der Grundlagenforschung mit der Begründung abgelehnt, dass diese nach §§ 8 Abs. 2 i.V.m. § 7 Abs. 3 TierSchG ethisch nicht vertretbar seien. Die Behörde stützte ihre Begründung in erster Linie darauf, dass die den Tieren zugefügten Leiden (Wasserentzug, Operationen, Fixierung am Kopf etc.) im Hinblick auf das Fehlen eines konkreten Nutzens bzw. mangelnder Verwertbarkeit der Ergebnisse innerhalb der Grundlagenforschung als unverhältnismäßig einzustufen wären. Das daraufhin angerufene Verwaltungsgericht entschied jedoch zugunsten des Forschers, weil die Voraussetzungen für die Erteilung einer Genehmigung nach § 8 Abs. 3 TierSchG vorlägen (Verwaltungsgericht Bremen, Urteil vom 28. Mai 2010 – Az. 5 K 1274/09). Das Gericht verwies darauf, dass die Grundlagenforschung explizit in § 7 Abs. 2 Nr. 4 TierSchG als zulässiger Versuchszweck anerkannt ist und befand, dass die den Versuchstieren zugefügten Leiden – laut Sachverständigengutachten – im Hinblick auf den angestrebten Zweck verhältnismäßig sind. Somit dürfen das Fehlen eines konkreten Nutzens sowie die mangelnde Verwertbarkeit der Ergebnisse für sich genommen nicht zur Versagung der Genehmigung führen, da sie gerade typische Charakteristika der Grundlagenforschung sind.

Insofern kommt es in dem vorliegenden Fall allein auf die Verhältnismäßigkeit der Belastung, der die Tiere während der Versuchsdauer ausgesetzt werden, an. Diese erscheint hier aber – in Anlehnung an die eben erläuterte Rechtsprechung und unter Berücksichtigung der erheblichen Bedeutung des Forschungsvorhabens – noch hinnehmbar.

14.3.3 Österreichisches Recht

Christian Kopetzki

Die österreichische Bundesverfassung enthielt bis vor Kurzem weder eine Schutzklausel zugunsten von Tieren noch verpflichtete sie den Gesetzgeber, entsprechende Regelungen festzulegen. Jüngst wurde allerdings im Rahmen eines eigenen Bundesverfassungsgesetzes „über die Nachhaltigkeit, den Tierschutz, den umfassenden Umweltschutz, die Sicherstellung der Wasser- und Lebensmittelversorgung und die Forschung" erstmals der *Tierschutz als Staatsziel* in der Verfassung verankert (Bericht des Verfassungsausschusses 2383 BlgNR 24. GP; BGBl. I 2013/111). Die normative Tragweite des pathetischen Satzes, wonach sich die „Republik Österreich (Bund, Länder und Gemeinden)" zum Tierschutz „bekennt" (§ 2), bleibt freilich erst abzuwarten. Der unionsrechtliche Auftrag gemäß Art. 13 AEUV, „den Erfordernissen des Wohlergehens der Tiere als fühlende Wesen in vollem Umfang Rechnung" zu tragen, schafft keinen umfassenden übergesetzlichen Grundsatz des Tierschutzes, da er nur für bestimmte Politikbereiche und überdies nur für die Erlassung und (mitgliedstaatliche) Durchführung von Unionsrecht gilt. Unabhängig von diesen übergesetzlichen Zielvorgaben stellt der Tierschutz auch in Österreich seit jeher ein weithin anerkanntes und bedeutsames öffentliches Interesse dar: Unter dem Druck eines Volksbegehrens im Jahr 1996 zur Schaffung eines Bundes-Tierschutzgesetzes wurde für diese (bis dahin landesrechtlich geregelte) Materie im Jahr 2005 eine eigene Gesetzgebungskompetenz des Bundes geschaffen (Art. 11 Abs. 1 Ziff. 8 B-VG) und auf dieser Grundlage ein einheitliches TierschutzG – TSchG erlassen. Explizit in der Landeskompetenz belassen wurden hingegen die tierschutzrechtlichen Aspekte bei der Ausübung der Jagd und der Fischerei; auch das Tierzuchtrecht ist Landessache.

Aufgrund der komplexen kompetenzrechtlichen Situation handelt es sich beim Tierschutz um eine sog „*Querschnittsmaterie*", die teilweise vom Bund, teilweise von den Ländern geregelt und über eine Vielzahl von Rechtsnormen verstreut ist: Neben den Tierzuchtgesetzen und den Jagd- und Fischereigesetzen der Länder sind auf der Ebene des Bundesrechts (zusätzlich zum TSchG) insb. das Tiertransportgesetz 2007 (TTG 2007), das Tierversuchsgesetz 2012 (TVG 2012) und die Tierversuchsverordnung (TVV 2012) sowie die gerichtlichen Strafbestimmungen über die Tierquälerei (§ 222 StGB) zu nennen. Dazu kommen zahlreiche völkerrechtliche und unionsrechtliche Normen (z.B. die europäische RL 2010/63/EU vom 22.9.2010 zum Schutz der für wissenschaftliche Zwecke verwendeten Tiere), die teilweise innerstaatlich auch unmittelbar anwendbar sind (z. B. die europäische VO 1099/2009 vom 24. 9. 2009 über den Schutz von Tieren zum Zeitpunkt der Tötung).

Rechtlicher Status von Tieren

Trotz des dichten Netzes verwaltungsrechtlicher und strafrechtlicher Tierschutzvorschriften sind Tiere keine „Personen" im zivilrechtlichen Sinn des § 285 ABGB („Alles, was von der Person unterschieden ist, und zum Gebrauche der Menschen dient, wird im rechtlichen Sinne eine Sache genannt"). Tiere sind *Rechtsobjekte*, nicht Rechtssubjekte, haben also weder Rechte noch Pflichten und gehören meist zum Vermögen eines Menschen. Die nach § 285 ABGB konsequente Zuordnung von Tieren zur Kategorie der „Sachen" wird seit einer Novelle 1988 allerdings durch § 285a ABGB überlagert: Danach sind Tiere „keine Sachen; sie werden durch besondere Gesetze geschützt". Zufolge des zweiten Satzes des § 285a ABGB sind freilich die für Sachen geltenden Vorschriften auch auf Tiere „insoweit anzuwenden, als keine abweichenden Regelungen bestehen". Da es im Sachenrecht keine „abweichenden Regelungen" gibt, ist die Herausnahme der Tiere aus dem Sachbegriff normativ bedeutungslos und erschöpft sich in einem symbolischen Bekenntnis.

Eingeschränkt wird die für Sachen typische beliebige Benützbarkeit aber durch die Sonderregelungen des Verwaltungs- und Strafrechts, die dem Tier einen spezifischen (über manch andere Sachen hinausgehenden) Schutz einräumen. Dieser Schutz ist – je nach dem Verwendungszweck und der Art des Tieres – uneinheitlich ausgeprägt. Zwar dient das TSchG dem „Schutz des Lebens und des Wohlbefindens der Tiere aus der besonderen Verantwortung des Menschen für das Tier als Mitgeschöpf" (§ 1 TSchG). Den anschließenden Detailregelungen liegen aber mannigfache Abwägungen zum Schutz anderweitiger Rechtsgüter und Interessen (von Menschen) zugrunde (z.B beim Verbot des § 6 TSchG, Tiere „ohne vernünftigen Grund zu töten" oder der Ausklammerung von Jagd und Fischerei); weitere Bereiche des TSchG gelten überhaupt nur für bestimmte Tierarten (insb. Wirbeltiere). Auch das – im Beispielfall einschlägige – Tierversuchsrecht umfasst nur Wirbeltiere und spezifische wirbellose Arten und Föten im letzten Entwicklungsdrittel. Zusätzliche Differenzierungskriterien ergeben sich aus Subsidiaritätsklauseln (z. B. bei Verfügbarkeit von Alternativmethoden), aus der Einteilung von Versuchen nach ihrem Schweregrad und aus dem weitgehenden Verbot von Versuchen mit bestimmten Tierarten oder zu bestimmten Zwecken.

Ob und inwieweit die weitreichenden gesetzlichen Beschränkungen von Tierversuchen verfassungsrechtlich gerechtfertigt werden können, war lange Zeit strittig. Denn die verfassungsrechtlich geschützten *Forschungsfreiheit* (Art. 17 StGG) steht weder unter einem generellen „Ethikvorbehalt", noch wurde sie – anders als bei der an die Grundrechtsordnung gebundenen Humanforschung – durch ein gleichrangiges Verfassungsrechtsgut des Tierschutzes begrenzt. Seit 2013 können gesetzliche Forschungseinschränkungen zum Schutz von Tieren aber auf das neue Staatsziel des Tierschutzes gestützt werden.

Zulässigkeit von Tierversuchen
Das TVG 2012 etabliert umfangreiche und – insb. im Vergleich zum schwächer regulierten Humanforschungsbereich – recht komplizierte Schutzvorschriften. Grundsätzlich bedarf jeder Tierversuch i.S.d. TVG einer verwaltungsbehördlichen *Genehmigung*, die sich auch auf die Person des Projektleiters zu beziehen hat (§§ 26–28 TVG). Zuständig für die Projektbeurteilung (vgl. § 29 TVG) und Genehmigung ist der Landeshauptmann, bei Universitäten und anderen wissenschaftlichen Einrichtungen des Bundes der Wissenschaftsminister (§ 26 i.V.m. § 2 Ziff. 8 TVG). Der Tierversuchskommission kommen beratende Aufgaben zu (§ 35 TVG). Die nationalen Behörden sind zur Berichterstattung und Zusammenarbeit mit der Europäischen Kommission verpflichtet (vgl. §§ 37f TVG).

Die materielle Beurteilung der Zulässigkeit folgt einem mehrstufigen und differenzierten System von Kriterien, deren Handhabung neben rechtlichen auch zoologische Kenntnisse erfordert. Zunächst ist zu prüfen, ob es sich um einen Tierversuch im Anwendungsbereich des TVG handelt. Das trifft insb. bei der Verwendung von Wirbeltieren für wissenschaftliche Zwecke zu, die bei den Tieren „Schmerzen, Leiden, Ängste oder dauerhafte Schäden in einem Ausmaß verursachen kann, das dem eines Kanüleneinstichs gemäß guter tierärztlicher Praxis gleichkommt oder darüber hinausgeht" (§ 2 Ziff. 1 TVG). Im nächsten Schritt muss beurteilt werden, ob es sich um einen generell unzulässigen Tierversuch handelt (§ 4 TVG), wobei sich die Unzulässigkeit sowohl auf explizit genannte Tierarten (z. B. bestimmte Affenarten) als auch auf konkrete Methoden (z. B. Ermittlung der tödlichen „LD-50"-Dosis), bestimmte Zwecke (z. B. Erprobung von Kosmetika), Belastungsintensitäten (z. B. starke Schmerzen ohne Betäubung) oder auf die Kombination einzelner dieser Kriterien bezieht. Schlechthin unzulässig sind aus Gründen der *Verhältnismäßigkeit* weiter Tierversuche, die unnötig sind (weil sie keine neuen wissenschaftlichen Erkenntnisse erwarten lassen oder weil bereits valide Ergebnisse aus gleichen Versuchen zugänglich sind), und Versuche, zu denen es ausreichende alternative Methoden gibt, die ohne Verwendung von Tieren auskommen. Für manche Tierarten (insb. für gefährdete Tierarten i.S.d europäischen ArtenschutzVO, für nichtmenschliche Primaten und für wildlebende Tiere, vgl. §§ 12ff. TVG) bestehen zusätzliche Einschränkungen, indem die Erlaubtheit von Versuchen an näher bezeichnete (hochrangige medizinische) Zwecke gebunden wird.

Sofern ein Tierversuch nach Heranziehung dieser Ausschlussgründe grundsätzlich genehmigungsfähig ist, richtet sich die behördliche Überprüfung vor allem auf die wissenschaftliche Rechtfertigung des Projekts und auf die Sicherstellung einer möglichst schmerzlosen Durchführung. Im Zentrum steht eine umfassende *Schaden-Nutzen-Analyse*, bei der bewertet wird, ob die Schäden für die Tiere (Leiden, Schmerzen, Ängste) durch das erwartete Ergebnis gerechtfertigt sind und letztlich Menschen, Tieren oder der Umwelt zugutekommen können (vgl. § 29 TVG). Eine gesetzliche Typisierung von Schweregraden (vgl. § 3 TVG) dient der Transparenz und als Hilfsmittel für die Verhältnismäßigkeitsprüfung.

Im Beispielfall ist fraglich, ob die beabsichtigten Untersuchungen nicht schon unter dem Gesichtspunkt der in Aussicht genommenen Tiere unzulässig sind, da der

Gesetzgeber Versuche mit „Menschenaffen“ generell verbieten wollte. Allerdings ist dieser politische Wille im TVG etwas komplizierter formuliert: Ausgeschlossen sind lediglich explizit benannte Affenarten (z. B. Schimpansen, Gorillas, Orang Utans, vgl. § 4 Ziff. 5 Bst. a TVG), weiter alle anderen nichtmenschlichen Primaten, die nicht von Tieren abstammen, die in Gefangenschaft gezüchtet wurden (näher § 4 Ziff. 6 und 7 TVG). Da die „Makaken“ zwar Primaten sind, jedoch nicht in den Kreis der vom § 4 TVG aufgezählten „Menschenaffen“ fallen, hängt die prinzipielle Erlaubtheit des Versuchs wesentlich von der (im Sachverhalt nicht mitgeteilten) Vorgeschichte der Tiere ab.

Selbst wenn die Versuche (noch) nicht an der Hürde der absoluten Verbote des § 4 TVG scheitern, gelten für sie die restriktiven Bedingungen des § 13 TVG für Tierversuche an „nichtmenschlichen Primaten“: Deren Verwendung ist nur dann zulässig, wenn der Versuch entweder der Grundlagenforschung dient oder auf die Verhütung, Vorbeugung, Diagnose oder Behandlung von klinischen Zuständen beim Menschen abzielt, die zur Entkräftung führen oder potenziell lebensbedrohend sind (oder zur Qualitäts- und Wirksamkeitsprüfung von Arzneimitteln und dergleichen für diese Zwecke; vgl. § 13 Abs. 1 Ziff. 1 TVG). Zusätzlich muss eine wissenschaftliche Begründung dafür vorliegen, dass der Zweck des Tierversuchs nicht durch die Verwendung anderer Tierarten erreicht werden kann (§ 13 Abs. 1 Ziff. 2 TVG). Bei Primaten, die einer gefährdeten Tierart (vgl. Anhang A der EU-VO 338/97 i. d. F. 101/212) angehören (was auf die Makaken nicht zutreffen dürfte), scheidet das Ziel der Grundlagenforschung generell aus (§ 13 Abs. 2 TVG).

Die eher grundlagenorientierten Tierversuche des Fallbeispiels sind demnach zwar nicht durch eines der absoluten Verbote ausgeschlossen, weil die Makaken weder zur Gruppe der von § 4 Ziff. 5 Bst. a TVG aufgezählten Menschenaffen gehören noch den Versuchsbeschränkungen für andere nichtmenschliche Primaten, die einer gefährdeten Tierarten angehören (Unzulässigkeit der Grundlagenforschung), unterliegen. Das Fernziel, Therapien nach Schlaganfällen zu verbessern, könnte auch durchaus dem (bei angewandter Forschung mit Primaten obligaten) Zweck der Behandlung von „potenziell lebensbedrohlichen“ oder „zur Erschöpfung“ führenden menschlichen Zuständen (vgl. § 13 Abs. 1 Ziff. 1 Bst. a TVG) zugeordnet werden. Doch auch wenn den Antragstellern der Nachweis gelingt, dass die Versuchszwecke mit anderen (menschenferneren) Tierarten nicht erzielbar sind, schlägt die gebotene Güterabwägung im Rahmen der Schaden-Nutzen-Analyse (vgl. insb. § 29 Abs. 2 Ziff. 4 TVG) dennoch gegen die Zulässigkeit der Versuche aus. Das Missverhältnis zwischen den vagen „Hoffnungen“ auf erhebliche Erkenntnisgewinne einerseits und den erheblichen Belastungen der Versuchstiere andererseits spricht im Ergebnis gegen deren Bewilligung.

Literatur und Materialien

Armstong SJ, Botzler RG (2003) The Animal Ethics Reader. Routledge, London
Binder R (2010) Das österreichische Tierversuchsrecht. Juridica-Verlag, Wien
Bolliger G, Goetschel AF, Richner M, Spring A (2008) Tier im Recht transparent. Schulthess, Zürich

Botschaft des Bundesrates vom 9. Februar 1977 über ein Tierschutzgesetz, BBl 1977 I 1075

Clark SRL (1977) The moral status of animals. Clarendon Press, Oxford

De Cock Buning T, Heeger R, Verhoog H (1995) Ethische Argumente bei der Beurteilung von Tierversuchen in: ALTEX (Alternativen zu Tierexperimenten) des Spektrum Verlag 12(1):3 – 12

EKAH/EKTV (2006) Bericht, Forschung an Primaten – eine ethische Bewertung. Bern

EKAH/EKTV (2008) Gemeinsame Stellungnahme zur Konkretisierung der Würde der Kreatur beim Tier. Bern, Oktober 2008 (Nachdruck von Februar 2001)

Harrer F (1995) Anpassungserfordernisse im Recht der Tierversuche. ÖJZ 50:854 – 858

Helmich E (2012) Kommentar zu § 285a ABGB. In: Kletečka A, Schauer M (Hrsg.) ABGB-ON § 285. www.rdb.at. Stand 2012

Herbrüggen H, Raschauer N, Wessely W (2010) Österreichisches Tierschutzrecht, Bd. 2. Tierversuchsrecht. Neuer Wissenschaftlicher Verlag, Wien, Graz

Jedelhauser R (2011) Das Tier unter dem Schutz des Rechts, Die tierethischen Grundlagen eines rechtlichen Schutzmodells für das tierschutzrechtliche Verwaltungshandeln. Helbing Lichtenhahn, Basel

Kant I (2004) Grundlegung zur Metaphysik der Sitten. Vandenhoeck & Ruprecht, Göttingen

König B (2007) Grundlagen der staatlichen Forschungsförderung. Schulthess, Zürich

Kopetzki C (2010) Muss Forschung „ethisch vertretbar" sein? In: Jabloner C, Kucsko-Stadlmayer G, Muzak G, Perthold-Stoitzner B, Stöger K (Hrsg.) Vom praktischen Wert der Methode. Festschrift Heinz Mayer. Manz, Wien, S. 253 – 274

Krepper P (2010) Tierwürde im Recht – am Beispiel von Tierversuchen. AJP 3:303 – 313

Lindner JF (2009) Wissenschaftsfreiheit und Tierversuch. NordOeR 329 – 336

Linzey, A (1987) Christianity and the rights of animals. SPCK, Holy Trinity Church, London

Lippold R (1989) Über Tiere und andere Sachen – § 285a ABGB als Beispiel zeitgenössischer Gesetzgebungskunst. ÖJZ 44:335 – 337

Mathis K (2012) Die „Würde der Kreatur" – Anmerkungen zu einem problematischen Begriff. In: Winiger B, Mahlmann M, Avramov P, Gailhofer P (Hrsg.) Recht und Verantwortung/Droit et responsabilité. Franz Steiner, Stuttgart

Michel M, Kühne D, Hänni J (Hrsg.) Animal Law – Tier und Recht. Dike, Zürich, St. Gallen

Pinel, JPJ (2001) Biopsychologie, 2. Aufl. Spektrum, Heidelberg

Regan, T (1984) The case for animal rights. Routledge, London

Rippe K (2005) Im Interview zur Fallstudie „Eine Bewilligung des Nationalfonds ist kein Freibrief", einsehbar auf der Seite des SNF. http://www.snf.ch/SiteCollectionDocuments/horizonte/67_28_29_30_d.pdf. Zugegriffen: 5. Sept. 2013

Rollin B (1981) E. Animal rights and human morality. Prometheus Books, New York

Schweitzer A (1955) Civilization and ethics. 3. Aufl. Adam&Charles Black, London

Singer P (1975) Animal liberation. A new ethics for our treatment of animals. Avon Books, New York

Singer P (1979) Practical Ethics. Cambridge University Press, Cambridge

Spielbüchler K (2000) Kommentar zu § 285a ABGB. In: Rummel P (Hrsg.) Kommentar zum Allgemeinen Bürgerlichen Gesetzbuch, 3. Aufl. Manz, Wien. www.rdb.at. Stand 2000

Spranger TM (2000) Auswirkungen einer Staatszielbestimmung „Tierschutz" auf die Forschungs- und Wissenschaftsfreiheit. Z Rechtspolit: 285 – 289

Spranger TM (2002) Tierschutz contra Forschungsfreiheit – Welche Folgen hat die Grundrechtsänderung für die Forschung? Forschung & Lehre:596 – 598

Sprecher F (2010) Tierversuche: Wie viel Nutzen muss Forschung erbringen? – Sicherheitsrechtliche Implikationen der bundesgerichtlichen Bestätigung des Verbots von zwei Tierversuchen mit Rhesusaffen. S&R 2:110 – 122

Steiger A, Schweizer RJ (2008) Art. 80 BV. In: Ehrenzeller B, Mastronardi P, Schweizer RJ, Vallender K (Hrsg.) Die Schweizerische Bundesverfassung, Kommentar, 2. Aufl. Dike, Zürich, St. Gallen, S. 1410 – 1421

Wolf U (Hrsg.) Texte zur Tierethik. Philipp Reclam jun. Verlag, Stuttgart

Anna Deplazes-Zemp

15 Wissenschaftliches Fehlverhalten im Labor

Fallbeispiel[1]

Tina und Sandra sind seit über drei Jahren Doktorandinnen in der Gruppe von Professor Meier an einem biochemischen Institut. Sandra hat ein neues Protein Onk1, das in Mäusen zu Krebs führt, identifiziert. Ihr Artikel, in dem sie diesen Zusammenhang mit Krebs beschreibt, wurde gerade in einer hochrangingen Zeitschrift zur Publikation akzeptiert.

In einer Serie von neuen Experimenten möchte Tina der von Sandra beschriebenen Interaktion von zwei Proteinen, die für Tinas Projekt relevant ist, genauer nachgehen. Aber Tina gelingt es nicht, die Interaktion zu bestätigen. Immer wieder liest sie in Sandras Artikel nach, wie diese das Experiment gemacht hat, aber bei Tina funktioniert es einfach nicht. In Sandras Artikel gibt es eine Abbildung von einem Immunopräzipitation-Experiment, in dem die Interaktion sauber gezeigt wird, auch die Kontrollen sind überzeugend. Die Abbildung sieht allerdings nicht ganz aus wie aus dem Schulbuch, weil die entscheidende Bande im Gel nicht gerade gelaufen ist. Anstatt eines geraden Strichs sieht man eine wellenförmige Linie. Tina kommt diese charakteristische Welle irgendwie bekannt vor. Eine naheliegende Erklärung dafür wäre, dass sie die Bande schon einmal auf dem Poster gesehen hat, das Sandra an einer Doktorandenkonferenz vor ein paar Monaten gezeigt hatte. In der Gruppe von Prof. Meier ist es üblich, die Poster nach den Konferenzen, für die sie hergestellt wurden, im Seminarraum oder im Gang des Instituts aufzuhängen. Tatsächlich findet Tina da auf Sandras Poster die Abbildung mit der wellenförmigen Bande. Als Tina die Abbildung genauer anschaut, erkennt sie jedoch, dass nicht Onk1 gezeigt wird wie im Artikel, sondern ein ganz anderes Protein.

Am nächsten Tag konfrontiert Tina Sandra damit, dass sie das gleiche Experiment einmal mit Onk1 und einmal mit dem Namen eines anderen Proteins beschriftet hatte. Sandra antwortet, sie habe mit Prof. Meier abgesprochen, dass man die Abbildung so verwende.

Tina fällt es schwer, das zu glauben, und sie fragt bei Prof. Meier nach. Tatsächlich bestätigt dieser, dass er von der falschen Beschriftung wisse. Er erklärt, dass es sich dabei nur um ein zusätzliches Experiment handle, welches die Gutachter des Artikels verlangt hätten. Da Sandra noch viele andere Experimente hätte machen müssen, habe die Zeit nicht gereicht, das Immunopräzipitation–Experiment auch noch durchzuführen. Aber Prof. Meier ergänzt, sie hätten in anderen Experimenten (Yeast–Two–Hybrid Verfahren) gesehen, dass die beiden Proteine interagieren. Deshalb

1 Bei diesem Beispiel handelt es sich um einen frei erfundenen Vorfall, der dazu dienen soll, auf Probleme im Laboralltag hinzuweisen.

verfälsche diese Abbildung den Inhalt des Artikels nicht, und diese harmlose „Schummelei" sei gerechtfertigt.

15.1 Problemfelder

Mehrere Studien deuten darauf hin, dass es leider zum wissenschaftlichen Alltag gehört, dass manche Forschende in der Planung, Durchführung und Publikation ihrer Arbeit moralisch fragwürdig handeln (Fanelli 2009; Martinson et al. 2005). Aus diesem Grund wurden auf unterschiedlichen Ebenen Richtlinien, Verhaltenskodizes, Empfehlungen, Grundsätze, Regeln usw. herausgegeben, die hier unter dem Begriff „Richtlinien" zusammengefasst werden. Solche Richtlinien sollen Forschenden einerseits als Anhaltspunkt dienen, wie integre Wissenschaft aussehen sollte, andererseits stellen sie verbindliche Regeln dar für die Forschung in dem Rahmen, für den die Richtlinien aufgestellt wurden (Institution, Land, Geldgeber). Im Folgenden wird auf eine Auswahl solcher Richtlinien Bezug genommen.

Erfinden und Fälschen von Daten

Eine viel zitierte Definition wissenschaftlichen Fehlverhaltens des amerikanischen „Office of Research Integrity" (ORI) lautet: mit *„wissenschaftlichem Fehlverhalten ist das Erfinden oder Fälschen von Daten oder Plagiieren beim Vorschlagen von Forschungsprojekten sowie beim Durchführen oder Begutachten von Forschung oder beim Berichten von Resultaten gemeint […]"* (http://ori.hhs.gov/definition-misconduct)[2]. Erfinden und Fälschen von Daten gehören also zu den klassischen und schwersten Fällen wissenschaftlichen Fehlverhaltens. Sie sind moralisch verwerflich, die Leser des Artikels werden mit dem erfundenen oder gefälschten Experiment bewusst getäuscht und betrogen und Forschende, welche versuchen, die Daten zu reproduzieren, verlieren viel Zeit und Geld, wenn sie dieser falschen Fährte folgen.

Mitwissen

Neben den in der ORI-Definition erwähnten klassischen Fällen von wissenschaftlichem Fehlverhalten gibt es einen breiten Graubereich, in dem nicht immer eindeutig klar ist, wo wissenschaftliches Fehlverhalten beginnt. Ein Beispiel dafür ist das Wissen um klassisches Fehlverhalten anderer. In manchen Richtlinien wird diese Problematik erwähnt. So steht in der Broschüre „Wissenschaftliche Integrität" der schweizerischen Akademien der Wissenschaften explizit, dass auch die Anstiftung zu Unlauterkeit und *deren Verschweigen* zum wissenschaftlichen Fehlverhalten gehören (Akademien der Wissenschaften Schweiz 2008, 10). Andere Autoren sprechen von einer *Pflicht* zum

---

2 Englisches Original: *„Research misconduct means fabrication, falsification, or plagiarism in proposing, performing, or reviewing research, or in reporting research results.* […]."

Handeln, wenn Fehlverhalten beobachtet wird (National Academy of Sciences et al. 1995) oder von einer moralischen Mitverantwortung für Fehlverhalten (http://www.hrk.de/de/beschluesse/109_422.php). Allerdings scheinen im wissenschaftlichen Alltag Fälle von Fehlverhalten oft nicht gemeldet zu werden (Titus et al. 2008).

Whistleblower-Problem

Verbunden mit der Problematik der Mitwisserschaft ist das Whistleblower-Problem. Mit dem englischen Begriff „Whistleblower" bezeichnet man Informanten, die Missstände, welche zu Schaden für andere führen, publik machen (Brockhaus 2005). Whistleblower werden oft als Denunzianten betrachtet und mit Schikanen, Mobbing und Karrierenachteilen konfrontiert. Obwohl zur Förderung der Integrität in der Wissenschaft jeder Forschende auf Missstände aufmerksam machen sollte, ist nachvollziehbar, dass manche Wissenschaftler nicht auf das Fehlverhalten anderer hinweisen, weil sie damit ihre eigene wissenschaftliche Zukunft beeinträchtigen würden. Dieses Problem ist hinlänglich bekannt und teilweise wird in Richtlinien darauf verwiesen, dass Anzeigen von wissenschaftlichem Fehlverhalten vertraulich behandelt werden müssen, unter anderem um die Informanten zu schützen (Akademien der Wissenschaften Schweiz 2008: 23; Steneck 2007: 19 ff.).

15.2 Ethische Beurteilung (Argumente und Positionen)

Wissenschaftliche Integrität

In vielen Richtlinien wird auf „wissenschaftliche Integrität" als moralischer Grundsatz wissenschaftlicher Forschung verwiesen. Aber was ist mit diesem Begriff eigentlich gemeint? Im Synonymwörterbuch von Duden werden unter anderem „Anständigkeit", „Ehrlichkeit", „Redlichkeit", „Unbescholtenheit", „Unbestechlichkeit", „Vertrauenswürdigkeit" und „Zuverlässigkeit" als Synonyme von „Integrität" angegeben (Duden 2010). In diesem Sinn spricht man in den Regeln der Max-Planck-Gesellschaft von „wissenschaftlicher Redlichkeit" (Max-Planck-Gesellschaft 2009). Auch die schweizerischen Akademien verstehen Integrität in diesem Sinne:

> „Wissenschaftliche Integrität verstehen wir als Selbstverpflichtung der Forschenden, sich an die Grundregeln der guten wissenschaftlichen Praxis zu halten. Wahrhaftigkeit und Offenheit, Selbstdisziplin, Selbstkritik und Fairness sind für ein integres Verhalten unverzichtbar" (Akademien der Wissenschaften Schweiz, 2008, 7).

Wissenschaftliche Integrität ist also die grundlegende Einstellung oder Haltung, mit der Wissenschaft betrieben werden sollte, sie beinhaltet die moralischen Prinzipien, beispielsweise Wahrhaftigkeit und Fairness, von denen man auch sonst erwartet, dass sie in einer moralischen Lebensführung eingehalten werden. Richtlinien dienen dazu, Forschenden im Alltag Anweisungen zu geben, wie eine solche Haltung in die Tat umgesetzt werden kann. Manchmal ist es in konkreten Situationen jedoch ratsam, diese ursprüngliche Einstellung deutlich vor Augen zu haben, und sich zu fragen, was es in dem gegebenen Moment bedeuten würde, integer zu handeln.

Erfindung und bewusste Fälschung von Daten sind auf jeden Fall zu verurteilen

Mit dem Erfinden und Fälschen von Daten werden, wie bereits erläutert, andere Forschende betrogen. Solches Handeln hat mit integrer Wissenschaft nichts zu tun. Mit der falsch beschrifteten Abbildung erfinden Sandra und Prof. Meier ein Forschungsresultat. Die Abbildung des Immunopräzipitation-Experiments zeigt eigentlich ein ganz anderes Protein, als die Autoren behaupten. Prof. Meiers Erklärung, wonach sie die Protein-Protein-Interaktion mit einer anderen Methode nachgewiesen haben, rechtfertigt diese Fälschung in keiner Weise. Wenn die Interaktion mit einer anderen Methode gesehen wurde, muss dies im Artikel auch so wiedergeben werden. Es kommt oft vor, dass eine Protein-Protein-Interaktion mit dem Yeast-Two-Hybrid-Verfahren gezeigt werden kann aber nicht mit Immunopräzipitation. Ein solches Resultat hat biologische Relevanz und ist für den Lesenden wichtig. Das Verheimlichen einer solchen potenziellen Unstimmigkeit verfälscht den Inhalt des Artikels sehr wohl. Selbst wenn Sandra die Interaktion in Immunopräzipitation-Experimenten, die nicht schön genug waren, um publiziert zu werden, gesehen hätte, wäre es nicht „integer" gewesen, einfach ein schöneres Resultat zu „basteln". Auch ist Prof. Meiers Rechtfertigung, sie hätten das verlangte Experiment aus Zeitdruck nicht ausführen können, nicht überzeugend. In solchen Fällen müsste man eine Verlängerung der Abgabefrist verlangen oder den Redaktoren erklären, dass das Experiment nicht ausgeführt werden konnte.

Mitwisserschaft ist moralisch schwieriger zu beurteilen

Während die Beurteilung dieses Falles im Bezug auf Sandra und Prof. Meier eindeutig ausfällt, ist die Rolle von Tina schwieriger einzuschätzen. Im Interesse der wissenschaftlichen Forschung müsste die Beobachtung eines solchen Falles sofort gemeldet werden. Klar ist aber auch, dass die passive Rolle, die Tina in diesem Fall spielt, nicht so verwerflich ist wie die aktiven Rollen von Sandra und Prof. Meier. Sandra hat den Betrug selbst begangen, und Prof. Meier hat sie dazu aktiv ermuntert und trägt als Mentor und Betreuer Mitverantwortung für Sandras Handlung. Als Doktorandin von Prof. Meier ist Tina abhängig von ihm und muss mit negativen Konsequenzen für den Abschluss ihres Doktorats oder den weiteren Verlauf ihrer wissenschaftlichen Laufbahn rechnen, wenn sie sich gegen ihn stellt. Andererseits hat Tina mit dem Poster (das sie beispielsweise fotografieren könnte) und dem Manuskript einen sehr starken Hinweis auf das Fehlverhalten, selbst wenn Sandra und Prof. Meier in Anwesenheit anderer ihr Vergehen nicht gestehen würden. Insofern ist Tinas Fall einfacher als viele andere Fälle, wo Wort gegen Wort steht, denn in Fällen von erfundenen Daten ist es oft schwierig, den Betrug direkt nachzuweisen.

Mit verschiedenen Mitteln wird im Wissenschaftsbetrieb versucht, die Hürde für das Bekanntmachen von beobachtetem Fehlverhalten zu verkleinern. So setzte die Deutsche Forschungsgemeinschaft (DFG) einen Ombudsman für die Wissenschaft ein, der von Wissenschaftlern kontaktiert werden kann, und wo unter anderem Fälle von wissenschaftlichem Fehlverhalten gemeldet werden können (http://www.ombudsman-fuer-die-wissenschaft.de). Solche Ombudsstellen findet man auch an den meisten Universitäten. Außerdem gibt es, wie schon erwähnt, Bestrebungen, Informanten zu schützen. Ein solcher Schutz würde idealerweise bedeuten, dass sie anonym bleiben könnten. Aber gerade der vorliegende Fall zeigt, dass das oft schwierig ist. Sandra und Prof. Meier wüssten sofort, wer den Vorfall gemeldet hat, wenn sie auf diese Abbildung angesprochen würden.

Welche Möglichkeiten hat Tina? Sie könnte die Abbildung nochmals mit Prof. Meier und Sandra diskutieren und erklären, weshalb es sich dabei nicht nur um eine „kleine Schummelei" handelt. Tina könnte die Redaktion der Zeitschrift, in welcher der Artikel erscheinen sollte, kontaktieren. Damit würde sie sich aber offiziell gegen Prof. Meier stellen, was den Abschluss ihrer Doktorarbeit in seinem Labor erschweren, wenn nicht verunmöglichen könnte. Sicher ist es in einer solchen Situation immer hilfreich, sich an eine erfahrenere Vertrauensperson, die sich im Wissenschaftsbetrieb auskennt, zu wenden. Möglicherweise könnte eine solche Person Prof. Meier nochmals ansprechen. Schließlich könnte sich Tina an die Ombudsstelle der Forschungseinrichtung, an der sie arbeitet, wenden. Dort würde man sie vertraulich im Bezug auf das weitere Vorgehen beraten.

Literatur und Materialien

Akademien der Wissenschaften Schweiz (2008) Wissenschaftliche Integrität Grundsätze und Verfahrensregeln. http://www.akademien-schweiz.ch/index/Portrait/Kommissionen-AG/Wissenschaftliche-Integritaet.html. Zugegriffen: 5. Sept. 2013

Brockhaus (2005) Die Enzyklopädie in 30 Bänden. Brockhaus in der Wissenmedia Leipzig, Mannheim

Duden (2010) Das Synonymwörterbuch. Ein Wörterbuch sinnverwandter Wörter. 5. Aufl. Bibliographisches Institut GmbH, Dudenverlag, Mannheim

Fanelli D (2009) How many scientists fabricate and falsify research? A systematic review and meta-analysis of survey data. PLoS One 4:e5738

Martinson BC, Anderson MS, de Vries R (2005) Scientists behaving badly. Nat 435:737–738

Max–Planck–Gesellschaft (2009) Regeln zur Sicherung guter wissenschaftlicher Praxis. http://www.mpg.de/229457/Regeln_guter_wiss_Praxis__Volltext-Dokument_.pdf. Zugegriffen: 5. Sept. 2013

National Academy of Sciences, National Academy of Engineering, Institute of Medicine (1995) On Being a Scientist, Responsible Conduct in Research. National Academies Press, Washington. http://www.nap.edu/openbook.php?record_id=4917. Zugegriffen: 5. Sept. 2013

Schrag B (Hrsg.) Graduate Research Ethics: Cases and Commentaries; http://www.onlineethics.org/cms/15333.aspx. Zugegriffen: 5. Sept. 2013

Steneck NH (2007) ORI, Introduction to the Responsible Conduct of Research 2007. http://ori.hhs.gov/documents/rcrintro.pdf. Zugegriffen: 7. März 2014

Titus SL, Wells JA, Rhoades LJ (2008) Repairing research integrity. Nat 453:980–982

Sabrina Engel-Glatter, Wiebke Bretschneider

16 Gentechnologie

Fallbeispiel

Deutsche Forscher vom Max-Planck-Institut für evolutionäre Anthropologie in Leipzig untersuchen die Entwicklung der menschlichen Sprache und die dazu nötigen Strukturen des Gehirns. In Kollaboration mit internationalen Kollegen studieren sie die Funktion eines Gens mit dem Namen Foxp2 (Enard et al. 2002; Enard et al. 2009). Foxp2 wurde ursprünglich bei der Charakterisierung einer erblichen Sprachstörung entdeckt und wird in der Populärpresse häufig als „Sprachgen" bezeichnet. Das Gen ist maßgeblich an der Entwicklung der menschlichen Hirnstruktur beteiligt und beeinflusst dadurch unsere Fähigkeit, Sprache zu verwenden (Fisher et al. 1998).

Das Gen Foxp2 ist nicht nur bei Menschen, sondern auch bei verschiedenen Tierarten vorhanden. Erstaunlicherweise unterscheidet sich das Foxp2-Protein des Menschen von dem der Hausmaus (*mus musculus*) nur um zwei Aminosäuren (Enard et al. 2002). Um herauszufinden, ob sich dieser kleine Unterschied auf die Entwicklung der Hirnstruktur – und damit auf die Fähigkeit, Sprache zu gebrauchen – auswirkt, generierten die Max-Planck-Forscher Mäuse, in denen das Maus-Foxp2-Gen durch die humane Version ersetzt wurde (Enard et al. 2009).

Untersuchungen an den Mäusen zeigten, dass – mit Ausnahme des Gehirns – zwischen den Organen der Maus mit dem humanen Foxp2-Gen und den Organen von Mäusen ohne diese genetische Veränderung keine Unterschiede bestanden (Enard et al. 2009). Signifikante Veränderungen ließen sich hingegen in den Teilen des Gehirns feststellen, die für die Artikulation von Sprache relevant sind. Zusätzlich konnten die Wissenschaftler Unterschiede bei der Artikulation der Laute feststellen. Die Foxp2-Mäuse gaben tiefere Laute von sich als normale Mäuse. Aufgrund der Ergebnisse vermuten die Forscher, dass die zwei veränderten Aminosäuren im menschlichen Foxp2-Protein für die motorische Feinabstimmung der Muskeln der Lunge, der Zunge, des Rachens und der Lippen verantwortlich sein könnten. Das Beispiel der Foxp2 Maus zeigt, dass an Tiermodellen zumindest zu einem gewissen Ausmaß auch komplexe, rein menschliche Eigenschaften wie Sprache untersucht werden können.

16.1 Problemfelder

Transgene Tiere, das heißt, genetisch veränderte Tiere werden bereits seit 30 Jahren in der Forschung eingesetzt (Gordon und Ruddle 1982). Mäuse mit menschlichem Erbmaterial gehören zu den am häufigsten verwendeten Tiermodellen. In vielen Fällen hat die Veränderung eines einzelnen Gens nur begrenzten Einfluss auf die Physiologie des Tieres. Verändert man dagegen sog. Steuerungsgene zu Beginn der Embryonalentwicklung, ist es möglich, physiologische Vorgänge in einem größeren Ausmaß zu beeinflussen.

Bei der Foxp2-Maus wurde durch den Austausch eines einzelnen tierischen Gens durch die menschliche Variante die Struktur und Funktion des Maus-Gehirns signifikant verändert. Aus ethischer und rechtlicher Sicht könnten sich gegen solche Versuche in dreierlei Hinsicht Bedenken ergeben: Zunächst ist zu fragen, ob und inwieweit die Tiere durch den gentechnischen Eingriff Schmerzen und Leiden erfahren. Es geht diesbezüglich um den *Schutz der (individuellen) Tierwürde* bzw. um den Schutz der Integrität des einzelnen Tieres. Darüber hinaus stellt sich die Frage, ob durch den gentechnischen Eingriff die *artspezifische Würde* des Tieres infrage gestellt wird und in der Folge eine eindeutige Zuordnung gemäß der grundsätzlichen und bestimmenden Eigenschaften von tierischen Lebewesen nicht mehr möglich ist (vgl. Deutscher Ethikrat 2011). Schließlich könnte gegen den Versuch vorgebracht werden, dass ein solcher gentechnischer Eingriff nicht abschätzbare Folgen für das natürliche Gleichgewicht, die biologische Vielfalt und letztlich den Menschen selber haben könnte.

16.2 Ethische Beurteilung

Individuelle und artspezifische Würde des Tieres

Im Zusammenhang mit gentechnischen Veränderungen bei Tieren stellen sich auch hier die klassischen Fragen des Tierschutzes. Generell muss die Verwendung von Tieren zu Versuchszwecken gegen den daraus gewonnenen Nutzen abgewogen werden. Zudem sollte die Anzahl der eingesetzten Versuchstiere auf das Nötigste begrenzt und deren artgerechte Haltung sichergestellt werden. Insbesondere ein Eingriff in die individuelle Würde des Tieres durch das Zufügen von Schmerzen sollte vermieden werden. Im vorliegenden Fall wurde das Transgen in der embryonalen Phase der Entwicklung in das tierische Erbgut eingeschleust. Dadurch könnten rein menschliche Eigenschaften übertragen worden sein. Dies ist im vorliegenden Fall besonders relevant, da ein Steuerungsgen übertragen wurde, welches die Gehirnstruktur der Mäuse signifikant veränderte. Die neu entstandenen, menschlichen Eigenschaften beeinflussen womöglich die Bedürfnisse und Verhaltensweisen der Tiere und könnten damit die artspezifische Würde der Tiere verletzen. Beispielsweise stellt sich die Frage, ob durch die genetische Veränderung die soziale Interaktion der Tiere beeinträchtigt wurde.

Ontologischer Status transgener Tiere

Neben tierethischen Aspekten spielen in Bezug auf die Schaffung transgener Tiere noch andere Bedenken eine bedeutende Rolle. Im Zusammenhang mit genetischen Veränderungen und gentechnisch veränderten Organismen (GVOs) kommen Urängste der Menschheit zum Vorschein, die tief in unserer Gesellschaft verankert sind. Oft kommt es zu einer intuitiven Ablehnung der neuen Technologie (Midgley 2000). Hinter einem der häufigsten Argumente, dass der Mensch nicht „Gott spielen" (*playing God*) darf, steht die Überzeugung der Mensch sollte nicht zu stark in seine natürliche Umgebung eingreifen. Am ehesten lässt sich das Argument als Kritik an der Überschreitung genetisch festgelegter Artgrenzen beschreiben (Robert und Baylis 2003; nähere Erläuterungen und Gegenargumente dazu finden sich auch bei Sherlock und Morrey 2000). Im Fall der transgenen Foxp2-Maus findet diese Grenzziehungsproblematik ihren Höhepunkt in der Statusfrage. Hierbei geht es um die Problematik des moralischen Status von Tieren in der Gesellschaft aufgrund der möglicherweise unklaren Artzuweisung. Gegner äußern darüber Bedenken, dass die Schaffung transgener Tiere mit rein menschlichen Eigenschaften ihnen den moralischen Status eines menschlichen Lebewesens übertragen könnte. Um dieses Dilemma zu lösen, schlägt der amerikanische Bioethiker Robert Streiffer vor, Forschung dieser Art nur zuzulassen, wenn der moralische Status des neu geschaffenen Individuums angemessen abgesichert wird (Streiffer 2005). Demnach hätte die mögliche Übertragung von menschlichen Eigenschaften auf tierische Organismen als Konsequenz eine erhöhte Schutzbedürftigkeit zur Folge.

Um das Risiko der „Vermenschlichung" abschätzen zu können, ist die Eingriffstiefe des Experiments sowie der Verwandtschaftsgrad des Tieres mit dem Menschen relevant. Der Versuch, die Eingriffstiefe bei Experimenten mit transgenen Tieren durch den relativen Anteil an übertragenen Genen quantitativ zu erfassen, ist nicht sinnvoll. Es muss eine Ergänzung mit qualitativen Attributen stattfinden, wie zum Beispiel der Art des veränderten Gens (Deutscher Ethikrat 2011). Bislang führten genetische Veränderungen an Tieren aber nicht zu einer als relevant zu bezeichnenden geistigen „Vermenschlichung" des Tieres (Deutscher Ethikrat 2011).

Dagegen könnte das Risiko der Vermenschlichung bei Versuchen an transgenen Primaten, insbesondere bei genetischen Veränderungen des Gehirns, hoch sein. Eine eindeutige Beurteilung der Auswirkungen ist nicht immer von Anfang an möglich, beziehungsweise die Auswirkungen sind nach dem heutigen Stand der Forschung noch nicht absehbar. Aufgrund dieser Schwierigkeit regen verschiedene Wissenschaftsgesellschaften und Ethikkommissionen an, genetische Veränderungen mit hoher Eingriffstiefe vorrangig an Organismen vorzunehmen, die dem Menschen möglichst fremd sind (Deutscher Ethikrat 2011; The Academy of Medical Sciences 2011). Des Weiteren stellt der Deutsche Ethikrat fest, dass Studien an Menschenaffen aufgrund der Grenzziehungsproblematik und aus tierethischen Überlegungen in keinem Fall zu rechtfertigen sind. Außerdem muss bei der Erschaffung transgener Tiere in jedem Fall klar sein, dass die Erforschung biologischer Prozesse und Erkrankungen Ziel der Forschungstätigkeiten ist und nicht die Übertragung menschlicher Eigenschaften und Fähigkeiten (Deutscher Ethikrat 2011). Die Britische Akademie der Medizinischen Wissenschaften unterteilt in ihrem Bericht von 2011 „Animals containing human material" Forschungsvorhaben in drei Kategorien, die das Ausmaß der assoziierten ethischen Bedenken beschreiben. Während in Kategorie 1 Forschungsvorhaben wie die Foxp2-Maus fallen, welche hauptsächlich tierethische Bedenken auslösen, sind der Kategorie 2 Experimente zugeordnet, bei denen darüber hinausgehende ethische Bedenken (in Bezug auf eine mögliche Vermenschlichung des Tieres) aufgeworfen werden. Forschung dieser Kategorie sollte von einem nationalen Expertengremium überprüft und nur schrittweise und mit aller Vorsicht durchgeführt werden. In Kategorie 3 fallen dagegen Experimente, die starke ethische Bedenken auslösen und deshalb nicht zu rechtfertigen sind (The Academy of Medical Sciences 2011).

Folgen der Gentechnologie für Mensch und Natur

Ein weiteres, vielfach verwendetes Argument gegen die Verwendung von GVOs bezieht sich auf die unvorhersehbaren Risiken, welche diese Technologie mit sich bringen könnte. Eines der mit der Erschaffung der Foxp2-Maus assoziierten Risiken könnte beispielsweise die unbeabsichtigte Freisetzung der Maus und damit einhergehende Umweltauswirkungen sein. In diesem Zusammenhang ist das *precautionary principle* relevant (Randegger 2006). Die Grundlage für dieses Prinzip legte Hans Jonas 1979 in seinem Werk „Das Prinzip Verantwortung. Versuch einer Ethik für die technologische Zivilisation" (Jonas 1979). Hier plädiert er für eine zukunftsorientierte Verantwortungsethik und die Selbstbeschränkung der Forschung auf eigenverantwortlicher Basis, auch zum Schutz zukünftiger Generationen. Im Jahr 1992 wurde das *precautionary principle* als 15. Grundsatz in der Rio-Deklaration aufgenommen und bezog sich vorerst nur auf die Umwelt:

> „Zum Schutz der Umwelt wenden die Staaten im Rahmen ihrer Möglichkeiten allgemein den Vorsorgegrundsatz an. Drohen schwerwiegende oder bleibende Schäden, so darf ein Mangel an vollständiger wissenschaftlicher Gewissheit kein Grund dafür sein, kostenwirksame Maßnahmen zur Vermeidung von Umweltverschlechterungen aufzuschieben." t(Die Vereinten Nationen 1992).

Im Laufe der Zeit wurde dieser Grundsatz jedoch weiterentwickelt und konkretisiert und ist auch auf andere Bereiche anwendbar (Bundesamt für Gesundheit 2003). Wird das *precautionary principle* als Argument vorgebracht, ist es wichtig, den Kontext einzubeziehen und die vermuteten Risiken einer Technologie einzugrenzen (Kollek 1997). Ist dies nicht oder nur schwer möglich, können kontrolliert stattfindende Experimente eine Risiko-Analyse ermöglichen (SNF 2006).

Allgemeine Diskussion und Beurteilung des Falls

Die ethische Zulässigkeit gentechnologischer Methoden wird seit ihrer Erfindung Anfang der 1970er Jahre (Marx 1973) intensiv debattiert (Halter 1994). Befürworter der Gentechnologie argumentieren, der Nutzen der Technologie sei für den Menschen so hoch, dass ein Verzicht darauf ethisch nicht vertretbar ist. Gegen gentechnische Eingriffe werden häufig zwei Argumente aufgeführt: Erstens, der Mensch sollte nicht „Gott spielen", das heißt man sollte natürliche Artgrenzen nicht überschreiten – vor allem wenn dadurch eine Grenzziehungsproblematik zwischen Mensch und Tier entsteht. Zweitens, gentechnische Methoden bergen unkalkulierbare Risiken, weshalb deren Anwendung ethisch nicht vertretbar ist.

Bezogen auf den Fall der Foxp2-Maus kann argumentiert werden, dass kaum (Umwelt-) Risiken im Zusammenhang mit der Erschaffung der Foxp2-Maus bestehen. Das Risiko einer ungewollten Freilassung der Foxp2-Maus lässt sich aufgrund der vorherrschenden Sicherheitsstandards in Laboren als gering einschätzen. Zudem hängen die Umweltauswirkungen davon ab, ob die Foxp2-Maus durch die genetische Veränderung einen evolutionären Vorteil errungen hat. Da bei den Foxp2-Mäusen keine artspezifischen Unterschiede festzustellen waren, erscheint auch dieses Risiko als gering (Enard et al. 2009). Aus diesem Grund ist bei der Foxp2-Maus zudem weder eine Verletzung der artspezifischen Würde noch eine Grenzziehungsproblematik gegeben. Die Mäuse bleiben, trotz des Austauschs des mausspezifischen Foxp2-Gens gegen die humane Version, Mäuse mit artspezifischem Verhalten (Enard et al. 2009). Auch die beobachteten Frequenzänderungen der Lautäußerung lagen im Normbereich (Enard et al. 2009). Ethische Bedenken bestehen dagegen vor allem in Bezug auf die individuelle Würde des Tiers. Da allerdings im vorliegenden Fall das Gen in der Embryonalentwicklung übertragen wurde, ist aufgrund des – in dieser Phase – fehlenden Schmerzempfindens den Tieren kein Leid im klassischen Sinne (Schmerzen) zugefügt worden. Zudem wurde lediglich das Verhalten der Tiere beobachtet und somit keine invasiven, schmerzverursachenden Methoden angewendet. Eine ausführliche Diskussion tierethischer Aspekte ist im Fallbeispiel 14 zu finden.

Statt nur einen Teil ethisch bedenklicher Versuche zu unterbinden, wird auch immer wieder ein gänzliches Verbot von GVOs gefordert. Zu restriktive Gesetzgebungen stellen jedoch ein Hindernis für die Forschung dar und können unter Umständen die Forschungsfreiheit unverhältnismäßig einschränken. Dies würde auch einen Verlust des gesellschaftlichen oder medizinischen Nutzens der Technologie mit sich bringen. Da eine weltweit einheitliche Praxis für den Umgang mit GVOs nicht absehbar ist, könnten sich Wissenschaftler möglicherweise dazu veranlasst sehen, ihre Tätigkeit in andere Länder mit weniger Kontrollen auszulagern, um lokale Beschränkungen zu umgehen (The Academy of Medical Sciences 2011). Allerdings kann dies kein Argument sein, um jegliche Art der Forschung mit transgenen Tieren zu rechtfertigen. Es bedarf einer genauen Abwägung, welche Experimente ethisch vertretbar sind und welche nicht.

Des Weiteren spielt auch die öffentliche Meinung eine entscheidende Rolle. Die Wissenschaft wird zu einem großen Teil aus öffentlichen Geldern finanziert, weshalb Transparenz und eine klare Kommunikation der Ziele, Vorteile und Risiken von Forschung wichtig sind. Außerdem sollte die Wissenschaft Experimente auf ihre ethische Vertretbarkeit evaluieren, ausreichende Schutzmaßnahmen ergreifen und nicht alles wissenschaftlich Mögliche unreflektiert durchführen. Ziel muss es sein, einen Mittelweg mithilfe von Regulierungen zu finden und keine gesetzlichen Verbote auszusprechen. Nur durch Kompromisse kann ein Gleichgewicht gefunden werden, um Chancen und Gefahren auszubalancieren. Zukünftige Erkenntnisse zu kognitiven und behavioralen Veränderungen von GVOs werden helfen, die bestehenden ethischen

Richtlinien entsprechend der Weiterentwicklung anzupassen und eine Gesetzgebung zu erzielen, die weder die Forschungsfreiheit einschränkt noch ethisch bedenkliche Forschung zulässt.

16.3 Rechtliche Beurteilung

16.3.1 Schweizerisches Recht

Bernhard Rütsche, Nadja D'Amico

Im Fallbeispiel wurden Mäuse erzeugt, denen das Maus-Foxp2-Gen durch die humane Version des Gens ersetzt wurde. Ein Gen wurde also gezielt aus dem Erbgut entfernt und an dessen Stelle ein artfremdes Gen ins Erbgut integriert. Für den Umgang mit gentechnisch veränderten Tieren sind das Tierschutzgesetz und das Gentechnikgesetz mit ihren jeweiligen Verordnungen maßgebend. Zweck des *Tierschutzgesetzes* ist es, die Würde und das Wohlergehen des Tieres zu schützen (Art. 1 TSchG). Dabei geht es um den Schutz des einzelnen Tieres vor Schmerzen und Belastungen. Demgegenüber ist die artspezifische Würde (Gattungswürde) von Tieren Gegenstand des *Gentechnikgesetzes*. So bestimmt Art. 8 Abs. 1 GTG, dass bei Tieren (und Pflanzen) durch gentechnische Veränderungen des Erbmaterials die Würde der Kreatur nicht missachtet werden darf, wobei eine Missachtung namentlich dann vorliegt, „wenn artspezifische Eigenschaften, Funktionen oder Lebensweisen erheblich beeinträchtigt werden und dies nicht durch überwiegende schutzwürdige Interessen gerechtfertigt ist". Weiter bezweckt das Gentechnikgesetz die Gesundheit und Sicherheit des Menschen, der Tiere und der Umwelt zu schützen und die biologische Vielfalt dauerhaft zu erhalten (vgl. Art. 1 Abs. 2 GTG). Im Sinne dieser Zweckbestimmung ist das im Rahmen der ethischen Beurteilung diskutierte Vorsorgeprinzip (*precautionary principle*), das u. a. vor unabsehbaren Negativfolgen der Gentechnologie schützen soll, in Art. 2 Abs. 1 GTG explizit verankert. Diese Bestimmung lautet wie folgt: „Im Sinne der Vorsorge sind Gefährdungen und Beeinträchtigungen durch gentechnisch veränderte Organismen frühzeitig zu begrenzen."

Individuelle Würde des Tieres

In formeller Hinsicht bedarf die Erzeugung, Zucht und Haltung von gentechnisch veränderten Tieren zu Forschungszwecken einer kantonalen *Bewilligung*. Das Bewilligungsverfahren richtet sich nach den Bestimmungen, welche für Tierversuche gelten (vgl. Art. 11 Abs. 1 Satz 2 TSchG; BBl 2003 677; zum Bewilligungsverfahren und zu den Bewilligungsvoraussetzungen siehe Fallbeispiel 14).

Materiell setzt die Tierschutzverordnung der Erzeugung gentechnisch veränderter Tiere Schranken, indem sie in Art. 138 Abs. 2 *unzulässige Versuchszwecke* definiert. Danach ist die Erzeugung transgener Tiere unzulässig, wenn das Projekt auf die

Nutzung der Tiere in folgenden Bereichen abzielt: als Heim-, Hobby- oder Sporttiere, als Arbeitstiere, sofern die Leistungssteigerung allein ökonomischen Zwecken dient, oder als Nutztiere zur Lebensmittel- oder Güterproduktion, wenn dies allein der Luxusgüterproduktion dient. Diese rechtlichen Schranken finden ihren Grund in einer Abwägung zwischen der Würde des Tieres und Forschungsinteressen: Wesensverändernde Eingriffe in die genetische Struktur von Tieren sind nur gerechtfertigt, wenn die angestrebten Forschungsziele hinreichend gewichtig sind.

Die tierschutzrechtlichen Bestimmungen verlangen nach der Erzeugung der gentechnisch veränderten Tiere eine sog. *Genotypisierung*. Es soll nachgewiesen werden, dass die gentechnische Veränderung wie geplant erfolgt ist (vgl. Art. 123 TSchV i.V.m. Art. 10 Tierversuchsverordnung). Zusätzlich hat das Forscherteam während der Projektdurchführung regelmäßig das Befinden der gentechnisch veränderten Tiere zu überprüfen (Belastungserfassung resp. *Phänotypisierung*; vgl. Art. 124 Abs. 1 TSchV und Art. 11 Tierversuchsverordnung). Ergibt die Belastungserfassung, dass eine Linie oder ein Stamm belastete Mutanten hervorbringt, so ist dies der kantonalen Behörde zu melden (Art. 126 Abs. 1 TSchV). Belastete Mutanten sind Tiere, welche genetisch bedingt Schmerzen oder Leiden erfahren, Schäden aufweisen, in Angst leben oder anderweitig einen tief greifenden Eingriff in ihrer Erscheinung oder ihren Fähigkeiten erleiden (vgl. Art. 2 Abs. 3 Bst. k TSchV). Nach Eingang einer solchen Meldung entscheidet die kantonale Behörde – unter Einbezug der Tierschutzkommission – über die Zulässigkeit und den Umfang des Fortbestands der Linie und des Stamms (Art. 127 Abs. 2 TSchV). Der Entscheid ergeht aufgrund einer Güterabwägung zwischen der Schwere der Belastung und dem Nutzen des Tierversuchs und unter Berücksichtigung der Tierwürde (vgl. Art. 127 Abs. 1 TSchV).

Als Grundsatz hält Art. 10 Abs. 1 TSchG fest, dass die Anwendung natürlicher sowie künstlicher Zucht- und Reproduktionsmethoden bei den Elterntieren und bei den Nachkommen keine durch das Zuchtziel bedingten oder damit verbundenen Schmerzen, Leiden, Schäden oder Verhaltensstörungen verursachen darf. Entsprechend werden die Belastungen von Tieren durch gentechnisch bedingte Veränderungen in vier Kategorien eingeteilt, und zwar in die Schweregrade 0 – 3 (vgl. Art. 25 Tierversuchsverordnung). Schweregrad 0 und damit keine Belastung liegt vor, wenn die genetischen Veränderungen den Tieren keine Schmerzen, Leiden oder Schäden zufügen und die Tiere nicht in Angst versetzen und ihr Allgemeinbefinden nicht beeinträchtigen. Von einer schweren Belastung und Schweregrad 3 geht man hingegen aus, wenn die genetischen Veränderungen, schwere Schmerzen, langfristige Leiden, schwere Schäden, schwere Angst oder eine schwere Beeinträchtigung des Allgemeinbefindens bewirken (vgl. die Belastungsgrade bei Tierversuchen ohne genetisch verändernde Eingriffe Fallbeispiel 14). Die Belastungskategorien dienen der Beurteilung der Verhältnismäßigkeit eines Versuchs (vgl. Art. 136 Abs. 2 TSchV). Neben diesen Belastungen sind aber auch weitere Belastungen der Tiere, die sie durch Erniedrigung, tief greifende Eingriffe in ihr Erscheinungsbild oder ihre Fähigkeit oder durch übermäßige Instrumentalisierung erleiden, zu berücksichtigen (Art. 26 Tierschutzverordnung).

Das vorliegende Projekt diente reinen Forschungszwecken. Ziel war es zu untersuchen, ob sich der kleine Unterschied von zwei Aminosäuren des Foxp2-Proteins vom Menschen gegenüber jenem von Hausmäusen auf die Entwicklung der Hirnstruktur auswirkt. Es liegt demzufolge ein zulässiger Projektzweck nach Art. 138 Abs. 2 TSchV vor. Der Sachverhalt enthält keine Anhaltspunkte, die auf einen belastenden Tierversuch hindeuten. Demnach würde das schweizerische Tierschutzrecht einem solchen Versuch nicht entgegenstehen.

Artspezifische Würde des Tieres

Bei Tierversuchen mit gentechnisch veränderten Tieren sind neben dem Tierschutzrecht die Bestimmungen des Gentechnikgesetzes zu beachten. Von Bedeutung ist zunächst Art. 8 GTG. Danach darf durch gentechnische Veränderung des Erbmaterials die *artspezifische Würde der Kreatur* nicht missachtet werden (Abs. 1). Ob die Würde der Kreatur missachtet wird, ist im Einzelfall anhand einer Güterabwägung zu beurteilen (dazu Art. 8 Abs. 2 GTG). Gegeneinander abzuwägen sind die Schwere der Beeinträchtigung von Tieren (bzw. Pflanzen) und die schutzwürdigen Interessen, die mit dem Eingriff verfolgt werden. Gemäß Gesetzgeber gehören zu solchen schutzwürdigen Interessen insbesondere die Gesundheit von Mensch und Tier, die Sicherung einer ausreichenden Ernährung, die Verminderung ökologischer Beeinträchtigungen, die Erhaltung und Verbesserung ökologischer Lebensbedingungen, ein wesentlicher Nutzen für die Gesellschaft auf wirtschaftlicher, sozialer oder ökologischer Ebene sowie die Wissensvermehrung (Grundlagenforschung). Für die Erzeugung und das Inverkehrbringen von gentechnisch veränderten Wirbeltieren sieht Art. 9 GTG eine restriktivere Regelung vor. Erlaubt sind in diesem Zusammenhang nur Zwecke der Forschung, Therapie und Diagnostik an Menschen oder Tieren.

Folgen der Gentechnologie für Mensch und Natur

Der Versuch mit den Mäusen fand in einem *geschlossenen System* statt (Laborversuch), was zur Anwendbarkeit der Einschließungsverordnung (ESV) führt (vgl. Art. 2 Abs. 1 ESV). Diese sieht in Art. 5 eine Einschließungspflicht für gentechnisch veränderte Organismen – worunter auch Tiere fallen (Art. 3 Bst. a ESV) – und eine vorgängige Beurteilung der mit dem Forschungsprojekt einhergehenden Risiken vor. Demnach müssen einerseits das Risiko, das vom Vorkommen der Organismen ausgeht (Gruppierung der Organismen), und andererseits das Risiko der geplanten Tätigkeiten mit den Organismen ermittelt und bewertet werden (Klassierung der Organismen; vgl. Art. 5 Abs. 2 ESV). Je nach Klassierung sieht die ESV eine (globale) Melde- oder eine Bewilligungspflicht bei der Kontaktstelle Biotechnologie des Bundes vor (Art. 8 ff. ESV). Generell müssen beim Umgang mit gentechnisch veränderten Organismen im Laborversuch sämtliche Einschließungsmaßnahmen getroffen werden, die zum Schutz von Mensch, Tier und Umwelt notwendig sind (vgl. Art. 10 GTG i.V.m. Art. 12

ESV). Die vorzunehmenden Sicherheitsmaßnahmen zielen insbesondere darauf ab, das Entweichen der Organismen zu begrenzen resp. zu verhindern (vgl. Art. 12 ESV).

Im vorliegenden Fall ist durch die Erzeugung der gentechnisch veränderten Mäuse keine besondere Gefährdung von Mensch, Tier und Umwelt ersichtlich, die eine (über das Tierschutzrecht hinausgehende) Bewilligungspflicht und besondere Sicherheitsmaßnahmen hervorrufen würde. Demnach wäre unter den gegebenen Umständen ein solcher Versuch in der Schweiz auch unter gentechnikrechtlichen Gesichtspunkten zulässig.

16.3.2 Deutsches Recht

Tade Matthias Spranger, Christina Pinsdorf

Im vorliegenden Fallbeispiel wird das arteigene Foxp2-Gen von Hausmäusen durch ein gezieltes Einschleusen des artfremden, menschlichen Foxp2-Gens ausgetauscht, um dessen Auswirkung auf die Entwicklung der Hirnstruktur, unter besonderer Berücksichtigung der Sprachfähigkeit, untersuchen zu können. Nach deutschem Recht sind für die Beurteilung von Forschungsvorhaben mit gentechnisch veränderten Mäusen sowohl das *Tierschutzgesetz* (TierSchG) als auch das *Gentechnikgesetz* (GenTG) wesentlich.

Es ist das erklärte Ziel des Tierschutzgesetzes, die Verantwortung des Menschen gegenüber seinen Mitgeschöpfen positivrechtlich zu verankern und dafür Sorge zu tragen, dass keinem Tier ohne Vorliegen eines vernünftigen Grunds Schmerzen, Leiden oder Schäden zugefügt werden (vgl. § 1 TierSchG). Vor diesem Hintergrund behandeln §§ 7 ff. TierSchG den Bereich „Tierversuche“. *Tierversuche* werden hier als Eingriffe oder Behandlungen definiert, die zu Versuchszwecken entweder an Tieren oder ihrem Erbgut durchgeführt werden und mit Schmerzen, Leiden oder Schäden für diese Tiere oder ihre Trägertiere verbunden sind (vgl. § 7 Abs. 1 Nr. 1 und 2 TierSchG). Die Vorschriften des TierSchG legen fest, wer zu welchen Zwecken Tierversuche durchführen darf und wie Versuchstiere vor, während und nach dem Versuch gehalten und behandelt werden müssen (vgl. §§ 7 ff. TierSchG). Versuchsvorhaben mit Wirbeltieren müssen schriftlich beantragt werden und bedürfen einer Genehmigung durch die zuständige Behörde (vgl. § 8 Abs. 1 und 2 TierSchG). Für zulässig werden Tierversuche nur dann befunden, wenn sie für die Realisierung eines hochrangigen Zwecks unerlässlich sind. Als entsprechende Zwecke führt das TierSchG in § 7 Abs. 2 das „1. Vorbeugen, Erkennen oder Behandeln von Krankheiten, Leiden, Körperschäden oder körperlichen Beschwerden oder Erkennen oder Beeinflussen physiologischer Zustände oder Funktionen bei Mensch oder Tier, 2. Erkennen von Umweltgefährdungen, 3. Prüfung von Stoffen oder Produkten auf ihre Unbedenklichkeit für die Gesundheit von Mensch oder Tier oder auf ihre Wirksamkeit gegen tierische Schädlinge, 4. Grundlagenforschung“ an. Demgegenüber sind Tierversuche zum Zweck der „Entwicklung oder Erprobung von Waffen, Munition und dazugehörigem Gerät“ (§ 7

Abs. 4 TierSchG) ebenso verboten wie zur „Entwicklung von Tabakerzeugnissen, Waschmitteln und Kosmetika" (§ 7 Abs. 5 TierSchG), wobei für letztgenannte unter Umständen Ausnahmeregelungen erwirkt werden können (vgl. § 7 Abs. 5 Nr. 1 und 2 TierSchG).

Im Hinblick auf Versuche an Wirbeltieren, die zu andauernden oder wiederholten *erheblichen* Schmerzen führen, gilt eine verschärfte Abwägung zwischen den für das Tier zu erwartenden Schmerzen, Leiden oder Schäden und dem zu vermutenden Nutzen, der vor diesem Hintergrund auf *wesentliche* Bedürfnisse von Mensch oder Tier bezogen sein muss bzw. von *hervorragender* Bedeutung für die Lösung wissenschaftlicher Problemstellungen sein muss (vgl. § 7 Abs. 3 TierSchG). Zudem sind Einrichtungen, die Tierversuche an Wirbeltieren durchführen, gesetzlich dazu verpflichtet, mindestens einen Tierschutzbeauftragten zu stellen, der u.a. für die ordnungsgemäße Durchführung der Versuche sowie die Beratung von Wissenschaftlern und Personal mit Versuchstierkontakt verantwortlich ist (vgl. § 8b TierSchG).

Im vorliegenden Fallbeispiel werden „gentechnische Arbeiten" an Mäusen durchgeführt, weshalb für die rechtliche Beurteilung neben dem Tierschutz- auch das Gentechnikgesetz heranzuziehen ist (vgl. § 2 Abs. 1 Nr. 2 GenTG, § 3 Abs. 2 GenTG). Oberstes Ziel des GenTG ist „unter Berücksichtigung ethischer Werte, Leben und Gesundheit von Menschen, die Umwelt in ihrem Wirkungsgefüge, Tiere, Pflanzen und Sachgüter vor schädlichen Auswirkungen gentechnischer Verfahren und Produkte zu schützen und Vorsorge gegen das Entstehen solcher Gefahren zu treffen" (§ 1 Nr. 1 GenTG). Laut Gesetzesdefinition gilt „jede biologische Einheit, die fähig ist, sich zu vermehren oder genetisches Material zu übertragen" (§ 3 Nr. 1 GenTG) als Organismus – also auch die Hausmaus. Insofern das genetische Material der Hausmaus im Fallbeispiel „in einer Weise verändert worden ist, wie sie unter natürlichen Bedingungen durch Kreuzen oder natürliche Rekombination nicht vorkommt" (§ 3 Nr. 3 GenTG), ist die Foxp2-Maus ein gentechnisch veränderter Organismus (*GVO*). Um den in § 1 Nr. 1 GenTG geforderten Schutz zu gewährleisten, enthält das Gesetz zahlreiche Auflagen, die für die Durchführung gentechnischer Arbeiten berücksichtigt werden müssen. So dürfen gentechnische Arbeiten ausschließlich in gentechnischen Anlagen als „geschlossenen Systemen" durchgeführt werden. Ferner müssen „spezifische Einschließungsmaßnahmen angewendet werden, um den Kontakt der verwendeten Organismen mit Menschen und der Umwelt zu begrenzen und ein dem Gefährdungspotenzial angemessenes Sicherheitsniveau zu gewährleisten" (§ 3 Nr. 4 GenTG). § 6 dient ebenfalls der Gefahrenvorsorge und benennt allgemeine Sorgfalts- sowie Aufzeichnungspflichten. In § 7 GenTG werden vier Sicherheitsstufen aufgestellt, die gentechnische Arbeiten nach ihrem Risikopotenzial – nicht vorhandenes, geringes, mäßiges oder hohes (vgl. § 7 Abs. 1 Nr. 1–4 GenTG) – für die menschliche Gesundheit oder die Umwelt klassifizieren und entsprechende Sicherheitsmaßnahmen erforderlich machen. Schließlich enthält § 8 GenTG Bestimmungen hinsichtlich der Genehmigung, Anzeige und Anmeldung von gentechnischen Anlagen und erstmaligen gentechnischen Arbeiten.

Da das zu beurteilende Fallbeispiel von Forschern des Max-Planck-Instituts durchgeführt wurde, ist davon auszugehen, dass die Versuche am Wirbeltier ‚Hausmaus' (gemäß den Vorgaben des § 8 TierSchG) beantragt und genehmigt worden sind, der von § 8b TierSchG vorgeschriebene Tierschutzbeauftragte beschäftigt wird und die Forscher über die für die Durchführung von Tierversuchen erforderlichen Fachkenntnisse (§ 9 TierSchG) verfügen. Aufgrund des dem geschilderten Versuch zugrunde liegenden Forschungsinteresses am Einfluss des Foxp2-Gens auf die Entwicklung der für die Sprachfähigkeit relevanten Areale der menschlichen Hirnstruktur ist das Forschungsvorhaben dem Bereich der Grundlagenforschung zuzuordnen und erfüllt damit den vom Gesetz für die Durchführung von Tierversuchen geforderten Zweck.

Weil die Foxp2-Maus im genannten Fallbeispiel nicht freigesetzt oder in Verkehr gebracht werden soll, sondern ausschließlich zu Forschungszwecken im geschlossenen Laborraum genutzt wird und das Untersuchungsdesign auch darüber hinaus keine Risiken für die menschliche Gesundheit und die Umwelt erwarten lässt, bewegt sich das gegebene Fallbeispiel in einem durch das GenTG legitimierten Rahmen.

Individuelle Würde des Tieres

Im Jahr 2002 ist die Staatszielbestimmung des Art. 20a GG um den Wortlaut „und die Tiere" erweitert und der Tierschutz somit zum Rechtsgut mit Verfassungsrang aufgewertet worden: „Der Staat schützt auch in Verantwortung für die künftigen Generationen die natürlichen Lebensgrundlagen und die Tiere im Rahmen der verfassungsmäßigen Ordnung durch die Gesetzgebung und nach Maßgabe von Gesetz und Recht durch die vollziehende Gewalt und die Rechtsprechung" (Art. 20a GG).

Wie die im schweizerischen Recht vertretene „individuelle Würde des Tieres", ist auch der Tierschutzgedanke des Art. 20a GG auf den Schutz individueller Tiere bezogen, ohne jedoch eine „kreatürliche Würde" anzunehmen (vgl. Schulze-Fielitz 2006: Rn. 56). Auch wenn dem gesamten deutschen Recht die Idee einer „Würde der Kreatur" respektive einer „Würde des Tieres" fremd ist, behandelt es Tiere nicht als bloße Sachen, sondern als „Mitgeschöpfe", deren „Leben und Wohlbefinden" zu schützen sind (§ 1 TierSchG). Art. 20a GG verpflichtet grundsätzlich zum Schutz individueller Tiere vor Schmerzen, Leiden und Schäden, wobei jedoch dem Staat ganz erhebliche Einschätzungsspielräume zugestanden werden. Hierin spiegelt sich eindeutig ein pathozentrisch fundiertes Moralverständnis von empfindungsfähigen Tieren als moralisch berücksichtigungswürdige Entitäten wider. Der absolute Status menschlicher Würde wird nicht-humanen Tieren somit nicht zuerkannt (vgl. Murswiek 2007: Rn. 51a). Aufgrund ihrer Leidensfähigkeit wird Tieren ein Status moralischer Berücksichtigungswürdigkeit zugeschrieben, aus dem ein „relatives Schutzniveau" (vgl. Schulze-Fielitz 2006: Rn. 58) abgeleitet werden kann. Dem Menschen kommt im deutschen Recht hingegen eine ausgewiesene Sonderstellung zu, die sich in der ihm zugeschriebenen (Menschen)würde manifestiert und ein absolutes Schutzniveau markiert. Insofern gilt der herrschenden Meinung zufolge die deutsche Rechtsordnung als anthropozentrisch verfasst, wenngleich sie empfindungsfähigen Tieren durchaus einen moralischen Eigenwert, also eine moralische Schutzwürdigkeit *um ihrer selbst willen* zuspricht.

Artspezifische Würde des Tieres

Eine auf nicht-menschliche Arten oder Gattungen bezogene Würde ist im deutschen Recht ebenfalls nicht existent. Das „Umweltschutzprinzip" der ursprünglichen Fassung des Art. 20a GG von 1994 umfasste zwar bereits den Arten- und Gattungsschutz von Tieren und Pflanzen, allerdings nicht im Sinne eines biozentrischen Schutzes der Tier- und Pflanzenarten um ihrer selbst willen, sondern vielmehr im Sinne eines anthropozentrisch begründeten Schutzes der Biodiversität als natürlicher Lebensgrundlage des Menschen (vgl. Schulze-Fielitz 2006: Rn. 34, Rn. 55; Murswiek 2007: Rn. 31).

Folgen der Gentechnologie für Mensch und Natur

Für das im Fallbeispiel geschilderte Erkenntnisinteresse ist eine Freisetzung respektive ein Inverkehrbringen der gentechnisch veränderten Mäuse nicht erforderlich. Insofern die Forschung somit ausschließlich als Laborversuch im geschlossenen System stattfindet und alle gesetzlich vorgeschriebenen Sicherheitsmaßnahmen Anwendung finden (vgl. §§ 6 – 8 GenTG), sind keine gefährlichen Auswirkungen für Mensch und Natur zu erwarten. Auf der Basis deutschen Rechts kann das geschilderte Forschungsszenario insgesamt als zulässig beurteilt werden.

16.3.3 Österreichisches Recht

Christian Kopetzki, Veronika Kögl

Die im Fallbeispiel geschilderte Erzeugung von gentechnisch veränderten Mäusen und der Umgang mit den Tieren zu Forschungszwecken ist nach österreichischem Recht primär nach dem *Tierversuchsgesetz 2012* (TVG) und – im Hinblick auf die dabei stattfindenden genetischen Veränderungen – nach dem *Gentechnikgesetz (GTG)* sowie den dazu erlassenen Verordnungen zu beurteilen. Das Tierschutzgesetz (TSchG) verfolgt zwar das Ziel, das Leben und das Wohlbefinden aller Tiere aus der besonderen Verantwortung des Menschen für das Tier als Mitgeschöpf zu schützen (vgl. § 1 TSchG). Da das Tierversuchsrecht aber vom TSchG unberührt bleibt (vgl. § 3 Abs. 3 TSchG), ist davon auszugehen, dass das TVG 2012 die speziellere Norm darstellt und daher für die Prüfung der Zulässigkeit von Versuchen mit Tieren Vorrang gegenüber dem TSchG hat. Sofern Arbeiten mit bzw. die Herstellung von transgenen Tieren nicht in den Anwendungsbereich des TVG 2012 fallen (vgl. unten), bleibt das TSchG aber grundsätzlich relevant, etwa im Hinblick auf die Verbote der Tierquälerei (§ 5 TSchG) oder der Tötung von Tieren „ohne vernünftigen Grund“ (§ 6 TSchG).

Individuelle Würde des Tieres

Nach dem österreichischen TVG eröffnet der Aspekt der *genetischen Veränderung* von Tieren zu Forschungszwecken für sich genommen noch nicht die Anwendbarkeit des TVG. Ein dem TVG unterliegender „*Tierversuch*“ liegt erst dann vor, wenn es sich um eine Verwendung von Tieren (insb. Wirbeltieren, näher § 1 Abs. 1 TVG) zu Versuchs-, Ausbildungs- oder anderen wissenschaftlichen Zwecken mit bekanntem oder unbekanntem Ausgang handelt, die 1. bei den Tieren Schmerzen, Leiden, Ängste oder dauerhafte Schäden in einem Ausmaß verursachen kann, das dem eines Kanüleneinstichs gemäß guter tierärztlicher Praxis gleichkommt oder darüber hinausgeht, oder 2. dazu führen soll oder kann, dass ein Tier in einem Zustand gemäß Bst. a geboren oder ausgebrütet wird, oder 3. dazu führen soll oder kann, dass eine genetisch veränderte Tierlinie in einem Zustand gemäß Bst. a geschaffen und erhalten wird (§ 2 Ziff. 1 TVG 2012). Auch die Herstellung bzw. Verwendung eines transgenen Wirbeltieres (wie etwa einer Maus) führt daher nur unter der zusätzlichen Voraussetzung zu einem „Tierversuch“ i.S.d. TVG, dass eine oder mehrere der im § 2 Ziff. 1 Bst. c TVG 2012 umschriebenen Belastungen (Schmerzen, Leiden, Ängste oder dauerhafte Schäden etc.) hinzu kommen oder zumindest potenziell eintreten können.

Ob diese Belastungsschwelle im Fallbeispiel erreicht wird, lässt sich dem Sachverhalt nicht eindeutig entnehmen; die beschriebenen Versuchsmaßnahmen (z. B. Artikulation von Lauten) deuten aber eher in die Richtung, dass die für eine Anwendbarkeit der tierversuchsrechtlichen Regelungen erforderlichen Schweregrade nicht erfüllt sind. Selbst wenn es im Vorfeld der Herstellung der transgenen Mäuse zur gezielten Tötung (z. B. im Zusammenhang der Gewinnung embryonaler Zellen) kommen sollte, würde dieser Gesichtspunkt isoliert betrachtet noch keinen „Tierversuch“ begründen, da die Tötung zeitlich vor dem Versuchsbeginn liegt und § 2 Ziff. 1 TVG 2012 „das Töten von Tieren allein zum Zwecke der Verwendung ihrer Gewebe oder Organe“ ausnimmt; zu beachten wären allenfalls die Bestimmungen über zulässige Tötungsmethoden (§ 7 TVG 2012). Bejaht man hingegen (im Hinblick auf den Belastungsgrad) die Anwendbarkeit des TVG, dann müsste der Versuch nach den Bestimmungen des TVG geprüft und genehmigt werden (zu diesen Kriterien vgl. Fallbeispiel 14). Unterstellt man weiter, dass die Versuche zur Erzielung der angestrebten Erkenntnisse notwendig (und folglich gemäß § 4 TVG unter dem Gesichtspunkt der Verhältnismäßigkeit zulässig) sind und dass die Zweckbindung des § 5 TVG gewahrt ist (Unerlässlichkeit zur Beurteilung von physiologischen Zuständen bei Mensch oder Tier i. S.d. § 5 Ziff. 2 Bst. b TVG), dann wäre die Zulässigkeit auch nach dem TVG grundsätzlich zu bejahen.

Bestimmungen zugunsten der „individuellen Würde“ von Mäusen, die über die im TSchG und TVG 2012 konkretisierten Schutznormen (und deren sachlich eingeschränkten Anwendungsbereich) hinausgehen, sind im österreichischen Recht nicht ersichtlich. Seit Erlassung des BVG „über die Nachhaltigkeit, den Tierschutz, den umfassenden Umweltschutz, die Sicherstellung der Wasser- und Lebensmittelversorgung und die Forschung" (BGBl. I 2013/111; vgl. auch die Fallbeispiele 14 und 18) findet sich der „Tierschutz" zwar als *Staatsziel* in der Bundesverfassung; es spricht den Tieren aber kein Individualrecht zu und wird wegen seines programmatischen Charakters überdies erst durch die erwähnten einfachgesetzlichen Regelungen umgesetzt.

Artspezifische Würde des Tieres

Auch das Gentechnikrecht kennt die „Würde" von Tieren als explizites Schutzgut nicht, weder individuell noch „artspezifisch". Die „Verantwortung des Menschen für Tier, Pflanze und Ökosystem" ist zwar als Element des „ethischen Prinzips" im Gentechnikrecht verbindlich vorgegeben (§ 3 Ziff. 5 GTG). Diese „*ökologische Verantwortung*" für Fauna und Flora beruht aber nicht auf einer Zuschreibung von „Würde"; der Gesetzgeber verwendet den Begriff der „Würde" nur humanbezogen und begrenzt auf „genetische Analysen und Gentherapien am Menschen" (bei denen auf die „Menschenwürde Bedacht zu nehmen ist"; § 3 Ziff. 5 GTG).

Für die Erzeugung und Verwendung von transgenen Tieren gibt es besondere Bestimmungen im GTG, die aber keine – von Arbeiten mit sonstigen GVO substanziell abweichenden – Restriktionen enthalten, sondern lediglich verfahrensrechtliche Details betreffen (z. B. § 19 GTG zur Anmeldung; § 24 Abs. 4 zur Wartefrist vor Beginn der Arbeiten; §§ 26–27 GTG zum behördlichen Verfahren bzw. Zuständigkeiten, insbesondere auch zur Abgrenzung zum TVG 2012).

Erst dann, wenn Arbeiten zur Herstellung von transgenen Wirbeltieren mit einer Durchbrechung der *Artgrenze* verbunden sind, oder wenn Arbeiten mit transgenen Wirbeltieren durchgeführt werden, die unter Durchbrechung der Artgrenzen hergestellt wurden, schreibt § 9 GTG eine weitergehende und spezifische Zweckbindung vor: Solche Manipulationen sind nur zu „Zwecken der Biomedizin und der entwicklungsbiologischen Forschung" erlaubt. Der dahinter stehende Schutzgedanke dürfte jedoch weniger im Respekt vor einer „artspezifischen Würde" der Tiere als im Schutz der natürlichen Artenvielfalt zu suchen sein (RV 1465 BlgNR 18. GP 51). Die zentrale Frage, wann die Artgrenze durchbrochen wird, beantwortet § 9 Abs. 2 GTG: Dies ist dann der Fall, „wenn die Identität der Art des Empfängerorganismus unter Bedachtnahme auf seine Fortpflanzung und in Bezug auf die wesentlichen Merkmale seines Körperbaus, seiner physiologischen Funktionen und seiner Leistung nicht gewahrt bleibt". Im Zweifel ist darüber ein gesondertes Feststellungsverfahren durchzuführen (§ 9 Abs. 3 GTG).

Dem Fallbeispiel sind keine Anhaltspunkte zu entnehmen, dass die genetischen Veränderungen der Mäuse und die damit einhergehenden Veränderungen der Gehirnstruktur bzw. der Lautbildung so schwerwiegend sind, dass von einer Durchbrechung der Artgrenze auszugehen wäre. Und selbst bei einer Durchbrechung der Artgrenze wäre immer noch argumentierbar, dass die Forschungsziele im konkreten Sachverhalt (Entwicklung von Sprache und Gehirnstrukturen) den legitimen Zwecken

„der Biomedizin und der entwicklungsbiologischen Forschung“ zuzuordnen und folglich gemäß § 9 Abs. 2 GTG zulässig sind.

Folgen der Gentechnologie für Mensch und Natur

Die Versuche mit den gentechnisch veränderten Tieren unterliegen den detaillierten Schutzbestimmungen des GTG für *Arbeiten im geschlossenen System* (II. Abschnitt des GTG), weil und sofern davon ausgegangen werden kann, dass hinreichende organisatorische und technische Sicherheitsmaßnahmen gegen einen Kontakt der GVO mit der Umwelt getroffen wurden. Der Betreiber hat vor Beginn der gentechnischen Arbeiten eine Sicherheitseinstufung vorzunehmen: Da im konkreten Fall wohl keine pathogenen Eigenschaften der transgenen Mäuse (§ 6 Abs. 5 GTG) und kein oder bloß ein vernachlässigbares Risiko für die Gesundheit des Menschen und den Schutz der Umwelt i.S.d. § 1 Ziff. 1 GTG zu erwarten sind, werden die Arbeiten als ungefährlich i.S. d. § 5 Ziff. 1 GTG einzustufen sein. Für den Betreiber bestehen vielfache Pflichten zur Ergreifung von Sicherheitsmaßnahmen, zur Vermeidung von Unfällen und zur Minimierung von Auswirkungen bei einem Unfall (vgl. auch das Fallbeispiel 18)

In formeller Hinsicht unterliegt sowohl das erstmalige Arbeiten mit transgenen Tieren in einer gentechnischen Anlage als auch jedes weitere Arbeiten mit transgenen Wirbeltieren der Sicherheitsstufe 1 einer Meldepflicht (§ 19 Ziff. 4 und 6 GTG) durch den Betreiber bei der zuständigen Behörde; dies ist bei Arbeiten an Hochschulen und in wissenschaftlichen Einrichtungen des Bundes der Wissenschaftsminister. Der erlaubte Beginn der Arbeiten nach einer Meldung ist in § 24 GTG näher geregelt. Sind die gesetzlichen Voraussetzungen (z. B. Sicherheitsausstattung) nicht erfüllt, so kann die Behörde die Durchführung der Arbeiten untersagen (§ 23 GTG). Eine obligate vorherige behördliche Genehmigung der Arbeiten ist nur für Arbeiten in höheren Sicherheitsstufen vorgeschrieben. Sämtliche Anmeldungen bzw. Genehmigungen beziehen sich im Übrigen nur auf die Arbeiten mit GVO, nicht jedoch auf die gentechnische Anlage; für diese ist gegebenenfalls eine Betriebsanlagenbewilligung nach Gewerberecht notwendig.

Abweichend ist die Rechtslage, wenn man die Arbeiten mit den transgenen Mäusen wegen des damit verbundenen Belastungsgrades (Schmerzen, Leiden etc.) als „*Tierversuch*“ i.S.d. TVG 2012 einordnet: Für diese Konstellation bedürfte es eines Genehmigungsverfahrens nach den Bestimmungen des TVG 2012 (§§ 26 ff TVG 2012); zu den inhaltlichen Zulässigkeitskriterien vgl. das Fallbeispiel 14. Dabei käme es zu einer Verfahrenskonzentration im Sinne eines Vorrangs des TVG-Verfahrens, wobei die Entscheidung der nach dem TVG zuständigen Behörde (das wäre im Hochschulbereich ebenfalls der Wissenschaftsminister, § 2 Ziff. 8 TVG) im Rahmen ihres Geltungsumfanges die nach GTG erforderliche Anmeldung von Arbeiten mit transgenen Tieren ersetzt (näher §§ 26, 27 GTG). Im Verfahren nach dem TVG wären dann – zusätzlich zu jenen des Tierversuchsrechts – auch die Voraussetzungen des GTG zu prüfen; liegen diese nicht vor, wäre auch die Genehmigung nach dem TVG zu versagen (§ 27 Abs. 2 GTG).

Literatur und Materialien

Botschaft des Bundesrates vom 9 Dezember 2002 zur Revision des Tierschutzgesetzes, BBl 2003 657

Bundesamt für Gesundheit (2003) Das Vorsorgeprinzip aus schweizerischer und internationaler Sicht. Bern

Deutscher Ethikrat (2011) Mensch-Tier-Mischwesen in der Forschung. Berlin

Die Vereinten Nationen (1992) Rio-Erklärung über Umwelt und Entwicklung. Vereinte Nationen. http://www.un.org/Depts/german/conf/agenda21/rio.pdf. Zugegriffen: 5. Sept. 2013

Enard W, Gehre S, Hammerschmidt K, Holter SM, Blass T, Somel M et al. (2009) A humanized version of Foxp2 affects cortico-basal ganglia circuits in mice. Cell 137:961–971

Enard W, Przeworski M, Fisher SE, Lai CS, Wiebe V, Kitano T et al. (2002) Molecular evolution of FOXP2, a gene involved in speech and language. Nat 418:869–872

Fisher SE, Vargha-Khadem F, Watkins KE, Monaco AP, Pembrey ME (1998) Localisation of a gene implicated in a severe speech and language disorder. Nat Genet 18: 168–170

Gordon JW, Ruddle FH (1982) Germ line transmission in transgenic mice. Progress in clinical and biological research 85 Pt B:111–124

Halter, H. Is gene technology immora? (1994) Schweizerische medizinische Wochenschrift 124: 1749–1757

Jonas, H (1979) Das Prinzip Verantwortung. Versuch einer Ethik für die technologische Zivilisation. Suhrkamp, Frankfurt am Main

Kerschner F, Lang E, Satzinger G, Wagner E (2007) Kommentar zum Gentechnikgesetz. Manz, Wien

Köchle C (2012) Gentechnikrecht II – Rote Gentechnik. In: Hammer S, Kolonovits D, Muzak G, Piska C, Strejcek G (Hrsg.) Besonderes Verwaltungsrecht. facultas, Wien, S. 353–364

Kollek R (1997) Risikokonzepte: Strategien zum Umgang mit Unsicherheiten in der Gentechnik. In Gentechnik, Ethik und Gesellschaft, Elstner M (Hrsg.) Springer, Heidelberg, S. 123–140

Marx JL (1973) Restriction enzymes: new tools for studying DNA. Sci 180:482–485

Midgley, M (2000) Biotechnology and monstrosity. Why we should pay attention to the "yuk factor". Hastings Cent Rep 30:7–15

Murswiek D (2007) Art. 20a [Schutz der natürlichen Lebensgrundlagen und der Tiere] – Kommentar. In: Sachs M (Hrsg.) Grundgesetz-Kommentar, 4. Aufl. C.H. Beck München, S. 824–843

Randegger J (2006) The precautionary principle and responsible risk management. Council of Europe, Strasbourg

Robert JS, Baylis F (2003) Crossing species boundaries. Am J Bioethics 3:1–13

Schulze-Fielitz H (2006) Art. 20a [Schutz der natürlichen Lebensgrundlagen]. In: Dreier H (Hrsg.) Grundgesetz-Kommentar, Bd. 2, 2. Aufl. Mohr Siebeck, Tübingen, S. 288–326

Sherlock R, Morrey JD (2000) Ethical issues in transgenics. Cloning 2:137–144

SNF (2006) Nutzen und Risiken der Freisetzung gentechnisch veränderter Pflanzen (GVP), Ausführungsplan des Nationalen Forschungsprogramms NFP 59. Schweizerischer Nationalfonds zur Förderung der wissenschaftlichen Forschung, Bern

Spranger TM (2000) Auswirkungen einer Staatszielbestimmung „Tierschutz" auf die Forschungs- und Wissenschaftsfreiheit". Zeitschrift für Rechtspolitik, S. 285–290

Spranger TM (2002) Tierschutz contra Forschungsfreiheit – Welche Folgen hat die Grundrechtsänderung für die Forschung? Forschung & Lehre, S. 596–598

Stelzer M, Schmiedecker K (2013) Gentechnikrecht. In: Holoubek M, Potacs M (Hrsg.) Öffentliches Wirtschaftsrecht, Bd. 2, 3. Aufl. Österreich, Wien, S. 665–722

Streiffer, R (2005) At the edge of humanity: Human stem cells, chimeras, and moral status. Kennedy Inst Ethic J 15:347–370

The Academy of Medical Sciences (2011) Animals containing human material. Report Synopsis. The Academy of Medical Sciences, London

Corinna Jung

17 Umweltschutz und öffentliche Gesundheit

Fallbeispiel

In Genf wird 2006 eine Expertengruppe der Weltgesundheitsorganisation (WHO) gebildet, um eine Entscheidung bezüglich der Malariabekämpfung zu treffen. Seit Jahren steigen die Zahlen der Malariainfizierten und -toten trotz verschiedener Malariaprogramme nahezu kontinuierlich weiter an. Nach WHO-Schätzungen kam es 2006 weltweit zu 350 bis 500 Millionen Malariainfektionen und ca. einer Million Toten. Während Malaria in Europa und Amerika nur noch sehr vereinzelt anzutreffen ist, treten knapp 60 Prozent der Krankheits- und mehr als 90 Prozent der Todesfälle, die mit Malaria in Verbindung gebracht werden können, in Subsahara-Afrika auf. In vielen Ländern dieser Region lassen sich allein in den Jahren 1980 bis 2000 eine Verdoppelung bis Verdreifachung der Todesfälle feststellen. Besonders hart trifft es Kinder unter fünf Jahren: Nahezu drei Viertel aller Malaria-Todesfälle sind in dieser Altersgruppe zu finden. Malaria zeigt sich damit als gefährliche und aggressive Krankheit, die vorwiegend die Ärmsten und Schwächsten trifft (WHO 2012).

Fast 30 Jahre hat die WHO den Einsatz des Insektizids Dichlordiphenyltrichlorethan, kurz DDT, zur Malariabekämpfung nicht mehr befürwortet, da nach großflächigen Anwendungen von DDT gravierende Auswirkungen auf die Umwelt erkennbar wurden. Aufgrund des erheblichen Anstiegs der Krankheitsausbreitung muss nun jedoch neu verhandelt werden. Die Verantwortlichen des WHO-Malaria-Programms kommen in Genf zusammen und diskutieren den Einsatz von DDT, das mittlerweile durch die Stockholm-Konvention weltweit verboten ist. DDT zählt seit 2001 offiziell zu den sogenannten „dirty dozen“: zwölf Giftstoffen, die als erbgutverändernd, fruchtschädigend und krebserregend gelten.

Aufgabe der Expertengruppe ist es, eine Abwägung zwischen Malariabekämpfung, Umweltschutz und öffentlicher Gesundheitspflege zu treffen (Murray et al. 2012; WHO 2006; WHO 2006a).

17.1 Problemfelder

Malaria – und die Auswirkungen auf die Menschen

Malaria ist eine Krankheit, die heute vorwiegend in tropischen und subtropischen Gebieten anzutreffen ist. Verantwortlich dafür sind einzellige Parasiten, die zur Gattung der Plasmodien gehören und durch Stechmücken, die Anopheles-Moskitos (auch als Vektoren – Überträger – bezeichnet), übertragen werden. Sowohl die Erreger als auch die Vektoren kommen auf allen Kontinenten vor.

Malaria äußert sich vor allem in Fieberschüben, zusammen mit Kopfschmerzen, Schüttelfrost und Erbrechen. Erste Symptome treten normalerweise zwischen 10 und 15 Tagen nach dem infektiösen Anopheles-Biss auf. Zurzeit gelten vier Erreger gesichert als humanpathogen: Plasmodium falciparum, Plasmodium vivax, Plasmodium malariae und Plasmodium ovale. Plasmodium falciparum ist für die meisten Todesfälle verantwortlich und gemeinsam mit plasmodium vivax am weitesten verbreitet (WHO 2012). Plasmodium falciparum verursacht zusätzlich Anämien und neurologische Komplikationen. 25 bis 50 Prozent der damit Infizierten sterben bei Nichtbehandlung innerhalb kurzer Zeit.

Die Behandlung von Malaria ist immer noch schwierig, ein Impfstoff fehlt. In den letzten Jahren empfiehlt die WHO bei ersten Erkrankungsanzeichen eine artimisininbasierte Kombinationstherapie (kurz: ACT für Artemisinin-based Combination Therapy). Die Kombinationstherapie ist hierbei besonders wichtig, um Resistenzen, die bei einer Monotherapie schnell auftreten können, weitestgehend zu vermeiden. Wichtigstes Mittel zur Malariabekämpfung bleibt immer noch die prophylaktische Vektorbekämpfung. Dazu gehören vor allem das Aussprühen von Innenräumen, das sogenannte Indoor Residual Spraying (IRS), oder das Schlafen unter mit Insektiziden imprägnierten Moskitonetzen, den sogenannten Insecticide-Treated Nets (ITNs). Letzteres ist besonders empfehlenswert, da die meisten Krankheitsüberträger nachts beißen.

Beim Aussprühen der Innenräume werden Decke und Wände mit Insektiziden überzogen. Dies hält zum einen aufgrund der reizenden Eigenschaften der Insektizide die Moskitos fern, zum anderen sterben die Moskitos, die sich dennoch auf den besprühten Wänden niederlassen. Der Kontakt von mit Malaria infizierten Moskitos und Menschen wird dadurch stark reduziert. DDT hat sich hierbei als sehr kostengünstiges und gleichzeitig effizientestes Insektizid gezeigt. Es bleibt etwa doppelt so lang wirksam wie die meisten anderen Insektizide und wird daher häufig zur Innenraumaussprühung benutzt.

DDT – und die Auswirkungen auf die Umwelt

Dichlordiphenyltrichlorethan (DDT) ist ein Kontakt- und Fraßgift, was bedeutet, dass es gut über Haut oder Nahrung aufgenommen werden kann. Es ist chemisch stabil, kaum wasser-, aber gut fettlöslich. Besonders effektiv wirkt es bei Insekten, weshalb es für die Malariabekämpfung sehr gut geeignet ist. Nach Bützer (2005) sind hier bereits ausgesprochen kleine Mengen (1/1000 der mit 10 – 6 g/m2 bestäubten Flüssigkeit) tödlich.

Da es ein breit wirksames Insektizid ist, wurde es in Europa und Nordamerika besonders nach dem Zweiten Weltkrieg ausgesprochen erfolgreich gegen verschiedenste Erreger eingesetzt: Malaria wurde verdrängt, Typhus, Cholera und Pest bekämpft, des Weiteren Gelbfieber, Fleckfieber und die Schlafkrankheit.

1939 wurde die stark insektizide Wirkung von DDT in der Schweiz erkannt. Der als Entdecker von DDT geltende Schweizer Chemiker Paul Müller erhielt 1948 aufgrund der positiv zu bewertenden Resultate bei der Seuchenbekämpfung sogar den Medizinnobelpreis (Böschen 2000).

Nach dem vielseitigen und häufigen Einsatz von DDT traten bald Nebenwirkungen auf. Es zeigte sich, dass DDT stark verdünnte Eierschalen bei zahlreichen Vogelarten verursacht, die etwa beim Weisskopfseeadler, Sperbern und anderen Raubvögeln die Bestände stark reduzierten und fast zum vollständigen Aussterben führten. Bei verschiedenen Reptilien, Amphibien, Säugetieren und auch Fischen waren ebenfalls endokrinologische Störungen zu erkennen, die sich auf die Reproduktionsfähigkeit niederschlugen. Während einige Insektenarten von DDT bekämpft wurden, bildeten andere Resistenzen beziehungsweise konnten sich durch die Ausrottung ihrer natürlichen Feinde ungehemmt vermehren, was teilweise ein erhebliches biologisches Ungleichgewicht zur Folge hatte (Böschen 2004).

Aufgrund der chemischen Stabilität von DDT konnte recht bald eine Anreicherung von DDT in der Nahrungskette festgestellt werden. In der Schweiz etwa führte dies in den 1950er Jahren teilweise sogar zu Notschlachtungen von Kälbern, die sich über die Muttermilch ihrer mit DDT-haltigem Futter gefütterten Mutterkühe vergiftet hatten (Forter, zitiert bei Böschen 2004).

Ab den frühen 1970ern wurde DDT aufgrund der zahlreichen Nebenwirkungen schließlich in vielen europäischen Ländern und den USA verboten. Seit 2001 ist es von der bereits oben angesprochenen Stockholmer Konvention – auch unter POP-Konvention bekannt, wobei POP für persistent organic pollutants steht – als besonders gefährlicher Giftstoff gelistet.

17.2 Ethische Beurteilung

Beim Thema Malaria und DDT zeigt sich ein Interessenkonflikt zwischen Tier- und Umweltschutz auf der einen und öffentlicher Gesundheitspflege und Malariaschutz bzw. –behandlung beim Menschen auf der anderen Seite. Eine ethische Betrachtung legt jedoch dar, dass bei der Bekämpfung von Malaria auch ökonomische und in Folge dann soziale Aspekte zu betrachten sind, die mit Malariainfektionen einhergehen. Deutlich wird, dass das Problem der Malariabekämpfung nachhaltig gelöst werden muss, soll es tatsächlich zu einer Verbesserung der Lebenssituation für die Menschen in malariaendemischen Gebieten kommen.

Umweltschutz – umweltethische Überlegungen

Umweltschutzverbände weisen auf die massiven Eingriffe von DDT in Natur und Ökosystem hin, die nicht auf den Ort der lokalen Anwendung begrenzt sind. So berichtet das Pestizid Aktions-Netzwerk (PAN) Deutschland, dass sich DDT insbesondere über die Luft verteilt und es zu sehr hohen Konzentrationen in kalten Regionen wie der Arktis und Hochgebirgen kommt. Bei den Inuit in Grönland und Nordkanada lassen sich daher besonders hohe Belastungen von DDT messen, obwohl DDT dort nicht verwendet wird.

Besonders problematisch sind auch Langzeitfolgen zu bewerten, die bei Studien an Ratten, Mäusen und Hamstern zum Vorschein kamen. Dort bildeten sich

> „[...] Tumore in Leber, Lunge und Lymphsystem. Auch hormonähnliche Eigenschaften sind bekannt. DDT kann sowohl wie ein Östrogen wirken (ähnlich dem weiblichen Geschlechtshormon 17ß-Östradiol), als auch über das Abbauprodukt DDE (Dichlordiphenylethylen) als Antiandrogen. Weibliche Mäuse und Ratten zeigen in Tierversuchen schwerere Gebärmütter und einen gestörten Fortpflanzungszyklus. Versuche an männlichen Nagetieren führen zu einer verspäteten Pubertät, kleinerer Prostata und weniger Spermien." (PAN 2009a).

DDT beeinflusste im Besonderen die Fortpflanzung von Greifvögeln. „Anfang der 70er Jahre war der Wanderfalke in den USA, Großbritannien und Skandinavien fast ausgestorben. Bei männlichen Heringsmöwen an den Großen Seen (USA) wurden eierstockähnliche Strukturen in Hoden festgestellt." (PAN 2009a)

Die Auswirkungen von DDT auf den Hormonhaushalt von verschiedensten Tierarten und folglich auf unser Ökosystem sind enorm und vor allem kaum abzusehen aufgrund der weltweiten Verbreitung, die durch die gute Verteilung über die Luft stattfinden kann. Auch wenn Malaria akut bekämpft werden muss, dürfen solche potenziellen langfristigen Folgen der DDT-Einsätze nicht unterschätzt werden.

Aus umweltethischer Perspektive kann hier nun entweder biozentrisch oder anthropozentrisch gegen die Verwendung von DDT argumentiert werden.

Vertreter einer biozentrischen Position, die allem Lebendigen einen Eigenwert zuschreibt, könnten hier argumentieren, dass sowohl die betroffenen Tiere als auch die Umwelt Recht und Anspruch auf weitest gehende Unversehrtheit haben. Auch könnte ins Feld geführt werden, dass die Anophelesmücke ebenfalls einen Eigenwert und damit ein Recht auf Leben besitzt, was allerdings in Anbetracht der hohen Anzahl von Malariatoten für viele Menschen zynisch klänge.

Eine anthropozentrische Position, bei der der Mensch im Mittelpunkt bleibt, kann ebenfalls gegen die Nutzung von DDT und für die Einhaltung von Umweltschutzrichtlinien eintreten. Das Argumentationsmuster lautet dann, dass der Einsatz von DDT auch den Menschen großen Schaden zufügen kann. Zum einen gibt es Studien, die gesundheitliche Auswirkungen von DDT auf Menschen belegen. Eskenazi et al. (Eskenazi et al. 2009) haben 494 zwischen 2003 und 2008 durchgeführte Studien zusammengetragen, in denen es speziell um die gesundheitlichen Auswirkungen von DDT und seinem Metaboliten DDE auf den Menschen ging. Ihr Ergebnis nach dieser Analyse ist allerdings vor allem, dass es einen Mangel an tatsächlichem Wissen über das Ausgesetzt sein von Menschen und gesundheitlichen Effekten in Gebieten gibt, wo neuerdings DDT zur Malariabekämpfung eingesetzt wird.

Zum anderen können die Eingriffe in die Umwelt wie oben dargestellt schwerwiegende Folgen haben. So wird Menschen die Lebensgrundlage entzogen, wenn etwa der Einsatz von DDT dazu führt, dass Fische aussterben, die eine wichtige Nahrungsquelle für Menschen in einer Gegend sind (Resnik 2009). Der Mensch profitiert selbst am meisten von einer intakten Umwelt und einem gesunden Ökosystem und sollte daher so schonend wie möglich mit seiner Umwelt umgehen.

Nicht nur aus einer langfristigen Perspektive ist DDT abzulehnen, auch bei einem zeitlich eher mittelfristigen Horizont ist die DDT-Nutzung kritisch zu betrachten. Die WHO berichtet regelmäßig von Anophelesmoskitos, die Resistenzen gegen DDT ausbilden. Dies macht eine Bekämpfung von Malaria dann noch schwerer.

Aus umweltethischer Perspektive ist daher zu überlegen, ob nicht auf andere chemische Mittel zurückgegriffen werden sollte, die weniger schädlich als DDT sind oder ob nicht sogar grundsätzlich nicht-chemischen Mitteln zur Malariabekämpfung der Vorrang gegeben werden sollte.

Nicht-chemische Mittel wie etwa Sumpftrockenlegungen mithilfe von Drainagen oder der Anbau bestimmter Pflanzen, die Anophelesmoskitos abwehren, genauso wie das Beträufeln von Wasserquellen mit Öl haben in verschiedenen Regionen sehr gute Erfolge gezeigt und sollten daher in das Standard-Repertoire der Malariabekämpfungsstrategien aufgenommen werden. Umweltorganisationen haben hierzu bereits ganze Listen mit Vorschlägen ausgearbeitet (z.B. PAN 2009).

Medizinische Behandlung – Aspekte einer Ethik der gesundheitlichen Fürsorge

Ist man selbst oder die eigene Familie akut von einer Krankheit mit potenziell tödlichem Ausgang bei Nichtbehandlung bedroht, kann es schwer sein, Langzeiteffekte im Blick zu haben. Aus medizinischer und medizinethischer Sicht ist daher der Einsatz von DDT als „Rettungsmaßnahme" zu rechtfertigen, besonders in Regionen wie in Subsahara-Afrika, wo Krankheits- und Todeszahlen sehr hoch sind. Das Befürworten von DDT-Besprühungen bedeutet jedoch nicht, einem unkontrollierten Einsatz zuzustimmen. Das Ziel ist vielmehr, DDT in kleinstmöglichen Dosen zu verwenden, da es auch in diesen wirksam sein kann (Bützer 2005).

Wie ein Blick auf die weltweite Verbreitung von Malaria zeigt, kann diese als armutsbedingte und armutsverursachende Krankheit betrachtet werden. Malaria trifft insbesondere arme Menschen, die bei Behandlung und Prophylaxe oft nur wenige finanzielle Möglichkeiten haben. Die Erkrankung verstärkt die Armut, weil sie nicht nur gesundheitliche, sondern auch erhebliche ökonomische und damit wiederum soziale Effekte hervorruft. Hier ist an Arbeitsausfälle aufgrund von Erkrankungen oder Tod zu denken, genauso an Einschränkungen aufgrund neurologischer Erkrankungen, die durch den Plasmodium falciparum-Erreger verursacht werden (RBM 2002). Aufgrund der malariabedingten Arbeitsausfälle kommt es zu hohen finanziellen Einbußen auf verschiedenen Ebenen. Roll Back Malaria (RBM), ein 1998 gegründeter Zusammenschluss von WHO, UNICEF und der Weltbank mit mittlerweile mehr als 500 Partnern, beziffert einen ökonomischen Ausfall beim Bruttoinlandsprodukt durch Malariaerkrankungen auf bis zu 1,3 Prozent. In einigen der malariaendemischen Länder ist die Krankheit für bis zu 40 Prozent der öffentlichen Gesundheitsausgaben verantwortlich, für bis zu 50 Prozent stationärer Krankenhausaufenthalte und bis zu 50 Prozent der ambulanten Versorgung (RBM 2002).

Aus einer Perspektive, die Nachhaltigkeit in den Vordergrund stellt, sollte eine Analyse des Einsatzes von DDT zur Malariabekämpfung der Komplexität des Problems

Rechnung tragen und alle involvierten Werte, angefangen bei gerechter Gesundheitsversorgung, Arten- und Umweltschutz bis zu ökonomischer Entwicklung und sozialer Gerechtigkeit mit einbeziehen (Resnik 2009, 2012). Hilfreich scheint hier etwa eine Analyse unter Einbeziehung eines Drei-Säulen-Modells, wie es in der Nachhaltigkeitsforschung benutzt wird (Brenner 2008; Grunwald und Kopfmüller 2006; Ott und Döring 2008). Dieses Modell als erste Hilfestellung versucht, verschiedene Dimensionen – Umwelt, Ökonomie und Soziales/Gesundheit – eines Problems zu beleuchten, diese auszubalancieren und möglichst gleichzeitig zu bearbeiten.

Vorstellbar wäre neben einer medizinischen Sofortbehandlung und einer vorübergehenden und minimalen Anwendung von DDT der gleichzeitige Einsatz verschiedenster Umweltmanagement-Maßnahmen, wie die Veränderung von Flussufern, um so Nistplätze von Anophelesmoskitos zu verhindern, Entwässerungssysteme für Sümpfe, das Einrichten einer besseren Wasserversorgung etc. (PAN 2009). Historische Beispiele wie etwa die Maßnahmen der Minenbesitzer in Roan Antelope im ehemaligen Nordrhodesien (heute Sambia) zeigen, dass es möglich ist, innerhalb von drei bis fünf Jahren einen Rückgang der Malariainfektionen von bis zu 95 Prozent zu erzielen (ebd.).

Auch wenn der Antrieb damals in den 1920er Jahren vorrangig ein ökonomischer war und aus heutiger Sicht einige Maßnahmen anders durchgeführt werden sollten, illustriert das Beispiel, was mit einer Berücksichtigung von Gesundheit/Sozialem, Umwelt und Ökonomie möglich ist. Die Menschen wurden medizinisch versorgt, konnten Geld verdienen und die Maßnahmen waren keine Belastung für die Umwelt.

Falllösung

Die WHO hat sich 2006 entschieden, DDT unter wissenschaftlicher Beobachtung in wohl-dosierter Form und streng kontrolliert wieder zur Innenraum-Besprühung zuzulassen (WHO 2006a). Mittlerweile sind die Zahlen der Infektionen zurückgegangen. Im World Malaria Report von 2011 wird von 216 Millionen Malariafällen anstatt der 2006 genannten 350 bis 500 Millionen gesprochen. Auch die Zahl der Toten hat sich von ca. einer Million auf 655.000 reduziert (WHO 2011). Malaria ist jedoch immer noch nicht unter Kontrolle.

Literatur und Materialien

Böschen S (2000) Risikogenese. Prozesse gesellschaftlicher Gefahrenwahrnehmung: FCKW, DDT, Dioxin und ökologische Chemie. Leske and Budrich, Opladen

Brenner A (2008) Umweltethik. Ein Lehr- und Lesebuch. Academic Press, Fribourg

Bützer P (2005) Der ökologische „Sündenfall“ DDT (Dichlordiphenyltrichlorethan oder Einige Lehrbücher der Ökologie müssten bei DDT neu geschrieben werden. Onlinedokument. www.buetzer.info/fileadmin/pb/pdf-Dateien/DDT.pdf.

Eskenazi B, Chevrier J, Goldman Rosas L, Anderson HA, Bornman MS, Bouwman H, et al. (2009) The Pine River Statement: Human Health Consequences of DDT Use. Environmental Health Perspectives 117:1359–1367

Grunwald A, Kopfmüller J (2006) Nachhaltigkeit. Campus, Frankfurt a.M

Murray CJL, Rosenfeld LC, Lim SS, Andrews KG, Foreman KJ, Haring D et al. (2012) Global malaria mortality between 1980 and 2010: a systematic analysis. Lancet 379:413–431

Ott K, Döring R (2008) Theorie und Praxis starker Nachhaltigkeit. Metropolis, Marburg

PAN Germany (2009) Umweltfreundliche Malariabekämpfung ohne DDT – Strategien und Erfolgsberichte, PAN, Hamburg. http://www.pan-germany.org/download/ddt/ddt_alternativen.pdf. Zugegriffen: 5. Sept. 2013

PAN Germany (2009a) DDT und die Stockholmer Konvention. Staaten am Rande der Legalität. PAN, Hamburg. http://www.pan-germany.org/download/ddt/PAN_DDT_Studie_DT.pdf. Zugegriffen: 5. Sept. 2013

Roll Back Malaria RBM (2002) Economic costs of malaria. Infosheet 10 of 11. March 2002. https://apps.who.int/inf-fs/en/InformationSheet10.pdf. Zugegriffen: 5. Sept. 2013

Resnik DB, Portier CJ (2008) Environment and Health. In Crowley M (Hrsg.) From Birth to Death and Bench of Clinic: The Hastings Center Bioethics Briefing Book for Journalists, Policymakers and Campaigns. The Hastings Center, Garrison, NY, S. 59–62

Resnik, DB (2009) Human Health and the Environment: In Harmony or in Conflict? Health Care Anal 17:261–276

Resnik, DB (2012) Environmental Health Ethics. University Press, Cambridge

WHO (2006) The Africa Malaria Report 2006. WHO, Geneva

WHO (2006a) WHO Gives Indoor Use of DDT a Clean Bill of Health for Controlling Malaria (press release). WHO, Geneva. http://www.who.int/mediacentre/news/releases/2006/pr50/en/. Zugegriffen: 5. September 2013

WHO (2011) World Malaria Report 2011. WHO, Geneva

WHO (2012) Malaria. Fact sheet No 94. WHO, Geneva. http://www.who.int/mediacentre/factsheets/fs094/en/. Zugegriffen: 5. Sept. 2013

Flora Colledge, Ina C. Otte

18 Gentechnisch veränderte Pflanzen

Fallbeispiel

Ein Team von Forschern führt eine Studie durch, in der gentechnisch veränderter Weizen entwickelt und erforscht wird. Die Studie dient ausschließlich der Grundlagenforschung und hat einerseits zum Ziel, Funktion und Nutzen von transgenem Weizen mit zusätzlichen Resistenzgenen gegen Mehltau – eine durch Pilze verursachte Pflanzenkrankheit – zu untersuchen und andererseits Biosicherheitsaspekte im Zusammenhang mit der Freisetzung von transgenem Weizen abzuklären. In einem ersten Schritt wurden die Weizenpflanzen gentechnisch verändert, indem ein Fragment aus weizenfremden Genen ins Genom integriert wurde. Anschließend fanden Vorversuche im Labor und im Gewächshaus statt, welche bereits eine erhöhte Resistenz der transgenen Weizen gegenüber natürlich vorkommenden Mehltau ergeben haben. Die Forscher planen nun, den gentechnisch veränderten Weizen auf einem im Gelände der Forschungsanstalt befindlichen Testfeld freizusetzen. Dabei soll untersucht werden, wie sich Pilzresistenzen in gentechnisch verändertem Weizen im Freiland verhalten und inwieweit sie gegen Mehltau wirksam sind. Über das Testfeld selbst soll ein Netz aufgespannt werden, um sogenannte Standard-Kulturen in der Umgebung gegen Fremdbestäubung durch Wind oder Vögel zu schützen.

18.1 Problemfelder

Das Fallbeispiel wirft die grundlegende Frage auf, ob und in welcher Hinsicht Pflanzen schutzwürdig sind. Unter welchen Voraussetzungen ist der Mensch befugt, mit den Mitteln der modernen Gentechnologie in die Integrität von Pflanzen einzugreifen? Dürfen Pflanzen im Rahmen von Forschungsprojekten gentechnisch verändert werden? Dürfen gentechnisch veränderte Pflanzen freigesetzt und gar in Verkehr gebracht werden? Welche Pflichten sind dabei in jedem Fall zu beachten?

Welche Rolle spielen Pflanzen?

Pflanzen spielen eine existenzielle Rolle für andere Lebewesen. Sie dienen Menschen und Tieren als Nahrung, liefern Material für Gebäude, Möbel und Kleidung, erzeugen Sauerstoff und haben viele weitere wichtige Funktionen. Zudem sind Pflanzen schön zu betrachten, sie riechen gut und schaffen eine angenehme Umgebung. Pflanzen in allen ihren Erscheinungsformen haben daher einen großen Wert für den Menschen und sind für diesen überlebensnotwendig. Daraus können sich moralische und rechtliche Pflichten im Umgang mit Pflanzen ergeben. Solche Pflichten können sich auf die Pflanzenwelt in ihrer Gesamtheit (Schutz des Ökosystems beziehungsweise

Biosicherheit), auf bestimmte Pflanzenarten (Schutz der Biodiversität) oder auch auf einzelne Pflanzen (zum Beispiel Schutz ästhetisch wertvoller Bäume) beziehen.

Abgesehen von ihrer unbestrittenen instrumentellen Bedeutung für den Menschen, fragt sich bei näherer Betrachtung, ob Pflanzen auch einen Eigenwert haben, der vom Menschen eine Berücksichtigung um ihrer selbst willen verlangt.

Genetische Veränderungen von Pflanzen

Wie das Fallbeispiel zeigt, können Pflanzen mithilfe der Gentechnologie gezielt verändert werden, um bestimmte erwünschte Eigenschaften zu fördern oder unerwünschte zu unterdrücken. Genetische Eingriffe bei Pflanzen erfolgen in der Regel in der Absicht, dem Menschen (oder sekundär auch Tieren) zu dienen. So sollen beispielsweise resistentere, zum Verzehr angebaute Pflanzen als „optimierte" Nahrungsquellen dienen. Gewisse verändernde Eingriffe, wie zum Beispiel solche zur Erhöhung der Krankheits- oder Dürreresistenz, können im Ergebnis aber auch Pflanzen selbst zu Gute kommen, indem deren Überlebenschancen auch unter ungünstigen Bedingungen verbessert werden – zumindest so lange, bis sie geerntet werden. In diesem Fall sind die Eigenschaften, von denen wir profitieren (resistente, gesunde Feldfrüchte) in gewisser Weise auch den Pflanzen zuträglich.

Mit gentechnischen Eingriffen werden jedoch unter Umständen auch menschliche Interessen verfolgt, die mehrere Nachteile für Pflanzen haben könnten. So besteht die Gefahr, dass durch die Freisetzung von gentechnisch veränderten Pflanzen konventionelle, natürlich vorkommende Pflanzenarten oder andere Organismen kontaminiert werden. Oder Pflanzen können so verändert werden, dass sie nicht mehr reproduktionsfähig sind. Dies hätte einen hohen Profit für den Patentinhaber zur Folge, da Landwirte nun jedes Jahr neue Samen kaufen müssten. Unfruchtbare Pflanzen haben auch vom Verbraucher erwünschte Eigenschaften, wie zum Beispiel kernlose Trauben zeigen. Für die betroffenen Pflanzen ist diese genetische Veränderung jedoch nicht vorteilhaft. In der Debatte um Gentech-Food wird zudem von Gegnern vorgebracht, dass genetisch veränderte Nahrung dem Menschen schaden könne und dass etwaige Behauptungen, das Problem des Welthungers damit wirksam zu bekämpfen, schlichtweg übertrieben seien. Vielmehr würden Agrarunternehmen gezielt versuchen, die Lebensmittelindustrie zu monopolisieren, indem sie entwickeln und patentieren, was eigentlich natürlich ist.

18.2 Ethische Beurteilung

Bedeutung und Wert der Pflanzen für den Menschen

In der Debatte zu genetisch veränderten Pflanzen wird oft die moralische Einstellung des Menschen zu Pflanzen diskutiert aus einer sogenannten anthropozentrischen Perspektive.

Jedoch gilt: Nicht alles, was für Menschen von Wert ist, bedarf notwendigerweise direkter moralischer Berücksichtigung. Dennoch sind Pflanzen als Gruppe, die zahlreiche Arten und Gattungen enthält, nicht austauschbar – kein anderes einzelnes Objekt weist alle Eigenschaften der Pflanzen auf. Zudem sind Pflanzen ökonomisch betrachtet ein Allgemeingut. Dies bedeutet, dass sie jedem unter gewissen Konditionen zur Verwendung und zum Genuss zur Verfügung stehen, aber nur solange jeder die nachhaltige Verwertung des Gutes gewährleistet (Bock 2009). Dies könnte zum Beispiel bedeuten, dass nach dem Fällen von Bäumen neue gepflanzt werden.

Pflanzen als Lebewesen

Gewisse Eigenschaften, die bei Menschen und Tieren vorkommen, fehlen bei Pflanzen. Da viele Menschen diese Eigenschaften für moralisch relevant halten (wie beispielsweise die Eigenschaft „Sprachfähigkeit"), ziehen sie den Schluss, man müsse Pflanzen moralisch nicht direkt berücksichtigen.

Das Zufügen von Schaden ist ein Indikator für eine potentiell moralisch schlechte Handlung. Lebewesen, die kommunizieren, wenn wir ihnen Schaden zufügen, sind leicht einer Gruppe zuzuordnen, der man einen moralischen Status zuerkennen kann.

Jedoch, wie oben beschrieben, weisen Pflanzen auch einige der Eigenschaften auf, die aus Menschen und Tieren moralische Objekte machen. Pflanzen gehören zu den Lebewesen und verhalten sich in einer Weise, die einer „Lebensführung" entspricht (Willemsen 2008). Sie reagieren auf äußere Reize und haben komplexe Systeme entwickelt, um ihre Fortpflanzung sicherzustellen. Des Weiteren können bestimmte Handlungen sie schädigen. Entzieht man ihnen Wasser und Sonnenlicht, hat dies einen sichtbaren Effekt: sie verwelken und sterben. Es kann ihnen objektiv Schaden zugefügt werden, auch wenn sie nach heutigem Wissensstand keinen Schmerz empfinden oder ein Bewusstsein dafür haben, dass etwas Negatives geschieht. Wenn Pflanzen nun aber tatsächlich in dieser Weise geschädigt werden können, dann ist die Konsequenz, dass diese Integrität einen moralischen Wert darstellt.

Die angewandte Ethik hat sich mit dem moralischen Status von Pflanzen bis Kurzem nur wenig befasst. Während der Umgang mit Menschen und Tieren ethisch offensichtlicher relevant ist, vor allem aus dem Grund, dass diese Lebewesen Eigenschaften haben wie ein Bewusstsein, Empfindungsvermögen, sowie die Fähigkeit, zu kommunizieren, wurde von Pflanzen im Allgemeinen angenommen, dass ihnen diese Fähigkeiten fehlen. Der Umgang mit ihnen wurde bislang folglich seltener reflektiert, es sei denn, er hatte eine direkte Auswirkung auf Menschen.

Schutzwürdigkeit von Pflanzen

1. Empfindungsvermögen

Aus einer pathozentrischen Perspektive kann argumentiert werden, dass Pflanzen losgelöst von ihrem instrumentellen Wert eine moralische Bedeutung zuerkannt werden muss, und zwar weil sie als moralische Objekte an und für sich gelten. Als

Grund könnte angeführt werden, dass Pflanzen ein *Empfindungsvermögen* haben und dass dies ein hinreichendes Kriterium für ihren Status als ein schutzbedürftiges moralisches Objekt ist. Empfindungsvermögen bedeutet, dass ein Organismus äußere Reize wahrnehmen kann. Verfechter dieser Ansicht stellen fest, dass Pflanzen, die von einem biologischen Standpunkt aus gesehen ihre Entwicklungsgeschichte mit den Tieren teilen, zahlreiche Anzeichen dafür geben, dass sie auf ihre Umwelt reagieren (Koechlin 2009). Zum Beispiel passen sie ihr Verhalten an Klimabedingungen an (indem sie etwa in Richtung des Lichts oder von benötigten Ressourcen wachsen). Des Weiteren reagieren sie auf Berührungen und Strapazen und ergreifen Maßnahmen zu ihrem Schutz. Fleischfressende Pflanzen interagieren beispielsweise auch mit anderen Lebewesen. Wer diesen Standpunkt akzeptiert, müsste bestrebt sein, Pflanzen in einer Weise zu behandeln, die sie nicht schädigt. Die Tragweite dieser Argumentation ist bisher nur wenig diskutiert worden. Man könnte damit ein Verbot der Genmanipulation begründen, jedoch konsequenterweise auch zur Entscheidung kommen, Feldfrüchte nicht zu ernten.

Das Gegenargument könnte lauten, dass das Verhalten von Pflanzen lediglich mit Begriffen beschrieben wird, die auch für Menschen und Tiere verwendet werden (reagieren, sich verhalten, sich schützen). Was Pflanzen tatsächlich „tun“, ist dem Verhalten anderer Lebewesen jedoch in keiner Weise ähnlich. Zudem haben Pflanzen kein zentrales Nervensystem. Auch wenn sie auf Reize reagieren, ist es dennoch unwahrscheinlich, dass sie ein Schmerzempfinden haben (Straughan 2000). Da sie kein Gehirn haben, können ihre Reaktionen keine bewussten Entscheidungen sein, sondern bloße Resultate bestimmter Umweltfaktoren, die auf sie einwirken. Verfechter dieser Sichtweise behaupten daher, dass sich das Wachstum einer Pflanze moralisch gesehen nicht von einer überlaufenden Wanne unterscheide, deren Wasserhahn angelassen wurde (Melin 2004). Diese Argumentation ist weit verbreitet und führt dazu, dass das Empfindungsvermögen keine allgemein anerkannte Eigenschaft von Pflanzen ist und nur selten verwendet wird, um ihren moralischen Wert zu rechtfertigen.

2. Eigenwert

Jedoch können Pflanzen um ihrer selbst willen als moralische Objekte verteidigt werden, ohne dass sie ein Empfindungsvermögen haben müssen. Pflanzen können geschädigt werden, selbst wenn sie den Schaden nicht wahrnehmen oder ihn anders wahrnehmen und verarbeiten als andere Lebewesen. Handlungen, die Pflanzen beispielsweise an ihrem natürlichen Wachsen und Gedeihen hindern, schädigen letztere. Da man Pflanzen objektiv Schaden zufügen (und ihnen auch Gutes tun) kann, vertreten einige Ethiker (siehe Koechlin 2009) die Ansicht, dass sie ein Eigengut besitzen, das heißt, dass etwas für sie selbst gut oder schlecht sein kann, nicht nur für ihre Nutznießer. Dabei sprechen diese Ethiker von einem Eigenwert oder „inhärenten Wert“ von Pflanzen.

Obschon diese Argumentation weniger umstritten ist als die vorhergehende, weist sie eine Reihe von Problemen auf. Für manche Menschen ist es schwierig, die Vorstellung nachzuvollziehen, dass ein Lebewesen geschädigt wird, ohne dass dieses den

Schaden wahrzunehmen scheint (Kunzmann 2009). Selbst wenn aber Pflanzen ein Eigengut besitzen, stellt sich weiter die Frage, welche Pflichten sich daraus für den Menschen ergeben: Hat der Mensch eine Pflicht, Pflanzen in ihrer Entfaltung und Bewahrung zu helfen, oder genügt es, sie lediglich nicht zu schädigen? Hier muss unterschieden werden zwischen verschiedenen Sichtweisen, die jeweils den Eigenwert von Pflanzen in unterschiedlicher Weise anerkennen (beispielsweise zwischen dem Biozentrismus und Holismus). Angesichts der derzeit vorherrschenden anthropozentrischen Weltsicht ist es bislang nur schwer vorstellbar, dass Menschen eine moralische Pflicht haben könnten, Pflanzen um ihrer selbst Willen in ihrem Gedeihen zu unterstützen, und nicht nur, wenn dies Menschen einen Nutzen bringt. Auch erschwert die fehlende Sprachfähigkeit von Pflanzen eine Definition ihrer Interessen sowie eine Einschätzung, ob diese gewahrt wurden. Die Anerkennung eines Eigenwertes von Pflanzen müsste jedoch die Schlussfolgerung nach sich ziehen, dass eine Schädigung der Pflanzen vermieden werden muss.

3. Instrumenteller Wert

Auch wenn man annimmt, dass Pflanzen keinen Eigenwert haben, der andere Lebewesen verpflichtet, sie moralisch zu berücksichtigen, können sie aufgrund der Bedeutung, die sie für den Menschen haben, dennoch moralische Objekte sein. Wie erwähnt sind Pflanzen für die Menschheit ein überlebenswichtiges Allgemeingut: Um vom Nutzen der Pflanzen nachhaltig profitieren zu können, müssen Menschen für die Pflanzenwelt Sorge tragen und die Pflanzen beziehungsweise Pflanzenarten schützen. Als Gesamtheit stellen Pflanzen ein nicht austauschbares Gut dar. Eine einzelne Blume kann ersetzt werden, wenn sie beschädigt wurde, nicht aber das ganze Ökosystem oder ganze Pflanzenarten. Diese Auffassung, dass Pflanzen für andere Lebewesen wichtig sind und folglich Schutz verdienen, gilt daher weithin als anerkannt (Standardi und Marin 2007).

Forschung mit gentechnisch veränderten Pflanzen

Im Fallbeispiel soll eine Feldstudie durchgeführt werden mit dem Ziel, die Resistenz von Getreide gegenüber schädlichen Pilzen zu erhöhen, um deren Anbau zu erleichtern. Hierzu wurden Getreidepflanzen genetisch verändert, und es wurden bereits Versuche im Labor und im Gewächshaus gemacht. Die Reproduktionsfähigkeit der Pflanzen wurde nicht beeinträchtigt. Eine ethische Bewertung dieses Szenarios setzt voraus, dass man die Einzelheiten und Umstände des fraglichen Feldexperiments genau betrachtet.

Die Pflanzen werden vorliegend weder der Allgemeinheit zur Verfügung gestellt noch an Lebensmittelkonzerne zwecks Weiterveräußerung an Landwirte verkauft. Insofern ist die Befürchtung, dass ein solches Feldexperiment negative Auswirkungen auf die Allgemeinheit hat, sachlich nicht fundiert. Gegner eines solchen Feldexperiments könnten sich allenfalls darauf berufen, dass die Behandlung der Pflanzen selbst nicht ethisch vertretbar sei. Zwar sind wir Menschen verpflichtet, das Ökosystem zu respektieren, in welchem Pflanzenarten eine entscheidende Rolle spielen. Allerdings geht vom vorliegenden Feldversuch weder eine ersichtliche Gefahr für das Ökosystem noch für bestehende Pflanzenarten oder andere Organismen aus. Vorausgesetzt wird dabei aber, dass im konkreten Fall die notwendigen Maßnahmen getroffen werden, um die Biosicherheit (hinreichender Schutz vor Kontamination) zu gewährleisten. Was die einzelnen, gentechnisch veränderten Pflanzen betrifft, lässt sich ein Integritätsschutz wie gesehen kaum moralisch begründen. Eine kommerzielle Nutzung des gentechnisch veränderten Weizens steht vorliegend (noch) nicht zur Diskussion, weshalb auch sozialethische Bedenken (zum Beispiel Ausnutzung von Landwirten durch Ausübung von Patentrechten) nicht zum Tragen kommen. Aus diesen Gründen erscheint das vorliegende Feldexperiment aus ethischer Sicht als vertretbar, solange die erforderlichen Vorsichtsmaßnahmen getroffen werden.

18.3 Rechtliche Beurteilung

18.3.1 Schweizerisches Recht

Bernhard Rütsche, Nadja D'Amico

Gentechnisch veränderte Organismen (GVO) sind – wie der transgene Weizen im Fallbeispiel – Organsimen, deren genetisches Material so verändert worden ist, wie dies unter natürlichen Bedingungen durch Kreuzen oder natürliche Rekombination nicht vorkommt (Art. 5 Abs. 2 GTG). Der Umgang mit GVO ist in der Schweiz stark reguliert. Im Zentrum steht das am 1. Januar 2004 in Kraft getretene Gentechnikgesetz (GTG). Dessen Zweck ist es, den Menschen, die Tiere und die Umwelt vor Missbräuchen der Gentechnologie zu schützen und deren Wohl bei der Anwendung der Gentechnologie zu dienen (Art. 1 Abs. 1 GTG).

Schutzwürdigkeit von Pflanzen

Als allgemeine Grundsatznorm für die *Biosicherheit* hält Art. 6 Abs. 1 GTG fest, dass mit GVO nur so umgegangen werden darf, dass sie, ihre Stoffwechselprodukte oder ihre Abfälle den Menschen, die Tiere oder die Umwelt nicht gefährden können und die biologische Vielfalt und deren nachhaltige Nutzung nicht beeinträchtigen. Das Verfassungsprinzip der *Nachhaltigkeit* (vgl. Art. 2 Abs. 2, 73 und 104 BV) als allgemeine Zielvorgabe wurde im GTG zwar nicht ausdrücklich verankert, kommt in der vorerwähnten Bestimmung und in Art. 1 Abs. 2 Bst. b GTG aber zum Ausdruck.

Art. 7 GTG bezweckt den Schutz der Produktion ohne GVO, d. h. der herkömmlichen und biologischen Produktion. Danach darf mit GVO nur so umgegangen werden, dass sie, ihre Stoffwechselprodukte oder ihre Abfälle die Produktion von Erzeugnissen ohne GVO nicht beeinträchtigen (Gewährleistung der *Koexistenz*).

Durch gentechnische Veränderungen des Erbmaterials bei Tieren und Pflanzen darf die *Würde der Kreatur* nicht missachtet werden (Art. 8 Abs. 1 Satz 1 GTG). Unter diesem Begriff wird „ein inhärenter Wert verstanden, der nichtmenschlichen Lebewesen eigen ist und der es verbietet, diese Lebewesen bloß als Mittel zum Zweck anzusehen" (BBl 2000 2405). Der aus der Verfassung stammende Begriff (Art. 120 BV) wird im Gentechnikgesetz durch Art. 8 konkretisiert. Die Würde der Kreatur wird demnach namentlich dann missachtet, wenn artspezifische Eigenschaften, Funktionen oder Lebensweisen erheblich beeinträchtigt werden und dies nicht durch überwiegende schutzwürdige Interessen gerechtfertigt ist. Das Gesetz schreibt vor, dass bei der Bewertung der Beeinträchtigung dem Unterschied zwischen Tieren und Pflanzen Rechnung zu tragen ist. Zwischen der Würdefähigkeit von Tieren und derjenige von Pflanzen besteht also ein gradueller Unterschied. Ob die Würde der Kreatur im Einzelfall missachtet ist, wird in einem zweiten Schritt anhand einer Abwägung zwischen der Schwere der Beeinträchtigung von Tieren bzw. Pflanzen und der Bedeutung der schutzwürdigen Interessen beurteilt. Als schutzwürdiges Interesse gelten beispielsweise die Sicherung einer ausreichenden Ernährung, die Verminderung ökologischer Beeinträchtigungen und die Wissensvermehrung (vgl. Art. 8 Abs. 2 GTG).

Im Sinne des *Vorsorgeprinzips* sind Gefährdungen und Beeinträchtigungen durch GVO frühzeitig zu begrenzen (Art. 2 Abs. 1 GTG). Durch vorbeugende Maßnahmen sollen Unsicherheiten über Auswirkungen von Mensch und Umwelt ausgeglichen werden. Fallen Kosten für die Nutzung von natürlichen Ressourcen und für daraus entstehende Umweltschäden an, sind diese vom Verursacher zu tragen (*Verursacherprinzip*; vgl. Art. 2 Abs. 2 GTG). Im Übrigen sieht das GTG in Art. 30 Abs. 1 für GVO-Schäden im Stadium des Versuchs eine *Gefährdungshaftung* vor.

Das Gentechnikgesetz sieht vor, dass GVO nur stufenweise in die Umwelt eingebracht werden dürfen (sog. *Stufenprinzip*; vgl. Art. 6 und 10 ff. GTG). Das *Inverkehrbringen* (3. Stufe; zum Begriff siehe Art. 5 Abs. 5 GTG) bestimmter GVO ist demzufolge erst dann zulässig, wenn im *geschlossenen System* (1. Stufe; zum Begriff siehe Art. 3 Bst. h ESV) und anschließend mittels *Freisetzungsversuchen* (2. Stufe) die erforderliche Vertrautheit mit den betroffenen GVO gewonnen werden konnte und die biologische Sicherheit gewährleistet ist (BBl 2009 5438). Ein Versuch im geschlossenen System muss dem Risiko entsprechend gemeldet oder bewilligt werden (vgl. Art. 10 Abs. 2 GTG i.V.m. Art. 8 ff. ESV). Der Freisetzungsversuch und das Inverkehrbringen bedürfen hingegen grundsätzlich einer Bewilligung des Bundes (Art. 11 Abs. 1 und Art. 12 Abs. 1 GTG).

Schließlich gewährt das in Art. 18 Abs. 1 GTG verankerte Prinzip der *Publikumsöffentlichkeit* ein allgemeines Recht auf Zugang zu Informationen über den Umgang mit GVO oder mit daraus gewonnen Erzeugnissen. Eine Beschränkung dieses Rechts besteht nur dort, wo überwiegende private oder öffentliche Interessen entgegenstehen (z. B. Geschäfts- oder Fabrikationsgeheimnisse). Die Behörde hat außerdem die Möglichkeit, die Öffentlichkeit von sich aus zu informieren (Art. 18 Abs. 2 GTG). Des Weiteren sind in Verkehr gebrachte GVO klar zu deklarieren, um die Wahlfreiheit der Konsumenten zu gewährleisten (Art. 7 in fine GTG).

Forschung mit gentechnisch veränderten Pflanzen
Im vorliegenden Fallbeispiel möchte das Forscherteam – nach erfolgten Versuchen im geschlossenen System – den gentechnisch veränderten Weizen in der Natur freisetzen. Für den Anbau von gentechnisch veränderten Pflanzenarten zu kommerziellen Zwecken besteht in der Schweiz bis Ende 2017 ein Moratorium (Art. 37*a* GTG). Nicht betroffen ist hiervon die Forschung: Versuche in geschlossenen Systemen sowie Freisetzungsversuche bleiben unter den Voraussetzungen des Gentechnikrechts zulässig (BBl 2009 5439).

In formeller Hinsicht bedarf ein Freisetzungsversuch einer Bewilligung des Bundesamtes für Umwelt (BAFU; vgl. Art. 11 Abs. 1 GTG i.V.m. Art. 17 FrSV). Das Forscherteam hat also in einem ersten Schritt ein Bewilligungsgesuch, welches den Anforderungen von Art. 19 FrSV zu entsprechen hat, einzureichen. Insbesondere hat das Gesuch eine *Risikoermittlung und -bewertung* zu enthalten. Anhand der Risikoermittlung sollen die Folgen des Freisetzungsversuchs für Mensch, Tier und Umwelt, die biologische Vielfalt und deren nachhaltigen Nutzung sowie die langfristige Erhaltung der Produktion von Erzeugnissen ohne GVO ermittelt und abgeschätzt werden (Anhang 4 Ziff. 1 Abs. 1 FrSV). Die Risikobewertung zielt auf eine Einschätzung der Tragbarkeit des Risikos ab (Anhang 4 Ziff. 1 Abs. 1 FrSV). Liegt das Gesuch vollständig vor, zeigt es das BAFU im Bundesblatt an und legt die nicht vertraulichen Unterlagen während 30 Tagen zur Einsicht auf (Art. 36 Abs. 2 FrSV). Gleichzeitig mit der Publikation unterbreitet das BAFU das Gesuch diversen Ämtern und Kommissionen des Bundes und einer Fachstelle des betroffenen Kantons zur Stellungnahme (vgl. Art. 37 Abs. 1 FrSV).

In materieller Hinsicht muss ein Freisetzungsversuch neben den allgemeinen Grundsätzen (siehe oben) insbesondere den Anforderungen von Art. 6 Abs. 2 GTG entsprechen. Danach ist ein solcher Versuch nur zulässig, wenn
1. die angestrebten Erkenntnisse nicht durch Versuche in geschlossenen Systemen gewonnen werden können,
2. der Versuch auch einen Beitrag zur Erforschung der Biosicherheit von gentechnisch veränderten Organismen leistet,
3. die verwendeten GVO keine gentechnisch eingebrachten Resistenzgene gegen in der Human- und Veterinärmedizin eingesetzte Antibiotika enthalten und
4. nach dem Stand der Wissenschaft eine Verbreitung dieser Organismen und ihrer neuen Eigenschaften ausgeschlossen werden kann und die Grundsätze nach Art. 6 Abs. 1 GTG nicht in anderer Weise verletzt werden können.

Mit der Freisetzung soll in casu das Verhalten der Pilzresistenzen in gentechnisch verändertem Weizen im Freiland und deren Wirksamkeit gegen Pilzkrankheiten untersucht werden. Dies ist naturgemäß in einem geschlossenen System nicht möglich, weshalb die Notwendigkeit einer Freisetzung besteht. Ein weiteres Ziel des Versuchs stellt die Abklärung von Biosicherheitsaspekten der Freisetzung von transgenem Weizen dar, womit der geforderte Beitrag zur Erforschung der Biosicherheit von GVO gegeben ist. Zur Verhinderung der Verbreitung des transgenen Weizens sieht das Forscherteam als Maßnahme die Aufspannung eines Netzes über das Testfeld vor. Das

BAFU wird voraussichtlich allein diese Maßnahme nicht genügen lassen und weitere Maßnahmen fordern. Als solche fallen beispielsweise die Errichtung eines Zauns, die Einhaltung von Distanzen zu landwirtschaftlichen Anbauflächen, die sorgfältige Reinigung der Saatmaschinen und die Kontrolle auf Durchwuchs in Betracht. Schließlich hat das Forscherteam nachzuweisen, dass der transgene Weizen keine Resistenzgene gegen in der Human- und Veterinärmedizin eingesetzte Antibiotika enthält.

Gelangt das BAFU schließlich zum Schluss, dass die Voraussetzungen (vgl. Art. 38 Abs. 1 FrSV) für einen Freisetzungsversuch erfüllt sind, wird sie die Bewilligung erteilen und diese mit den erforderlichen Bedingungen und Auflagen zum Schutz des Menschen, der Umwelt, der biologischen Vielfalt und deren nachhaltiger Nutzung verknüpfen (vgl. Art. 38 Abs. 2 FrSV). Das BAFU überwacht in der Folge – allenfalls unter Einsetzung einer Begleitgruppe nach Art. 41 Abs. 2 FrSV – die Durchführung des Versuchs (Art. 41 Abs. 1 FrSV).

18.3.2 Deutsches Recht

Tade Matthias Spranger

Gentechnisch veränderte Organismen (GVO) sind in Deutschland im *Gentechnikgesetz* (GenTG) geregelt, welches mehrere EU-Richtlinien zum Gentechnikrecht umsetzt, wie etwa die *Freisetzungsrichtlinie* (Richtlinie 2001/18/EG des Europäischen Parlaments und des Rates vom 12. März 2001 über die absichtliche Freisetzung gentechnisch veränderter Organismen in die Umwelt). Daneben existiert eine Reihe von konkretisierenden Verordnungen (namentlich die *Gentechnik-Sicherheitsverordnung* in der Fassung der Bekanntmachung vom 14. März 1995 [BGBl. I S. 297], zuletzt geändert durch Art. 4 V.v. 18.12.2008 [BGBl. I S. 2768] oder die *Gentechnik-Verfahrensverordnung* in der Fassung der Bekanntmachung vom 4. November 1996 [BGBl. I S. 1657], zuletzt geändert durch Art. 1 der Verordnung vom 28. April 2008 [BGBl. I S. 766]).

Schutzwürdigkeit von Pflanzen

Das GenTG verfolgt unter anderem den Zweck, unter Berücksichtigung ethischer Werte Leben und Gesundheit von Menschen, die Umwelt in ihrem Wirkungsgefüge, Tiere, Pflanzen und Sachgüter vor schädlichen Auswirkungen gentechnischer Verfahren und Produkte zu schützen und Vorsorge gegen das Entstehen solcher Gefahren zu treffen (§ 1 Nr. 1 GenTG). Hierin verwirklicht sich das Vorsorgeprinzip, das unter anderem auch in spezifischen Anforderungen mit Blick auf das Inverkehrbringen konkretisiert wird (vgl. § 16b Abs. 1 GenTG). Darüber hinaus soll das Gesetz die Möglichkeit gewährleisten, dass Produkte, insbesondere Lebens- und Futtermittel, konventionell, ökologisch oder unter Einsatz gentechnisch veränderter Organismen erzeugt und in Verkehr gebracht werden können (§ 1 Nr. 2 GenTG); angestrebt wird hierdurch die sog.

Koexistenz gentechnologischer, konventioneller und ökologischer Landwirtschaft. Schließlich soll das GenTG den rechtlichen Rahmen für die Erforschung, Entwicklung, Nutzung und Förderung der wissenschaftlichen, technischen und wirtschaftlichen Möglichkeiten der *Gentechnik* schaffen (§ 1 Nr. 3 GenTG).

Das GenTG ist seinerseits auch im Lichte der sog. Staatszielbestimmung Umweltschutz zu sehen. Art. 20a GG bestimmt: Der Staat schützt auch in Verantwortung für die künftigen Generationen die natürlichen Lebensgrundlagen und die Tiere im Rahmen der verfassungsmäßigen Ordnung durch die Gesetzgebung und nach Maßgabe von Gesetz und Recht durch die vollziehende Gewalt und die Rechtsprechung. Das Bundesverfassungsgericht hob bereits in seinem Grundsatzurteil (BVerfGE 128, 1 ff.) zum Gentechnikrecht hervor, dass der Gesetzgeber im GenTG die unterschiedlichen verfassungsrechtlichen Interessen in einen gerechten Ausgleich zu bringen hat:

> „Angesichts einer hochkontroversen gesellschaftlichen Diskussion zwischen Befürwortern und Gegnern der Anwendung von Gentechnik bei Kulturpflanzen und eines noch nicht endgültig geklärten Erkenntnisstandes der Wissenschaft insbesondere bei der Beurteilung von Ursachenzusammenhängen und langfristigen Folgen eines solchen Einsatzes von Gentechnik trifft den Gesetzgeber auf diesem Gebiet eine besondere Sorgfaltspflicht. Der Gesetzgeber muss bei der Rechtsetzung nicht nur die von der Nutzung der Gentechnik einerseits und deren Regulierung andererseits betroffenen Interessen, welche insbesondere durch das Recht auf Leben und körperliche Unversehrtheit (Art. 2 Abs. 2 Satz 1 GG), die Freiheit der Wissenschaft (Art. 5 Abs. 3 Satz 1 GG), die Berufsfreiheit (Art. 12 Abs. 1 GG) und die Eigentumsgarantie (Art. 14 Abs. 1 GG) geschützt werden, in Ausgleich bringen. Sondern er hat gleichermaßen den in Art. 20a GG enthaltenen Auftrag zu beachten, auch in Verantwortung für die künftigen Generationen die natürlichen Lebensgrundlagen zu schützen [...]. Dieser Auftrag kann sowohl die Gefahrenabwehr als auch die Risikovorsorge gebieten. Zu den nach dieser Maßgabe von Art. 20a GG geschützten Umweltgütern gehören auch die Erhaltung der biologischen Vielfalt und die Sicherung eines artgerechten Lebens bedrohter Tier- und Pflanzenarten." (BVerfGE 128, 1 ff., Rn. 137).

Im Gegensatz zum schweizerischen Recht findet sich jedoch weder im deutschen Gentechnikgesetz noch in anderen Regelwerken eine gesetzliche Verankerung des Prinzips des Schutzes der Würde der Kreatur.

Forschung mit gentechnisch veränderten Pflanzen

Gentechnische Verfahren und Produkte i.S.v. § 1 Nr. 1 GenTG unterfallen einer strikten administrativen Überwachung (Ronellenfitsch 2008: § 8 Rn. 18). Hierzu gehört auch die Einrichtung der „Zentralen Kommission für die Biologische Sicherheit", die eine Beratungs- wie Prüfungsfunktion innehat (§ 4 GenTG). Im Übrigen hat sich der deutsche Gesetzgeber – der Vorgehensweise des Europäischen Gesetzgebers folgend – für eine dichotomische Regulierung entschieden: Die Vorgaben zu Arbeiten in sog. geschlossenen Systemen (§§ 7 ff. GenTG) werden so um Regelungen zur Freisetzung bzw. zum Inverkehrbringen von GVO (§ 14 ff. GenTG) ergänzt.

Um eine deutsche Besonderheit handelt es sich hingegen bei dem etablierten *Haftungsregime* nach § 32 GenTG, der eine Gefährdungshaftung (vgl. Lülling 1999: vor § 32, Rn. 7) begründet. Wird infolge von Eigenschaften eines Organismus, die auf gentechnischen Arbeiten beruhen, jemand getötet, sein Körper oder seine Gesundheit verletzt oder eine Sache beschädigt, so ist der Betreiber verpflichtet, den daraus entstehenden Schaden zu ersetzen (§ 32 Abs. 1 GenTG). Sind für denselben Schaden mehrere Betreiber zum Schadensersatz verpflichtet, so haften sie als Gesamtschuldner (§ 32 Abs. 2 Satz 1 GenTG). Diese verschuldensabhängige Haftung wird angereichert durch eine Ursachenvermutung: Ist der Schaden durch gentechnisch veränderte Organismen verursacht worden, so wird vermutet, dass er durch Eigenschaften dieser Organismen verursacht wurde, die auf gentechnischen Arbeiten beruhen (§ 34 Abs. 1 GenTG). Die Vermutung ist entkräftet, wenn es wahrscheinlich ist, dass der Schaden auf anderen Eigenschaften dieser Organismen beruht (§ 34 Abs. 2 GenTG). Dieses – durch das Europarecht nicht geforderte – Haftungsregime hat im Ergebnis dazu geführt, dass Arbeiten auf dem Gebiet der grünen Gentechnik in Deutschland weitgehend zum Erliegen gekommen sind.

Im vorliegenden Fallbeispiel soll das Resistenzverhalten von transgenem Weizen gegenüber natürlich vorkommendem Mehltau im Freiland getestet werden. Insoweit kommt eine Genehmigung nach § 14 Abs. 1 Nr. 1 GenTG in Betracht. Eine entsprechende Genehmigung muss nach § 16 Abs. 1 GenTG erteilt werden, wenn 1. die Voraussetzungen entsprechend § 11 Abs. 1 Nr. 1 und 2 vorliegen, 2. gewährleistet ist, dass alle nach dem Stand von Wissenschaft und Technik erforderlichen Sicherheitsvorkehrungen getroffen werden, und 3. nach dem Stand der Wissenschaft im Verhältnis zum Zweck der Freisetzung unvertretbare schädliche Einwirkungen auf die in § 1 Nr. 1 bezeichneten Rechtsgüter nicht zu erwarten sind. § 11 Abs. 1 Nr. 1 und 2 GenTG verlangen ihrerseits, dass keine Tatsachen vorliegen dürfen, aus denen sich Bedenken gegen die Zuverlässigkeit des Betreibers und der für die Errichtung sowie für die Leitung und die Beaufsichtigung des Betriebs der Anlage verantwortlichen Personen ergeben, und dass gewährleistet sein muss, dass der Projektleiter sowie der oder die Beauftragten für die Biologische Sicherheit die für ihre Aufgaben erforderliche Sachkunde besitzen und die ihnen obliegenden Verpflichtungen ständig erfüllen können.

18.3.3 Österreichisches Recht

Christian Kopetzki, Veronika Kögl

Auch in Österreich wäre die Studie mit transgenem Weizen in erster Linie nach dem *Gentechnikrecht* zu beurteilen, das – über weite Strecken unionsrechtlichen Vorgaben folgend – im Gentechnikgesetz (GTG) sowie in einer Vielzahl von Durchführungsverordnungen kodifiziert ist. Die Integration von Fragmenten weizenfremder Gene führt zur Entstehung eines gentechnisch veränderten Organismus (GVO): § 4 Ziff. 3 GTG definiert GVO als „Organismen, deren genetisches Material so verändert worden ist, wie dies unter natürlichen Bedingungen durch Kreuzen oder natürliche Rekombination oder andere herkömmliche Züchtungstechniken nicht vorkommt". Das trifft auf die im Fallbeispiel geschilderten Manipulationen des Weizens zu. Erklärtes Ziel des GTG ist es, sowohl den Menschen als auch die Umwelt vor schädlichen Auswirkungen zu schützen, die unmittelbar oder mittelbar durch GVO verursacht werden (näher § 1 GTG).

Schutzwürdigkeit von Pflanzen

Eine dem schweizerischen Verfassungsrecht vergleichbare Norm zum Schutz der „*Würde der Kreatur*", die sich auch auf Pflanzen anwenden ließe, gibt es in der österreichischen Bundesverfassung nicht. Die schon 1984 im Verfassungsrang beschlossene Staatszielbestimmung über den „*umfassenden Umweltschutz*" (BVG über den Umfassenden Umweltschutz, BGBl. 1984/491) bezweckte zwar die „Bewahrung der natürlichen Umwelt als Lebensgrundlage des Menschen vor schädlichen Einwirkungen", insbesondere durch „Maßnahmen zur Reinhaltung der Luft, des Wassers und des Bodens sowie zur Vermeidung von Störungen durch Lärm" (§ 1 Abs. 2). Durch die Verknüpfung des Umweltschutzes mit der „Lebensgrundlage des Menschen" wurde aber deutlich, dass auch Pflanzen als Teil der Umwelt nicht um ihrer selbst willen, sondern nur als Mittel für das Wohlergehen der Menschen geschützt sind. Mit dem Gedanken des „Würdeschutzes" und der damit verbundenen Zuerkennung eines moralischen Eigenwerts hat das nichts zu tun.

Das BVG Umweltschutz wurde im Sommer 2013 durch ein BVG „über die Nachhaltigkeit, den Tierschutz, den umfassenden Umweltschutz, die Sicherstellung der Wasser- und Lebensmittelversorgung und die Forschung" (BGBl. I 2013/111) ersetzt und wesentlich erweitert. In Bezug auf den Umweltschutz ist die Formulierung des Staatsziels freilich mit jener des bisherigen BVG Umweltschutz identisch (vgl. § 3), sie bezieht sich nach wie vor nur auf die Bewahrung wichtiger Umweltgüter (z.B: Wasser, Luft, Boden) „als Lebensgrundlage des Menschen", während das neu eingeführte Staatsziel des Tierschutzes (§ 2) explizit mit dem „Gebot eines sittlich verantworteten Umgangs mit dem Tier als fühlende[m] Wesen" begründet wurde (AB 2383 BlgNR 24. GP). Substanziell neu ist allerdings das verfassungsrechtliche „Prinzip der *Nachhaltigkeit* bei der Nutzung der natürlichen Ressourcen, um auch zukünftigen Generationen bestmögliche Lebensqualität zu gewährleisten" (§ 1). Was darunter – etwa mit Blick auf Pflanzen – genau zu verstehen ist, bleibt interpretationsbedürftig; die Erläuterungen sind wenig hilfreich (vgl. AB 2383 BlgNR 24. GP, wonach der „Begriff der Nachhaltigkeit im Sinne des anerkannten ‚Drei-Säulen-Modells' mit den Elementen Ökonomie, Ökologie und Soziales zu verstehen" sei). Auch das Spannungsverhältnis zu dem im selben BVG (und zusätzlich zur subjektivrechtlich geschützten *Forschungsfreiheit* als Grundrecht) verankerten Bekenntnis zur „Bedeutung der Grundlagenforschung und der angewandten Forschung" (§ 6) eröffnet schwierige Abwägungsszenarien, da die im neuen BVG aneinandergereihten Staatsziele und

„Bekenntnisse" potenziell gegenläufig zur Freiheit der Forschung sind (wie sich gerade auch im Fallbeispiel zeigt).

Auf einfachgesetzlicher Ebene bestehen mannigfaltige Bestimmungen zum Schutz der natürlichen Umwelt im Allgemeinen und der Pflanzen im Besonderen. Aus der umfangreichen und zwischen Bundes- und Landeskompetenzen zersplitterten Querschnittsmaterie des *Umweltrechts* sind etwa das *Forstrecht* (mit dem Ziel der Erhaltung des Waldes, der nachhaltigen Sicherung der Produktionskraft des Bodens und der Wirkungen des Waldes; § 1 ForstG 1975), das Umweltverträglichkeitsprüfungsgesetz (mit dem Ziel der Evaluierung von zu erwartenden Umweltauswirkungen) oder das *Naturschutzrecht* der neun Länder (mit dem Ziel des Schutzes der Vielfalt, Eigenart, Schönheit und des Erholungswertes der Natur, der wild lebenden Tier- und Pflanzenarten sowie eines funktionsfähigen Naturhaushaltes) einschließlich der regionalen Nationalparkgesetze zu erwähnen. Dem Schutz von Tier- und Pflanzenarten dienen überdies zahlreiche internationale Abkommen (z. B. die Alpenkonvention, BGBl. 1995/477, das Washingtoner Artenschutzabkommen, BGBl. 1982/188, oder das „Berner Abkommen" über die Erhaltung der europäischen wild lebenden Pflanzen und Tiere und ihrer natürlichen Lebensräume, BGBl. 1983/372) und europäische Richtlinien (z. B. die RL 92/43/EWG zur Erhaltung der natürlichen Lebensräume sowie der wild lebenden Tiere und Pflanzen, ABl. 1992 L 206/7). Im Großen und Ganzen haben aber auch die naturschutzrechtlichen Regelungen einen „anthropozentrischen" Charakter, der üblicherweise durch die Formulierung von der „Natur als Lebensgrundlage des Menschen" betont wird.

Das in unserem Fall einschlägige GTG geht darüber insoweit hinaus, als es – wenn auch beschränkt auf die Verwendung einer ganz bestimmten (gentechnologischen) Manipulationstechnik – neben dem Schutz der Gesundheit des Menschen und seiner Nachkommen auch den *Schutz der Umwelt und der Ökosysteme* gesondert anspricht (§ 1 GTG); Lebens- bzw. Gesundheitsschutz einerseits und Umweltschutz andererseits gelten daher im Kontext des GTG als gleichrangige Zielsetzungen, ebenso der Förderzweck des § 1 Ziff. 2, der die Anwendung der Gentechnik zum Wohl des Menschen immerhin als wünschenswertes Ziel formuliert. Dazu kommt, dass das GTG in besonderer Weise durch leitende (und durch einzelne Bestimmungen des GTG konkretisierte) Grundsätze angereichert ist (§ 3), die zwar weithin nur programmatischer Natur sind, aber in Zweifelsfragen als Interpretationshilfen heranzuziehen sind: Es sind dies das *Vorsorgeprinzip* (Arbeiten, Freisetzungen und Inverkehrbringen von GVO nur, wenn keine nachteiligen Folgen für die Sicherheit zu erwarten sind, § 3 Ziff. 1), das *Zukunftsprinzip* (keine unangemessenen Beschränkungen der Forschung auf dem Gebiet der Gentechnik und ihrer Umsetzung, § 3 Ziff. 2), das *Stufenprinzip* (Freisetzung von GVO nur stufenweise, wenn die Bewertung der vorhergehenden Stufe die Vereinbarkeit der nachfolgenden Stufe mit dem Vorsorgeprinzip ergibt, § 3 Ziff. 3), das *demokratische Prinzip* (Einbindung der Öffentlichkeit in die Vollziehung, Sicherstellung von Information und Transparenz, § 3 Ziff. 4) und das *ethische Prinzip* (Wahrung der Menschenwürde bei Genanalysen und Gentherapie; Verantwortung für Tier, Pflanze und Ökosystem, § 3 Ziff. 5). Der im ethischen Prinzip über die Humangenetik hinaus verankerte ökozentrische Ansatz schließt Flora und Fauna ein und bestätigt die Unabhängigkeit der ökologischen Verantwortung vom Gesundheitsschutz des Menschen. Ein individueller Würdeschutz von Pflanzen ist jedoch auch dem GTG fremd.

Forschung mit gentechnisch veränderten Pflanzen

Abgesehen von den hier nicht relevanten Abschnitten zur Humangenetik unterscheidet das GTG beim Umgang mit GVO zwischen *Arbeiten im geschlossenen System* (II. Abschnitt), der *Freisetzung* von GVO in die Umwelt (III. Abschnitt Teil A) und dem *Inverkehrbringen* gentechnisch veränderter Produkte an Dritte (III. Abschnitt Teil B). Für jede dieser Phasen sind unterschiedlich hohe materielle und prozedurale Hürden vorgesehen. Im Beispielfall geht es (noch) nicht um einen Markteintritt des gentechnisch veränderten Weizens, sondern zunächst um dessen Herstellung im Labor und in der Folge um dessen Freisetzung auf einem Testfeld für Studienzwecke. Es handelt sich daher in der ersten Phase um Arbeiten im geschlossenen System, in der zweiten Phase um eine Freisetzung. Der Umstand, dass die in Rede stehenden Vorgänge Teil eines Forschungsvorhabens sind, spielt für die inhaltlichen und verfahrensrechtlichen Vorgaben des GTG keine privilegierende Rolle.

Geht man davon aus, dass die Versuche im Labor von entsprechenden organisatorischen und technischen Sicherheitsmaßnahmen zur Verhinderung eines Umweltkontaktes begleitet sind und demnach ein „geschlossenes System" (§ 4 Ziff. 7) vorliegt, dann richtet sich die weitere Vorgangsweise im Wesentlichen nach dem Gefahrenpotenzial der intendierten Tätigkeiten, insb. nach der Zuordnung zu einer der vier Sicherheitsstufen des § 5 GTG; in Zweifelsfällen kann dies durch ein eigenständiges behördliches Feststellungsverfahren geklärt werden (§ 7 GTG). Arbeiten der Sicherheitsstufe 1 und 2 (kein und geringes Risiko für die Schutzgüter des § 1) sind grundsätzlich nur anmeldepflichtig; zuständig ist bei Arbeiten an wissenschaftlichen Hochschulen der Wissenschaftsminister, im Übrigen der Gesundheitsminister. Der Betreiber hat gemäß §§ 10 ff. GTG eine Reihe von Vorkehrungen zu treffen (z. B. Sicherheits- und Präventivmaßnahmen, Notfallpläne, Bestellung eines Projektleiters und eines Beauftragten für die biologische Sicherheit und anderes mehr). Liegen die gesetzlichen Voraussetzungen nicht vor, ist die Durchführung der Arbeiten von der Behörde zu untersagen. Bei Arbeiten der Sicherheitsstufen 3 und 4 (mäßiges oder hohes Risiko) ist eine vorangehende Genehmigung erforderlich.

Im Sinne des „*Stufenprinzips*" darf die anschließende Freisetzung des gentechnisch veränderten Weizens – sofern nicht jegliches Sicherheitsrisiko auszuschließen ist – nur schrittweise erfolgen, indem zuerst die Einschließung der GVO im geschlossenen System gelockert wird. Maßgeblich ist, dass die Bewertung der vorhergegangenen Stufe ergibt, dass die nachfolgende mit dem Vorsorgeprinzip vereinbar erscheint (§ 3 Ziff. 3 i.V.m. §§ 36 ff. GTG). Der Freisetzungsversuch ist zunächst im kleinen Ausmaß (im Beispielfall: Gewächshaus) durchzuführen, um die Gefahr einer unbegrenzten Verbreitung außerhalb des Versuchsbereichs stark herabzusetzen. Erst im nächsten Schritt kommt eine Ausweitung (im Beispielfall: Testfeld) in Betracht, da das Verhalten der Pilzresistenzen in gentechnisch verändertem Weizen und deren Wirksamkeit gegen die Pflanzenkrankheit Mehltau im Freiland untersucht werden soll.

Die Freisetzung des gentechnisch veränderten Weizens bedarf in jedem Fall einer behördlichen Genehmigung (§ 37 GTG). Dem Antrag sind umfangreiche Informationen (z. B. Informationen zur Beurteilung von Sofort- und Spätfolgen der GVO, zur Beurteilung von Auswirkungen auf die Sicherheit, über Kontrollmaßnahmen etc.) anzuschließen, deren Details in der Freisetzungs-Verordnung, BGBl. II 2005/260, geregelt sind. Eine Zusammenfassung des Antrags ist der Europäischen Kommission zu übermitteln (§ 39 Abs. 4 GTG). Zur Wahrung des demokratischen Prinzips und einer entsprechenden Publizität ist im Rahmen des Ermittlungsverfahrens auch ein Anhörungsverfahren durchzuführen, das zu einer breiten Öffentlichkeitsbeteiligung beiträgt und weiten Personenkreisen (Grundstückseigentümer, Nachbarn, Gemeinden, Länder) *Parteistellung* einräumt (näher § 39 Abs. 3, § 39a, § 43 GTG; vgl. auch die Anhörungs-Verordnung, BGBl. II 1997/61): Die (soweit nicht vertraulichen) Unterlagen betreffend den Freisetzungsantrag sind im Amtsblatt zur Wiener Zeitung, in zwei öffentlichen Tageszeitungen und an den Anschlagtafeln der betroffenen Gemeinden kundzumachen und während eines Zeitraumes von drei Wochen zur öffentlichen Einsichtnahme aufzulegen (§§ 43 Abs. 1 i.V.m. 105 GTG). In Folge steht es jedermann frei, dem Bundesminister innerhalb dieser Frist begründete Einwendungen schriftlich zu übermitteln (§ 43 GTG). Weiter ist ein Gutachten des wissenschaftlichen Ausschusses für Freisetzungen einzuholen. Die zuständige Behörde hat alle getroffenen Entscheidungen sowohl der Europäischen Kommission als auch dem Bundesland, in dessen Zuständigkeitsbereich die Freisetzung erfolgen soll, mitzuteilen und der Öffentlichkeit Informationen über die Freisetzungsgenehmigung im Internet zur Verfügung stellen (§ 40 Abs. 4 und 5 GTG).

Wenn die erforderlichen formellen und materiellen Voraussetzungen erfüllt und dem Stand von Wissenschaft und Technik entsprechende Vorkehrungen getroffen sind, hätte der Bundesminister die Freisetzung, allenfalls unter Auflagen und Bedingungen, zu genehmigen. Dabei wäre auch zu prüfen, ob das bloße Aufspannen eines Netzes über das Testfeld als ausreichende Maßnahme zur Verhinderung der Verbreitung des transgenen Weizens genügt oder ob weitere Sicherheitsmaßnahmen behördlich vorzuschreiben sind.

Ähnlich wie in Deutschland kennt auch das österreichische Gentechnikrecht eine der Höhe nach unbegrenzte verschuldensunabhängige *Gefährdungshaftung* für Arbeiten an GVO und Freisetzungen, die mit der besonderen Ungewissheit über Risikointensität und Wahrscheinlichkeit einer Schädigung begründet wurde (§§ 79a bis 79j GTG). Ansprüche, die von den „sonderprivatrechtlichen“ Haftungsregeln des GTG nicht erfasst sind, unterliegen weiterhin den allgemeinen Vorschriften des Zivilrechts und des Produkthaftungsrechts. In diesem Zusammenhang ist der Betreiber vor Erteilung der Genehmigung auch zur Erbringung eines Haftpflichtversicherungsnachweises verpflichtet (§ 40 Abs. 1 Ziff. 3 GTG).

Literatur und Materialien

Abbott A (2008) Swiss 'dignity' law is threat to plant biology. Nat 452(7190):919–919

Botschaft des Bundesrates vom 1. März 2000 zu einer Änderung des Bundesgesetzes über den Umweltschutz (USG), BBl 2000 2391

Botschaft des Bundesrates vom 1. Juli 2009 zur Änderung des Gentechnikgesetzes (Verlängerung des GVO-Moratoriums in der Landwirtschaft), BBl 2009 5435

Brülhart M (2003) Gentechnik und Haftpflicht, Vom rechtlichen Umgang mit Unsicherheit. Stämpfli, Bern

EKAH (2008) Bericht. Die Würde der Kreatur bei Pflanzen. Die moralische Berücksichtigung von Pflanzen um ihrer selbst willen. Bern

Errass C (2006) Öffentliches Recht der Gentechnologie im Ausserhumanbereich. Stämpfli, Bern

Haldemann F (2009) Verantwortung im Gentechnikrecht, Verfassungsrechtliche Betrachtungen zur Freisetzung gentechnisch veränderter Pflanzen. Helbing Lichtenhahn, Basel

Hediger C (2009) Die Haftungsbestimmungen des Gentechnikgesetzes (Art. 30–34 GTG), Beurteilung und Vergleich mit der Haftungsregelung des deutschen Gentechnikgesetzes. Schulthess, Zürich

Kerschner F, Lang E, Satzinger R, Wagner E (2007) Kommentar zum Gentechnikgesetz. Manz, Wien

Koechlin F (2009) The dignity of plants. Plant Signaling Behav 4(1):78–79

Kohler S (2004) Freisetzungen von gentechnisch veränderten Organismen in der Schweiz, Eine Studie zum neuen Gentechnikrecht im Ausserhumanbereich unter Berücksichtigung von übernationalen Rahmenbedingungen. vdf Hochschulverlag, St. Gallen

Kunzmann P (2009) The "dignity of the creature" and the question after the moral status of plants and animals with genetical interventions. J Consum Prot Food Saf 4(3–4):305–311

Lülling W (1999) In: Eberbach W, Lange P, Ronellenfitsch M (Hrsg.) Recht der Gentechnik und Biomedizin, Kommentar, 25. Ergänzungslieferung. Müller CF, Heidelberg

Mathis K (2012) Die „Würde der Kreatur" – Anmerkungen zu einem problematischen Begriff. In: Winiger B, Mahlmann M, Avramov P, Gailhofer P (Hrsg.) Recht und Verantwortung/Droit et responsabilité. Franz Steiner, Stuttgart

Melin A (2004) Genetic engineering and the moral status of non-human species. J Agric Environ Ethics 17(6):479–495

Odparlik S (2009) The Dignity of the Plants versus Genetics? J Cons Prot Food Saf 4 (3–4):367–375

Raschauer N, Wessely W (Hrsg.) (2010) Handbuch Umweltrecht, 2. Aufl., facultas WUV

Ronellenfitsch M (2008) In: Eberbach W, Lange P, Ronellenfitsch M (Hrsg.) Recht der Gentechnik und Biomedizin, Kommentar. 63. Ergänzungslieferung. Müller CF, Heidelberg

Schmithüsen B, Zachariae J (Hrsg.) Aspekte der Gentechnologie im Ausserhumanbereich. Schulthess, Zürich

Schweizer JR, Errass C, Kohler S (Hrsg.) Koexistenz der Produktion mit und ohne gentechnisch veränderte Organismen in der Landwirtschaft. Dike, Zürich, St. Gallen

Standardi A, Marin DI (2007) Plant Biotechnology and Ethics

Stelzer M, Schmiedecker K (2013) Gentechnikrecht. In: Holoubek M, Potacs M (Hrsg.) Öffentliches Wirtschaftsrecht, Bd. 2, 3. Aufl. Österreich, Wien, S. 665–722

Stelzer M (1996) Umfang der Öffentlichkeitsbeteiligung und Parteistellung im gentechnikrechtlichen Genehmigungsverfahren. Zeitschrift für Verwaltung 21:17–22

Stoecklin J (2006) Modern concept in biology on the nature of plants and their differences from animals. Mitteilungen der Naturforschenden Gesellschaften beider Basel 9:3–32

Straughan R (2000) Moral and ethical issues in plant biotechnology. Curr Opin Plant Biol 3 (2):163–165

The Intrinsic Value and Integrity of Plants in the Context of Genetic Engineering. A Discussion Document prepared for the Ifgene Workshop at the Goetheanum. Dornach, Switzerland, 9th–11th May 2001

Willemsen A (2008) The dignity of living beings with regard to plants

Isabell Büschel

19 Patente im Zusammenhang mit menschlichen embryonalen Stammzellen

Fallbeispiel

Ein renommierter Stammzellforscher reicht beim zuständigen Patentamt ein Gesuch ein auf Patentierung unreifer Zellen, welche die Fähigkeit besitzen, reife Zellen des Nervensystems zu bilden (sog. „neurale Vorläuferzellen"). Zudem möchte er das Verfahren zur Herstellung dieser Zellen aus menschlichen embryonalen Stammzellen und das Verfahren ihrer therapeutischen Verwendung patentieren lassen. Durch die Transplantation von neuralen Vorläuferzellen in das Nervensystem soll die Behandlung schwerer neurologischer Erkrankungen wie z. B. Alzheimer, Multiple Sklerose und insbesondere Parkinson ermöglicht werden.

Embryonale Stammzellen sind zur Herstellung von Zellen für Transplantationszwecke besonders gut geeignet, da sie pluripotent sind, d. h. die Fähigkeit besitzen, in alle Zell- und Gewebetypen in praktisch unbegrenzter Menge auszudifferenzieren. Ihre Gewinnung ist jedoch stark umstritten, da sie im Rahmen reproduktionsmedizinischer Verfahren (In-vitro-Fertilisation) die Zerstörung von sich entwicklungsfähigen menschlichen Embryonen im Blastozystenstadium (5 bis 6 Tage nach der Befruchtung) voraussetzt. Es handelt sich um sog. überzählige Embryonen, die der Wunschmutter nicht mehr implantiert werden können, sollte diese sie für Forschungs- bzw. Transplantationszwecke freigegeben haben.

19.1 Problemfelder

Begriffe

Unter „*Stammzellen*" versteht man „Zellen, die in allen Wirbeltieren einschließlich des Menschen anzutreffen sind. Sie spielen in den normalen Entwicklungs- und Regenerationsprozessen sowie bei der Wiederherstellung von geschädigtem Gewebe eine Rolle. Dies ist möglich aufgrund ihrer Teilungsfähigkeit, die beinhaltet, dass sie Zellen bilden können, die mit ihnen identisch sind, oder sich differenzieren können, sodass besondere Zelltypen entstehen" (EGE 2002: 4). Es handelt sich also um „alle nicht vollständig differenzierten Zellen eines Embryos, Fötus oder geborenen Individuums, die eine hohe Zellteilungsaktivität und ein (fast unbegrenztes) Potenzial zeigen, final ausdifferenzierte Zellen zu entwickeln" (Krauß und Engelhard 2003). Die medizinische Wissenschaft differenziert zwischen embryonalen, fötalen und adulten Stammzellen. *Embryonale Stammzellen* umfassen weiter totipotente und pluripotente Stammzellen, die sich durch das Entwicklungsstadium unterscheiden: Während erstere dazu fähig sind, sich zu einem vollständigen Individuum auszudifferenzieren, haben letztere die Eigenschaft, sich in mehr als 200 verschiedene Zelltypen zu entwickeln. Bei den *fötalen Stammzellen* handelt es sich um Stammzellen, die im Gewebe des Fötus und im Nabelschnurblut vorkommen. *Adulte oder somatische Stammzellen* sind solche, die im Organismus eines geborenen, auch eines erwachsenen Menschen vorhanden sind, deren Differenzierungspotenzial jedoch begrenzt ist (Krauß und Engelhard 2003)

Ein *Patent* schützt eine technische Erfindung und verleiht seinem Inhaber ein zeitlich begrenztes negatives Ausschließungsrecht (Krauß und Engelhard 2003). Wer ein Patent besitzt, hat demnach das Recht, andere daran zu hindern, die eigene Erfindung zu nutzen. Dadurch, dass der Erfinder für einige Jahre das ausschließliche Recht für die kommerzielle Nutzung seiner Erfindung erhält, besteht ein Anreiz zu technischer Innovation. Im Gegenzug ist der Patentrechtsinhaber verpflichtet, der Öffentlichkeit seine Forschungsergebnisse zur Verfügung zu stellen, wodurch er die Verbreitung seines Wissens ermöglicht. Anträge auf Patentierung von Lebewesen oder biologischem Material sind oft deshalb strittig, da geklärt werden muss, ob sie auf einer neuen Erfindung oder auf einer bloßen Entdeckung beruhen. Auch ist die gewerbliche Anwendbarkeit nicht immer gegeben. Es sei in diesem Zusammenhang verwiesen auf die Kontroverse um die Patente der Firma Myriad auf die „Brustkrebsgensequenzen" BRCA1 und BRCA2.

Verwendung menschlicher Embryonen für Forschung und Therapie

Im Fallbeispiel geht es darum, dass aus human-embryonalen Stammzellen neurale Zellen für Transplantationszwecke entwickelt und darauf Patente erteilt werden sollen. Die Entwicklung dieses Verfahrens setzt Forschung mit embryonalen Stammzellen voraus, welche ihrerseits aus menschlichen Embryonen gewonnen werden, wobei es zur *Zerstörung der Embryonen* kommt. Die Gewinnung von Stammzellen aus menschlichen Embryonen scheint hier aber nicht nur im Rahmen der Forschung, sondern auch im Rahmen der späteren medizinischen Anwendung der Forschungsergebnisse auf den Menschen erforderlich. Aus ethischer und rechtlicher Sicht ist zu fragen, ob und inwieweit die Gewinnung von human-embryonalen Stammzellen für wissenschaftliche und therapeutische Zwecke zulässig ist. Auf der einen Seite steht dabei die Schutzwürdigkeit des beginnenden menschlichen Lebens sowie das Verdinglichungsverbot, d.h. das Verbot, menschliches Leben zu einer bloßen Sache, einem Objekt der Technik, zu reduzieren. Auf der anderen Seite könnten biotechnologische Eingriffe in menschliches Leben durch wissenschaftliche und medizinische Vorteile gerechtfertigt sein. So geht es im Fallbeispiel um das Versprechen, mittels Nutzung embryonaler Stammzellen schwere neurologische Erkrankungen wie Alzheimer, Multiple Sklerose oder Parkinson zu behandeln.

Patentschutz für die Verwendung menschlicher Embryonen

Weiter wirft im Fallbeispiel die Patentierung grundlegende Fragen auf: Dürfen biotechnologische Erfindungen, mit denen menschliches Leben oder menschliche Zellen verwertet werden, patentiert und damit kommerziell genutzt werden? Allgemein ist die Gewährung von Patentschutz dadurch gerechtfertigt, dass dieser die geistige Schöpfung des Erfinders honoriert, den Erfinder für seinen Beitrag zugunsten des Allgemeinwohls belohnt, die Erfindungs-, Investitions- und Innovationstätigkeit der Industrie anspornt sowie die Offenbarung und Verbreitung technischen Wissens fördert (Machlup 1958, zitiert von Moufang 1993). Als Anreiz für erfinderische Tätigkeit ist der Patentschutz in der Tat ein bedeutender wirtschaftlicher Faktor, der auch großen Einfluss darauf hat, wie viel der Privatsektor, namentlich die pharmazeutische Industrie, in die Forschung investiert. Kritisch hinterfragt werden muss hingegen die Verknüpfung von wirtschaftlichen Interessen mit Bestandteilen des menschlichen Körpers, wie sie etwa bei der Patentierung von Zellen, Gensequenzen, Verfahren zur Herstellung von Zellen oder genetischen Testverfahren vorkommt. Denn sie birgt das Risiko einer maximalen Verdinglichung des menschlichen Körpers, indem dieser bzw. daraus gewonnene Produkte zum Gegenstand von Eigentumsrechten und damit der Kommerzialisierung zugänglich gemacht werden. Es ist fraglich, ob dies mit der Menschenwürde vereinbar ist.

19.2 Ethische Beurteilung

Inhalt jeder ethischen Beurteilung ist die Abwägung zwischen unterschiedlichen Werten. Es gibt daher keine „richtige" ethische Entscheidung, sondern nur eine Begrenzung der Anzahl ethisch vertretbarer Lösungen. Sowohl die Gewinnung von Zellen aus human-embryonalen Stammzellen für Forschungs- und Transplantationszwecke, als auch die Patentierung des Verfahrens werfen ethischen Bedenken auf, die dem potenziellen Nutzen des Verfahrens gegenüber zu stellen sind.

Verwendung menschlicher Embryonen für Forschung und Therapie

Bei der Gewinnung von Zellen aus human-embryonalen Stammzellen zum Zwecke der anschließenden Forschung und Transplantation werden menschliche Embryonen zerstört. Dagegen spricht das ethische Grundprinzip, nach welchem der Mensch als Zweck an sich selbst und nicht als bloßes Mittel für andere(s) existiert, so wie es Immanuel Kant in seinem praktischen Imperativ formuliert hat (Türk und Trutwin 1978). Während Konsens besteht, dass dieses Verdinglichungsverbot in Bezug auf Personen gilt, ist jedoch unsicher, ob es auch auf embryonales menschliches Leben anwendbar bzw. auf humanbiologisches Material auszuweiten ist. Ob menschlichen Embryonen ein gleichwertiger Status anzuerkennen ist wie geborenen Menschen, wird heftig diskutiert und ist in der Ethik nach wie vor umstritten (siehe dazu auch Fall 13 zur Embryonenforschung). Des Weiteren wirft diese Überlegung die Frage auf, inwiefern dem geborenen Menschen ein gesonderter Status und höherer Schutz gegen Verdinglichung zukommen soll als dem Menschen im Anfangsstadium bzw. anderen lebenden Organismen (z. B. Bakterien, Pflanzen, Tieren wie die Harvard-Onkomaus, welche sich besonders gut für Zwecke der Krebsforschung eignet).

Alternativ zur Gewinnung von neuralen Vorläuferzellen, welche die Vernichtung menschlicher Embryonen bedingt, könnte für therapeutische Zwecke allenfalls auf das Hirngewebe abortierter menschlicher Föten zurückgegriffen werden. Dieses Verfahren scheint ethisch insofern weniger bedenklich, als abortierte Föten biologisch nicht mehr entwicklungsfähig sind. Allerdings haben auch Embryonen in vitro, die nicht mehr in eine Gebärmutter eingepflanzt werden können (d. h. überzählige Embryonen), keine Überlebenschance mehr. Des Weiteren besteht die alternative Möglichkeit, Stammzellen aus Nabelschnurblut oder adulten Stammzellen zu gewinnen. Eine ethisch vertretbare Kompromisslösung könnte etwa darin bestehen, dem Modell Japans folgend Stammzellen aus Zellen erwachsener Menschen zu gewinnen, die fähig sind, zuzustimmen und deren Leben durch den Eingriff nicht in Gefahr gebracht wird. Als Beispiel genannt sei die Erteilung eines Patents an Professor und Nobelpreisträger *Yamanaka* für die von ihm (mit-)entwickelte Technologie zur Gewinnung pluripotenter menschlicher Stammzellen aus Zellen eines Erwachsenen, sog. „induzierte pluripotente Stammzellen" oder „iPS-Zellen" (Straus 2010).

Dieses Verfahren scheint unter ethischen Gesichtspunkten insofern eher vertretbar, als die Zustimmung der Mutter bzw. des Spenders eingeholt werden kann und es auf der Gewinnung von Zellen beruht, die vom Körper reproduziert oder ausgeschieden werden. Es handelt sich dabei um eine „Stammzellen-Spende" (Krauß und Engelhard 2003), die keine letalen Folgen hat. Fraglich bleibt jedoch, ob auf diese Weise der Bedarf gedeckt werden kann, der für eine allgemein zugängliche zelltherapeutische Behandlung erforderlich ist, und ob dieselben therapeutischen Wirkungen erzielt werden können.

Patentschutz für die Verwendung menschlicher Embryonen

Ergebnisse einer europäischen Studie zeigen, dass in einer pluralistischen Gesellschaft zu ethischen Aspekten der Patentierung von Erfindungen, die menschliche Stammzellen umfassen drei verschiedene Haltungen unterschieden werden können: 1. grundsätzlicher Widerstand gegenüber Forschung an Embryonen und demzufolge auch gegenüber der Patentierung, 2. Billigung der Forschung an Embryonen, aber Verurteilung der Patentierung, 3. Befürwortung von Embryonenforschung und Patentierung für medizinische Zwecke (EGE 2002).

Die Patentierung von Verfahren zur Gewinnung von Stammzellen dient dazu, die wissenschaftliche Forschung im Bereich der Transplantationsmedizin zu fördern. Ethische Bedenken bestehen einerseits darin, dass gewisse biotechnologische Verfahren das Risiko bergen, werdendes Leben zu zerstören. Kommt embryonalen Stammzellen Menschenwürdeschutz zu? Falls ja, gibt es einen Rechtfertigungsgrund dafür, die Würde werdenden Lebens gegen die Würde bestehenden Lebens abzuwägen? Andererseits muss hervorgehoben werden, dass allfällige Lizenzgebühren, die der Patentinhaber für die Nutzung seines Patents erhebt den Zugang zu Therapiemaßnahmen einschränken, was zu ethisch bedenklichen Ungleichbehandlungen in der medizinischen Versorgung führen kann. Folglich muss in die Abschätzung der ethischen Vertretbarkeit der Patentierung von therapeutischen Verfahren, welche auf der Verwendung von embryonalen Stammzellen beruhen einbezogen werden, ob diese die Zerstörung von entwicklungsfähigen oder nicht mehr entwicklungsfähigen Embryonen voraussetzt, aber auch welches die wirtschaftlichen Folgen der Patenterteilung sein werden.

19.3 Rechtliche Beurteilung

19.3.1 Schweizerisches Recht

Bernhard Rütsche

Verwendung menschlicher Embryonen für Forschung und Therapie

Die Forschung an überzähligen, aus reproduktionsmedizinischen Verfahren stammenden Embryonen sowie an daraus gewonnenen Stammzellen ist im *Stammzellenforschungsgesetz* (StFG) geregelt, während auf die Verwendung überzähliger Embryonen für therapeutische Zwecke das *Transplantationsgesetz* anwendbar ist (vgl. Art. 37–42 zum „Umgang mit embryonalen oder fötalen menschlichen Geweben oder Zellen"). Letzteres findet dabei sowohl auf die Verwendung von Embryonen im Rahmen klinischer Versuche als auch im Rahmen von Standardbehandlungen Anwendung. Da klinische Versuche ebenfalls Forschung im Sinne einer methodengeleitete Suche nach verallgemeinerbaren Erkenntnissen (vgl. Art. 3 Bst. a HFG) darstellen, ist davon auszugehen, dass auf klinische Versuche mit Embryonen bzw. embryonalen Stammzellen sowohl das Stammzellenforschungsgesetz als auch das Transplantationsgesetz anwendbar sind. Werden die Versuche jedoch nicht mit Embryonen selber oder mit embryonalen Stammzellen bzw. Stammzelllinien, sondern mit daraus hervorgegangenen Produkten (z. B. aus Stammzellen ausdifferenzierte Zellen) durchgeführt, kommt ausschließlich das Transplantationsgesetz zur Anwendung.

Während das Stammzellenforschungsgesetz die verbrauchende Forschung an überzähligen Embryonen selber grundsätzlich verbietet (vgl. Art. 3 Abs. 2 Bst. a StFG sowie Fallbeispiel 13), ist die *Gewinnung von Stammzellen* aus überzähligen Embryonen zur Forschungszwecken unter bestimmten Voraussetzungen erlaubt. Grundsätzlich dürfen gemäß Art. 3 Abs. 2 Bst. c StFG Stammzellen aus einem überzähligen Embryo bis zum siebten Tag seiner Entwicklung zum Zwecke der Forschung gewonnen werden. Die Gewinnung von embryonalen Stammzellen bedarf einer Bewilligung durch das Bundesamt für Gesundheit. Gemäß Art. 7 Abs. 2 StFG wird die Bewilligung erteilt, wenn für das Forschungsprojekt selber die befürwortende Stellungnahme der zuständigen Ethikkommission vorliegt, im Inland keine geeigneten embryonalen Stammzellen vorhanden sind und nicht mehr überzählige Embryonen gebraucht werden, als zur Gewinnung der embryonalen Stammzellen unbedingt erforderlich sind. Außerdem müssen die fachlichen und betrieblichen Voraussetzungen erfüllt sein.

Damit ein *Forschungsprojekt mit embryonalen Stammzellen* durchgeführt werden darf, müssen die Anforderungen gemäß Art. 12 StFG erfüllt sein. Demnach müssen mit dem Projekt wesentliche Erkenntnisse erlangt werden „im Hinblick auf die Feststellung, Behandlung oder Verhinderung schwerer Krankheiten des Menschen“ oder „über die Entwicklungsbiologie des Menschen“. Das verfolgte Forschungsziel muss somit hochrangig sein. Weiter ist vorausgesetzt, dass „gleichwertige Erkenntnisse nicht auch auf anderem Weg erlangt werden können“. Mit dieser Regelung sorgt das Stammzellenforschungsgesetz dafür, dass überzählige Embryonen nur dann für die Stammzellengewinnung verbraucht werden, wenn dies für die Durchführung eines bestimmten Forschungsprojekts unbedingt notwendig ist. Ferner muss das Projekt den „wissenschaftlichen Qualitätsanforderungen“ genügen sowie „ethisch vertretbar“ sein. Letzteres bedeutet, dass zwischen der Wichtigkeit des Forschungsziels und der Forschungsfreiheit einerseits und der Schutzwürdigkeit von Embryonen andererseits im Anwendungsfall durch die Ethikkommission eine Güterwägung gemacht werden muss (vgl. BBl 2003 1247).

Für die *Verwendung überzähliger Embryonen zu therapeutischen Zwecken* ist wie erwähnt das Transplantationsgesetz maßgebend. Danach dürfen überzählige Embryonen unter bestimmten Voraussetzungen, deren Vorliegen ebenfalls im Rahmen eines Bewilligungsverfahrens durch das Bundesamt für Gesundheit geprüft wird, für Transplantationen verwendet werden. Dabei verbietet das Transplantationsgesetz wie das Stammzellenforschungsgesetz, überzählige Embryonen nach dem siebten Tag ihrer Entwicklung künstlich am Leben zu erhalten, um ihnen Gewebe oder Zellen zu Transplantationszwecken zu entnehmen (Art. 37 Abs. 2 Bst. a Transplantationsgesetz). Bis zum siebten Tag ihrer Entwicklung dürfen überzählige Embryonen zu Transplantationszwecken verwendet werden, wenn die informierte Zustimmung des betroffenen Paars vorliegt (vgl. Art. 40 Transplantationsgesetz) und die in Art. 38 Transplantationsgesetz aufgezählten Bewilligungsvoraussetzungen erfüllt sind. Die Bewilligung kann entweder für einen klinischen Versuch oder für eine Standardbehandlung beantragt werden. In beiden Fällen wird die Bewilligung nur erteilt, wenn ein therapeutischer Nutzen erwartet werden kann bzw. nachgewiesen ist. Dies bedeutet insbesondere, dass Forschungsversuche, die dem bloßen Interesse der Wissenschaft dienen, sowie Behandlungen zu kosmetischen Zwecken oder mit dem Ziel einer Vitalisierung oder Verjüngung von gesunden Personen nicht bewilligt werden (BBl 2002 162).

Im *Fallbeispiel* geht es um die Gewinnung von Stammzellen aus überzähligen Embryonen zu Zwecken der Forschung und der späteren Anwendung auf den Menschen zwecks Behandlung schwerer Krankheiten. Diese Verwendungszwecke sind nach schweizerischem Recht grundsätzlich erlaubt, die entsprechenden Verfahren bedürfen aber einer Bewilligung. Die erforderlichen Bewilligungen werden erteilt, sofern der Gesuchsteller hinreichend darlegen kann, dass die Voraussetzungen gemäß Stammzellenforschungs- und Transplantationsgesetz erfüllt sind.

Patentschutz für die Verwendung menschlicher Embryonen

Die Schweiz hat sowohl das *TRIPS-Abkommen* von 1994 als auch das Europäische *Patentübereinkommen* von 2000 sowie dessen Ausführungsordnung ratifiziert. Diese Übereinkommen stellen grundsätzlich direkt anwendbare Staatsverträge dar. Keine Geltung hat dagegen die EU-Richtlinie von 1998 über den rechtlichen Schutz biotechnologischer Erfindungen sowie die gestützt darauf ergangene Praxis des Europäischen Gerichtshofs. Was das nationale Recht betrifft, sind in der Schweiz das *Patentgesetz* (PatG) und die dazugehörige *Patentverordnung* (PatV) maßgebend.

Gemäß Art. 1 Abs. 1 PatG werden Patente für „neue gewerblich anwendbare Erfindungen" erteilt (vgl. auch Art. 27 Abs. 1 TRIPS-Abkommen, Art. 52 Abs. 1 EPÜ 2000). Art. 1*a* und Art. 1*b* PatG konkretisieren den Begriff der Erfindung in Bezug auf den *menschlichen Körper und seiner Bestandteile* sowie *Gensequenzen*. Demnach ist der menschliche Körper als solcher in allen Phasen seiner Entstehung und Entwicklung, einschließlich des Embryos, nicht patentierbar. Ebenso wenig patentierbar ist eine natürlich vorkommende Gensequenz als solche. Dagegen sind Bestandteile des menschlichen Körpers grundsätzlich als Erfindungen patentierbar, wenn sie technisch bereitgestellt werden und ein technischer Nutzeffekt angegeben wird. Ebenso patentierbar sind Gensequenzen, die sich von einer natürlich vorkommenden Gensequenz ableiten, sofern sie technisch bereitgestellt werden und ihre Funktion konkret angegeben wird. Vorbehalten bleiben in allen Fällen die Ausschlussgründe gemäß Art. 2 PatG.

Art. 2 Abs. 1 PatG *schließt Erfindungen von der Patentierung aus*, deren Verwertung die Menschenwürde bzw. die Würde der Kreatur missachten oder auf andere Weise gegen die öffentliche Ordnung oder die guten Sitten verstoßen würde. Das Gesetz nennt zunächst in nicht abschließender Weise konkrete Erfindungen, deren Patentierung wegen *Verletzung der Menschenwürde oder der Würde der Kreatur* ausgeschlossen ist. Dazu gehören Verfahren zum Klonen menschlicher Lebewesen und die damit gewonnenen Klone (Bst. a), Verfahren zur Bildung von Mischwesen unter Verwendung menschlicher Keimzellen, menschlicher totipotenter Zellen oder menschlicher embryonaler Stammzellen und die damit gewonnenen Wesen (Bst. b), Verfahren der Parthenogenese unter Verwendung menschlichen Keimguts und die damit erzeugten Parthenoten (Bst. c), Verfahren zur Veränderung der in der Keimbahn enthaltenen Identität des menschlichen Lebewesens und die damit gewonnenen Keimbahnzellen (Bst. d), unveränderte menschliche embryonale Stammzellen und Stammzelllinien (Bst. e), die Verwendung menschlicher Embryonen zu nicht medizinischen Zwecken (Bst. f) sowie Verfahren zur Veränderung der genetischen Identität von Tieren, die geeignet sind, diesen Tieren Leiden zuzufügen, ohne durch überwiegende schutzwürdige Interessen gerechtfertigt zu sein, sowie die mit Hilfe solcher Verfahren erzeugten Tiere (Bst. g).

Mit Blick auf das *Fallbeispiel* sind zwei konkrete Ausschlussgründe gemäß Art. 2 Abs. 1 PatG relevant: Zunächst dürfen unveränderte menschliche embryonale Stammzellen und Stammzelllinien nicht patentiert werden (Bst. e). Umgekehrt bedeutet dies, dass veränderte menschliche embryonale Stammzellen und Stammzelllinien sowie daraus entwickelte Zellen patentierbar sind. Ebenso patentierbar sind die Verfahren zur Herstellung solcher Zellen. Vorausgesetzt ist immer, dass es sich um neue technische Erfindungen handelt, welche gewerblich anwendbar sind (Art. 1 Abs. 1 PatG). Zudem ist vorausgesetzt, dass die Zellen und die Verfahren zu deren Herstellung – wie im vorliegenden Fall – medizinischen Zwecken dienen, ist doch die Verwendung menschlicher Embryonen zu nicht medizinischen Zwecken von der Patentierung ausgeschlossen (Bst. f; vgl. BBl 2006 54 f.).

Weiter ist im vorliegenden Zusammenhang der Ausschlussgrund gemäß Art. 2 Abs. 2 PatG zu beachten. Demnach sind *Verfahren der Chirurgie, Therapie und Diagnostik*, die am menschlichen oder am tierischen Körper angewendet werden, von der Patentierung ausgeschlossen. Dies gilt allerdings nicht für Erzeugnisse, etwa pharmakologische Wirkstoffe oder gentechnische Produkte, die in solchen Verfahren angewendet werden oder die Heilzwecken dienen. Der Ausschlussgrund in Art. 2 Abs. 2 PatG ist sozialethisch motiviert. Der Gesetzgeber will damit einen möglichst freien Zugang zu Verfahren, die der Gesundheit von Mensch und Tier dienen, sichern (zum Ganzen BBl 2006 64). Im Fallbeispiel bedeutet dies, dass die therapeutische Verwendung der aus embryonalen Stammzellen hergestellten Zellen von der Patentierung ausgeschlossen ist.

19.3.2 Deutsches Recht

Tade Matthias Spranger

Verwendung menschlicher Embryonen für Forschung und Therapie

Das deutsche Recht definiert den *Embryobegriff* in § 8 Abs. 1 *Embryonenschutzgesetz* vergleichsweise weit: Als Embryo im Sinne dieses Gesetzes gilt bereits die befruchtete, entwicklungsfähige menschliche Eizelle vom Zeitpunkt der Kernverschmelzung an, ferner jede einem Embryo entnommene totipotente Zelle, die sich bei Vorliegen der dafür erforderlichen weiteren Voraussetzungen zu teilen und zu einem Individuum zu entwickeln vermag. Damit finden die diversen Restriktionen des dem Nebenstrafrecht zuzuordnenden Embryonenschutzgesetzes keine Anwendung auf humane embryonale Stammzellen, die „nur" pluripotent sind. Darüber hinaus erfasst das Embryonenschutzgesetz solche Handlungen nicht, die im Ausland stattgefunden haben.

Zwecks Schließung dieser Lücke wurde im Jahre 2002 das Gesetz zur Sicherstellung des Embryonenschutzes im Zusammenhang mit Einfuhr und Verwendung menschlicher embryonaler Stammzellen (*Stammzellgesetz*) verabschiedet. Zweck dieses Gesetzes ist es gemäß § 1, im Hinblick auf die staatliche Verpflichtung, die

Menschenwürde und das Recht auf Leben zu achten und zu schützen und die Freiheit der Forschung zu gewährleisten:

1. Die Einfuhr und die Verwendung embryonaler Stammzellen grundsätzlich zu verbieten,
2. Zu vermeiden, dass von Deutschland aus eine Gewinnung embryonaler Stammzellen oder eine Erzeugung von Embryonen zur Gewinnung embryonaler Stammzellen veranlasst wird, und
3. Die Voraussetzungen zu bestimmen, unter denen die Einfuhr und die Verwendung embryonaler Stammzellen ausnahmsweise zu Forschungszwecken zugelassen sind.

Das Stammzellgesetz musste bereits 2008 überarbeitet werden, weil sich herausgestellt hatte, dass die den deutschen Forschern zur Verfügung stehenden *Stammzelllinien* für sinnvolle Forschungsvorhaben größtenteils unbrauchbar waren. Ausschlaggebend hierfür war der Umstand, dass in Deutschland nur solche Zelllinien verwendet werden durften, die vor dem 1. Januar 2002 im Ausland gewonnen worden waren. Dieser Stichtag wurde mit der Änderung auf den 1. Mai 2007 verschoben. Darüber hinaus wurden die Bestimmungen zur Auslandsstrafbarkeit genauer gefasst, um die bei deutschen Stammzellforschern in Bezug auf internationale Forschungskooperationen und Ausbildungsmaßnahmen bestehende Verunsicherung zu beseitigen.

Die Zulässigkeit der Einfuhr und Verwendung humaner embryonaler Stammzellen richtet sich nach § 4 Stammzellgesetz. Hiernach gilt zunächst als Grundsatz, dass Einfuhr und Verwendung embryonaler Stammzellen *verboten* sind (§ 4 Abs. 1). Abweichend hiervon sind die Einfuhr und die Verwendung embryonaler Stammzellen zu Forschungszwecken jedoch unter Beachtung der administrativen Anforderungen des § 6 *zulässig*, wenn zur Überzeugung der Genehmigungsbehörde feststeht, dass

1. die embryonalen Stammzellen in Übereinstimmung mit der Rechtslage im Herkunftsland dort vor dem 1. Mai 2007 gewonnen wurden und in Kultur gehalten werden oder im Anschluss daran kryokonserviert gelagert werden (embryonale Stammzelllinie),
2. die Embryonen, aus denen sie gewonnen wurden, im Wege der medizinisch unterstützten extrakorporalen Befruchtung zum Zwecke der Herbeiführung einer Schwangerschaft erzeugt worden sind, sie endgültig nicht mehr für diesen Zweck verwendet wurden und keine Anhaltspunkte dafür vorliegen, dass dies aus Gründen erfolgte, die an den Embryonen selbst liegen, und
3. für die Überlassung der Embryonen zur Stammzellgewinnung kein Entgelt oder sonstiger geldwerter Vorteil gewährt oder versprochen wurde.

Zusätzlich dürfen der Einfuhr oder Verwendung der *embryonalen Stammzellen* sonstige gesetzliche Vorschriften, insbesondere solche des Embryonenschutzgesetzes, nicht entgegenstehen (§ 4 Abs. 2 Nr. 2). Die Genehmigung ist schließlich zu versagen, wenn die Gewinnung der embryonalen Stammzellen offensichtlich im Widerspruch zu tragenden Grundsätzen der deutschen Rechtsordnung erfolgt ist. Die Versagung kann nicht damit begründet werden, dass die Stammzellen aus menschlichen Embryonen gewonnen wurden (§ 4 Abs. 3).

Wer diese Hürden genommen hat, darf freilich nicht jedwede Forschung an den *importierten Zellen* betreiben. Vielmehr legt insoweit § 5 des Stammzellgesetzes die relevanten Eckdaten fest. Forschungsarbeiten an embryonalen Stammzellen dürfen demnach nur durchgeführt werden, wenn wissenschaftlich begründet dargelegt ist, dass sie hochrangigen Forschungszielen für den wissenschaftlichen Erkenntnisgewinn im Rahmen der Grundlagenforschung oder für die Erweiterung medizinischer Kenntnisse bei der Entwicklung diagnostischer, präventiver oder therapeutischer Verfahren zur Anwendung bei Menschen dienen. Darüber hinaus wird vorausgesetzt, dass nach dem anerkannten Stand von Wissenschaft und Technik die im Forschungsvorhaben vorgesehenen Fragestellungen so weit wie möglich bereits in In-vitro-Modellen mit tierischen Zellen oder in Tierversuchen vorgeklärt worden sind und der mit dem Forschungsvorhaben angestrebte wissenschaftliche Erkenntnisgewinn sich voraussichtlich nur mit embryonalen Stammzellen erreichen lässt. Die Spielräume für embryonale Stammzellforschung sind damit nicht nur im europäischen Kontext sehr eng gehalten.

Patentschutz für die Verwendung menschlicher Embryonen

Hinsichtlich der Patentierbarkeit von Verfahren, die menschliche Embryonen oder humane embryonale Stammzellen betreffen, ergeben sich die primären Anknüpfungspunkte zwar aus dem deutschen *Patentgesetz*. Aufgrund der nahezu wörtlichen Übernahme der Bestimmungen der sog. Biopatentrichtlinie (Richtlinie 98/44/EG) wurden jedoch die dort bereits angelegten begrifflichen Ungenauigkeiten und Unstimmigkeiten in das deutsche Recht importiert. Schwierigkeiten bereitet dabei insbesondere die Vorgabe des Art. 6 Abs. 2 Bst. c, demzufolge die Verwendung von menschlichen Embryonen zu industriellen oder kommerziellen Zwecken von der Patentierbarkeit ausgeschlossen ist. Im Fall *Oliver Brüstle gegen Greenpeace* sah sich der Bundesgerichtshof gezwungen, den normativen Gehalt dieser Bestimmung durch den Europäischen Gerichtshof (EuGH) als zuständigem Gericht weiter abklären zu lassen. Der EuGH nahm diese Vorlage zum Anlass, für patentrechtliche Fragen einen weitest möglichen *Embryobegriff* zu vertreten, der auf das Entwicklungspotenzial der betreffenden Entität abstellt (vgl. EuGH-Urteil [Große Kammer] vom 18. Oktober 2011). Dieses Vorgehen stößt nicht nur unter europarechtlichen Gesichtspunkten auf Bedenken, sondern blendet auch Verwerfungen zwischen einem naturwissenschaftlich-medizinischen und dem rechtlichen Potenzialitätsverständnis aus. Dass der Europäische Gerichtshof auch die spezifisch bioethische Auseinandersetzung um das Potenzialitätsargument unberücksichtigt lässt, sei hier nur am Rande erwähnt.

Das Brüstle-Urteil des EuGH ist bei Patentrechtlern auf einhellige *Ablehnung* gestoßen. Kritisiert wird unter anderem die völlige Ausblendung welthandelsrechtlicher Implikationen, aber auch die krasse Überdehnung überkommener *Patentierungsschranken:* So gilt eine Erfindung nach bislang unbestrittener Auffassung – und auch nach dem Wortlaut der Richtlinie 98/44/EG – nur dann als nicht patentierbar, wenn ihre gewerbliche Verwertung gegen die öffentliche Ordnung oder die guten Sitten verstößt (Art. 6 Abs. 1 der Richtlinie). Dass im vorliegend zu beurteilenden Fall die inkriminierte Handlung lange vor der Patentanmeldung stattgefunden hat und sich zudem auch unter anderen Gesichtspunkten nicht auf die gewerbliche Verwertung auswirkt, hält der EuGH schlicht für unbeachtlich.

Es würde im vorliegenden Kontext zu weit führen, sämtliche Implikationen des Urteils nachzuzeichnen oder auch nur eine umfassende Urteilskritik zu üben. Genügen mag daher der Hinweis, dass das Urteil von Kritikern humaner embryonaler Stammzellforschung weit über den patentrechtlichen Kontext hinaus instrumentalisiert wird, um entsprechende Forschungsmaßnahmen zu unterbinden. Paradigmatisch sind insoweit verschiedene Vorstöße, auf Grundlage des Urteils die Forschung mit humanen embryonalen Stammzellen von der europäischen Forschungsförderung auszunehmen.

Nach „Klärung" der dem EuGH vorgelegten Fragen hat der Bundesgerichtshof schließlich in seinem Urteil vom 27. November 2012 die wenigen noch verbliebenen Spielräume genutzt und unter anderem festgestellt, dass embryonale Stammzellen als solche keine Embryonen sind und dass Patente auf Grundlage von embryonalen Stammzellen möglich bleiben, wenn die betreffenden Zelllinien ohne Zerstörung von Embryonen oder aus nicht mehr entwicklungsfähigen Embryonen gewonnen wurden.

19.3.3 Österreichisches Recht

Christian Kopetzki

Da Österreich einerseits weder ein „Stammzell(forschungs)gesetz" noch ein „Embryonenschutzgesetz" kennt (vgl. Fallbeispiel 13), und andererseits auch die medizinische Humanforschung nicht systematisch geregelt ist, kann die rechtliche Zulässigkeit der Verwendung menschlicher embryonaler Stammzellen für Zwecke der Forschung nur aus der (mehr oder weniger erwünschten) „Nebenwirkung" von Gesetzen beurteilt werden, die im Grunde einen ganz anderen Regelungsschwerpunkt haben. Dafür bietet sich vor allem das *Fortpflanzungsmedizingesetz* (FMedG) an. Vergleichsweise präzise Bestimmungen bestehen hingegen für die therapeutische Verwendung humaner Zellen (Gewebesicherheitsrecht, Arzneimittelrecht) sowie deren Patentierung (Patentrecht).

Verwendung menschlicher Embryonen für Forschung und Therapie

Nach § 9 Abs. 1 FMedG dürfen *„entwicklungsfähige Zellen"* – das sind nach der eigentümlichen Legaldefinition des § 1 Abs. 3 FMedG „befruchtete Eizellen und daraus entwickelte Zellen" – „nicht für andere Zwecke als für medizinisch unterstützte Fortpflanzungen verwendet" werden. Durch diesen Ausschluss aller fortpflanzungsfremden Verwendungszwecke ist den Forschern jeglicher *Zugriff auf Embryonen*, die bei reproduktionsmedizinischen Verfahren „übrig" bleiben, rechtlich verboten. Dies gilt auch dann, wenn das Fernziel der Forschung in der künftigen therapeutischen bzw. reproduktionsmedizinischen Anwendung von Zellen liegt. Dieses *Forschungsverbot* war vom Gesetzgeber nicht nur beabsichtigt; zu seiner Absicherung wurden auch noch einige andere flankierende Bestimmungen (z. B. eine maximal zehnjährige Dauer der Aufbewahrung von Embryonen) getroffen. Im Lichte der grundrechtlich geschützten Forschungsfreiheit (Art. 17 StGG) bestehen gegen diese Regelung gravierende Bedenken, zumal völlig unklar bleibt, wer hier wogegen geschützt werden soll: Denn immerhin müssen diese „überzähligen" Embryonen nach Ablauf der Höchstfrist ohnehin vernichtet werden, da auch eine Weitergabe an fortpflanzungswillige Paare für Reproduktionszwecke („Embryonenspende") unzulässig ist (vgl. § 3 Abs. 3 FMedG). Von verfassungsrechtlich geschützten Rechtsgütern losgelöste ethische Bedenken gegen die Forschung mit embryonalen Zellen legitimieren für sich genommen noch keine Eingriffe in die Forschungsfreiheit.

Nach ganz herrschender Ansicht gilt dieses Verwendungsverbot allerdings nur für *totipotente* embryonale Zellen. Der Wortlaut des Gesetzes erfasst zwar auf den ersten Blick auch alle daraus hervorgegangenen Folgezellen (§ 1 Abs. 3 FMedG: „und daraus entwickelte Zellen"). Da dies jedoch auf den gesamten Menschen zutrifft (und dann jeglicher Umgang mit Körpersubstanzen unter den Geltungsanspruch des FMedG fiele), wird der Anwendungsbereich der Verbote des FMedG teleologisch reduziert und nur auf jene („totipotenten") Zellen bezogen, die sich noch zu einem ganzen Menschen entwickeln können. Daraus folgt, dass die *Verwendung pluripotenter embryonaler Zellen* in Österreich nicht in den Geltungsbereich des FMedG fällt (und daher sowohl für Zwecke der Forschung als auch der Therapie grundsätzlich erlaubt ist). Verboten ist lediglich die *Gewinnung* auf österreichischem Bundesgebiet. Der Import solcher pluripotenter Zellen unterliegt keinem Verbot; der Gesetzgeber hat – anders als in Deutschland – auch keine spezifischen Schranken für deren *Einfuhr* aufgestellt. Daher ist die Forschung mit pluripotenten embryonalen Stammzellen aus dem Ausland zulässig; sie findet auch statt. Da die Verbote des FMedG nur verwaltungsstrafrechtlich sanktioniert sind und das Verwaltungsstrafrecht keine Strafbarkeit der Beteiligung an Auslandstaten vorsieht, droht den damit befassten Forschern keine Bestrafung wegen Anstiftung oder Beihilfe bei der ausländischen „Materialgewinnung". Der Appell an den Grundsatz der „Menschenwürde" ändert an diesem Befund nichts: Weder kennt das österreichische Bundesverfassungsrecht eine explizite „Würdeklausel" noch sind parallele Garantien des Unionsrechts (z. B. Art. 1 GRC) in diesem Zusammenhang innerstaatlich unmittelbar anwendbar.

Besondere gesetzliche Regeln für die Forschung mit (importierten) pluripotenten embryonalen Zellen sind nicht ersichtlich; nicht einmal die Zuständigkeit der Ethikkommissionen ist plausibel begründbar. Sofern die Zellen hingegen für *therapeutische Zwecke* unmittelbar am Menschen (z. B. zur Stammzelltransplantation) verwendet werden sollen, greifen die umfassenden Bestimmungen des *Gewebesicherheitsgesetzes* (GSG). Das in Umsetzung der europäischen Gewebe-Richtlinien (insbesondere der

RL 2004/23/EG zur Festlegung von Qualitäts- und Sicherheitsstandards für die Spende, Beschaffung, Testung, Verarbeitung, Konservierung, Lagerung und Verteilung von menschlichen Geweben und Zellen) erlassene GSG betrifft allerdings nur die Qualitätssicherung sowie gewisse prozedurale und administrative Schutzvorkehrungen bei der Gewinnung und der weiteren Lagerung und Verarbeitung (z. B. Meldung von Entnahmeeinrichtungen; Bewilligung von Gewebebanken etc.); weitergehende Verwendungsverbote für bestimmte Kategorien von Zellen finden sich darin nicht. Eine (im weitesten Sinn) therapeutische Zellverwendung unterliegt überdies dem *Arzneimittelrecht*, da dann auch humane Zellen als „Arzneimittel" zu qualifizieren sind. Systematische klinische Studien wären „klinische Prüfungen" und müssten sich an die dafür geltenden strengen Bestimmungen halten. Nicht anwendbar ist hingegen das Organtransplantationsgesetz (OTPG); es gilt nur (mehr) für „Organe" im engeren Sinn.

Im Fallbeispiel wäre die Gewinnung der Zellen aus überzähligen Embryonen der Reproduktionsmedizin daher in Österreich nicht erlaubt, sehr wohl hingegen die Forschung mit importierten pluripotenten embryonalen Zellen aus dem Ausland. Spezielle Bewilligungsvorbehalte oder Verwendungsschranken gibt es nicht. Sobald eine therapeutische Verwendung unmittelbar am Menschen erfolgen soll, treten wesentlich engmaschigere Schutzbestimmungen nach dem Arzneimittelrecht (AMG) und dem Gewebesicherheitsrecht (GSG) hinzu.

Patentschutz für die Verwendung menschlicher Embryonen

In Bezug auf den Patentschutz für die Verwendung menschlicher Embryonen oder embryonaler Zellen entspricht die österreichische Rechtslage im Ergebnis grundsätzlich jener in Deutschland. Da das österreichische Patentgesetz den Kreis der patentierbaren biotechnologischen Erfindungen im Allgemeinen und die Ausnahmen hinsichtlich menschlicher Embryonen im Besonderen aus der europäischen Richtlinie 98/44/EG über den rechtlichen Schutz biotechnologischer Erfindungen übernommen hat (vgl. §§ 1–2 PatG), sind die vom EuGH im Fall Brüstle getroffenen Auslegungen bei unionsrechtskonformer Interpretation auch für das österreichische Recht heranzuziehen. Bemerkenswert ist, dass dies – jedenfalls in patentrechtlicher Hinsicht – auch für das vom EuGH vertretene weite Verständnis des Begriffs „*Embryo*" gilt, das sich nicht mit der Terminologie des Fortpflanzungsmedizinrechts deckt: In Folge des Brüstle-Urteils wären demnach nicht nur befruchtete Eizellen, sondern auch die durch *Kerntransfer oder Parthenogenese* hergestellten „Embryonen" vom Patentverbot umfasst, obwohl die beiden letztgenannten Zellen (mangels Subsumierbarkeit unter den Rechtsbegriff der „entwicklungsfähigen Zelle" i.S.d. § 1 Abs. 3 FMedG) nicht den Verwendungsverboten des FMedG unterliegen. Das trifft auch für Zellen zu, die durch die vorherige Zerstörung menschlicher Embryonen gewonnen wurden: Diese dürften zwar nach Österreich importiert werden; die Patentierung darauf basierender technischer Verfahren würde aber an den (unionsrechtlich im Sinne des EuGH auszulegenden) Patentierungshindernissen des § 2 PatG scheitern.

Ein Widerspruch zwischen nationalem und europäischem Recht liegt darin freilich nicht, weil die Frage der *Patentierbarkeit* bestimmter Zellen nichts mit der Frage der Zulässigkeit ihrer *Verwendung* zu tun hat: Das Patentrecht räumt seinem Inhaber nur das Recht ein, Dritte von der gewerblichen Anwendung seiner Erfindung auszuschließen, es regelt aber nicht die Zulässigkeit und Voraussetzungen der Anwendungen bestimmter Technologien. Der Ausschluss von der Patentierbarkeit führt also – entgegen manch voreiligen Schlussfolgerungen in der Literatur – nicht zu einem Anwendungsverbot. Die mangelnde Patentierbarkeit des Embryos vergrößert sogar die Handlungsspielräume Dritter, weil ihnen dann die wirtschaftliche Verwertung embryonaler Zellen unabhängig von fremden Patentansprüchen freisteht.

Literatur und Materialien

Baumgartner C et al. (Hrsg.) (2003) Patente am Leben?: ethische, rechtliche und politische Aspekte der Biopatentierung. Mentis, Paderborn

Botschaft des Bundesrates vom 12. September 2001 zum Bundesgesetz über die Transplantation von Organen, Geweben und Zellen (Transplantationsgesetz), BBl 2002 29

Botschaft des Bundesrates vom 20. November 2002 zum Bundesgesetz über die Forschung an überzähligen Embryonen und embryonalen Stammzellen (Embryonenforschungsgesetz, EFG), BBl 2003 1163

Botschaft des Bundesrates vom 23. November 2005 zur Änderung des Patentgesetzes und zum Bundesbeschlussüber die Genehmigung des Patentrechtsvertrags und der Ausführungsordnung, BBl 2006 1

Bürgin MT (2011) Wen oder was schützt der Embryonenschutz? Eine kritische Analyse des strafbewehrten Verbots der Forschung an menschlichen Embryonen im schweizerischen Stammzellenforschungsgesetz. Helbing Lichtenhahn, Basel

EGE (Europäische Gruppe für Ethik in Naturwissenschaften und neuen Technologien bei der Europäischen Kommission) (2002) Stellungnahme Nr. 16 vom 7.5.2002, Ethische Aspekte der Patentierung von Erfindungen im Zusammenhang mit menschlichen Stammzellen. http://ec.europa.eu/bepa/european-group-ethics/docs/avis16_de.pdf. Zugegriffen: 5. Sept. 2013

Ehlers J, Kinkeldey U (Hrsg.) (2012) Europäisches Patentübereinkommen, 2. Aufl. C.H. Beck, München

Flammer R (2002) Biotechnologische Erfindungen im Patentrecht. In: Kopetzki C, Mayer H (Hrsg.) Biotechnologie und Recht. Manz, Wien, S. 199–215

Kopetzki C (2002) Grundrechtliche Aspekte der Biotechnologie am Beispiel des „therapeutischen Klonens". In: Kopetzki C, Mayer H (Hrsg.) Biotechnologie und Recht. Manz, Wien, S. 15–66

Kopetzki C (2003) Rechtliche Aspekte des Embryonenschutzes. In: Körtner U, Kopetzki C (Hrsg.) Embryonenschutz – Hemmschuh für die Biomedizin? Manz, Wien, S. 51–72

Kopetzki C (2008) Stammzellforschung in Österreich – eine Bestandsaufnahme des geltenden Rechts. In: Körtner U, Kopetzki C (Hrsg.) Stammzellforschung. Ethische und rechtliche Aspekte. Springer, Wien, S. 269–296

Kopetzki, C (2009) Gewebesicherheitsrecht. Manz, Wien

Kopetzki C (2010) Muss Forschung „ethisch vertretbar" sein? In: Jabloner C, Kucsko-Stadlmayer G, Muzak G, Perthold-Stoitzner B, Stöger K (Hrsg.) Vom praktischen Wert der Methode. Festschrift Heinz Mayer. Manz, Wien, S. 253–274

Krauß J, Engelhard M (2003) Patente im Zusammenhang mit der menschlichen Stammzellforschung – ethische Aspekte und Übersicht über den Status der Diskussion in Europa und Deutschland. GRUR 2003, S. 985–993
Leischner A (2009) Die Gewinnung von Keimzellen zur medizinisch unterstützten Fortpflanzung. RdM 16:140–146
Machlup F (1961) An Economic Review of the Patent System, 1958 = Die wirtschaftlichen Grundlagen des Patentrechts. GRUR Int: 373 ff., 473 ff., 524 ff.
Morin E (1997) Of Mice and Men: The Ethics of Patenting Animals. Health L.J. 5:147
Moufang R (1993) Patentierung menschlicher Gene, Zellen und Körperteile? Zur ethischen Dimension des Patentrechts. GRUR Int: 439–450
Polster K (2011) Gewebesicherheitsrecht. Sicherheit bei der medizinischen Verwendung menschlicher Gewebe und Zellen. Springer, Wien
Rütsche B (2010) The role of human dignity in the Swiss legal system. Arguing for a dualistic notion of human dignity. J Int Bioéthique 21:83–91
Spranger TM (2007) Novellierungsbestrebungen zum Stammzellgesetz: Stichtagsregelung und alternative Modelle in der Perspektive von nationalem und übernationalem Recht. Jahrbuch für Wissenschaft und Ethik:319–349
Spranger TM (2009) EuGH-Vorlage des BGH zur Definition von Embryonen – Neurale Vorläuferzellen – Anmerkungen zum Beschluss des BGH vom 17. 12. 2009 – Xa ZR 58/07. In: LMK – Kommentierte BGH-Rechtsprechung Lindenmaier-Möhring. http://beck-online.beck.de
Spranger TM (2012) Annotation on Case C-34/10, Oliver Brüstle v. Greenpeace e.V., Judgment of the Court (Grand Chamber) of 18 October 2011. Common Market Law Review 2012:1197–1210
Straus J, Ganea P, Shin Y-C (Hrsg.) Patentschutz und Stammzellforschung: internationale und rechtsvergleichende Aspekte. Springer, Berlin
Straus J (2010) Zur Patentierung humaner embryonaler Stammzellen in Europa – Verwendet die Stammzellforschung menschliche Embryonen für industrielle oder kommerzielle Zwecke? GRUR Int 2010:911–923
Türk HJ, Trutwin W (1978) Philosophisches Kolleg. Anthropologie 4:32
Verdier-Büschel I (2012) Patentierbarkeit von human-embryonalen Stammzellen in Europa (Fall "Brüstle"), Zeitschrift für Lebensrecht 4:120–123
Vorwerk V. (2009) Patent und Ethik. GRUR 2009: 375–378
WIPO (2006) Bioethics and Patent Law: The Case of the Oncomouse. http://www.wipo.int/wipo magazine/en/2006/03/article_0006.html. Zugegriffen: 5. Sept. 2013
Zwiker-Stöckli K (2012) Patente auf DNA-Sequenzen: Funktion und Schutzbereich nach schweizerischem Recht, dem EPÜ und der Biotechnologie-Richtlinie. Stämpfli, Bern 2012

Markus Christen, Endre Bangerter

20 Informatisierung in der Medizin

Fallbeispiel

Der 60-jährige Herr X steht zur Wiederwahl als Stadtpräsident. Vor einigen Wochen besuchte er einen Neurologen, weil er das Gefühl hat, er vergesse wichtige Dinge. Dieser teilt ihm ein beunruhigendes Ergebnis mit: es finden sich Anzeichen einer demenziellen Erkrankung; Auswirkungen auf den Alltag sind aber nicht vor frühestens fünf Jahren zu erwarten, und Medikamente können das Voranschreiten der Krankheit verzögern. Der Neurologe speichert die Diagnose in das elektronischen Patientendossiers von Herrn X, damit dieser die Information für die Therapieplanung zur Hand hat. Herr X ist sich der Brisanz dieser Information angesichts des Wahlkampfes bewusst. Entsprechend sperrt er in seinem elektronischen Patientendossier seinen Ärzten das Einsichtsrecht in die Diagnose, er will erst nach seiner (erhofften) Wiederwahl das Thema angehen. Doch Herr X weiss nicht, dass sein Computer kürzlich gezielt angegriffen und mit einem Trojaner infiziert wurde. Der Trojaner speichert alle auf dem Bildschirm des befallenen Computers gezeigten Informationen und übermittelt diese dem Computer des Angreifers. Wenige Tage später erhält Herr X in offensichtlich erpresserischer Absicht eine anonyme E-Mail mit einem angehängten Screenshot der Demenz-Diagnose.

20.1 Problemfelder

Informations- und Kommunikationstechnologie (ICT) hat seit den 1970er Jahren unzählige Prozesse im Alltag der Menschen verändert – so auch in der Medizin (Levy 1977). Beispiele sind die Digitalisierung der Informationsflüsse (z. B. *electronic health records*; Häyrinen et al. 2008), drahtlos gesteuerte medizintechnische Systeme (z. B. Implantate, Carranza et al. 2011) oder die Nutzung „intelligenter" technischer Systeme (z. B. Roboter, Ponnusamy et al. 2011). Wir beschränken uns auf die sog. „*eHealth*". Diese beinhaltet (Black et al. 2011): 1. Technologien zur Speicherung, zum Umgang und zur Übertragung von Daten; 2. (Experten-)Systeme zur Unterstützung klinischer Entscheide; 3. Telemedizin. Unser Fallbeispiel gehört in den ersten Bereich. Der Umgang mit medizinischen Daten stellt dabei ethische Fragen, die über die herkömmliche Datenschutz-Diskussion hinausgehen und angesichts der umfangreichen Förderung von *eHealth* vermehrt Gewicht erhalten. Beispiele solcher Initiativen sind die *Strategie eHealth Schweiz* (www.e-health-suisse.ch), die (private) elektronische Gesundheitsakte für Patienten (z. B. www.gesundheitsakte.de) und die elektronische Fallakte für Ärzte (www.fallakte.de) in Deutschland sowie die nationale elektronische Gesundheitsakte (www.elga.gv.at) in Österreich. Auf EU-Ebene wird mit der Richtlinie 2011/24/EU über Patientenrechte in der grenzüberschreitenden Gesundheitsversorgung die

Schaffung eines zentralen europäischen Gesundheitsakten-Systems noch vor dem Jahr 2020 angestrebt.

Solche Systeme bringen zwei Veränderungen mit sich: 1. Man kann ortsunabhängig auf medizinische Information zugreifen; 2. auch der Patient kann diese Information einsehen. So soll das elektronische Patientendossier in der Schweiz es jeder Person ermöglichen, bis zum Jahr 2015 den Fachleuten ihrer Wahl unabhängig von Ort und Zeit relevante medizinische Informationen über ihre Person zugänglich machen zu können. Diese Digitalisierung von Informationsprozessen ist mit folgenden Problemfeldern verbunden:

1. *Informationssicherheit*: Die Digitalisierung und Speicherung medizinischer Information soll es erlauben, dass für Diagnose und Therapie relevante Informationen einfach verfügbar sind und nicht verloren gehen. Dieses Ziel stellt automatisch die Folgefrage nach der Sicherung dieser Information vor unbefugtem Zugriff (Kierkegaard 2011).
2. *Informationsnutzung*: Die in medizinische Prozesse eingebundenen Beteiligten (Patient, Arzt, Spital, Versicherer, etc.) haben unterschiedliche Interessen an den digitalisierten Informationen. Dies stellt Fragen nach Zugriffsrechten, Anonymisierung etc.
3. *Informationsverzerrung*: Die Digitalisierung von Informationsflüssen geht mit Standardisierungen einher. Bei bestimmten technischen Umsetzungen kann dies dazu führen, dass Informationen verzerrend dargestellt werden.
4. *Aufwand-Ertrag-Abschätzung der Informatisierung*: Die Schaffung elektronischer Gesundheitsdienste ist ressourcenintensiv und mit hohen Erwartungen verbunden. Es stellt sich Frage, ob Aufwand und Ertrag den Erwartungen entsprechen.
5. *Nichtintendierte Effekte der Informatisierung*: Die Möglichkeiten, die elektronische Patientendossiers bieten, können unbeabsichtigte Nebeneffekte haben.

Diese Problemfelder werden nachfolgend in ethischer und rechtlicher Hinsicht diskutiert, wobei wir vor allem dem Punkt Informationssicherheit Gewicht geben.

20.2 Ethische Beurteilung

Die Digitalisierung medizinischer Informationen hat diverse Vorteile, die bei einer ethischen Beurteilung der Sachlage berücksichtigt werden müssen. Beispielsweise zeigen erste Erfahrungen im Rahmen von *eHealth Schweiz*, dass insbesondere chronisch Kranke die neuen Möglichkeiten elektronischer Patientenakten sehr schätzen (Holm J, persönliche Mitteilung vom 27.07.2012). Wir diskutieren nachfolgend im Sinne einer *worst-case*-Abschätzung Probleme, die die unterschiedlichen *eHealth*-Systeme mit sich bringen können.

Informationssicherheit

Unzweifelhaft haben Informationen über den Gesundheitsstatus von Personen einen hohen ethischen Schutzwert. Sie betreffen das Selbstverständnis einer Person, aber auch ihr sozialer Status hängt von solchen Informationen ab (z. B. bei einer Stellenbewerbung). Entsprechend unterliegen medizinische Informationen (z. B. Wissen über genetische Krankheitsdispositionen) in rechtlicher Hinsicht hohen Datenschutzanforderungen, die nur in Ausnahmefällen (z. B. bei Epidemien) übergangen werden dürfen. So ist unbestritten, dass dem Datenschutz und der Privacy (das Recht, dass eine Person die Verbreitung der sie betreffenden Information selbst kontrollieren darf) in ethischer Hinsicht eine zentrale Rolle zukommen. Die Digitalisierung medizinischer Information zwecks vereinfachter Verfügbarkeit erschwert aber den Datenschutz. Der Grund dafür ist bekannt: Man kann mit viel Aufwand zentrale Server sehr sicher machen, im Allgemeinen aber nicht die Rechner der Endnutzer (also Ärzte und Patienten). Der Grund hierfür ist, dass – angesichts der Vielzahl an Angriffs-Strategien mittels Schadsoftware (*malware*) – Computer von Endnutzern nicht ausreichend vor Datendiebstahl geschützt werden, da dies den Endnutzer technisch schlicht überfordert (Blunden 2012; Zeltser 2012).

Wie groß das Risiko eines Angriffs ist, hängt vom Wert der Information ab, bzw. dem Anreiz eines potenziellen Angreifers, sich dieser Information unbefugt zu bemächtigen. Die Gewährleistung von Sicherheit ergibt sich demnach als *trade-off* zwischen den Kosten für den Schutz der Information und den Kosten, die aus einem erfolgreichen Angriff resultieren. Entsprechend sind die Schutzvorrichtungen für zentrale Serversysteme sehr hoch – Bankenrechner beispielsweise gelten als praktisch unangreifbar, zumal ein erfolgreicher Angriff potenziell die Kontendaten tausender Kunden betreffen würde. Analog muss von den Servern für die elektronischen Patientendossiers ein vergleichbares Schutzniveau gefordert werden. Dies kann technisch (mit hohem Aufwand) erfüllt werden (siehe z. B. Agrawal und Johnson 2007). In dieser Hinsicht ergeben sich keine neuen Fragen, wenn medizinische Informationen digitalisiert werden.

Die Sachlage ändert sich, wenn es um den Endnutzer geht, wie der Vergleich zum Online Banking zeigt. Hier kommt es nicht selten zu erfolgreichen Angriffen auf Konten, die (in Abhängigkeit von der Rechtslage im jeweiligen Land) in der Regel diskret „korrigiert" werden, um das Vertrauen in das System und damit dessen Effizienz nicht zu schädigen (Moore und Anderson 2012). Die Vorteile des Systems (geringe Kosten von online-Transaktionen) überwiegen die Verluste durch kriminelle Angriffe. In ethischer Hinsicht relevant ist dabei insbesondere, dass man bei solchen Angriffen den Schaden rückgängig machen kann. Im Fall von Gesundheitsinformationen greift dieses Argument aber nicht mehr, wie das Fallbeispiel verdeutlicht. Relevant ist hier die Information selbst (z. B. Erpressungswert des Wissens über eine Krankheit) und nicht, was damit gemacht werden kann (z. B. Konto plündern). Angriffe auf *eHealth*-Daten mögen derzeit zwar noch hypothetisch sein, Angriffe auf Kontodaten und Kreditkarteninformationen sowie „Identitätsdiebstahl" bilden derzeit noch den Regelfall. Doch die Erfahrung zeigt, dass Kriminelle rasch neue Betätigungsfelder finden.

Aktuell sind Angriffe mit sog. Ransomware, Schadsoftware, welche zu erpresserischen Zwecken den Computer sperrt. Dabei erscheint ein Fenster mit einer scheinbar offiziellen Nachricht, in der der Computerbenutzer aufgefordert wird, Bußgelder zu bezahlen, da sich auf seinem Computer illegales Material befinde (Melani 2011). Angesichts des hohen erpresserischen Wertes von Gesundheitsinformationen sind analoge Angriffs-Szenarien denkbar.

Kurz anzusprechen ist auch das Risiko der Manipulation von Information durch Angriffe auf Computer von Nutzern mit Schreibrechten für Daten (also z. B. bei elektronischen Patientendossiers der Computer des Arztes). Ein solcher Fall ist denkbar, aber unwahrscheinlicher, weil der Angriff komplizierter (man muss z. B. herausfinden, welchen Arzt ein bestimmter Patient hat) und der Erfolg unsicher ist.

Informationsnutzung

Die in medizinische Prozesse eingebundenen Beteiligten haben unterschiedliche Interessen an digital erfassten Gesundheitsinformationen: Der Arzt will Informationen, die präzise den medizinischen Sachverhalt darlegen, um darauf gestützt Entscheidungen über Diagnose und Therapie fällen zu können. Das Spital benötigt Informationen für Planungs- und Budgetierungsentscheidungen und zur Rechtfertigung der eigenen Tätigkeit gegenüber z. B. politischen Instanzen. Krankenversicherungen wollen Informationen für längerfristige Planungen (z. B. Prämienbestimmung) – aber auch zur gezielten Suche kostengünstiger Patienten. Der Patient schließlich wünscht verständliche Informationen. Diese unterschiedlichen Ansprüche gehen mit jeweils spezifischen Erfordernissen einher: So muss beispielsweise die Information für den Arzt klar einer Person zugeordnet sein, während Informationen für statistische Auswertungen durch Spitäler oder Versicherungen anonymisiert sind.

Diesen Erfordernissen trägt man dadurch Rechnung, indem Datenerhebung und -speicherung durch unterschiedliche Kanäle geschehen. Der zunehmende Druck z. B. aus Effizienzgründen entsprechende Informationskanäle und Datenbanken zusammenzulegen, kann aber diese Grenzen verwischen. Die ethische Forderung besteht hier darin, dass durch geeignete technische Maßnahmen solche „Grenzüberschreitungen“ weitgehend ausgeschlossen werden können, d. h. Daten und Identifikationsmerkmale getrennt und unterschiedliche Pseudonyme für unterschiedliche Datenbanken verwendet werden.

Informationsverzerrung

Ziel der Digitalisierung von Informationsflüssen ist es, medizinische Informationen möglichst einfach zugänglich zu machen, was unzweifelhaft ein Vorteil ist und nachweislich Fehler z. B. durch nicht lesbare Handschriften reduziert. Paradoxerweise kann dies aber eine Verzerrung von Information zur Folge haben. Im Fall der *electronic health records* in den USA sind solche Effekte diskutiert worden (Greenhalgh et al. 2009), was zum einen mit der konkreten Art der Ausgestaltung der Eingabe-

Templates zu tun hat, zum anderen aber auch mit der veränderten Praxis der Abspeicherung von Information (z. B. standardisierte Eingabeboxen anstelle von handschriftlichen Notizen). Solche Zusammenhänge zwischen Medium und Botschaft wurden ausführlich im Rahmen der Toronto School of Communication Theory diskutiert (Watson und Blondheim 2008).

In ethischer Hinsicht ist klar, dass Verzerrung diagnose- und therapierelevanter Information vermieden werden muss. Entsprechend ist die technische Ausgestaltung so zu wählen, dass möglichst viel Information Template-Ungebunden (Freitextfeld) eingegeben werden kann. Dem wird beispielsweise bei den elektronischen Patientendossiers in der Schweiz Rechnung getragen – zweifellos ein Vorteil im Vergleich zu den stärker standardisierten Verfahren in den USA. Da aber Digitalisierung von Informationsflüssen dennoch einen Standardisierungseffekt hat, ist in ethischer Hinsicht zu fordern, dass digitalisierte Gesundheitsinformationen nicht zu einer generellen „Automatisierung" von medizinischen Prozessen führen dürfen. Der direkte Kontakt Arzt-Patient muss im Zentrum sein und entsprechende zeitliche Ressourcen müssen dafür reserviert werden.

Aufwand und Ertrag der Informatisierung

Die Digitalisierung der Informationsflüsse in der Medizin wird begleitet von Effizienzversprechungen, die angesichts der milliardenschweren Investitionen – England beispielsweise investierte jüngst 12.7 Milliarden Pfund in ein *National Programme for Information Technology* für den *National Health Service* (Greenhalgh et al. 2011), die US-Regierung stellte für ein vergleichbares Projekt 38 Milliarden US-Dollar zur Verfügung (Catwell und Sheikh 2009) – nicht verwundern. Allerdings ist trotz einer beachtlichen Literatur, welche den Effekt solcher Interventionen untersucht, die empirische Evidenz für positive Effekte erstaunlich gering (Black et al. 2011) und der Zeithorizont für eine Amortisierung der Investition wird auf 10 Jahre und mehr veranschlagt (Shekelle et al. 2006). Dies stellt die sozialethische Frage nach der Begründung solcher Investitionen angesichts der bekannten Finanzierungsprobleme des Gesundheitswesens. Eine solche Aufwand-Ertrag-Analyse sollte sich dabei nicht nur auf die Anfangsinvestition beschränken, sondern auch Effekte auf den Berufsalltag der Beteiligten beachten. Die oft beklagte „Bürokratisierung" des Arbeitsalltags in der Klinik kann gewiss nicht nur auf die Digitalisierung der Informationsflüsse zurückgeführt werden. Dennoch zeigen Untersuchungen praktische Schwierigkeiten, die in der Umsetzung großer *eHealth*-Initiative verbunden sind (z. B. Greenhalgh et al. 2011).

Nichtintendierte Effekte der Informatisierung

Eingriffe in die Abläufe des medizinischen Handelns – und die Digitalisierung der Informationsflüsse ist ein solcher Eingriff – können nichtintendierte Nebeneffekte haben. Beispielsweise kann die Verfügbarkeit medizinischer Information Einfluss auf Vertrauensverhältnisse des Patienten mit Dritten haben, weil damit ein sozialer Druck zur Offenlegung verbunden sein kann. Wie genau mit solchen Situationen umzugehen ist, kann derzeit nur schwer beurteilt werden. Doch die Digitalisierung medizinischer Information – und damit auch die Explizierung der Informationsflüsse – dürfte das Vertrauen zwischen Personen, die in medizinische Prozesse eingebunden sind (Arzt-Patient, Arzt-Spitalmanagement, etc.), beeinflussen – positiv, aber eventuell auch negativ, denn Vertrauen drückt sich gerade in der Medizin dadurch aus, dass auf verantwortliche Weise mit sensibler Information umgegangen wird.

Ethische Empfehlungen

Im Licht obiger Erörterungen ergeben sich für das Fallbeispiele folgende konkrete Empfehlungen:

1. *Sorgfaltspflichten:* Werden Dienstleistungen der eHealth genutzt, so müssen die beteiligten Endnutzer – also insbesondere Ärzte und Patienten – sich der „elektronischen Risiken" bewusst sein und bestehende Schutzmöglichkeiten müssen konsequent genutzt werden. So sollten beispielsweise Computer in Arztpraxen nicht für das „surfen" auf dem Internet genutzt werden, um Infektionen des Rechners mit malware zu vermeiden.
2. *Informationspflicht:* Bei Dienstleistungen wie dem elektronischen Patientendossier muss vonseiten der Anbieter klar kommuniziert werden, dass diese Information nicht umfassend geschützt werden kann. Der Wunsch nach Effizienzsteigerung muss zurücktreten, d. h. man muss in Kauf nehmen, dass durch die Kommunikation der Sicherheitsproblematik weniger Personen das System nutzen.

Generell muss die Thematik Informationssicherheit und Privacy im Kontext der Medizin in der medizinethischen Debatte an Gewicht gewinnen, denn angesichts der enormen Möglichkeiten im *data mining*, sie sich durch die deutlich gewachsene Verfügbarkeit elektronischer Informationen sowie des veränderten Nutzerverhalten (z. B. soziale Netzwerke, in denen Patienten persönliche medizinische Informationen ablegen) ergeben, wird der Schutz dieser Werte in der Informationsgesellschaft zu einer zentralen Herausforderung (Van den Hoven et al. 2012; Vayena et al. 2012).

Literatur und Materialien

Agrawal R, Johnson C (2007) Securing electronic health records without impeding the flow of information. Intern J Med Inform 76:471–479

Black AD, Car J, Pagliari C, Anandan C, Cresswell K, Bokun T et al. (2011) The Impact of eHealth on the Quality and Safety of Health Care: A Systematic Overview. PLoS Med 8(1):e1000387

Blunden B (2012) The Rootkit Arsenal: Escape and Evasion in the Dark Corners of the System, 2. Aufl. Jones & Bartlett, Burlington

Carranza N, Febles V, Hernández JA, Bardasano JL, Monteagudo JL et al. (2011) Patient safety and electromagnetic protection: a review. Health Phys 100(5):530–541

Catwell L, Sheikh A (2009) Evaluating eHealth interventions. PLoS Med 6:e1000126

Greenhalgh T, Potts HWW, Wong G, Bark P, Swinglehurst D (2009) Tensions and Paradoxes in Electronic Patient Record Research: A Systematic Literature Review Using the Meta-narrative Method. Milbank Q 87(4):729–788

Greenhalgh T, Russell J, Ashcroft RE, Parsons W. (2011) Why National eHealth Programs Need Dead Philosophers: Wittgensteinian Reflections on Policymakers' Reluctance to Learn from History. Milbank Q 89(4):533–563

Häyrinen K, Saranto K, Nykänen P (2008) Definition, structure, content, use and impacts of electronic health records: a review of the research literature. Intern J Med Inf 77(5):291–304

Kierkegaard P (2011) Electronic health record: Wiring Europe's healthcare. Comp Law Secur Rev 27, S. 503–515

Levy AH (1977) Is informatics a basic medical science? In: Shires DB, Wolf H (Hrsg.) Proceedings of the Second World Conference on Medical Informatics. Toronto, August 18–22. IFIP World Conf Ser Med Inf: 979–981

Melani (2011) Halbjahresbericht 2011/2. Melde- und Analysestelle Informationssicherung. http://www.melani.admin.ch/dokumentation/00123/00124/01141/index.html?lang=de. Zugegriffen: 5. Sept. 2013

Moore T, Anderson R (2012) Internet Security. In: Peitz M, Waldfogel J (Hrsg.) The Oxford Handbook of the Digital Economy. Oxford University Press, Oxford

Ponnusamy K, Mohr C, Curet MJ (2011) Clinical outcomes with robotic surgery. Current Problems in Surger 48(9):577–656

Shekelle PG, Morton SC, Keeler EB (2006) Costs and benefits of health information technology. Evidence Reports / Technology Assessments 132. http://www.ncbi.nlm.nih.gov/books/NBK37988. Zugegriffen: 5. Sept. 2013

Van den Hoven J, Helbing D, Pedreschi D, Domingo-Ferrer J, Gianotti F, Christen M (2012) FuturICT – The Road towards Ethical ICT. European Physical Journal – Special Topics 214:153–181

Vayena E, Mastroianni A, Kahn J (2012) Ethical Issues in Health Research With Novel Online Sources. Am J Publ Health 102(12):2225–2230

Watson R, Blondheim M (Hrsg.) (2008) The Toronto School of Communication Theory: Interpretations, Extensions, Applications. The Hebrew University Magnes Press, Jerusalem

Zeltser L (2012) Understanding Modern Computer Attack and Defense Techniques. http://zeltser.com/computer-attacks-defenses. Zugegriffen: 5. Sept. 2013

Abkürzungsverzeichnis

AB	Ausschussbericht
ABGB	Allgemeines Bürgerliches Gesetzbuch, JGS 1811/946 i.d.F. I 2013/179
ABl.	Amtsblatt der Europäischen Union
Abs.	Absatz
ACT	Artemisinin-based Combination Therapy
AEM	Akademie für Ethik in der Medizin
AEUV	Vertrag über die Arbeitsweise der Europäischen Union
AJP	Aktuelle Juristische Praxis (St. Gallen)
Alpenkonvention	Übereinkommen zum Schutz der Alpen, BGBl. 1995/477
AMG (D)	Gesetz über den Verkehr mit Arzneimitteln (Arzneimittelgesetz) in der Fassung der Bekanntmachung vom 12. Dezember 2005 (BGBl. I S. 3394), zuletzt geändert am 20. April 2013 (BGBl. S. 868).
AMG (Ö)	Arzneimittelgesetz, BGBl. 1983/185 i.d.F. I 2013/162
Anhörungsverordnung	Verordnung über das Anhörungsverfahren gemäß dem Gentechnikgesetz, BGBl. II 1997/61
Annu Rev Microbiol	Annual Review of Microbiology (Zeitschrift)
Aust NZ J Psychiatry	Australian and New Zealand Journal of Psychiatry (Zeitschrift)
AO EPÜ 2000	Ausführungsordnung vom 7. Dezember 2006 zum Europäischen Patentübereinkommen (SR 0.232.142.21)
Arch Intern Med	Archives of Internal Medicine (Zeitschrift)
Art.	Artikel
ArtenschutzVO	Verordnung (EG) 338/97 vom 9.12.1996 über den Schutz von Exemplaren wild lebender Tier- und Pflanzenarten durch Überwachung des Handels, Al. L 61/1 i.d.F. der VO (EU) 101/2012 vom 6.2.2012, ABl. L 39/133
ÄrzteG	Ärztegesetz 1998, BGBl. I 1998/169 i.d.F. I 2013/81
ASVG	Allgemeines Sozialversicherungsgesetz, BGBl. 1955/189 i.d.F. I 2013/139
Aust NZ J Psychiatry	Australian and New Zealand Journal of Psychiatry
Az.	Aktenzeichen
BAFU	Bundesamt für Umwelt
BÄK	Bundesärztekammer
BASG	Bundesamt für Sicherheit im Gesundheitswesen
BBl	Bundesblatt der Schweizerischen Eidgenossenschaft
Berner Abkommen	Übereinkommen über die Erhaltung der europäischen wild lebenden Pflanzen und Tiere und ihrer natürlichen Lebensräume, BGBl. 1983/372

BGB	Bürgerliches Gesetzbuch in der Fassung der Bekanntmachung vom 2. Januar 2002 (BGBl. I S. 42, 2909; 2003 I S.738), zuletzt geändert durch Artikel 1 des Gesetzes vom 4. Juli 2013 (BGBl. I S. 2176)
BGBl.	Bundesgesetzblatt
BGE	Entscheidungen des Schweizerischen Bundesgerichts, Amtliche Sammlung (Lausanne)
BGH	Bundesgerichtshof
BGHZ	Entscheidungen des Bundesgerichtshofs in Zivilsachen
BlgNR	Beilagen zu den Stenographischen Protokollen des Nationalrates
BMJ	British Medical Journal, Zeitschrift
BMK	Übereinkommen vom 4. April 1997 zum Schutz der Menschenrechte und der Menschenwürde im Hinblick auf die Anwendung von Biologie und Medizin (Übereinkommen über Menschenrechte und Biomedizin; SR 0.810.2)
Br J Gen Pract	The Britisch Journal of General Practice (Zeitschrift)
Bst.	Buchstabe
BT-Drs.	Bundestagsdrucksache
BV	Bundesverfassung der Schweizerischen Eidgenossenschaft vom 18. April 1999 (SR 101)
BverfGE	Bundesverfassungsgerichtsentscheidung
BVET	Bundesamt für Veterinärwesen
BVG	Bundesverfassungsgesetz
B-VG	Bundes-Verfassungsgesetz, BGBl. 1930/1 i.d.F. I 2013/115
BVG Umweltschutz	Bundesverfassungsgesetz über den Umfassenden Umweltschutz, BGBl. 1984/491
bzw.	beziehungsweise
CAN	Zeitschrift für kantonale Rechtsprechung (Zeitschrift)
cf.	vergleiche
CH	Schweiz
CT	Computertomograf
D	Deutschland
d.h.	das heißt
DFG	Deutsche Forschungsgemeinschaft
DRG	Diagnosis-Related Group
DSG (CH)	Bundesgesetz vom 19. Juni 1992 über den Datenschutz (SR 235.1)
DSG (Ö)	Datenschutzgesetz 2000, BGBl. I 1999/165 i.d.F. I 2013/57
DSO	Deutsche Stiftung Organtransplantationen
Dtsch Med Wochenschr	Deutsche Medizinische Wochenschrift (Zeitschrift)
E.	Erwägung
ed.	edition (Auflage)

EDI	Eidgenössisches Departement des Innern
EEG	Elektroenzephalographie
EF-Z	Zeitschrift für Familien- und Erbrecht (Zeitschrift)
EG	Europäische Gemeinschaft
EGMR	Europäischer Gerichtshof für Menschenrechte
EG-VO 726/2004	Verordnung (EG) vom 31.3.2004 zur Festlegung von Gemeinschaftsverfahren für die Genehmigung und Überwachung von Human- und Tierarzneimitteln und zur Errichtung einer Europäischen Arzneimittel-Agentur, ABl. L 136/1 vom 30.4.2004 i.d.F. L 316/38 vom 14.11.2012
EKAH	Eidgenössische Ethikkommission für die Biotechnologie im Außerhumanbereich
EKTV	Eidgenössische Kommission für Tierversuche
EMRK (CH)	Konvention vom 4. November 1950 zum Schutz der Menschenrechte und Grundfreiheiten (SR 0.101)
EMRK (Ö)	Konvention zum Schutze der Menschenrechte und Grundfreiheiten (Europäische Menschenrechtskonvention), BGBl. 1958/210 i.d.F. III 2010/47
EpG	Bundesgesetz vom 18. Dezember 1970 über die Bekämpfung übertragbarer Krankheiten des Menschen (Epidemiengesetz; SR 818.101)
EpidemieG	Epidemiegesetz 1950, BGBl. 1950/168 (WV) i.d.F. II 2013/80
EPÜ 2000	Europäisches Patentübereinkommen vom 5. Oktober 1973, revidiert in München am 29. November 2000 (SR 0.232.142.2)
ESchG	Embryonenschutzgesetz vom 13. Dezember 1990 (BGBl. I S. 2746), zuletzt geändert durch Artikel 1 des Gesetzes vom 21. November 2011 (BGBl. I S. 2228)
ESV	Verordnung vom 9. Mai 2012 über den Umgang mit Organsimen in geschlossenen Systemen (Einschließungsverordnung; SR 814.912)
et al.	et alii
etc.	et cetera
Eth Med	Ethik in der Medizin (Zeitschrift)
EU	Europäische Union
EuGH	Europäischer Gerichtshof
EU-RL 2010/53/EU	Richtlinie vom 7.7.2010 über Qualitäts- und Sicherheitsstandards für zur Transplantation bestimmte menschliche Organe, ABl. L 207/14 vom 6.8.2010 i.d.F. ABl. L 243/68 vom 16.9.2010
EU-RL 2004/23/EG	Richtlinie vom 31.3.2004 über die Festlegung von Qualitäts- und Sicherheitsstandards für die Spende, Beschaffung, Testung, Verarbeitung, Konservierung, Lagerung und Verteilung von menschlichen Geweben und Zellen, ABl. L 102/48 vom 7.4.2004

EU-RL 98/44/EG	Richtlinie vom 6.7.1998 über den rechtlichen Schutz biotechnologischer Erfindungen, ABl. L 213/13 vom 30.7.1998
EU-RL 92/43/EWG	Richtlinie vom 21.5.1992 zur Erhaltung der natürlichen Lebensräume sowie der wild lebenden Tiere und Pflanzen, ABl. L 206/7 vom 22.7.1992
EU-VO 1099/2009	Verordnung (EG) vom 24.9.2009 über den Schutz von Tieren zum Zeitpunkt der Tötung, ABl. L 303/1 vom 18.11.2009
f./ff.	und folgende
FamFG	Gesetz über das Verfahren in Familiensachen und in den Angelegenheiten der freiwilligen Gerichtsbarkeit vom 17. Dezember 2008 (BGBl. I S. 2586, 2587), zuletzt geändert durch Artikel 2 des Gesetzes vom 4. Juli 2013 (BGBl. I S. 2176)
FamPra	Die Praxis des Familienrechts (Zeitschrift)
FMedG (CH)	Bundesgesetz vom 18. Dezember 1998 über die medizinisch unterstützte Fortpflanzung (Fortpflanzungsmedizingesetz; SR 810.11)
FMedG (Ö)	Fortpflanzungsmedizingesetz, BGBl. I 1992/175 i.d.F. I 2010/111
ForstG 1975	Bundesgesetz, mit dem das Forstwesen geregelt wird (Forstgesetz 1975), BGBl. 1975/440 i.d.F. I 2013/104
Freisetzungsrichtlinie	Richtlinie 2001/18/EG des Europäischen Parlaments und des Rates vom 12. März 2001 über die absichtliche Freisetzung gentechnisch veränderter Organismen in die Umwelt
Freisetzungsverordnung 2005	Verordnung über Inhalt, Umfang und Form von Anträgen auf Genehmigung einer Freisetzung oder des Inverkehrbringens von gentechnisch veränderten Organismen, die Sicherheitsbewertung und den Überwachungsplan, BGBl. II 2005/260
FrSV	Verordnung vom 10. September 2008 über den Umgang mit Organismen in der Umwelt (Freisetzungsverordnung; SR 814.911)
FU	Fürsorgerische Unterbringung
FZR	Freiburger Zeitschrift für Rechtsprechung (Zeitschrift)
GBM	Glioblastoma Multiforme
GCP-Richtlinie 2001/20/EG	Richtlinie vom 4.4.2001 über die Anwendung der guten klinischen Praxis bei der Durchführung von klinischen Prüfungen mit Humanarzneimitteln, ABl. L 121/34 vom 1.5.2001
GCP-Verordnung	Verordnung über die Anwendung der Guten Klinischen Praxis bei der Durchführung von klinischen Prüfungen mit Arzneimitteln zur Anwendung am Menschen (GCP-Verordnung), vom 9. August 2004.
GenDG	Gendiagnostikgesetz vom 31. Juli 2009 (BGBl. I S. 2529, 3672)
Gentechnik-Sicherheitsverordnung	Gentechnik-Sicherheitsverordnung in der Fassung der Bekanntmachung vom 14. März 1995 (BGBl. I S. 297), zuletzt geändert durch Art. 4 V.v. 18.12.2008 (BGBl. I S. 2768)

Gentechnik-Verfahrensverordnung	Gentechnik-Verfahrensverordnung in der Fassung der Bekanntmachung vom 4. November 1996 (BGBl. I S. 1657), zuletzt geänderte durch Art. 1 der Verordnung vom 28. April 2008 (BGBl. I S. 766)
GenTG	Gentechnikgesetz in der Fassung der Bekanntmachung vom 16. Dezember 1993 (BGBl. I S. 2066), zuletzt geändert durch Artikel 1 des Gesetzes vom 9. Dezember 2010 (BGBl. I S. 1934)
GG	Grundgesetz für die Bundesrepublik Deutschland in der im Bundesgesetzblatt Teil III, Gliederungsnummer 100 – 1, veröffentlichten bereinigten Fassung, das zuletzt durch Artikel 1 des Gesetzes vom 11. Juli 2012 (BGBl. I S. 1478) geändert worden ist
GP	Gesetzgebungsperiode
GQG	Gesundheitsqualitätsgesetz, BGBl. I 2004/179 i. d. F. I 2013/81
GRC	Charta der Grundrechte der Europäischen Union, ABl. 2007, C-303/01
GRUR	Gewerblicher Rechtsschutz und Urheberrecht (Zeitschrift)
GRUR Int	Gewerblicher Rechtsschutz und Urheberrecht Internationaler Teil (Zeitschrift)
GSG	Gewebesicherheitsgesetz, BGBl. I 2008/49 i. d. F. I 2013/162
GTG (CH)	Bundesgesetz vom 21. März 2003 über die Gentechnik im Außerhumanbereich (Gentechnikgesetz; SR 814.91)
GTG (Ö)	Gentechnikgesetz, BGBl. 1994/510 i. d. F. I 2012/114
GUMG	Bundesgesetz vom 8. Oktober 2004 über genetische Untersuchungen beim Menschen (SR 810.12)
GVO	gentechnisch veränderte Organismen
HA	Hämagglituin
HAVE	Zeitschrift für Haftpflicht- und Versicherungsrecht (Zeitschrift)
Hastings Cent Rep	The Hastings Center Report (Zeitschrift)
HFG	Bundesgesetz vom 30. September 2011 über die Forschung am Menschen (Humanforschungsgesetz; SR 810.30)
HIV	Humanes Immundefizienz-Virus
Hrsg.	Herausgeber
ICT	Information and Communication Technology (Informations- und Kommunikationstechnologie)
i. d. F.	in der Fassung
iFamZ	Interdisziplinäre Zeitschrift für Familienrecht (Zeitschrift)
Intern M J	Internal Medicine Journal (Zeitschrift)
IOM	Internationale Organisation für Migration
IQWiG	Institut für Qualität und Wirtschaftlichkeit im Gesundheitswesen
i.S.d.	im Sinne des
i.S.v.	im Sinne von
i.V.m	in Verbindung mit

iFamZ	Interdisziplinäre Zeitschrift für Familienrecht (Zeitschrift)
IfSG	Infektionsschutzgesetz vom 20. Juli 2000 (BGBl. I S. 1045), das durch Artikel 4 Absatz 21 des Gesetzes vom 7. August 2013 (BGBl. I S. 3154) geändert worden ist
insb.	insbesondere
Intern Med J	Internal Medicine Journal (Zeitschrift)
IRS	Indoor Residual Spraying
ITNs	Insecticides-Treated Nets
IVF	In-vitro-Fertilisation
JAMA	Journal of the American Medical Association (Zeitschrift)
JBl	Juristische Blätter (Zeitschrift)
J CLin Ethics	Journal of Clinical Ethics (Zeitschrift)
J Clin Outcomes Manag	Journal of Clinical Outcomes Management (Zeitschrift)
JGS	Justizgesetzessammlung
J Med Ethics	Journal of Medical Ethics (Zeitschrift)
J Virol	Journal of Virology (Zeitschrift)
KAKuG	Krankenanstalten- und Kuranstaltengesetz, BGBl. 1957/1 i. d. F. I 2013/81
Kap	Kapitel
KfH	Kuratorium für Dialyse und Nierentransplantation e.V.
Klonprotokoll	Zusatzprotokoll vom 12. Januar 1998 zum Übereinkommen zum Schutz der Menschenrechte und der Menschenwürde im Hinblick auf die Anwendung von Biologie und Medizin über das Verbot des Klonens von menschlichen Lebewesen (Zusatzprotokoll über das Verbot des Klonens menschlicher Lebewesen; SR 0.810.21)
KRK	Übereinkommen vom 20. November 1989 über die Rechte des Kindes (Kinderrechtskonvention, SR 0.107)
MBO-Ä	(Muster-)Berufsordnung für die in Deutschland tätigen Ärztinnen und Ärzte in der Fassung von 2011
MedBG	Bundesgesetz vom 23. Juni 2006 über die universitären Medizinalberufe (Medizinalberufegesetz; SR 811.11)
MedR	Medizinrecht (Zeitschrift)
MPG (D)	Medizinproduktegesetz in der Fassung der Bekanntmachung vom 7. August 2002 (BGBl. I S. 3146), das durch Artikel 4 Absatz 62 des Gesetzes vom 7. August 2013 (BGBl. I S. 3154) geändert worden ist
MPG (Ö)	Medizinproduktegesetz, BGBl. 1996/657 i. d. F. I 2009/143
Mutterschafts-Richtlinien	Richtlinien des Bundesausschusses der Ärzte und Krankenkassen über die ärztliche Betreuung während der Schwangerschaft und nach der Entbindung, i. d. F. v. 10.12.1985, (veröffentlicht im Bundesanzeiger Nr. 60a v. 27.3.1986), zuletzt

	geändert am 15.12.2011, (veröffentlicht im Bundesanzeiger Nr. 36, S. 914), in Kraft getreten am 3.12.2012
Nat Comm	Nature Communications (Zeitschrift)
N Engl J M	New England Journal of Medicine (Zeitschrift)
NJW	Neue Juristische Wochenschrift (Zeitschrift)
NordOer	Zeitschrift für öffentliches Recht in Norddeutschland
Nr.	Nummer
NW	Nordrhein-Westfalen
Ö	Österreich
OGH	Oberster Gerichtshof (Österreich)
OHCHR	Office of the High Commissioner for Human Rights
ÖJZ	Österreichische Juristen-Zeitung (Zeitschrift)
OLG	Oberlandesgericht
op. cit.	opere citato (im angegebenen Werk)
OR	Bundesgesetz vom 30. März 1911 betreffend die Ergänzung des Schweizerischen Zivilgesetzbuches (Fünfter Teil: Obligationenrecht; SR 220)
Organzuteilungsverordnung	Verordnung vom 16. März 2007 über die Zuteilung von Organen zur Transplantation (SR 810.212.4)
Organzuteilungsverordnung EDI	Verordnung des EDI vom 2. Mai 2007 über die Zuteilung von Organen zur Transplantation (SR 810.212.41)
PatG (CH)	Bundesgesetz vom 25. Juni 1954 über die Erfindungspatente (Patentgesetz; SR 232.14)
PatG (Ö)	Patentgesetz 1970, BGBl. 1970/259 i.d.F. I 2013/126
Patientenrechtegesetz	Gesetz zur Verbesserung der Rechte von Patientinnen und Patienten, BGBl. I 2013/277
PatV	Verordnung vom 19. Oktober 1977 über die Erfindungspatente (Patentverordnung; SR 232.141)
PatVerfG	Patientenverfügungsgesetz, BGBl. I 2009/2268
PatVG	Patientenverfügungs-Gesetz, BGBl. I 2006/55
PID	Präimplantationsdiagnostik
PLoS Med	Public Library of Science Medicine (Zeitschrift)
PND	Pränataldiagnostik
PStG 2013	Personenstandsgesetz 2013, BGBl. I 2013/16
Psychiatri Prax	Psychiatrische Praxis (Zeitschrift)
PsychKG NW	Psychisch-Kranken-Gesetz NRW
PV	Patientenverfügung
RBM	Roll Back Malaria
RDG	Rechtsdepesche für das Gesundheitswesen (Zeitschrift)
RdM	Recht der Medizin (Zeitschrift)
Rep.	Reports of Judgments and Decisions of the European Court of Human Rights (Sammlung der Entscheide des Europäischen Gerichtshofs für Menschenrechte, ab 1996)

resp.	respektive
RGBl.	Reichsgesetzblatt
Rn.	Randnote
RÖV	Röntgenverordnung in der Fassung der Bekanntmachung vom 30. April 2003 (BGBl. I S. 604), die durch Artikel 2 der Verordnung vom 4. Oktober 2011 (BGBl. I S. 2000) geändert worden ist
RV	Regierungsvorlage
S&R	Sicherheit & Recht (Zeitschrift)
S.	Seite
SaeZ	Schweizerische Ärztezeitung (Zeitschrift)
SAMW	Schweizerische Akademie der Medizinischen Wissenschaften
SchKG	Schwangerschaftskonfliktgesetz vom 27. Juli 1992 (BGBl. I S. 1398), zuletzt geändert durch Artikel 3 Abs. 2 des Gesetzes vom 22. Dezember 2011 (BGBl. I S. 2975)
Schweiz Med Forum	Schweizerisches Medizin-Forum
SJZ	Schweizerische Juristen-Zeitung (Zeitschrift)
s.o.	siehe oben
Soc Philos Policy	Social Philosophy and Policy (Zeitschrift)
sog.	so genannt
SR	Systematische Sammlung des Bundesrechts (Schweiz)
StFG	Bundesgesetz vom 19. Dezember 2003 über die Forschung an embryonalen Stammzellen (Stammzellenforschungsgesetz; SR 810.31)
StGB (CH)	Schweizerisches Strafgesetzbuch vom 21. Dezember 1937 (SR 311.0)
StGB (D)	Strafgesetzbuch in der Fassung der Bekanntmachung vom 13. November 1998 (BGBl. I S. 3322), zuletzt geändert durch Artikel 15 des Gesetzes vom 4. Juli 2013 (BGBl. I S. 1981)
StGB (Ö)	Strafgesetzbuch, BGBl. 1974/60 i. d. F. I 2013/134
StGG	Gesetz über die allgemeinen Rechte der Staatsbürger, BGBl. 1867/142 i. d. F. 1988/684
StPO	Strafprozessordnung, BGBl. 1975/631 i. d. F. I 2013/116
StrSchV	Strahlenschutzverordnung
StVG	Strafvollzugsgesetz, BGBl. 1969/144 i. d. F. I 2013/2
StZG	Stammzellgesetz
SVG	Straßenverkehrsgesetz vom 19. Dezember 1958 (SR 741.01)
SZ	Entscheidungen des OGH in Zivil- (und Justizverwaltungs)sachen
TierSchG	Tierschutzgesetz in der Fassung der Bekanntmachung vom 18. Mai 2006 (BGBl. I S. 1206, 1313), das zuletzt durch Artikel 20 des Gesetzes vom 9. Dezember 2010 (BGBl. I S. 1934) geändert worden ist

Tierversuchs-RL	Richtlinie 2010/63/EU vom 22.9.2010 zum Schutz der für wissenschaftliche Zwecke verwendeten Tiere, ABl. L 276/33 vom 20.10.2010
Tierversuchsverordnung	Verordnung des BVET vom 12. April 2010 über die Haltung von Versuchstieren und die Erzeugung gentechnisch veränderter Tiere sowie über die Verfahren bei Tierversuchen (SR 455.163)
TPG	Gesetz über die Spende, Entnahme und Übertragung von Organen und Geweben – Transplantationsgesetz i.d.F. der Bekanntmachung vom 4.09.2007 (BGBl. I S. 2006), zuletzt geändert durch Art. 2a des Gesetzes vom 19.10.2012 (BGBl. I S. 2192)
Transplantationsgesetz	Bundesgesetz vom 8. Oktober 2004 über die Transplantation von Organen, Geweben und Zellen (SR 810.21)
Transplantationsverordnung	Verordnung vom 16. März 2007 über die Transplantation von menschlichen Organen, Geweben und Zellen (SR 810.211)
TRIPS-Abkommen	trade-related aspects of intellectual property rights = Abkommen über handelsbezogene Aspekte der Rechte an geistigem Eigentum vom 15. April 1994 (SR 0.632.20)
TSchG (CH)	Tierschutzgesetz vom 16. Dezember 2005 (SR 455)
TSchG (Ö)	Tierschutzgesetz, BGBl. I 2004/118 i.d.F. I 2013/80
TSchV	Tierschutzverordnung vom 23. April 2008 (SR 455.1)
TTG 2007	Tiertransportgesetz 2007, BGBl. I 2007/54
TVG 2012	Tierversuchsgesetz 2012, BGBl. I 2012/114
TVV 2012	Tierversuchsverordnung 2012, BGBl. II 2012/522
u.a.	unter anderem
UbG	Bundesgesetz über die Unterbringung psychisch Kranker in Krankenanstalten (Unterbringungsgesetz), BGBl. 1990/155 i.d.F. I 2010/18
UG	Universitätsgesetz 2002, BGBl. I 2002/120 i.d.F. I 2013/176
UN	United Nations
UNESCO	United Nations Educational Scientific and Cultural Organization
UNO-Pakt II	Internationaler Pakt vom 16. Dezember 1966 über bürgerliche und politische Rechte (SR 0.103.2)
UnterbrG	Unterbringungsgesetz
usw.	und so weiter
VbVG	Verbandsverantwortlichkeitsgesetz, BGBl. I 2005/151 i.d.F. I 2007/112
VersR	Versicherungsrecht (Zeitschrift)
VfSlg	Erkenntnisse und Beschlüsse des Verfassungsgerichtshofes (Amtliche Sammlung)
vgl.	vergleiche
vs.	versus

VSPBG	Vereinssachwalter-, Patientenanwalts- und Bewohnervertretungsgesetz, BGBl. 1990/156 i. d. F. I 2006/92
Washingtoner Artenschutzabkommen	Übereinkommen über den internationalen Handel mit gefährdeten Arten frei lebender Tiere und Pflanzen, BGBl. 1982/188
West J Med	Western Journal of Medicine (Zeitschrift)
WHO	World Health Organisation (Weltgesundheitsorganisation)
WMA	World Medical Association
z. B.	zum Beispiel
ZBJV	Zeitschrift des Bernischen Juristenvereins (Zeitschrift)
ZGB	Schweizerisches Zivilgesetzbuch vom 10. Dezember 1907 (SR 210)
Ziff.	Ziffer
1. ZP EMRK	Erstes Zusatzprotokoll zur Europäischen Menschenrechtskonvention, BGBl. 1958/210 i. d. F. III 1998/30
ZSR	Zeitschrift für Schweizerisches Recht (Zeitschrift)

Sachregister

www.ingramcontent.com/pod-product-compliance
Lightning Source LLC
LaVergne TN
LVHW080808011026
849160LV00015B/1565